KB235737

사회화와 공공부문의 정치경제학

사회화와 공공부문의 정치경제학

문화과학 이론신서 42

사회화와 공공부문의 정치경제학

김성구 편

문화과학사

■ 편저자 서문

사회화(Vergesellschaftung, socialization) 문제는 분명 전통적인 맑스주의의 주제이었고 오늘날에도 여전히 이 주제는 좌파와 우파를 가르는 시금석이고 또 맑스주의 좌파와 비맑스주의 좌파를 가르는 핵심적 쟁점이다. 따라서 전후 맑스주의적 계급운동의 정치적 영향력이 국제적으로 감퇴함에 따라, 마침내 현실사회주의체제가 붕괴함에 따라, 사회화의 문제가 정치적 쟁점으로부터 밀려나게 된 것은 당연하다 할 것이다. 그러나 사회화는 맑스주의가 주관적 이념으로부터 현실 정치에 제출한 강령이 아니라 현실에서 발전하는 객관적 경향에 대한 과학적 분석의 결과이었다. 즉, 자본주의 역사를 보면, 고도로 발전하는 생산력과 제한된 생산관계간의 모순이 특정한 단계에서 이윤율의 경향적 저하를 가져왔고 이는 자본주의를 구조적 위기 또는 체제적 위기로 빠뜨리곤 하였는 바, 이 위기의 해결을 위해서는 점차 사회화라는 기본적으로 반자본주의적 요소가 도입되지 않을 수 없었다. 독점자본주의와 국가독점자본주의로의 자본주의 발전은 다름아닌 그러한 경향의 표현이었다. 물론 국가독점자본주의 하에서 사회화는 자본주의적 사회화로 기능하였지만, 다시 말해 위기에 빠진 자본주의를 구원하는 합리화의 수단으로 기능하였지만, 이는 자본주의의 고도의 발전이 점차 자본주의적 사적 생산관계와 충돌하게 되었다는 점, 고도로 진보한 생산력의 조절을 위해서는 사적 소유와 시장의 조절을 넘어가지 않으면 안 된다는 점을 말해주는 것이었다. 사회화와 이행에 대한 맑스주의의 정식화는 바로 이와 같은 자본주의 발전의 현실적 경향에 이론적 뿌리를 갖고 있었다. 따라서 맑스주의 운동이 퇴보하고 신자유주의 이데올로기가 세계를 지배하는 상황에서도 사회화의 현실적 쟁점은 부정할 수 없는 것이다. 특히 1970년대 이래 다시 구조적 위기에 빠져든 현대 자본주의에 있어 이 쟁점은 첨예하게 부각되지 않을 수 없다.

그것은 이미 20세기 초 이래 맑스주의로부터 벗어나기 시작해서 20세기 말에는 최종적으로 맑스주의와 결별한 국제사민주의의 역사로부터도 확인할 수 있다. 국제 사민당에 있어 사회화 요구는 국가에 따라 50년대 말(독일 사민당) 또는 90년대 초(프랑스 사회당, 영국 노동당)까지 강령의 한 부분으로 남아 있었지만, 독일 바이마르공화국을 비롯하여 20세기 전반기에도 후반기에도 서유럽에서 집권한 사민당은 어느 경우도 사회화 요구를 거부하거나 제한적으로만 수용하였고 그래서 사회화 강령은 사실상 사문화된 것과 다름없었다. 그럼에도 불구하고 현실에서 사회화의 쟁점은 결코 묻혀질 수 없었다. 1970년대 이래 자본주의의 위기가 심화됨에 따라 사회화의 쟁점은 오히려 사민당을 급진화시켰는데, 1970년대 초 영국 노동당은 주요 산업과 기업을 국가지주회사로 포괄하는 '대안경제전략'(AES)을 당의 공식적 선거강령으로 채택하였고 프랑스 사회당과 공산당은 공동선거강령에 합의하였으며, 70년대 중반 스웨덴 노동조합과 사민당은 마이드너의 '임금노동자기금안'(기금을 통한 사회화안)을 공식화하였다. 국제사민당의 지도적 지위에 있으면서도 보수적인 흐름을 대변하던 독일 사민당에서는 이 시기 당 내에서 분출하는 좌익 경향과 국가개입주의 경향을 억압하고 숙청하고자 하였지만, 당 밖에서는 공산당의 이론가들과 협력하는 '경제정책대안연구그룹'이 결성되었고, 1980년대 중반에는 독일 최대의 노동조합인 금속산업노조가 철강산업의 구조적 위기에 대응하여 철강산업의 사회화를 공식적으로 결정하였다. 1981년 프랑스 사회당의 미테랑 대통령의 집권과 사회당-공산당 정부의 출범 그리고 사회화 프로그램의 실행은 이 시기 급진화하는 국제사민주의 정치의 정점이자 압권이었다. 이렇게 국제사민당 내에서 사실상 사문화되었던 사회화 강령은 현대자본주의의 위기 속에서 현실의 요구로서 정치무대에 다시 등장하였다. 이 시기 세계적인 구조위기(와 지배적인 케인즈주의 또는 사민주의의 위기)에 직면하여 말하자면 두 개의 근본적인 대안, 신자유주의적 대안과 사회화 대안이 대립하였던 것이다. 그 역사는 잠정적으로 전자의 대안이 관철됨으로써 신자유주의 시대를 열어놓았지만, 그것이 가져온 위험한 결과들로 인해 사회화의 요구는 질식될 수 없었다.

국제 노동자운동의 역사와 전통에서 단절된 한국이지만, 여기서도 사회화의 쟁점은 현실의 위기 속에서 살아있는 문제로서 우리에게 다가왔다. 1980년대 중반 이후 90년대 초에 이르는 짧은 시기동안 전개되었던 사회구성체논쟁(과 신식민지 국가독점자본주의론의 반제반독점 사회화강령)이 일천한 이론적 수준에서지만 의식적으로 맑스주의와 노동운동을 결합하고자 한 시도였다면, 1997/98년의 외환경제위기는 한국자본주의의 신자유주의적 구조조정과 함께 사회화의 쟁점을 대중운동의 쟁점으로 전화시켰다. 한국의 노동조합운동은 부실 금융기관들의 국유화와 재민영화, 재벌기업들의 워크아웃, 국가예산의 1.5배가 넘는 공적자금의 투입, 국가기간산업의 민영화 등 사회화의 쟁점을 회피하고는 구조조정의 문제에 올바로 접근할 수 없었던 것이다. 실로 이 쟁점을 둘러싸고 대규모 투쟁이 전개되었다. 합병과 민영화를 반대하는 금융노조, 대우차의 국영화를 요구하는 대우 노조, 그리고 전력, 철도 등 기간산업의 민영화를 반대하는 공공부문 노조의 투쟁은 이 시기 대표적인 투쟁이었다. 어찌 그뿐이었겠는가? 사회화의 쟁점은 금융과 산업에 한정되지 않고 교육, 의료, 연금 등 사회보장과 공공서비스의 영역까지 포괄하였다. 대외개방 문제 또한 사회화의 쟁점과 일정하게 연관된 것이었다. 이렇게 이들 부문에서도 신자유주의적 개혁과 사회화요구가 첨예하게 대립하였다. 신자유주의인가 사회화인가, 독점자본을 위한 자본주의적 사회화인가 아니면 진보적 사회화인가, 아니면 이 쟁점 자체를 부정하고 임단협 사수에만 집중할 것인가, 이 문제는 이렇게 이데올로기로서가 아니라 구조조정의 현실의 쟁점으로서 제기되었다.

물론 사회화의 요구는 어떻게든 자본주의의 이행과 관련 있는 높은 수준의 요구다. 이 요구는 자본주의를 변혁하고자 하는 정치운동으로까지 노동운동의 조직과 이데올로기가 발전할 때만 현실적인 요구로서 제출될 것이다. 그러나 그러한 수준으로의 노동운동의 발전과 그에 조응하는 이행 요구의 제출은 미래의 어느 시점에서의 투쟁의 전환을 통해 자동적으로 이루어지지 않는다. 그러한 전환은 현실의 개혁투쟁에서 이행의 쟁점에 대한 대중적 인식이 제고되어 개혁의 진전을 위해서는 자본주의의 핵심적 부분을 침해하지 않으면 안 된다는 인식이 확대될 때에만 가능하다. 따라서 개혁투쟁 속에서도 개혁과 이행간의 연관을, 다시 말해 사회화의 쟁점을 놓치지 말고 이를 대중적으로 확산하지 않으면 안 될 것이다. 따라서 신자유주의가 지배하는 현재의 정세에서 제기되는 다양한 수준의 요구들과 투쟁과제들, 예컨대 불안정노동의 철폐투쟁, 노동시간단축 투쟁, 국제금융자본과의 투쟁, 자유화와 개방화에 대한 투쟁 등은 사회화 요구를 위한 투쟁과 병행하는 투쟁도 아니라면 또 대항적이거나 대안적인 투쟁도 아니다. 물론 쟁점에 따라 시기를 달리하는 투쟁도 아니다. 이들 투쟁과제와 사회화 요구투쟁은 개혁투쟁과 이행투쟁간의 관계에 있고 그 관계는 개혁과 이행을 도식적으로 이분화하는 그런 관계가 아니라 개혁투쟁 속에서 이행을 준비하는 그런 관계라 할 것이다. 전자의 투쟁들은 후자의 투쟁으로 발전하지 않으면 안 된다.

따라서 신자유주의와 금융자본에 대해 어떻게 맑스주의적으로 비판한다 하더라도 사회화 강령에 대해 침묵하거나 이를 기각한다면, 그것은 결코 맑스주의적 태도가 아니다. 이런 점에서 윤소영 교수처럼 일반적으로 국가독점자본주의와 사회화강령(과 그 핵심으로서 국유화 및 계획화) 자체를, 그리고 특수하게는 한국에서의 신식민지 국가독점자본주의와 반제반독점 사회화강령을 전적으로 부정하거나 또는 기껏해야 이행기의 특정한 정세와 그 전략으로 이해해서 정세 변화에 의해 그 역사적 시효가 만료되었다는 식으로 청산하는 것은 현대자본주의의 객관적 관계를 왜곡하는 것일 뿐만 아니라 맑스주의 원리로부터 일탈하는 것이다. 사회화 강령을 국가주의라는 이름으로 비판하는 것 또한 사회화 강령을 스탈린주의의 유물로 취급하는 것이고 스탈린주의 비판이라는 미명 하에 부당하게도 맑스주의의 원리를 훼손하는 것이다. 그것은 '국유화 없는' 사회화, '계획화 없는' 조절, 결국 '사회화 없는' 이행이라는 근본적으로 반맑스주의적 결론을 가져온다. 또한 바로 이런 이유 때문에 그것은 사회화와 민영화가 주요한 쟁점으로 제기되는 현 정세에서 오히려 민영화반대투쟁을 원천적으로 부정하고 이에 대한 좌파의 현실 개입력을 무력화시키는 데 기여할 뿐이다. 이제 와서 윤교수는

'자유로운 생산자들의 연합'이야말로 사회화에 대한 맑스의 진정한 구상이라고 주장하면서 이런 결론을 변호하는데, '생산자연합'이라는 공산주의적 사회화와 '반독점 사회화'라는 이행기의 사회화는 이렇게 대치시킬 문제가 아니라 긴 이행기의 계급투쟁 속에서 후자로부터 전자로 발전, 전화되는 그런 관계로 이해해야 한다. 생산자연합의 사회화도 맑스에 따르면 공동소유 또는 집단적 소유에 기초하는 바, 이렇게 국유화와 계획화를 통과하지 않는다면 공산주의적 사회화란 또 하나의 '공상'일 뿐이다. 그것은 당면한 독점자본과 금융자본에 대항하는 투쟁으로부터 생산자연합이 노동자계급의 전략적 대안으로 직접 제출될 수 없는 것과 똑같은 이치이다. 뿐만 아니라 산업과 금융의 융합에 입각한 전통적인 금융자본론을 비판하고 투기적 금융자본을 특권화하는 윤교수 자신의 테제, 이른바 금융세계화와 신자유주의 비판으로부터도 생산자연합은 도출될 수 없다. 투기적 금융자본의 운동에 근거하여 전통적인 금융자본론을 폐기하는 것 자체도 이론적 오류이지만, 금융세계화 및 투기적 금융자본 비판으로부터 생산자연합을 직접 도출하는 것은 분명 논리적 비약이다. 금융자본의 사회화를 매개하지 않고 어떻게 금융세계화 비판으로부터 생산자연합이라는 결론이 도출되는지, 그 이론적 연관을 과연 상정할 수 있을까? 따라서 사회화라는 맑스 이론의 원리와 관련한 문제에 대해 금융자본론과 국가독점자본주의론의 테제를 뒤집는 이와 같은 행태는 경험적으로도, 이론적으로도 또 정세의 변화라는 논거로도 결코 변명할 수 없을 것이다.

　이 책은 이러한 입장에서 우리가 지금까지 수행한 작업에 대한 일종의 결산이다. 결산이라기보다는 외환경제위기와 사회화 그리고 공공부문에 관한 지금까지의 작업에 대한 이론적 보충이라 할 것이다. 이 책에서 독자들은 국가독점자본주의론과 좌파케인즈주의 및 좌파사민주의 그리고 무당파 맑스주의에 이르기까지 좌파의 다양한 경향으로부터 사회화와 공공부문에 대한 그 이론적 토대를 읽을 수 있을 것이다. 또한 사회화의 문제에 대해 이들 다양한 경향들간에 상당한 정도로 이론의 접근이 이루어지고 있다는 점도 알게 될 것이다.

　이 책의 글들을 간략하게 개관한다면, 먼저 김성구의 첫 번째 글은 국가독점자본주의론의 관점으로부터 신자유주의 세계화와 초국적 금융자본에 대해 테제방식으로 정식화를 시도한다. 그는 신자유주의 세계화와 투기적 금융자본의 운동을 케인즈주의적 국가독점자본주의의 조절위기와 브레튼 우즈 체제의 붕괴 그리고 신자유주의적 국가독점자본주의로의 전환으로 설명하면서, 이 전환은 세계화의 강제법칙이 아니라 탈위기의 대안을 둘러싼 계급투쟁의 결과로써만 관철되었다고 한다. 이런 정식화로 그는 국가독점자본주의론에 대한 재평가를 요구하고 그 현재성을 주장한다. 나아가 그는 투기적 금융자본의 운동에도 불구하고 현대 금융자본의 분석에 있어 전통적인 금융자본론의 유효성을 논쟁적으로 제출하고 금융자본의 사회화에서 신자유주의의 극복 대안을 전망한다. 월러스틴의 세계체제론을 비판하는 김성구의 두 번째 글은 첫 번째 글에 대한 보론적 성격의 글이다. 여기서 그는 월러스틴이 어떻게 맑스주의의 이론과 역사를 왜곡하는가를 밝히고 현대자본주의의 구조위기와 이행의 문제에 있어 세계체제론에 내재되어 있는 치명적인 이론적 모순과 한계를 지적한다. 이 글은 한국에서 국가독점자본주의론과 사회화강령을 청산하고 세계체제론과 역사적 자본주의론으로 전향한 논자들에 대한 우회적인 비판이다.

앨보는 밀리반드 등이 주도하여 만든 *Socialist Register* 그룹의 현 세대를 대표하는 이론진영의 한 사람으로서 캐나다의 무당파 맑스주의자이다. 현대 사민주의 분석에 상당한 분량을 할애하는 이 글에서 그는 개방경제를 지향하는 현대 사민주의의 비교우위형성전략과 이해관계자 자본주의모델이 자본주의와 신자유주의의 근본적 모순과 위기를 이론화하지 못해 결코 좌파의 대안으로 성립할 수 없음을 논증하고, 지구화시대에도 그 대안은 사회화를 핵심으로 하는 구조개혁강령에 있다고 결론짓는다. 이 현대적 강령은 오늘날 사회화강령이 어떻게 확장되어야 하는가를 보여주는 바, 여기에는 전통적인 사회화의 요소만이 아니라 내수지향경제와 질적 성장, 사용가치의 질적 측면과 생태의 문제, 노동시간 단축과 여가시간의 관리, 그리고 지방분권과 민주주의 등 새로운 요소들이 포괄되어 있다. 헤젤러와 히켈은 공동으로 작성한 글에서 신자유주의적 세계화의 근본적 조건 또는 원인이라 할 현대 구조공황의 특성을 분석하여 왜 이 위기에 대한 대안이 신자유주의

가 아니라 경제민주주의와 사회화를 지향할 수밖에 없는가를 밝히고, 경제
민주주의와 사회화의 범위와 내용 그리고 그 연관에 대해 체계적으로 정리
한다. 독일의 국가독점자본주의론 진영의 대표적 일인인 후프슈미트는 자
본주의 하에서 사회화가 발전하는 역사적 필연성과, 이 법칙적 과정에 입각
해 있는 좌파의 진보적 사회화전략 및 자본주의 극복전략을 다루고 있다.
사회화의 ABC를 뛰어나게 서술하는 이 글에서 그는 급진적인 자율주의나
평의회 구상이 아니라 국유화와 국가적 조절 그리고 국가의 민주화가 사회
화의 중심을 이룰 수밖에 없는 논거 또한 논쟁적으로 제출한다. 헤젤러와
히켈, 후프슈미트는 앞에서 언급한 '경제정책대안연구그룹'의 중심인물들이
다. 비어바움과 슈미트의 글과 함께 이 글들은 '사회적 시장경제'(독일형 신
자유주의)를 비판하고 사회화와 경제민주주주의를 핵심으로 하는 좌파사민
주의 또는 좌파케인지안과, 나아가서는 국가독점자본주의론의 반신자유주
의 대안을 논하고 있다. 우리는 이 글들에서 소유와 시장 그리고 통제문제
를 포괄하는 사회화강령의 풍부한 내용에 접하게 될 것이다. 이들은 특히
자본에 대한 통제와 경제민주주의가 개량주의의 틀 내에 갇혀지지 않기 위
해서는 무엇보다도 소유의 사회화가 요구되지 않으면 안 될 뿐만 아니라 형
식적 사회화가 실질적으로 사회화되기 위해서는 노동자들의 통제가 전제되
어야 한다는 점을 강조한다. 유디트와 페터스는 독일노동조합동맹의 핵심
산업노조인 금속산업노조가 철강산업의 구조적 위기에 대항하여 제출한 철
강산업의 사회화강령을 소개한다. 이는 우리가 경제위기에 대한 대안으로
서 사회화 요구를 제출했을 때 이 안을 급진적인 공문구라고 비판했던 노동
운동내의 우파적 경향에 대한 훌륭한 반론이 될 것이다. 한편 머레이는 사
회주의 전략의 핵심요소로서 소유문제와 국유화를 승인하면서도, 생산시스
템의 통제와 국제화의 진전이라는 현대자본주의의 변화된 조건하에서 국유
화의 의의와 한계를 고찰하고, 시장경쟁이 지배하는 조건하에서 어떻게 국
영기업이 탈이윤의 경영전략을 실천해나갈 수 있는가 하는 민주적 통제의
방법과 새로운 국영기업상을 면밀하게 모색하고 있다. 그가 관계했던 1980
년대 런던광역시기업위원회(GLEB) 〔영국 노동당의 '대안경제전략'(AES),
특히 국민기업기원회(NEB) 구상의 런던판 실험〕의 경험은 아마도 이 글의

구체성에 일조한 것으로 보인다. 밀리반드는 자본주의 개혁과 이행에 있어 국가는 우회할 수 없는 산이고 공적소유는 진보적 정책의 핵심이라고 주장한다. 그는 신자유주의가 세계를 휩쓸고 있는 현대에도 이 진실은 변함이 없다고 하면서, 공적소유를 악의적이고 기만적으로 공격하는 각종 신자유주의 이데올로기를 훌륭하게 반박할 뿐 아니라 세계화 시대에서의 사회화 전략을 구체적으로 천착하기도 한다. 나아가 사회화된 경제의 구성원리와 그 경제에서 계획과 시장의 위치에 관한 그의 이해방식은, 오래되었지만 논쟁적인 이 문제에 대해 맑스주의의 원칙적인 견해를 제공해준다. 스미스는 1972년 프랑스 사회당과 공산당의 공동강령에 명시되었고 1981년 미테랑의 사회당 집권에 의해 현실적으로 실현되었던 국유화정책을 평가하고자 한다. 주지하다시피 미테랑 정권은 집권 후 얼마 되지 않아 사회화 프로그램을 포기하였고 신자유주의로 경도되었으며 공산당은 연정에서 철수하였는데, 이런 사정이 이 글의 평가 배경을 이룬다. 스미스는 프랑스의 국유화가 위기의 자본주의와 결별하고 자본주의를 전화시키는 무기로 기능했다기보다는 오히려 자본주의를 합리화하고 국가자본주의를 통해 자본주의를 지탱해주는 전략으로 전락했음을 지적하고 그렇게 된 객관적, 주체적 조건들과 요인들을 분석한다. 그 분석은 곧 국유화가 다시 자본주의와 결별하고 사회주의로 전화하기 위한 무기로 기능할 수 있는 길을 지시할 것이다.

이상의 번역 글들이 현대자본주의의 구조적 위기와 신자유주의적 전환을 배경으로 쓰여진 것이라는 점에서 그 의의는 지나간 이론사의 특정 시기에 한정되지 않는다. 현대자본주의의 구조적 위기가 지속되고 그에 규정되어 한국자본주의가 구조적 불안정을 심화시켜 나가는 현 단계에서 당면한 투쟁과 관련하여 사회화와 공공부문을 둘러싼 쟁점의 현재적 의의를 인식하지 않으면 안 된다. 이런 문제의식 하에서 보면 제한적이지만, 장석준과 김성구의 마지막 글은 한국에서 사회화와 공공부문 그리고 공공부문 투쟁의 과제를 검토한다. 장석준은 사회화의 이론과 실천의 논쟁사를 간략하지만 깔끔하게 정리하고 사회화의 관점에서 공공부문의 역사와 현재를 분석한다. 신자유주의에 대항하는 당면한 공공부문 투쟁에서 '지구전'과 공공부문 방어·민주화·확장의 3면 전략을 제기하는 그의 글은 대중적인 이해를 높일 목적으로 집필한 것이어서 쉽게 읽어나갈 수 있으면서도 현실 정세의 분석을 위해 이론적 무기를 어떻게 운용해야 하는가를 보여주는 하나의 모범이 된다. 마지막 글은 김성구가 민주노총 '노동운동발전전략위원회'에서 작성한 글을 수정한 것이다. 이 글은 이상에서 개관한 바와 같은 사회화의 이론적, 실천적 역사와 맑스주의 정치경제학의 토대 위에서 구체적으로 한국에서의 사회화와 이행의 프로그램을 체계화하고자 하였다. 물론 이 프로그램은 한편에서는 보다 풍부한 내용을 담아내도록 구체화해야 하고, 다른 한편에서는 변화하는 정세에 따라 그때그때 제기되는 실천적 과제에 대응할수 있도록 재배치해서 제출해야 할 것이다.

사회진보연대 내의 '공공부문 연구팀'은 1999년 봄부터 활동하면서 경제위기 정세 하 구조조정과 노동운동의 대응방향의 문제에 이론적으로 또 일정하게는 실천적으로 개입하고자 하였다. 우리는 이 책으로써 진보진영 내에서 우리의 작업에 대한 우파 개량주의의 비판("사회화 요구는 급진적인 관념론이다")과 현장좌파 일각의 비판("사회화 요구는 사민주의적 개량주의다")은 이론사적으로 근거 있는 것이 아니라는 점, 진보진영 내의 이러한 대립구조는 한국 노동운동의 후진성을 반영하는 것이라는 점을 이해시키고자 하였다. 앞서도 말한 바와 같이 사회화 강령은 변혁기를 위한 궁극적인 목표강령만이 아니라 현실운동과 정책에 대한 좌파의 개입지점과 경로를 지시하는 지침이라 할 것이다. 변혁기의 투쟁과 개혁투쟁을 이분법적으로 분리할 경우, 또는 반대로 양자를 단선적인 발전으로 파악할 경우, 그것은 사민주의의 역사에서 보는 바처럼 개혁투쟁을 권력투쟁으로 전화시키는 데 실패할 수밖에 없거나 권력을 장악한 경우에도 사회화 프로그램을 거부 또는 제한하는 것으로 끝나게 된다. 또는 사민주의를 비판하고 어떻게 개혁투쟁을 전투적으로 전개한다 하더라도 개혁투쟁 자체는 권력투쟁으로의 전화전망을 확보할 수 없는 것이다.

우리의 작업은 진보진영의 논쟁에 개입하여 그 지형을 변화시키고자 한것만이 아니다. 다른 한편에서 이 책은 시민운동의 이론가들에 의해 주도되는 개혁논쟁의 보수적 지형을 전화시키고자 하는 노력의 일환이었다. '진보'라는 이름으로 자본주의적 개혁을 치장하는 그 기만을 폭로하고 이로부터 노동운동을 해방시켜야 한다는 것이 절박한 목표이었다. 두 번의 민간정부에서와는 달리 새로 등장한 노무현정부 하에서는 시민운동파가 권력 주류의 주도적 분파로서 직접 결합하였다는 점에서 이제 시민운동파와 진보세력 간의 논쟁은 차원을 달리하면서 전개될 수밖에 없다. 이런 상황의 반영으로서 새 정부의 개혁정책은 전임 정부보다 더욱 뚜렷하게 독일형 신자유주의(약한 버전의 신자유주의)를 표방하는 것으로 보인다. 독일형 신자유주의는 김대중 정부가 집권을 위해 정책기조로서 제시했던 것이었는데, 주지하다시피 그 정부는 외환위기와 IMF관리체제 하에서 급속하게 보수파의 경제정책(강한 버전의 신자유주의)으로 선회하였고 그 결과는 파괴적이었다.

신자유주의는 기본적으로 위기에 빠진 독점자본가 계급의 반동적인 탈위기 전략을 대변하는 보수적인 정치경제사상이다. 자유주의적 개혁뿐 아니라 사회자유주의적(sozial-liberal) 개혁까지 이미 달성한 선진자본주의국가들에서 이 개혁성과를 공격하는 신자유주의란, 강한 버전이든 약한 버전이든, 반동적 정책일 수밖에 없었다. 그럼에도 불구하고 미완의 부르주아 개혁에 그친 한국에서는 부르주아 질서를 지향하는 신자유주의가 군부독재의 유산을 청산하는 개혁정책으로서의 면모를 띨 수 있었다. 더욱이 반(反)대중적인 경제개혁정책을 강화시키면서 부르주아적(자유주의적 또는 사회자유주의적) 정치사회 개혁은 지연시켰던, 그래서 실패했던 전임 정부의 보수파적 신자유주의와 달리, 새 정부의 독일형 신자유주의는 반대중적인 경제개혁정책을 상대적으로 완화시켜가면서 부르주아 정치사회개혁은 보다 강화할 것으로 보여 신자유주의의 개혁정책으로서의 성격은 더욱 부각될 전망이다. 따라서 새 정부가 이를 통해 대중들의 이데올로기를 장악해나갈 여지는 전임 정부보다 크게 확장될 것이고, 이 점은 분명 새 정부 하에서 부르주아 질서를 강화하는 반면, 반신자유주의 전선을 유지하는 데는 어려움으로 작용할 것이다. 그러나 독일형 신자유주의도 자본과 시장의 지배적인 힘을 원칙적으로 승인하는 것이고 또 자본과 시장의 지배적 관계들로부터 자본주의의 온갖 모순과 갈등, 위기와 적대가 발전하는 것이기 때문에, 새 정부가 이 정책기조를 견지하는 한, 그 개혁은 제한될 수밖에 없고 정치경제적 불안정은 지속될 수밖에 없다. 한국에서 대중들에게 의미있는 경제 사회 개혁이 이루어진다면, 그것은 자본과 시장의 힘을 최대한 원칙적으로 승인하는 신자유주의(와 부르주아 민주주의)를 통해서가 아니라 원칙적으로 그 힘을 최대한 제한하는 사회화(와 민중민주주의)를 통해서만 가능할 것이기 때문이다.

뿐만 아니라 새 정부의 개혁이 전임 정부와 달리 독일형 신자유주의라도 담아낼 것으로 전망하기도 어려운 실정이다. 전임 정부의 경제정책과 대북 정책의 유산조차 당장 감당하기 어려운 상황에서 당면한 이라크 전쟁과 북한 핵문제를 둘러싼 위기 및 그로부터 발전하는 세계경제와 국내경제의 불안정, 그리고 국제자본의 압박 등으로 인해 그렇지 않아도 독자적인 정치기반을 갖고 있지 못한 노무현 정부로서는 자유주의적 실험 공간이 극히 제약될 것이다. 미·영 양국의 이라크 침략전쟁을 지원하는 한국군의 파병 결정, 북미관계와 남북관계의 경색 그리고 경제위기 징후를 이유로 하는 재벌 개혁의 속도조절 등은 이미 그러한 한계의 표현들이다. 따라서 노무현 정부가 인터넷과 언론을 무대로 하는 자유주의들의 적극적 지지를 받고 있다 하더라도(지난 대선에서 이들의 운동과 영향력은 분명 과장된 것이다), 또 진보진영의 개량주의 또는 실용주의 분파를 이미 포섭했거나 더욱 포섭하고자 한다 하더라도, 위와 같은 국내외 조건 하에서 이들의 의의는 부차적일 수밖에 없다. 결국 노무현 정부는 온건한 신자유주의 개혁과 대외개방의 기조 위에서, 우리 사회의 절반을 차지하는 보수파와 노동자·민중운동의 전투적 진보파 양자를 밀어내고 개혁공간을 확대하고자 하겠지만, 또 실로 확대도 하겠지만, 개혁정책의 제한적 성격과 상황적 제약조건으로 인해 양자의 압박을 견뎌내기는 쉽지 않을 것이다. 상황에 따라서는 전임정부처럼 말로는 약한 버전의 신자유주의, 실제로는 강한 버전의 신자유주의라는 기만 또는 한계 속에서 움직일 가능성도 배제하지 못한다. 따라서 어떤 버전이든 신자유주의와의 논쟁전선은 새 정부 하에서도 계속 유지될 것이다.

결산을 하는 자리라면 그간의 작업 성과물도 정리해 놓고 싶다. 이 책은 사실상 공공부문 연구팀의 세 번째 책이다. 이에 앞서 간행된 두 권의 책은 『사회화와 이행의 경제전략』(김성구 편, 이후, 2000)과 『신자유주의와 공공부문 구조조정』(김성구·심용보 편, 문화과학사, 2002)이다. 이 연구팀의 작업은 아니었지만, 일관된 문제의식 하에서 내가 단독으로 또는 공동으로 간행한 두 권의 책도 열거해 놓는다. 『경제위기와 신자유주의』(김성구, 문화과학사, 1998)와 『자본의 세계화와 신자유주의』(김성구·김세균 외, 문화과학사, 1998)가 그것이다. 또한 그 사이에 연구팀의 구성원에 의해 이 주제와 관련한 두 개의 학위논문이 작성되었는데, 그것은 다음과 같다. 심용보, 『공기업에서의 상업주의적 관리전략과 노사관계』, 연세대학교 경영학 박사학위논문, 2000. 8과 장석준, 『최근의 사회화 정책 논의와 한국사회에서의 그 적실성』, 연세대학교 사회학 석사학위논문, 2002. 2.

원래 기획에 따르면 이미 예고한 바처럼 또 한 권의 책(하이너 헤젤러/루돌프 히켈 편, 『경제위기와 경제민주주의』, 1987)을 노동조합기업경영연구소에서 번역, 간행할 생각이었다. 그러나 그 책은 별도로 간행하지 않고 그 중 4개의 논문만을 가져와서 이 책에 수록하였다. 따라서 이 책의 구성도 처음과 많이 달라졌고 제목도 예고한 것(『지구화 vs. 사회화』)과는 달라졌다. 이제서야 이 책을 발간하게 된 데에는 이런 사정도 작용하였다.

이 책의 발간작업에는 편저자와 함께 송유나가 실제적으로 참여하여 번거로운 많은 일을 떠맡아 주었다. 송유나는 이론적 성격의 이 책이 한국의 당면한 투쟁과제들과 관련하여 갖는 실천적 의의에 대해 후기까지 써주었는데, 이 글이 독자들의 이해를 높이는 데 도움이 되기를 바란다. 아울러 연구팀의 안팎에서 고달픈 번역작업을 맡아준 역자들에게도 특별히 감사의 말을 전하고 싶다. 번역에는 편저자와 장석준을 비롯하여 정상준(서울대 대학원 사회학 석사), 황선웅(연세대 대학원 경제학 박사과정), 박종완(독일 Bremen대학 경제학 석사과정), 그리고 양정석(연세대 대학원 경제학 석사)이 참여하였다. 이 책이 이론과 실천에서 이 나라의 진보적인 논쟁을 한 수준 높이는 데 기여한다면, 그것이야말로 역자들과 연구팀의 노고에 대한 최대의 보상일 것이다.

2003. 4. 7

김성구

목 차

■ 후기 • 355
국가와 사회화를 둘러싼 투쟁 현안에 대하여 / 송유나

1부
지구화와 경제위기 그리고 사회화

신자유주의 세계화와 초국적 금융자본: 국가독점자본주의론의 테제[*]

김성구

1. 국가독점자본주의론의 관점

현단계 자본의 세계화와 초국적 금융자본의 운동은, 한편에서 1970년대 이래 세계자본주의의 구조적 위기와 그에 따른 브레튼 우즈 체제의 붕괴, 그리고 다른 한편에서 이에 대한 독점자본과 금융자본의 신자유주의적 대응전략의 결과이다. 따라서 그 연관을 비판적으로 해부하지 않으면 안 된다. 신자유주의 세계화와 초국적 금융자본은 자본의 세계화운동의 필연적인 발전 결과가 아니라 구조적 경제위기에 대한 독점자본과 금융자본의 특정한 정책의 결과이며, 따라서 이 정책에 대한 비판과 대안정책을 통해 신

---

[*] 이 글은 2003년 5월 23-25일 개최된 제1회 맑스코뮤날레('지구화시대 맑스의 현재성')에서 발표한 논문(「현대자본주의와 국가독점자본주의론」)의 핵심 내용을 테제 방식으로 작성한 것이다. 관련 논쟁과 문헌에 대해서는 그 논문을 참조하기 바란다. 다만 이 글의 작성에서 주요하게 참조하였던 Huffschmid의 저작은 여기서도 밝혀놓는 것이 좋겠다. Jörg Huffschmid, *Politische Ökonomie der Finanzmärkte*, Hamburg, 2002; Jörg Huffschmid, "Mehr Instabilität, mehr Finanzmacht und mehr soziale Polarisierung—Die Finanzmärkte und die Möglichkeiten ihrer Kontrolle," *Z. Zeitschrift Marxistische Erneuerung*, Nr. 46, Juni 2001; Jörg Huffschmid, "Täter auf den Finanzmärkten: Konzentration, Zentralisation und neue Formen des Einflusses von Banken und anderen Finanzunternehmen," *Z. Zeitschrift Marxistische Erneuerung*, Nr. 39, September 1999; Jörg Huffschmid, "'Dominanz globalisierter Finanzmärkte': Politische Kapitulation statt ökonomisches Gesetz," *Z. Zeitschrift Marxistische Erneuerung*, Nr. 31, September 1997.

자유주의적 세계화에 대한 대안을 모색하는 것은 가능한 일이다. 그 비판과 대안의 이론은 국가독점자본주의론(이하 국독자론)에 토대를 둘 때에만 과학적이다. 전통적인 금융자본론과 국독자론이 초국적 금융자본과 지구적 자본주의라는 현대자본주의의 새로운 현상을 분석할 수 없다는 국내 청산파의 주장은 이론발전의 객관적 사실과 다르며, 국독자론의 역사에 대한 불충분한 수용과 왜곡된 이해를 반영할 뿐이다. 다른 맑스주의 흐름과 마찬가지로 1980년대 중반 이래 국독자론도 현대자본주의의 초국화 경향과 투기적 금융자본의 운동에 대한 분석으로 연구중심을 이동해 왔고 이러한 현상들을 국가독점자본주의(이하 국독자)의 조절위기라는 틀 속에서 70년대 이래의 구조위기와의 연관 하에 설명하고자 하였다. 이러한 시도는 한편에서 국독자론에 대한 자기비판을 포함하지만, 다른 한편에서는 지구화시대에도 현대자본주의에 대한 맑스주의 분석이론으로서 국독자론의 이론적 유효성을 입증하는 것이다.

2. 브레튼 우즈 체제: 케인즈주의적 국가독점자본주의의 국내적, 국제적 조절체제

전후의 브레튼 우즈 체제는 케인즈주의적(또는 사민주의적) 국독자와 그 국제적 조절에 입각한 체제이었다. 케인즈주의적 국독자는, 1930년대 세계대공황과 파시즘의 경험이라는 배경 하에서, 반파시즘 투쟁과 사회주의 체제의 성립을 통해 국내적, 국제적으로 강대해진 노동자계급의 정치적 압력(사회화와 경제민주주의에 대한 요구는 다름아닌 그 표현이었다)에 강제되어 독점자본과 금융자본의 자유로운 운동과 그 이윤요구를 제한하고 통제하는 한편, 사회보장과 완전고용 그리고 노동자계급의 정치적 권리의 신장을 위해 국가개입을 제도화함으로써 성립되었다. (뉴딜협약) 국제적으로 케인즈주의적 국독자는 미국 헤게모니에 입각한 IMF제도(및 GATT의 자유무역제도)와 IMF를 통한 국제통화의 조절[금 1온스＝35달러의 평가와 금 태환, 각국 통화와 미국 달러와의 고정환평가 그리고 기초적 불균형이 발생한 경우의 환평가 변경, 즉 세계화폐로서의 달러와 (조정가

능한) 고정환율제도], 그리고 국제자본이동의 제한에 기초하였다. 조정가
능한 고정환율제도와 국제자본이동의 통제는 경제성장과 완전고용을 목표
로 하는 국민적 케인즈주의가 작동하기 위한 국제적 조건을 형성하였다.
그러나 케인즈주의적 국독자가 작동할 수 있었던 궁극적인 토대는 평균이
윤율의 회복에 있었다. 제2차 세계대전을 통한 과잉자본의 파괴와 잉여가
치율의 대폭적인 증대는 평균이윤율과 자본축적의 조건을 개선하였고 이
는 전자와 핵 동력 등 새로운 기술혁명과 전후의 부흥투자와 결합해서 20
세기 역사상 유례가 없는 황금시대를 가져올 수 있었다. 이렇게 평균이윤
율의 회복은 케인즈주의적 경제관리가 유효할 수 있는 정책 공간을 창출하
였고 또 노자간의 계급타협이 성립될 수 있었던 물질적 토대이었다. 독점
자본가계급이 노동조건과 분배관계 그리고 사회보장에서 노동자계급에게
일정하게 양보하면서도 평균이윤율의 조건을 유지할 수 있었던 것은 과학
기술혁명의 진전에 따른 상대적 잉여가치 생산의 증대에 크게 기인하였다.
평균이윤율의 개선은 국제적으로도 국독자의 조절체제가 작동되는 근본적
인 토대이었다. 세계시장에서 제국주의 국가들간의 경쟁은 확대되는 파이
(이윤과 시장)를 둘러싼 형제간 투쟁이었고 국제경쟁의 불균형적 효과는
국민경제의 성장을 위협하지 않고도 IMF제도의 틀 내에서 교정될 수 있었
다. 이처럼 케인즈주의적 국독자는 20세기 자본주의 역사상 유일하게 조성
되었던 노동자 계급투쟁의 유리한 정치지형과 평균이윤율의 개선이라는
자본축적의 물질적 토대 위에서 국가개입을 통해 개혁과 성장의 호순환을
달성할 수 있었다.

3. 국가독점자본주의의 조절위기와 브레튼 우즈 체제의 붕괴

브레튼 우즈 체제는 물론 내적 모순으로 불안정할 수밖에 없던 체제이었
다. 그 모순은 무엇보다도 전후 자본주의의 성장동학이 1960년대 말/1970
년대 초 한계에 부딪치자 위기로 표출되었다. 이 위기는 단순히 주기적 위
기만이 아니라 구조적 위기의 성격을 띠었다. 그것은 국독자의 조절위기
로서 케인즈주의적 국독자의 재편을 요구하는 위기였다. 케인즈주의적 국

독자의 조절위기는 외생적인 요인들이 아니라 바로 전후 고도성장의 과정에서 성장의 조건들이 소진되고 그 내재된 모순들이 전개됨으로써 표출되었다. 즉 자본주의적 축적과 그 모순들의 필연적인 결과이었다. 자본주의 역사상 세 번째 조절위기인 이 위기의 근본적 원인은 고도성장 하에서 발전한 생산력과 자본주의적 생산관계(특히 독점적 또는 국가독점적 생산관계)간의 모순과 비조응에 있었고, 그 모순은 평균이윤율의 경향적 저하에서 표현되었다. 노자간의 역사적 타협과 국가의 경제관리를 통한 국독자의 조절이라는 케인즈주의적 개입정책도 자본주의의 이 기본적인 위기경향을 지양할 수 없었다. 오히려 이윤율의 경향적 저하가 관철됨에 따라 노자간의 역사적 타협과 국가의 경제관리의 물질적 토대가 해체되었다. 이러한 조건 하에서 케인즈주의적 개입정책은 더 이상 작동할 수 없었다. 국독자에 내재된 인플레 경향은 구조위기 하에서 스태그플레이션으로 발전하였고, 이는 케인즈주의의 파산의 구체적 표현이었다. 평균이윤율의 위기는 또한 국독자의 국제적 조절의 토대도 침식하였다. 하락하는 이윤율과 과잉자본의 압박 속에서 제국주의 자본들과 국가들 사이의 경쟁은 더 이상 이윤증식을 위해서가 아니라 손실의 전가를 위한 적대적 투쟁이 되었다. 자유무역제도는 크게 위협받게 되었고 새로운 보호무역주의가 창궐하였다. 스태그플레이션의 조건하에서 국제수지의 위기와 불균형은 IMF제도의 틀 내에서 조정될 수 없었고 그 조정은 국민경제의 성장과 고용을 위한 정책과 크게 충돌하였다. 뿐만 아니라 유럽과 일본 자본주의의 부흥과 추월경쟁 그리고 미국자본주의의 위기로 요약되는 제국주의 국가들간의 불균등발전으로 미국 헤게모니가 위협받게 되었고, 이것 또한 미국 헤게모니 위에서 성립한 브레튼 우즈 체제의 근간을 무너뜨리는 데 기여하였다. 미국의 국제수지 적자의 증대 및 금준비의 저하와 함께 그것은 달러의 위기로 나타났고, 마침내 1970년대 초 금태환 정지와 IMF의 고정환율제도의 붕괴 그리고 변동환율제도로의 이행으로 귀결되었다. IMF의 달러체제에 내재한 모순, 이른바 트리핀(R. Triffin)의 딜레마가 현실화되었다.

4. 케인즈주의적 국가독점자본주의로부터 신자유주의적 국가독점자본주의로

케인즈주의적 국독자는 위기에 직면하여 재편되지 않으면 안 되었다. 역사적으로는 두 개의 경향 또는 대안이 경쟁했는 바, 하나는 케인즈주의적 국독자의 위기 원인을 시장경제와 자본의 이윤원리를 침해한 개입주의 경제정책에서 찾고 통화긴축과 개입주의 경제정책의 해체, 즉 탈조절과 민영화, 사회보장의 해체, 자유화 그리고 노동의 유연화를 통해 위기를 극복할 수 있다고 주장하는 신자유주의 대안이었고, 다른 하나는 케인즈주의적 국독자의 위기 원인을 시장경제와 자본의 운동에 대한 불철저한 제한, 즉 개입주의 정책의 제한적 성격에서 찾고 자본주의 축적의 본질적 모순에서 발전하는 위기적 경향을 근본적으로 지양하기 위해서는 오히려 국가개입을 확대해서 사회적 형태의 소유와 조절 그리고 통제를 획기적으로 강화해야 한다는 사회화 대안이었다. 양자의 대안 중 신자유주의 대안이 역사적으로 관철되었는데, 그것은 물론 계급투쟁을 통해서, 계급투쟁의 결과로서만 관철될 수 있었다. 1970년대 이래 사회화대안은 위기의 심화와 계급투쟁의 활성화 속에서 실로 탈위기의 대안으로 제출되었고 사민주의의 급진화와 함께 사민당의 공식적인 요구로서 자리잡게 되었다. 영국 노동당의 대안경제전략(AES), 프랑스 사민당과 공산당의 공동선거강령, 스웨덴 사민당의 임노동자기금안, 독일 금속산업노조의 철강산업 사회화프로그램 그리고 프랑스 사민당과 공산당의 공동정부에 이르는 이 시기의 사회화 프로그램은 이런 정세의 표현이었다. 그러나 계급투쟁의 조건은 노동자계급에게 이미 불리하게 변화되어 있었다. 즉 2차대전 종전 후 형성되었던 노동자계급의 유리한 정치지형은 이미 해체되어 갔다. 성장과 완전고용 그리고 사회보장을 위한 노동자계급과 독점자본가계급간의 역사적 타협 속에서 노동자들의 계급투쟁은 고용과 분배의 영역으로 제한되었고 독점자본주의 질서 자체는 노동자계급에게 이데올로기적으로 수용되었으며, 역사적 타협의 정치체제가 체제를 둘러싼 노동자계급과 독점자본가계급간의 투쟁의 결과였다는 사실, 정치투쟁의 여하에 따라 다시 역전될 수 있다는 사실은 망각되었다. 현실사회주의의 왜곡과 변질 또한 사회화 대안을 위해 노동자 대중들을 동원하는 데 질곡으로 작용하였다. 이렇게 개량주의에 물들고 이데올로기적으로 자본주의 질서에 포섭된 노동자계급으로서는 성장과 고용의 위기를 배경으로 이 역사적 타협을 공격하는 독점자본가계급의 신자유주의 공세에 대항하여 사회화 대안을 자신들의 대안으로 관철할 수는 없었다. 사민당의 우경화와 사회화 프로그램의 변질 또는 폐기는 그 정치적 귀결이었다.

신자유주의 대안의 관철, 즉 신자유주의적 전환은 케인즈주의적 국독자를 신자유주의 국독자로 재편하였다. 신자유주의는 시장경제로부터의 국가의 축출을 이데올로기적으로 선전하였다. 무엇보다 프리드만의 통화주의에서 신자유주의의 반(反)국가주의 이데올로기가 극명하게 표현되었다. 즉, 재화와 금융시장에서 가격기구만이 가장 효율적으로 생산의 문제를 해결한다, 국가는 특히 사회보장정책을 통해 시장 힘들의 작용을 교란시킨다, 따라서 국가가 이로부터 철수할수록 공공의 복지는 증대한다, 실업의 발생은 너무 높은 실질임금, 노동시장의 규제 그리고 실업자 지원정책 때문이다, 따라서 국가는 실업과 싸워서도 안되고 또 싸울 수도 없다, 국가는 자연실업율 아래로 실업을 떨어뜨릴 수 없다, 이자율과 환율의 결정도 시장 힘들의 작용에 맡겨져야 한다, 재정적자와 국가채무의 주요 원인은 과도한 복지국가 때문이다, 복지국가의 해체와 인플레와의 투쟁이 경제정책의 가장 주요한 목표다 등등. 그러나 고도로 발전한 현대자본주의 하에서 시장으로부터 국가를 축출하는 것은 불가능한 일이었다. 그것은 현실의 국가개입과 그 성격을 호도하는 일종의 이데올로기였다. 따라서 신자유주의 전환 후에도 국독자는 해체되지 않았고 다만 변용되었을 뿐이었다. 신자유주의적 국독자도 국가와 독점자본의 결합 위에서 작동하였다. 그러나 케인즈주의적 국독자에서 국가가 독점자본과 금융자본의 이윤원리를 일정하게 제한하고 노동자계급의 고용과 노동조건 그리고 사회보장을 위해 경제에 개입하였다면, 신자유주의적 국독자 하에서 국가는 보다 직접적으로 독점이윤과 금융이윤의 보장을 위해 경제에 개입하였다. 이런 점에서 신자유주의적 국독자의 모순된 현상, 즉 한편에서 탈조절과 다른 한편에서 국가개입의 강화는 결코 모순된 것이 아니었다. 산업독점과 금융독점 및 그 이윤을 위한 국가

개입(감세와 보조금 그리고 통화긴축과 고이자율 정책), 그러나 노동보호와 사회보장을 위한 국가개입의 철폐(노동유연화와 탈조절, 민영화), 그리고 독점자본과 금융자본을 위한 자유화(무역과 자본 및 금융자유화), 이것이 신자유주의적 국독자가 작동하는 방식이었다. 신자유주의적 국독자란 결국 1970년대 케인즈주의적 국독자의 위기에 대항하여 그 위기의 주요한 원인인 이윤율의 경향적 저하를 상쇄하고 이윤율의 개선을 통해 새로운 축적조건을 창출하고자 국독자의 작동방식을 반동적으로 재편한, 국독자의 새로운 변종이었다.

5. 변동환율제로의 이행과 자본자유화 그리고 금융자유화

국독자의 국제적 조절과 관련해서도 신자유주의적 국독자는 심대한 결과를 가져왔다. IMF제도의 붕괴로 촉발된 국제통화제도의 위기(달러의 위기와 변동환율제도)는 신자유주의의 자유화정책을 통해서 진정될 수 없었고 오히려 확대되고 구조화되었다. 변동환율제도는 1976년 IMF에 의해 공식화되었고 국제통화질서는 기본적으로 불안정하게 되었으며, 달러와 다른 제국주의 통화들간의 통화전쟁이 세계시장에서 국민적 독점자본간 격화된 경쟁의 주요한 수단이 되었다. 뿐만 아니라 변동환율제도로의 이행으로 통화의 성격은 크게 변화하였다. 국제화폐는 국제적인 거래와 지불을 매개하던 수단으로부터 금융자산의 하나로서 투자의 대상으로 전화되었다. 환율변동으로부터 발생하는 투기적 이득이 다름아닌 그 투자의 토대를 이루었다. 변동환율제도로의 이행과 국제화폐의 투자수단으로의 전화는 금융부문의 신자유주의적 재편의 출발조건을 규정하였다. 한편에서 환율의 일상적인 변동의 위험으로부터 보호하기 위한 헤징의 필요와, 다른 한편에서 환율변동으로부터 비롯되는 환차익을 노리는 투기의 유인, 이 양면으로부터 자본의 자유화에 대한 압력이 증대하였다. 자본의 본성에 내재한 자본자유화의 경향은 IMF의 제한규정 하에서도 유러달러의 성장 속에서 제한적으로 관철되고 있었지만, 변동환율제도로의 이행과 함께 자본자유화는 70년대 중반으로부터 90년대 중반에 이르는 시기에 OECD국가들에서 전면화되었다. 역으로 자본자유화와 함께 외환시장의 투기화도 전면화되었다. 뿐만 아니라 자본자유화는 그 자체의 논리에 의해 국민적 금융시장의 탈조절을 강제하였고 80년대와 90년대에 걸쳐 국민적 금융시장에 대한 각종 규제조처들(이자율 제한과 금융업무영역 통제 등)이 철회되었다. 1999년 미국에서는 1933년 이래 상업은행과 투자은행간의 엄격한 분리를 제도화했던 글래스-스티걸 법(Glass Steagall Act)이 마침내 지양되었다. 변동환율제도로의 이행, 국제자본이동의 완전자유화, 국민적 금융시장의 탈조절 강화의 결과, 고정환율제도와 국제자본이동의 제한 그리고 국민적 금융시장의 통제에 입각했던 IMF제도는 최종적으로 붕괴되었고, 국제자본운동과 금융시장은 마치 투기와 무절제가 지배했던 1930년대 이전의 시기로 회귀하는 양상이었다. (환율, 이자율, 주가의 자유변동과 이로부터 투기이득을 얻고자 운동하는 투기자본. 오늘날과 차이가 있다면, 당시에는 재건 금본위제 하에서 환율이 고정되어 투기대상이 될 수 없다는 것뿐이었다.) 이 모든 것은 신자유주의 하 지속되는 실물적 자본축적의 위기 위에서 전개되었다. 평균이윤율의 위기와 실물부문의 과잉축적에 직면하여 금융시장은 점차 실물부문과 화폐부문을 매개하던 전통적인 기능으로부터 벗어나서 더욱 자립화하였고 마침내 화폐자본간의 투기적인 게임 장소로 전락하였다. 1990년대 이래 (유럽연합 내의 파운드와 리라의 위기를 논외로 한다 하더라도) 멕시코, 동남아시아, 한국, 러시아, 브라질, 아르헨티나 등에서 파상적으로 전개된 국제 외환금융위기는 조절능력을 상실한 신자유주의적 국독자의 필연적 결과이었다.

6. 현대의 초국적 금융자본

자본자유화와 금융시장의 탈조절을 배경으로 하여 오늘날 초국적 금융자본의 운동은 크게 변화하였다. 초국적 금융자본 운동의 주요 방향은 증권화, 초국화 그리고 투기화에 있었다. 세계 금융시장(자본조달시장)의 주요 기반은 1980년대 이래 은행신용으로부터 자본시장으로 이동하였고 금융자본의 운동형태도 신용과 자본대출로부터 유가증권 투자로 이동하였다. 이

러한 변화는 투자은행과 보험회사나 연기금 같은 기관투자가에 의해 주도
되었고 은행 또한 전통적인 신용과 대출업무로부터 점차 유가증권 투자업
무로 전환하였다. 그에 따라 은행의 수익구조도 변화하였다. 은행의 전체
수익 중 예대금 이자차이에서 발생하는 이익의 비중은 점차 하락한 반면,
상담과 투자업무로부터 발생하는 수수료 수익과 유가증권거래로부터 발생
하는 이익의 비중은 증가하였다. 그러나 금융자본과 금융시장의 이와 같은
변화는 어디까지나 상대적인 변화이었고, 국가에 따라서도 그 정도가 상이
하였다. 예컨대 1982년부터 10년 동안 세계 금융시장의 구조는 상당히 은행
부문에 불리하게 변화하였지만, 1992년 은행을 통한 금융조달 비중은 아직
도 45%를 차지하였고, 자본시장의 비율은 55%이었다. 또한 은행의 수익
구조도 유럽통화동맹 11개국에서 보면 예대금 이자차이에서 발생한 이익이
차지하는 비중은 1990년대 초에 비해 1998년에는 상당히 떨어졌지만, 아직
도 60%에 가까운 수치를 기록하였다. 그것은 미국의 수치(48%)보다도 훨
씬 높은 것이었고 미국의 수치 자체도 아직 높은 수준이었다. 한편 이러한
변화에 조응하여 금융자본의 국제적 운동도 국제무역과 관련된 신용, 외환
등의 부대업무라든가 국제적인 자본대출 등의 고전적 형태로부터 점차 주
식 및 채권 발행의 국제적 매개와 그 거래 같은 새로운 영역으로 이동하였
다. 1990년대 이래 그 초국화의 정도는 질적으로 상이한 규모에 도달하였
다. 국경을 넘어가는 주식 및 채권 거래는 이 시기 획기적으로 증가하였고
이는 전통적으로 금융거래가 중요한 부문이었던 영국을 논외로 하더라도
선진자본주의국가들에서 일반적인 현상으로 되었다. 금융자본의 증권화 경
향은 불가피하게 투기적 운동과 결합될 수밖에 없었다. 외환시장과 주식시
장 그리고 채권시장 등에서 운동하는 금융자본 거래의 주요부분은 투기적
거래이었다. 그 중에서도 단연 돋보이는 것은 외환시장이었다. 1995년 외
환시장에서 하루 동안 거래되는 외환규모는 1조3,000억 달러이었는데, 이
중에서 실물거래에 동반되는 경상 및 자본거래로부터 비롯된 외환거래는
10% 정도 차지하였고 나머지 90%는 전적으로 투기적 목적으로 이루어진
거래이었다. 1977년 세계전체 수출 규모가 외환거래금액의 28.5%이었던
반면, 1995년에 이 수치는 단지 1.6% 정도에 지나지 않았다. 채권과 주식

시장의 (장내거래) 규모는 외환시장에 비해 크게 떨어지지만, 여기서도 거래의 중심은 산업자본의 동원과 관계되는 1차시장의 거래로부터 산업자본의 동원과는 관계없는 2차시장, 즉 기존에 발행된 채권과 주식이 거래되는 순전한 투기적 시장으로 이동하였다. 특히 파생금융상품의 거래는 규모의 면에서도, 그 투기적 성격의 면에서도 더욱 인상적이었다. 1995년 세계 파생금융상품거래 년 매출액은 334조 달러로 외환거래금액보다 더 높았을 뿐만 아니라 파생금융상품의 매 증권은 1996년 평균적으로 약 8일마다 회전했을 정도로 그 투기성이 매우 높았다.

7. 고전적 금융자본론의 폐기?

현대 금융자본의 이와 같은 새로운 모습은 브레튼 우즈 체제에서의 금융자본의 존재형태와 뚜렷하게 대조되는 것이었다. 뿐만 아니라 이론적으로는 전통적인 금융자본론에 대한 반성을 요구하는 것으로 해석될 수 있었다. 전통적 금융자본론에 따르면, 금융자본은 독점적 산업자본과 은행독점자본 간의 융합(레닌) 또는 산업자본화하는 은행자본(힐퍼딩)으로 이해되었고 이 개념의 중심에는 은행자본에 의한 산업자본의 지배와 사회적 재생산의 관리가 있었다. 또한 그 융합 또는 지배의 메커니즘은 무엇보다도 주식소유 관계와 자금조달 그리고 인적 결합을 통해 이루어졌다. 그에 반해 현대 금융자본은 산업자본과의 유착관계가 아니라 산업자본과의 분리에 기초해 있고, 그 중심은 은행자본이 아니라 보험회사와 연기금 등 기관투자가이며, 이는 기업의 자금조달이 상업은행의 대출로부터 점차 주식 및 채권시장에서의 주식 및 채권 발행으로 이동한 것과 관련되어 있었다. 투기적 금융자본의 목적은 경영의 지배가 아니라 오로지 주주가치, 즉 주식소유자의 이해를 극대화시키는 데 있을 뿐이었다. 뿐만 아니라 투기적 금융자본은 자본수출국에서도, 자본수입국에서도 더 이상 특정한 국적과 관련을 갖지 않았고, 이런 점에서도 전통적인 국민적 금융자본과 단절하는 것이었다. 현대 금융자본의 새로운 변모에 대한 인식과 이를 통한 전통적인 금융자본론에 대한 문제제기는 여기에 머물지 않았다. 그것은 더 거슬러 올라가서 브레튼 우즈 체제에서의 미국 금융자본도 전통적인 금융자본 개념과 조응하지 않는다는 비판으로 발전하였다. 전통적인 금융자본론에 대한 전면적인 폐기와 재구성을 요구하는 이와 같은 비판은 일찍이 스위지(P. M. Sweezy)와 네오맑스주의자들에서 비롯된 것이었다. 따라서 그것은 새로운 것이 아니었다. 오늘날 한국에서는 국독자론을 청산한 논자들이 세계체제론과 역사적 자본주의론의 관점에서 이 낡은 주장을 다시 들고 나왔다. 이들도 한때는 국독자론을 수용했었는데, 그러면 그때는 미국 금융자본에 대해 전혀 아는 게 없었다는 것으로밖에 이해되지 않는 변신이었다. 이들에 따르면, 1990년대 금융자본의 변화는 미국 금융자본에 의해 주도되었는 바, 미국 금융자본은 신자유주의적 전환 이전에도 독점은행과 독점기업간의 융합의 형태로 존재하지 않았다는 것이었다. 독점은행과 독점기업의 융합과, 그에 기초한 은행의 기업지배 관계는 금융자본의 독일적인, 또는 유럽대륙적인 특징이라는 것이었다. 즉 미국의 금융자본은, 한편에서 산업의 독점기업이 은행차입보다는 주로 내부유보이윤 등을 통해 자금을 조달하였고, 다른 한편에서는 글래스-스티걸 법에 따라 은행의 기업주식 보유가 금지됨으로써, 은행자본(또는 금융자본)에 대한 산업자본의 자립 또는 산업자본에 대한 은행자본(또는 금융자본)의 종속의 형태로 제도화되었다는 것이다. 따라서 이 비판에 따르면, 금융자본의 최근의 변화는 은행과 기업의 융합 또는 은행의 기업지배라는 전통적인 금융자본으로부터 현대의 투기적 금융자본으로의 변화로 설명할 것이 아니라, 미국자본주의에 관한 한, 또 미국자본주의가 세계의 헤게모니 자본주의라면, 일반적으로, 금융자본에 대한 산업자본의 자립으로부터 투기적 금융자본의 지배, 즉 금융자본에 의한 산업자본의 지배로의 변화라고 설명해야 하는 것이었다.

8. 논쟁 1: 금융자본의 개념과 유형

금융자본은 물론 국가간에 그 존재형태 또는 유형을 달리하였고 또한 동일유형의 금융자본이라 하더라도 각각은 브레튼 우즈 체제하에서의 존재형태 또는 변종과 1980년대 이래 신자유주의적 전환 후의 변종을 달리하였다.

그러나 유형의 차이와 변종의 변화에도 불구하고 이는 금융자본의 개념을 폐기할 논거가 될 수는 없었다. 즉 독점자본주의 시대 금융자본 발전의 본질적 경향, 즉 산업의 독점자본과 은행독점자본간(보다 일반적으로는 산업 및 상업의 독점자본과 화폐적 독점자본간)의 융합경향을 부정할 수는 없었다. 레닌의 정의에서 금융자본이라 함은 산업자본과 화폐자본의 구별이 없어지게 된 어떤 융합된 새로운 자본분파나, 또는 산업자본을 통합한 은행자본 아니면 산업자본으로 전화된 은행자본의 어느 것을 의미하는 것이 아니라 독점적인 이윤획득을 위해 바로 이 두 개의 독점자본 분파가 독자성을 유지한 위에서 결합한 총체를 지시한 것이었다. 금융자본의 국민적 유형과 변종은 바로 이 결합 구조가 국가와 시대에 따라 상이하게 제도화된다는 것에서 비롯되었다. 다시 말해 그것은 금융자본의 형성과 운동에서의 역사적, 국민적 특수성을 반영한 것이었다. 따라서 금융자본의 독일적 유형과 미국적 유형은 모두 금융자본의 특수한 유형일 수밖에 없었지만, 그러나 독일적 유형이 금융자본 발전의 본질적 경향, 즉 산업의 독점자본과 화폐적 독점자본의 융합경향을 보다 완전하게 실현시킨다는 점에서 그것은 금융자본의 일반적 개념에 보다 합당한 유형이었다. 그에 반해 미국의 금융자본은 금융자본의 본성이 보다 특수한 형태로 제도화된 유형이었다. 이것은 미국이 브레튼 우즈 체제 하에서 헤게모니 국가이었고 미국 금융자본이 헤게모니 자본이었다는 사실에도 불구하고 변함없는 진실이었다. 미국 금융자본은 독일 금융자본을 대체하는, 새로운 보편적인 형태라기보다는 금융자본의 운동에 대한 특수한 규제방식으로부터 비롯한, 특수한 미국적인 유형일 뿐이었다. 뿐만 아니라 특수한 미국 유형에도 예외 없이 산업의 독점자본과 은행독점자본간의 융합경향이 작동하였고, 바로 그 때문에 그 특수한 규제방식이 필요했던 것이었으며, 그럼에도 불구하고 그 융합경향을 저지할 수는 없었다. 독점자본주의 단계로의 이행으로부터 1930년대에 이르는 시기 미국자본주의에서 산업독점자본과 은행독점자본간의 융합경향은 부정할 수 없는 현실이었다. 바로 이런 현실 때문에 글래스-스티걸 법이 제정되었고, 이는 은행의 주식보유를 법률적으로 금지시킴으로써 미국 금융자본의 형성 역사에서 발전해온 산업의 독점자본과 은행독점간의 융합경향을 제도적으

로 저지하는 데 분명 기여하였다. 뿐만 아니라 은행의 집적과 집중을 규제
하는 각종 은행관련법 조항, 예컨대 1주1행(1州1行) 원칙, 주간(州間) 지
점설치 금지, 주내(州內) 지점설치 제한, 은행주식의 보유제한, 은행지주
회사의 합병 제한 등도 융합경향의 발전을 저지하는 요소로 작용하였다. 그
러나 1960년대와 70년대에도 미국 금융자본은 의연히 산업과 금융의 결합
으로서 존재하였다. 산업자본과의 관계에서 은행자본의 제한된 자리에는
보험회사 등과 같은 다른 금융기관이 대신하였다. 뿐만 아니라 은행의 주식
보유 금지에도 불구하고, 은행과 산업간에는 자금조달과 (비록 분산적이지
만) 주식보유 그리고 광범위한 인적 교류를 확인할 수 있었다. 1980년대 이
래 세계적인 금융자유화와 글로벌 경쟁의 강화 속에서 미국은 1999년 말 이
법을 지양하였다. 이로써 미국 금융자본은 상업은행과 투자은행의 제도적
분리와 상업은행의 기업주식보유 금지라는 제약으로부터 해방되었고 새로
운 운동의 계기를 갖게 되었다.

9. 논쟁 2: 신자유주의와 금융자본의 변종 변화

신자유주의적 전환과 함께 위와 같은 금융자본의 구조는 분명 변화하였
다. 독일형 금융자본이든, 미국형 금융자본이든, 국가에 따른 유형의 차이
를 넘어 전통적인 금융자본의 지배구조는 신자유주의적으로 재편되었다.
변화를 주도한 것은 특히 미국 금융자본이었지만, 유럽의 금융자본도 이 방
향으로 변화하였다. 재편의 핵심은 앞서 본 바와 같이 증권화, 초국화 그리
고 투기화로 요약될 수 있다. 산업과 금융간의 유착관계의 약화 또는 해체,
은행으로부터 보험회사와 연기금 등으로 금융부문의 중심 이동, 은행신용
으로부터 주식과 채권발행으로의 자본조달시장의 중심 이동, 신용업무로부
터 투자업무로의 은행업무의 이동, 주주가치 극대화 원리의 강화, 투기자
본의 이른바 국민성 탈각 등이 그것이었다. 그러나 이런 변화는 어디까지나
상대적 성격의 것이었다. 증권화의 진전에도 불구하고 은행과 은행신용은
여전히 주요한 지위를 점하고 있었고 투기화의 외관 속에서도 금융시장을
지배하는 금융기관의 집적과 집중은 고도로 진행되었는데, 여기서 중요한

것은 투기자본이 아니라 금융기관의 지배를 위한 지배적 주식지분이었다. 뿐만 아니라 금융자본의 국민적 성격도 결코 지양되지 않았다. 거대 금융기관들의 합병은 압도적으로 국민적인 성격을 띠고 있었고(1997-98년 금융부문의 세계 20대 합병 중 18개는 동일국민자본간의 합병이었을 뿐 아니라 미국 또한 예외가 아니었다), 기관투자가들이 관리하는 세계의 자산 중 대부분은 국내에 투자되었으며(1990년대 초에도 외국에 투자된 자산은 전체의 10%에도 미치지 못했다), 신규 자본(은행신용과 주식 및 채권발행)도 주로 국내에서 조달되었다. (1982-1992년간 국제적 자본조달의 비중은 19.5%로부터 18.1%로 오히려 하락하였다.) 한편 화폐자본의 산업자본으로부터의 자립화와 투기자본화는 금융자본으로서의 통일성에 비교할 때 어디까지나 상대적인 의미로만 해석할 수 있는 것이었다. 왜냐하면 화폐자본의 증권화, 투기화에도 불구하고 화폐자본의 수익의 토대는 언제나 실물자본이었고, 실물자본의 독점적 지배와 이를 위한 화폐자본과 실물자본의 금융자본으로의 결합 경향은 화폐자본의 투기화 속에서도 관철되었기 때문이었다. 결국 산업과 금융의 융합으로서 금융자본(제국주의 국민자본)은 지양되지 않았다. 독일에서 금융자본의 지배는 아직도 해체되지 않았고, 변화는 이런 구조를 대체하지 못했다. 미국의 금융자본 또한 기관투자가와 투기자본의 의의 증대에도 불구하고 전통적인 금융자본의 요소들을 폐기하는 것으로까지 나가지는 않았다. 물론 투기적 화폐자본의 운동에 의해 산업자본과, 그에 따라 노동자계급에 강요되는 구조조정과 경영합리화의 압력은 부정할 수 없겠지만, 그러나 주주계급에 의한 이런 압력은 새로운 것은 아니었다. 브레튼 우즈 체제 하에서도 노동자계급을 압박한 것은 언제나 주주계급(무엇보다 대주주들)과, 주주계급에 의해 압박되는 산업자본이었다. 새로운 것의 본질은, 브레튼 우즈 체제 하에서는 (독점)이윤에 대한 (대주주들과) 주주계급의 전일적이고 배타적인 요구가 노동자계급의 정치적 압력 하에서 사회적으로 제한되고 통제되었던 반면, 신자유주의적 전환 후에는 그 제한과 통제 장치가 철폐되어 (독점)자본의 무절제한 이윤요구가 해방되었다는 점에 있었다. 자본자유화와 금융자유화 그리고 신자유주의 유연화에 의해 노동자 착취의 강도는 훨씬 높아졌고, 바로 이 점에 산업자본과 화폐자본의 공통의 이해, 나아가 양자의 융합으로서 금융자본의 고유한 이해가 놓여있었다. 결론적으로 이런 변화는 신자유주의적 전환에 따라 케인즈주의적 국독자가 신자유주의적 국독자로 변종변화된 것에 대응하는, 말하자면 금융자본의 일종의 변종변화로 파악할 수 있다. 즉 독일적 유형에서는 산업과 은행의 융합이 약화되긴 했지만 여전히 유지되는 위에서, 은행자본이 주주가치의 극대화를 중시하는 투자업무로 업무를 전환하고 확장함으로써 금융자본의 변종변화를 가져온 반면, 산업과 은행간의 융합 정도가 상대적으로 미약했고 보험회사나 연기금 등 기관투자가의 의의가 비교적 중요했던 미국유형에서는 기관투자가 중심의 신자유주의적 금융재편이 이루어짐으로써 그 융합관계가 보다 약화되는 방향에서 금융자본의 변종변화를 가져왔다.

이렇게 신자유주의적 전환과 금융자본의 변화는 산업독점과 은행독점(또는 금융독점) 간의 융합 (경향) 이라는 본질의 해체가 아니라 그 융합이 조직되는 제도적 방식의 변화 또는 변종의 변화이었다. 그리고 이 변화의 본질은 단순히 산업자본과 금융자본(화폐자본) 의 새로운 대항관계(와 이를 표현하는 투기적 금융자본의 지배) 에 있는 것이 아니라 산업과 금융의 융합으로서의 금융자본 자체와 노동과의 관계의 변화에 있었다. 브레튼 우즈 체제하에서 양자의 융합으로서 금융자본과 노동자계급간의 역사적인 계급타협은 신자유주의적 전환과 함께 다시 적대적 투쟁으로 전환하였다. 이것이 변화의 본질적인 측면이었다. 금융자본(화폐자본) 의 산업자본에의 종속으로부터 금융자본(화폐자본) 의 산업독점자본으로부터 자립과 그 지배로의 전환은 부차적인 측면이었다. 즉 브레튼 우즈 체제로부터 신자유주의 지배체제로의 변종 변화에도 불구하고 화폐자본과 산업자본의 융합과 금융자본으로서의 통일성 그리고 양자의 동맹관계는 변함없이 유지되었다. 그렇다면 브레튼 우즈 체제로부터 신자유주의 지배체제로의 전환은 금융자본 내에서의 화폐자본과 산업자본의 위상 변화를 부차적인 측면으로 내포하면서도 기본적으로는 금융자본과 노동자계급의 역사적 타협으로부터 그 타협의 파기와 적대적 투쟁으로의 전환이 본질적 측면을 이루는 것으로 이해해야 하였다. 따라서 신자유주의 금융재편에 대항하는 노동자계급의 전략도 국제

투기자본의 운동과 그 통제를 조준하는 것이 아니라 기본적으로는 산업자본과 화폐자본의 융합으로서의 금융자본 자체를 조준해야 하는 것이었다. 자립화하는 투기적인 화폐자본에 대한 통제문제는 이런 전략과 관련해서는 부차적인 과제일 수밖에 없었다. 그렇다고 투기적인 화폐자본의 통제문제가 후차적인 과제는 아니었다. 그것은 선차적인 과제에 속하는 것이었다. 왜냐하면 주주계급의 전일적인 이윤요구를 대변하는 투기적 금융자본은 독점자본가계급과 노동자계급간의 역사적 타협을 공격하는 첨병으로서 기능하기 때문이었다. 문제는 이에 대한 통제를 전략적으로 어떻게 위치지워야 하는 것이었다. 전통적인 금융자본론을 폐기하는 청산파의 '금융세계화와 신자유주의' 비판 테제는 산업과 금융의 융합으로서 금융자본의 통일성을 파악할 수 없게 하였고, 결국 투기적 화폐자본의 운동형태를 현대 금융자본의 일반적 운동형태로 특권화할 수밖에 없었다. (이 특권화는 첫째, 실물자본과의 결합관계를 배제하고 순전히 화폐자본만으로 금융자본을 개념화하였으며, 둘째, 화폐자본 중에서도 대부자본을 배제하고 투기적 화폐자본만으로 금융자본을 개념화하였다.) 그것이 경험적 사실과 배치된다는 점은 말할 것도 없거니와, 더욱 중요하게는, 초국적 산업독점자본의 운동을 포괄하는 금융자본의 통일적인 지배기제에 대한 비판을 놓쳐버림으로써 심각한 전략적 오류를 가져온다는 것이었다. 또한 맑스주의 논쟁의 맥락은 아니었지만, 미국형 금융자본이 지배하는 신자유주의 금융세계화에 대해 독일형 금융자본(신자유주의적 변종이든 아니면 과거의 케인즈주의적 변종이든)의 제도화(및 투기적 화폐자본에 대한 산업자본분파와 노동자계급간의 동맹관계 구축)를 주장하는 한국의 비판적 경제학자들에 대해서도 동일한 비판이 제기될 수 있었다. 근본적인 문제는 투기적 금융자본의 통제가 아니라 산업과 금융의 융합으로서 금융자본 자체의 사회화와 이에 대한 대중적 통제에 있었다.

10. 신자유주의 세계화와 위기의 세계화

케인즈주의로부터 신자유주의로의 전환은 국독자의 조절위기를 결코 극복할 수 없었다. 탈조절과 유연화 그리고 감세 및 보조금정책으로 독점자본과 금융자본의 이윤조건은 분명 개선되었고 IT산업 같은 새로운 성장주도 산업이 발전하였지만, 사회전체적으로 과잉자본의 문제는 해소되지 못했고 성장률 둔화와 그에 따라 고용의 위기도 지속되었다. 세계자본주의의 3대 중심인 일본과 유럽 그리고 미국 중에서 90년대 성장기조를 달성한 국가는 미국뿐이었다. IT 산업의 신화와 주식시장의 투기적 확장을 기반으로 높은 성장을 이룩했던 미국자본주의는 신자유주의의 모범으로 선전되었지만, 바로 그 모순 때문에 붕괴하고 말았다. 2000년 중반부터 미국 주식시장은 특히 나스닥을 중심으로 이미 폭락하기 시작하였고 90년대 중반 이래의 긴 호황은 2001년 2/4분기 이래 또 한번의 주기적 공황으로 끝을 맺었다. 2002년부터 다시 경기회복이 시작되었지만, 이는 불안정하게 진행되고 있어 더블딥의 논란을 불러일으키고 있는 실정이다. 분명 문제는 주기적인 순환이 아니라 구조적인 위기였는 바, 세계자본주의는 90년대 중반 이래의 이례적인 미국 호황에도 불구하고 구조위기를 탈출하지 못했다. 성장과 고용의 위기와 더불어 국가재정도 악화되었고 국제통화제도의 위기는 개혁대안을 찾지 못했다. 따라서 세계시장에서의 제국주의 경쟁은 격화될 수밖에 없었다. 지속되는 구조위기는 신자유주의 세계화 및 자유화 정책과 결합하여 위기의 세계화를 초래하였다. 실물부문의 과잉축적에 직면하여 화폐자본은 실물부문으로부터 벗어나 자립화하였고 실물부문의 투자 대신 화폐부문에서의 이윤증식을 추구하였다. 이는 변동환율제도 하 자본 및 금융자유화와 결합하여, 또 파생금융상품의 개발과 정보통신혁명 그리고 각종 연기금의 성장과 어우러져 투기적 금융자본으로 발전하였다. 세계자본주의는 이제 근본적으로 불안정해졌지만, 제국주의 국민국가들은 주요한 조절수단들을 상실하였고, 거꾸로 경제입지경쟁에 강제되어 초국적 독점자본과 금융자본의 끝없는 요구를 수용하지 않을 수 없었다. 이른바 이들 국가 자신이 '세계화의 함정'에 빠졌던 것이다. 이 위기는 노동자계급에게는 생존의 위기였다. 경제입지를 둘러싼 국민간, 지역간 경쟁은 경제위기 하 신자유주의 유연화 정책으로 이미 고용과 임금 및 노동조건의 악화를 감수해야 했던 노동자들로 하여금 추가적인 희생을 강요하였다. 이 위기는 또한 제3세계 자본주의

<그림> 세계경제의 구조위기와 신자유주의 그리고 투기적 금융자본의 연관 구조

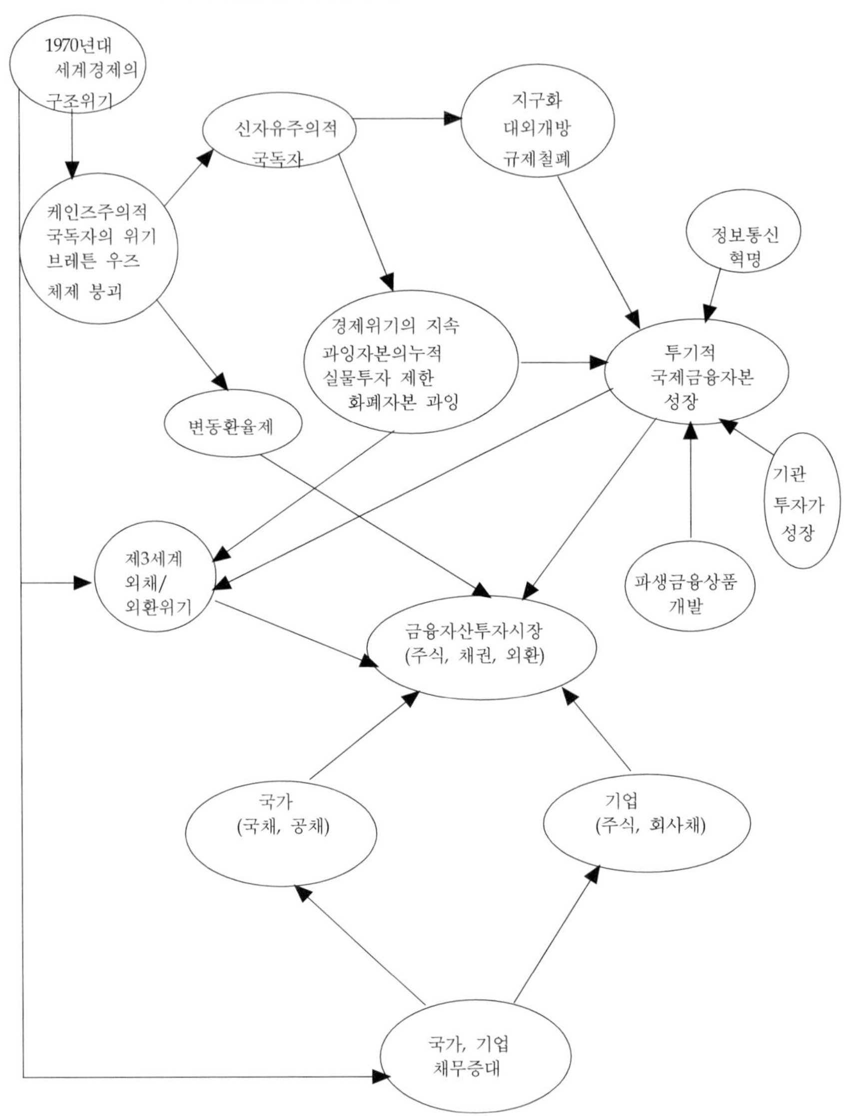

1970년대 세계경제의 구조위기
케인즈주의적 국독자의 위기 브레튼 우즈 체제 붕괴
신자유주의적 국독자
지구화 대외개방 규제철폐
정보통신 혁명
경제위기의 지속 과잉자본의누적 실물투자 제한 화폐자본 과잉
변동환율제
투기적 국제금융자본 성장
제3세계 외채/ 외환위기
기관 투자가 성장
파생금융상품 개발
금융자산투자시장 (주식, 채권, 외환)
국가 (국채, 공채)
기업 (주식, 회사채)
국가, 기업 채무증대

국가들의 위기로 파급되었다. 신흥공업국가들(NICs)의 급속한 공업화는 제국주의 국가들의 과잉자본 수출의 결과였을 뿐만 아니라 제국주의 국가들의 과잉자본 문제를 심화시키는 결과를 가져왔고, 결국 이들 국가도 세계자본주의의 위기과정에 끌려들어왔다. 이들 국가에 있어 1980년대와 1990년대 이래 일련의 외채위기와 외환위기는 이 위기의 세계화의 단적인 표현이었다. (〈그림〉 참조)

11. 반세계화와 반신자유주의의 길

구조위기는 심화되고 세계화되었지만, 세계자본주의의 조절체제는 불안정하였다. IMF와 WTO는 신자유주의 세계화의 중심기관이었지만, 세계화의 결과를 감당할 수 없었다. 변동환율제와 함께 IMF는 국제통화의 조절기관으로부터 국제여신기관으로 전락하였다. 주로 제3세계의 외환위기의 관리를 신자유주의 프로그램과 결합시킴으로써 IMF는 신자유주의 세계화의 첨병 역할을 하였지만, 다시 반복되는 라틴아메리카의 외환위기에서 보는 바처럼 이 위기는 점차 IMF의 통제를 넘어가고 있었다. 기본적으로 불안정한 변동환율제 하에서 국제통화의 조절은 30년 넘게 포기되었다. 자유화와 시장통합을 강화했다는 WTO 내에서도 서비스와 지적재산권 등 자유화 대상의 확대와 함께 국가간 이해관계의 대립은 첨예화되었다. 특히 무역자유화의 틀 내에서 자본자유화 조처를 도입하고자 한 WTO의 시도는 전반적으로 갈등을 증폭시켰다. 구조위기의 심화는 또한 국제관계의 정치적 조절도 위기로 가져갔다. 브레튼 우즈 체제의 붕괴와 (경제면에서의) 미국 헤게모니의 위기 그리고 제국주의 3개 중심간의 경합의 격화에도 불구하고 미국의 정치, 군사 헤게모니에 기초한 NATO와 미소간의 체제경쟁이라는 전후질서는 당장은 유지되고 있었다. 그러나 현실사회주의의 붕괴와 함께 정치, 군사적으로도 제국주의 경합의 새로운 조건이 형성되었다. 물론 유럽과 일본은 이 측면에서 아직도 미국 헤게모니에 도전할 위치에 있지는 않았으나, 새로운 조건과 구질서는 분명 충돌하였다. 반면 현실사회주의 붕괴 이후 제3세계에 대한 제국주의 국가들의 집단적 지배는 강화되었다. 물론 이것 또한 3개 중심간의 경합 여하에 따라 균열될 수 있는 불안정한 것이었다. 현실사회주의의 자본주의로의 역이행과 관련된, 또는 종교적 신념과 결합된 민족간, 인종간 국제분쟁과 제국주의의 개입은 더욱 빈발하였지만, 이런 조건하에서 국제관계의 조절심급으로서 UN은 더욱 무력화될 수밖에 없었다. 구조위기의 심화와 제국주의 경쟁의 강화 그리고 국제적 조절체계의 위기, 그럼에도 불구하고 강화되는 신자유주의 헤게모니로 인해 점차 위기조절의 새로운 국면이 전개되는 양상이었다. 신자유주의 세계화의 심화되는 위기는 국제기구의 다자주의(IMF, WTO, UN 등) 틀로부터 조절되는 대신 지역통합의 강화와 병행하여 집단주의적 개입 또는 양국간 쌍무주의의 틀 속에서 직접적으로 해결하려는 경향이 보다 강화되었다. 이 새로운 위기해결방식에서는 신자유주의 하에서지만 그래도 국제적으로 조정되던 압박 대신에 제국주의 개별국가 또는 국가그룹의 공공연한 개입과 폭력(군사주의)의 역할이 증대하였다. 그것은 신자유주의 국독자와 그 세계적 조절체제가 새로운 국면으로 들어서고 있음을 예고하는 것이 아닐 수 없었는데, 이는 2000년 이래 미국과 유럽에서 보수주의 정권의 재집권과 정치적 반동의 강화에 의해 더욱 추동되었다. 물론 이러한 국면변화는 아직은 상대적인 의미로 해석되어야 하는 것이었다. 그러나 1999년 NATO군의 유고 공격, 2001년 아프가니스탄에 대한 이른바 반테러 전쟁, 2003년 미·영 양국에 의한 이라크 침략전쟁(제2차 걸프만전쟁)은 이런 변화를 상징하는 사건일지 모른다. 신자유주의의 이러한 변화는, 전통적인 금융자본론을 폐기하고 신자유주의를 미국 민주당과 투기적 금융자본의 경제정책으로 협소하게 왜곡, 해석하는 국내 청산파의 테제로는 결코 이해할 수 없는 현상일 것이다.

한편 신자유주의에 대한 저항도 강화되고 세계화되었다. 멕시코의 사파티스타의 봉기로부터 Attac 등 시민운동의 비판, 세계 노동운동과 한국 민주노조운동의 일련의 노동자파업 그리고 브라질의 세계사회포럼에 이르는 반세계화 운동은 다양한 경향을 포괄하고 상이한 정치적 요구를 제출하였지만, 신자유주의 세계화에 대항하는 강력한 흐름으로 성장하고 있다. 반세계화 운동은 1999년 시애틀의 WTO 각료회담을 무산시켰고, 그 후에도 WTO와 IMF 그리고 세계은행의 회의들은 경찰의 삼엄한 보호와 무장 하에서만 개최될 수 있었다. 반세계화 운동의 다양한 경향들과 상이한 정치적 요구가 어떻게 발전되고 어떻게 조정되어서 통일적인 운동과 요구로 나아 갈 것인가는 지금으로서는 열려있는 문제일 뿐이다. 다만 현대자본주의의 지속되는 위기는 시장의 자유와 자본의 자유를 더욱 확대하는 것에 의해서 가 아니라 오히려 시장과 자본운동의 자유를 사회적으로 더욱 제한하고 통 제하는 것을 통해서만 해결될 수 있다는 점에서 그것은 어떻게든 독점자본 과 금융자본에 대한 사회적 통제의 길을 지향하지 않을 수 없을 것이다. 이 는 자본주의의 생산력 발전과 독점자본주의적 생산관계간의 모순(이윤율의 저하는 다름아닌 그 표현이다)이 오늘날 사적 독점자본 및 금융자본의 지양 과 사회적 조절을 요구할 정도로 더욱 심화되었다는 것을 의미한다. 이에 반해 신자유주의는 케인즈주의 국가의 사회적 조절을 밀어내고 사적 독점 자본의 지배와 시장조절을 증대시킴으로써 이 모순을 첨예화시켰다. 신자 유주의 하에서 위기가 심화되고 세계화되었던 것은 근본적으로 바로 이 때 문이었다. 오늘날은 과거처럼 자본주의적 방식으로 상쇄력을 동원하여 이 윤율을 제고시킴으로써 이윤율 저하의 위기(구조위기)를 극복하는 것이 더 욱 어려워졌고, 오히려 사회화를 통해 이윤율의 지배를 제한하거나 지양하 는 것을 통해서만, 즉 사회적 생산을 이윤지배로부터 해방시킴으로써만 이 위기를 극복할 수 있게 되었다.

월러스틴의 세계체제론: 맑스주의적 비평[*]

김성구

1989/91년 현실사회주의의 붕괴와 맑스주의(-레닌주의)의 퇴장이후, 신자유주의의 물결이 전 지구를 휩쓰는 정치적, 이데올로기적 상황에서 신자유주의에 대항하며 좌파의 이론적 공백을 메웠던 것은 구미에서도, 한국에서도 조절이론과 세계체제론이었을 것이다. 물론 좌파의 스펙트럼은, 좌파라는 개념만큼 예나 지금이나 폭넓은 것이어서 이에 동의하지 않는 논자들도 있을지 모른다. 조절이론이나 세계체제론이 어떻게 좌파인가, 이런 반문도 있을 수 있기 때문이다. 그러나 적어도 현실의 논쟁지형에서 이들 이론은 그렇게 분류되고 있고 진보적 학계의 논의에서 다수를 이룬다. 이런 현실이 얼마나 긍정적인가, 아니면 부정적인가는 논쟁이 필요한데, 유감스럽게도 우리는 이들 이론의 유행과 확산을 바라다보기만 하였다. 『진보평론』에서의 한두 번의 논쟁을 예외로 하면,[1] 이들 이론은 말하자면 이론의 위기 속에서 무혈입성을 하였던 것이다. 논쟁의 부재라는 현상은 물론 한국에서만 그런 것도 아니었다.

---

[*] 이 글은 원래 월러스틴의 최근 저작들에 대한 주제서평(「월러스틴의 지적 유행, 비판과 논쟁이 필요하다」)으로 집필해서 『진보평론』 제11호에 실렸던 것이다. 서평 대상으로 검토한 그의 저작들은 다음과 같다. 『역사적 자본주의/자본주의 문명』, 이매뉴얼 월러스틴, 창작과비평사, 1993; 『자유주의 이후』, 이매뉴얼 월러스틴, 당대, 1996; 『이행의 시대』, 이매뉴얼 월러스틴 · 테렌스 K. 홉킨즈 외, 창작과비평사, 1999; 『우리가 아는 세계의 종언』, 이매뉴얼 월러스틴, 창작과비평사, 2001. 그 글을 이 책에 다시 실으면서 제목과 형식을 바꾸었고 또 내용도 부분적으로 수정하고 보충하였다.

[1] 정성진, 「세계체계론: 맑스주의적 비판」, 『진보평론』 제2호, 1999년 겨울; 임광빈, 「세

1. 월러스틴의 문제제기

세계체제론은 이미 1970년대 발전주의 경제학과 사회학에 대한 비판으로서(또 맑스주의적 제3세계 분석에 대한 비판으로서) 우리에게 다가왔다가, 80년대의 한국 사회구성체 논쟁 속에서 단명하고 사라졌던 것인데, 이제 90년대 뒤늦은 호황을 누리고 있는 셈이다. 80년대 그 이론에 대한 비판자들의 일부까지 이제는 지지자로 돌아섰으니 가히 호황이라고 말하지 않을 수 없다. (여기에 신식민지 국가독점자본주의론의 일부 논자도 가담한 것은 정말 무책임하고 이해할 수 없는 것이다.) 이런 현상을 어떻게 설명할 수 있을까? 월러스틴은 세계체제론을 역사적 체제의 최종적 위기 시기의 산물이라고 하면서 자본주의 세계경제의 근본적인 계서제(계급, 인종, 성차의 계서제)의 정당성이 근본적으로 도전받고 있는 시기에 세계체제론 같은 더 포괄적이고 더 객관적인 사회과학의 건설은 가능할 뿐 아니라 불가피했다고 말한다. (『세계의 종언』, 278쪽) 월러스틴에 따르면, 자본주의 세계체제는 1968년 세계혁명의 폭발 속에서 비로소, 그리고 1989년 현실사회주의의 붕괴 속에서 보다 명백하게, 500년 역사의 최종적 위기를 표출하였다고 하니까, 말하자면 1968년부터 1989년까지의 시간이 월러스틴의 부활과 유행을 설명할 수 있을지도 모른다. 월러스틴에 있어 근대세계체제, 즉 자본주의 세계체제는 단순한 물질적인 체제가 아니라 자유주의와 진화론적 진보의 이데올로기, 국가주의 이데올로기에 기반한 것이었으며, 맑스주의(-레닌주의) 또한 이 부르주아 이데올로기의 한 변형이었고 현실사회주의는 독자적인 체제가 아니라 자본주의 세계체제의 일부로서 하위체계에 지나지 않았다. 따라서 자본주의 세계체제의 위기는 자유주의의 위기로 표출되었을 뿐 아니라 맑스(-레닌주의)와 현실사회주의의 위기로 폭발하였던 것이고, 이 폭발로 월러스틴의 명제는 진실인 것으로 밝혀졌던 것이다! 또는 그렇게 읽혀졌던 것이다! 사회주의의 붕괴와 신자유주의의 승리의 행진 앞에서 좌절한 좌파들에게 월러스틴의 명제는 오히려 희망이었을 것이다.

계체제 분석의 이론적 지평」, 『진보평론』 제3호, 2000년 봄; 서관모, 「맑스의 사회적 적대의 문제설정과 월러스틴, 푸코」, 『진보평론』 제6호, 2000년 겨울.

월러스틴의 저서들은 이처럼 근본적인 문제제기에서 출발하였을 뿐 아니라 방대한 역사분석에 토대를 갖고 있다. 그는 자본주의 세계경제 500년의 역사를 비판의 대상으로 가져왔다. 그에 따르면, 이 세계체제는 계급관계의 계서제에 기초할 뿐 아니라 인종과 성차이의 계서제를 포괄하고 있고 그 생성과 발전의 전 역사가 중심부와 주변부의 양극구조 위에서 전개되었으며, 이 양극구조 하에서 계급과 인종과 성차이의 계서제가 세계적으로 확대, 재생산되어 왔다. 그것은 자본주의의 지리적 팽창과 교대 속에서 진행되었다고 한다. 이런 점에서 월러스틴의 이론(그가 자신의 이론을 '분석'이라고 하든 '비판적 전망'이라 하든 우리는 이론이라고 부른다)은 자본주의 분석에 있어 계급관계의 분석을 넘어 이른바 비계급적 문제를 포괄하고 있을 뿐 아니라 자본주의 세계경제 자체를 분석단위로 가져올 수 있었다. 또한 자본주의 세계체제는 주권국가들의 권력과 그것으로 이루어진 국가간 체제 및 헤게모니 구조에 토대를 두고 있고 국가권력을 이데올로기적으로 변호하는 각종 이론과 과학, 이데올로기의 동원 하에서 작동할 수 있는 것이라 한다. 따라서 자본주의 세계체제의 분석은 정치학과 국제정치를 포괄해야 하는 것이고 나아가 과학과 철학, 이데올로기를 포괄하지 않을 수 없다. 이렇게 월러스틴의 세계체제론은 부르주아적 분과학문의 틀을 넘어 경제학, 사회학, 정치학, 철학, 과학, 이데올로기를 포괄하는 통일적인 단일한 사회과학으로 확장되었고, 이는 분과학문의 틀 위에서 국가와 자본주의 세계체제를 변호해 온 부르주아 (사회)과학과 그 전제들에 대한 비판 위에서 수행되었다.

2. 방법론과 이론, 수용할 수 없는 문제들

위기 앞에서 희망을 전하고 사회과학의 비판적 전망을 확장하려는 월러스틴의 새로운 사회과학과 그 화려한 수사들을 보면, 월러스틴에 대한 지적인 유혹과 유행을 이해 못할 것도 아니다. 또 그의 근본적인 문제제기가 갖는 긍정적인 기여도 정당하게 평가해야 할지 모른다. 그러나 문제제기가 긍정적이었다 해도 문제는 이 문제제기를 이론적으로 어떻게 수행하는가 하는 것이고, 평가의 지점은 바로 여기에 있다. 우리의 견해로는 그의 방법론과 이론은 인내를 갖고 따라가기에는 너무도 소설 같은 이론구성 (또는 이론의 부재라고 해야 옳을지 모른다) 과, 맑스주의 이론과 운동사에 대한 왜곡, 납득할 수 없는 정세 분석 그리고 비과학적인 자본주의 전망으로 가득 차 있어 오히려 이를 수용하고 추종하는 논자들의 이론적 수준을 의심하지 않을 수 없다.

우선 근본적인 문제이지만, 새로운 사회과학, 세계체제론은 과연 계급과 인종, 성차이, 국가와 정치, 이데올로기까지를 어떻게 이론적으로 구성하고 있는가, 다시 말하면, 이 영역들은 세계체제론에서 어떻게 이론적으로 연관되어 있는가를 거론하지 않을 수 없다. 하나의 과학적 이론이라면, 이들 영역을 체계의 내적 연관으로서 구성해야 하고 그 위에서 체계의 발전메커니즘을 규명해야 한다. 그러한 토대 위에서 비로소 이론은 역사적 구체분석으로 나갈 수 있는 것이다. 그것은 말하자면, 맑스의 사회구성체론을 비계급적 문제까지 포괄하도록 확장하고, 또 단순한 확장이 아니라 재구조화를 하는 과제인데, 이 재구조화 하에서 계급적 문제와 비계급적 문제들, 또 경제와 정치, 이데올로기간의 내적인 연관과 구조가 밝혀지고 이 체제의 동학이 내적 연관의 전개로서 법칙적으로 서술되지 않으면 안 된다. 우리는 이런 이론적 과제는 실행 불가능한 프로젝트라고 생각한다. 월러스틴은 자본주의 세계체제를, 구별할 수는 있지만 분리할 수는 없는, 상호 연관된 6개의 벡터들, 즉 국가간 체제, 세계생산 구조, 세계노동력 구조, 세계 인간복지, 국가의 사회적 응집력, 그리고 지식 구조로 구성된다고 한다. (『이행의 시대』, 12쪽) 그러나 벡터간 연관의 전체 체계에 대한 서술은 부재하고 이후의 역사분석에서도 그 연관은 단지 단편적으로, 역사적으로 서술될 뿐인데, 이는 결국 통일적인 단일한 사회과학의 구성이 수행하기 어려운 난제라는 것을 말하는 것이 아닌가?

자본주의 세계경제에 대한 맑스의 분석방법 (상향의 방법) 을 상기하면, 중심-주변의 양극 축적구조와 불평등교환이라는 월러스틴의 체제는 결코 사회과학의 새로운 발전이 아니라 오히려 과학의 수준을 경험주의적 일반화의 수준으로 끌어내린 것이라고 평가하지 않을 수 없다. 흔히 오해하는 것처럼, 자본주의의 분석단위를 세계경제로 확장했다는 것은 월러스틴의 기여가 아니고 원래 맑스의 정치경제학비판의 고유한 대상이었다. 그리고 제국주의 세계경제는 맑스의 분석방법을 토대로 하여 제국주의론의 발전 위에서 구성되어야 할 것이었다. 맑스의 정치경제학비판은 하향(분석)과 상향(서술)이라는 우회적인 방법을 통해 세계경제를 이론적으로 영유하고 자 하였는데, 이런 우회가 불가피했던 것은 자본주의 (세계)경제의 현상들 이 본질적인 연관들을 왜곡해서 표현하기 때문이다. 바로 이런 점에서 맑스 는 자본주의 세계경제를 직접, 경험주의적으로 접근하려는 이론적 방법을 비판하였던 것인데, 이런 비판은 바로 월러스틴에 해당된 것이었다. 이렇 게 월러스틴의 세계체제론은 비계급적 문제와 정치, 이데올로기를 이론적 연관을 밝히는 것 없이 하나의 체제에 포괄했다는 점을 제외하면, 정치경제 학비판의 과학성을 왜곡하고 이를 소박한 정치경제학 수준으로 퇴보시킨 것이라 하지 않을 수 없다. 우리는 그것을 그의『역사적 자본주의』에서 확 인할 수 있다. 역사적 자본주의의 본질적 특징을 임노동의 착취와, 잉여가 치 생산을 위한 축적의 체제로서 파악하지 않고 상품화와 시장경제, 시장 에서의 자본의 이윤획득에서 찾고, 세계시장의 전개를 축적의 법칙으로부 터가 아니라 유통과정의 지리적 팽창과 교대로 기술하는 것(13쪽 이하)은, 그가 어떻게 맑스에 대해 동정적이라 해도 맑스를 본질적으로 왜곡하는 것 이다. 월러스틴에 있어서는 도대체 생산관계라는 문제설정이 존재하지 않 는다.

　월러스틴의 세계체제론은 이 체제의 정당성을 변호하는 부르주아 이데올 로기에 대한 비판을 포함한다. 그것은 세계체제론의 중요한 구성요소이다. 비판의 핵심은 자본주의 세계체제의 계서제와 양극화의 모순과 위기를 은 폐하고 국가의 지배를 끊임없이 정당화하는 자유주의 이데올로기와, 과학 주의, 보편주의 그리고 영속적인 진보라는 이데올로기이었다. 그리고 이에 복무하는 각종 과학과 사회과학 및 이데올로기(민족주의, 인종주의, 세속 주의 등)였다. 1990년대 세계체제론의 이데올로기 비판은 이처럼 70년대의 그것보다 확장되었고 부르주아 이데올로기에 대해 보다 근본적인 것이었 다. 문제는 이 비판이 부르주아 (사회)과학의 비판으로 한정되지 않고 그대로 맑스주의와 사회주의의 비판으로 확장된다는 점이다. 월러스틴에 따르면, 사회주의적 반체제운동(민족해방운동을 포괄하는)의 이데올로기는 자유주의(와 보수주의)와의 역사적 경쟁에서 변질되어 자유주의(적 개량주의) 이데올로기에 포섭되어버렸다. 그것은 자유주의의 화신이자, 그것도 악마적 형태의 화신이었다.(『자유주의 이후』는 거의 책 전체가 이를 논증하기 위해 쓰여졌다.) 구좌파의 운동과 이데올로기는 말로는 계급해방과 인간해방 그리고 국가의 소멸을 선전했어도 자유주의의 진보 이데올로기의 포로가 되었고 이와 결합된 국가주의 이데올로기를 수용하였으며, 국가는 해체와 소멸의 대상이 아니라 지배의 강력한 수단이 되었다는 것이다. 그렇게 사회주의 세계체제는, 월러스틴에 따르면, 자립적인 영역으로 남지 못하고 자본주의 세계경제의 일부로서 포섭되었고 상품과 가치의 법칙에 종속되었으며, 자본주의 세계체제의 계서제적 억압과 민족적 억압 그리고 국가의 억압적 지배를 공유하였던 것이다. 월러스틴은 여기서 사민주의와 맑스주의를 특별히 구별하지 않고 사회주의적 좌파로 포괄할 뿐 아니라 맑스주의도 스탈린주의 비판이란 이름 하에 레닌주의와 스탈린주의 그리고 또 다른 맑스주의를 차별하지 않는다. 우리가 과연 자유주의자였던가? 이런 무차별적 비판은 필자를 비롯해서 어떤 맑스주의자도 수용하지 못할 것이다. 맑스주의 운동에서 나타났던 수정주의와 개량주의에 대한 긴 투쟁, 사회주의로의 이행과 건설 그리고 국가와 계급투쟁에 대한 레닌의 사고와 스탈린의 왜곡, 형식적 사회화와 실질적 사회화, 프롤레타리아 독재와 당의 독재, 현실사회주의 체제의 왜곡(스탈린주의)과 (브레즈네프 지배 하에서의) 국가자본주의로의 변질…. 이 모든 차이와 논쟁은 결코 자유주의라는 편협한 이데올로기 안에 담을 수 없고, 또 현실사회주의의 전체 역사를 자본주의 세계체제의 역사로 환원할 수도 없다. 맑스주의와 사회주의의 역사에는 분명 왜곡과 변질의 역사가 있었지만, 또한 이런 왜곡과 변질에 대항하여 자본주의와 자유주의 그리고 국가의 지배를 넘어서고자 한 부정할 수 없는 경향들이 있었던 것이다. 이런 점에서 월러스틴은 맑스주의와 사회주의의 역사에 대한 지독한 왜곡을 시도하고 있는 것이다.

3. 역사적 자본주의의 현재와 이행

세계체제론의 현재적 의의라면, 무엇보다도 역사적 자본주의의 현재를 분석하는 데 있다. 세계체제론은 특별히 1945-90년의 시기를 분석하여 16세기에 시작된 자본주의 세계경제의 전체 역사 속에서 이 시기의 위치를 규정하고 있다. 세계체제론은 앞서 언급한 6개의 벡터들로 구성되는 세계체제의 이 시기의 역사를 다음과 같은 체계 하에 배치시킨다.

이 이론에 따르면, 이런 벡터들로 구성되는 근대세계체제는 역사적이고, 다른 세계체제와 마찬가지로 발생과 발전 그리고 구조적 위기라는 세 가지 계기(『이행의 시대』, 310쪽)를 지닌다. 보다 구체적으로 서술하면, 이 체제는 주기적 순환운동과 장기적인 추세 하에서 전개되는데, 주기적 순환이 체제의 구조들에서 발전하는 불균형과, 이 불균형을 균형으로 회복시키는 주기와 관련되는 것이라면, 장기적 추세는 체제의 균형으로부터 멀어져 가는 방향성 있는 벡터라 할 수 있다. 말하자면 근대세계체제는 순환적 운동 속에서 불균형을 야기할 뿐 아니라 그 불균형을 균형으로 회복시키면서도 순환과 순환을 거쳐가면서 체제의 구조(구성요소)를 해체시키는 불균형의 요소가 발전한다는 것이다. 불균형을 발전시키는 장기적인 추세로 인해 주기적인 순환운동이 더 이상 장기적인 (상대적) 균형을 회복할 수 없는 상황이 초래되면, 그 때는 이제 주기적인 위기가 아니라 구조적 위기가 문제인 것이며, 이 위기는 한 체제가 종말을 맞고 하나 또는 여러 개의 대안체제로 대체되는 결정적인 전환점을 지시하는 위기이다. 즉 그것은 장기간에 걸친 카오스적 '이행'의 시기를 지시하는 위기이다. (『이행의 시대』, 20-21쪽) 또 순환적 운동(이것이 주기적 공황을 말하는 것이 아님은 이제 분명하다)에는 두 가지를 구별할 수 있는데, 하나는 45-60년간 지속되는 콘드라티에프 순환이고, 다른 하나는 100-150년간 지속되는 헤게모니 순환이다. 콘드라티에프 순환은 물질적 생산의 확장(A국면)과 둔화 또는 침체(B국면)를 교대해왔고 헤게모니 순환은 헤게모니의 확립(A국면)과 쇠퇴(B국면)의 교대 속에서 헤게모니 국가를 교대해왔다. (17세기 중반 네덜란드 헤게모니, 19세기 중반 영국 헤게모니, 20세기 중반 미국 헤게모니, 『역사적 자본주

의』, 61쪽)

세계체제론의 위와 같은 동학에 입각하여 월러스틴은 문제의 1945-90년의 역사를 우선 1945년부터 시작한 콘드라티에프 순환에 있는 것으로 파악한다. 그때 1967/73년은 콘드라티에프 순환의 A국면과 B국면이 교대하는 시기이다. 이 순환은 1967/73년에 정점에 도달하였고 그 이후 침체기로 들어섰는데, 아마도 90년대 말에 종료할 것으로 전망하였다. 한편 이 시기는 1873년부터 시작한 미국 헤게모니 순환에 들어와 있다고 한다. 미국 헤게모니는 1914년부터 1945년까지의 '30년 전쟁'을 통해 헤게모니를 확립하였는데, 1945년은 미국 헤게모니가 확고하게 성립한 시점이었다. 이 미국 헤게모니는 1967/73년을 정점으로 쇠퇴하기 시작하였다. 이런 점에서 1967/73년의 시기는 월러스틴에 따르면, 콘드라티에프 순환의 국면이 변동하는 시기일 뿐 아니라 헤게모니 순환의 국면이 변동하기도 하는 격변의 시기인 것이다. 물론 헤게모니 순환이 보다 장기인 한, 미국 헤게모니 순환은 아직 종료하지 않았다. 그것은 2025/2050년(?)에 종료할 것으로 전망되었다. 그런데 1967/73년의 시기가 근대세계체계의 역사에서 갖는 의의는 여기에 한정되지 않는다. 월러스틴에 있어 보다 중요한 것은 이 시기가 순환의 국면 교대라는 의의를 넘어 이 체제의 장기적 추세의 전환점이라는 데 있다. 즉 이 시기는 이 체제가 역사적으로 생명을 다해 새로운 대안체제(들)로 대체되는 구조적 위기, 이행의 시기를 인도한다는 점이다. 이점에야말로 이 시기가 근대세계체제의 역사에서 갖는 심대한 의의가 있다. 월러스틴이 1968년의 사건들을 세계혁명이라고 요란스럽게 규정하는 것도 다름아닌 이와 관련되어 있다.

월러스틴은 이를 어떻게 논증하고 있는가? 그는 현재의 콘드라티에프 B국면과 미국 헤게모니 쇠퇴의 역사적 분석을 통해, 세계체제의 순환운동으로 환원되지 않는, 자본주의 세계체제 자체를 불균형하게 만드는 장기적인 추세를 확인할 수 있다고 하면서, 이 이행의 요소들은 2000-25년의 시기에 더욱 강화될 것으로 본다. 그 요소는 무엇보다도 이데올로기의 위기와 결합된 국가권력(중앙집권화되고 시민에 대한 이데올로기적 권위로서 국가간체제 속에서 작동하던 국가)의 불안정화 문제이다. (『이행의 시대』, 272쪽

이하) 그는 뉴턴적, 실증주의적, 결정론적 과학에 대한 신념의 상실, 카오스와 불확실성 그리고 복잡성의 신과학 등장, 종교적 세속주의에 대항하는 근본주의적 종교운동 등으로써 이 체제의 위기, 자유주의의 위기를 뒷받침하고 있다. 자본주의 세계체계의 핵심적 구성요소인 국가에의 도전과 해체의 경향은, 그러나, 경제적 토대의 위기와 조응하지 못하고 있어 그 설득력은 크게 떨어질 수밖에 없다. 왜냐하면, 월러스틴은 1990년대의 경제위기를 지나 2000년부터 새로운 콘드라티에프 순환이 시작되어 확장국면(A국면)이 전개될 것으로 전망하기 때문이다. (같은 책, 281-282쪽) 월러스틴은 앞에서 국가의 현재의 위기가 1967/73년 이래 콘드라티에프 순환의 B국면에서의 경제위기에 근거하였다고 설명하였다. 그러면 월러스틴의 주장처럼 만약 2000년부터 새로운 확장국면이 다시 도래하는 것이라면, 1967/73년 이래의 위기 경향들이 앞으로 더 강화된다기보다는 새로운 확장이 진보의 이데올로기를 회복하고 시민들에게 국가에 대한 정당성을 다시 부여할 것이라고 전망하는 게 보다 일관적이 아닐까?[2] 월러스틴을 따라 이 새로운 팽창을 가정하면, 이는 세계노동력의 일층의 재편과 중심부-(반)주변부의 재생산을 가져올 것이고 인간복지와 생태의 위기에 대비할 수 있는 새로운 타협의 공간을 제공할 수도 있는 것이다. 아마도 그 여하를 결정하는 것은 국가의 경제정책의 방향일 것이다. 따라서 새로운 경제팽창에도 불구하고, 또 이 팽창을 담지하는 미래의 경제정책에 대한 어떤 논거도 제시하지 않은 채, 세계적인 프롤레타리아화에 따른 세계노동력의 한계와 교육 및 생태의 위기로써 국가의 위기에 이어서 세계체제의 위기적 경향을 논증하려는 것 (같은 책, 276쪽 이하)도 수용하기 어려운 것이다. 또한 권력의 분권화와 초국화를 통해서도 국민국가가 해체되는 것은 아니고 초국화의 경향 속에서도 국민국가의 중심성은 강고한 것이 현실이다. 헤게모니체제가 최종적

---

2) 물론 우리는 국가독점자본주의의 현재의 위기 하에서 이런 전망을 부정하는데, 바로 이 점에 월러스틴의 기계적이고 자동적인 장기순환론과 국가독점자본주의의 조절위기론 간의 중요한 차이가 있다. 또 한번의 장기성장을 선험적으로 배제하는 것은 아니지만, 국가독점자본주의라는 이행의 시기에 조절위기는 그 이전의 조절위기와 달리 보다 협소한 전화조건 하에서 전개되기 때문에 쉽게 새로운 장기성장으로 전환되기 어렵다. 그것이 바로 현재의 위기의 역사적 성격이다.

으로 붕괴된다는 주장도 납득하기 어렵다. 월러스틴이 비현실적인 시나리오라고 기각하는 것이지만(『세계의 종언』, 70쪽 이하), 세계 헤게모니를 둘러싼 선진 자본주의 3극간의 경쟁이 2극간의 경쟁(유럽연합/러시아 헤게모니 대 일본/미국/중국 헤게모니의 경쟁 그리고 아마도 후자의 승리)으로 귀결된다면, 그것은 결코 국가간 체제 자체를 위협하는 것이 아니다. 왜 이런 시나리오가 아니라 헤게모니체제 자체가 붕괴하는 것이 현실적인 시나리오일까? 결국 1967/73년 이래 체제의 최종적 위기를 가져오는 이행의 요소들이 작동하고 있다는 월러스틴의 주장은 그의 세계체계론 틀 내에서 이론적으로 확인할 수 없고, 더욱이 그 위기가 2050년에 자본주의 세계체제의 종말로 끝을 맺을 거라는 주장에는 더욱 난감할 따름이다. (같은 책, 11쪽) 왜냐하면 종말은 언제나 주체들의 정치적 투쟁의 결과로만 올 것이므로 그 시점은 결코 예견할 수 없는 것이기 때문이다.

자유주의의 종언과 이행을 알리는 결정적인 사건은, 월러스틴에 의하면, 1968년 세계혁명, 1989년 사회주의 붕괴이었다. 그런데 이 사건들이 과연 자유주의 질서를 위기로 가져갔던 것인가? 월러스틴 자신도 인정하는 바처럼 68년의 신좌파 운동도 이제는 자유주의 이데올로기에 포섭된 상황이고 사회주의의 붕괴와 함께 자유주의의 질서는 크게 강화되었다. 신자유주의 정책이 생산한 파괴적인 효과에도 불구하고 중심자본주의 국가들에서 자유주의적 정치질서는 안정화되었다. 월러스틴 스스로가 지적하는 정치적 무관심과 근본주의 운동, 파시즘 등의 확산도 국가의 사회적 응집력과 국가주의적, 자유주의적 태도를 결정적으로 훼손하고 있는 것도 아니며, 그런 것들이 더더욱 이행의 요소는 아닌 것이다. 현 정세가 자유주의의 위기인가 아니면 자유주의의 강화인가 하는 인식에서 월러스틴이 혼란스러운 것은 결국 자유주의에 대한 개념, 그 개념의 잘못된 확장 때문이 아닌가 한다.

4. 순환과 이행에서 설명되지 않는 이론적 문제

이와 관련하여 월러스틴에 대한 또 하나의 비판점은 콘드라티에프 순환의 비가역적, 역사적 성격이 사상되어 있다는 것이다. 그 때문에 그에 있어서는 순환과 위기(이행)의 연관이 존재하지 않는다. 순환은 반복될 뿐이고 개개 순환의 내용은 역사적으로 서술될 뿐이어서, 순환간 상이한 역사 내용이 있을 뿐 그 이론적 연관은 서술되어 있지 않다. 순환의 과정에서 발전한 자본주의의 새로운 모습, 그것에 의해 규정되는 다음 순환의 새로운 성격, 그러한 변화가 자본주의의 역사에서 갖는 의의, 이런 것들에 대한 이론적 분석을 통해서만 순환과 위기의 연관을 설정할 수 있을 것이다. 다시 말하면, 우리는 자본주의의 발전단계의 문제를 지적하는 것이다. 월러스틴의 주장과는 달리 우리는 자본주의 역사에서 콘드라티에프 순환과 같은 규칙적인 장기파동은 상정할 수 없다고 생각한다. 그렇지만 자본주의가 장기적인 변동, 즉 장기상승과 정체 그리고 구조조정이라는 장기변동을 보여온 것은 사실이다.[3] 문제는 이를 어떻게 이론화하는가 하는 것이다. 전통적인 국가독점자본주의론은 상승과 정체 그리고 구조조정이라는 이 장기변동의 역사를 조절위기라는 개념으로 이론화하였다. 이에 따르면, 자본주의는 평균이윤율의 경향적 저하에 따른 조절위기 또는 구조위기를 통해 독점자본주의(제국주의)와 국가독점자본주의라는 비가역적인 구조변화를 가져왔다.[4] 이런 구조변화는 각각 다음 장기순환의 성격을 규정하였는데, 독점과 국가독점은 자본주의 체제 내에서 다음 체제로의 이행을 예고하는 맹아적 요소들을 지시하는 것이어서 이 구조위기와 자본주의의 단계이행은 자본주의의 최종적 위기와 이행을 지시하는 것이 된다. 이로써 국가독점자본주의론의 틀에서는 자본주의의 장기 순환과 자본주의의 단계 변화를 정합적으로 이행과 위기(이른바 '전반적 위기')의 문제와 관련시킬 수 있는 것이다. 그에 반해 월러스틴의 콘드라티에프 순환에서는 자본주의의 이러한 구조변화에 대한 이론적 분석이 존재하지 않기 때문에, 즉 순환과 위기(이행)의

---

3) 이론적으로도 이 장기변동은 맑스에 따르면 가치론과 축적론에 입각하여 평균이윤율의 변동으로 설명되는 반면, 월러스틴의 경우에는 이론적 논거 없이 기업간 경쟁에 따른 유효수요와 과잉생산의 변동으로 설명한다.

4) 자본주의는 1873-95년의 대불황을 통해 자유경쟁자본주의로부터 독점자본주의로 이행하였고, 1930년대의 대공황을 통해 국가독점자본주의로 성장·전화하였다. 나아가 1970년대 이래 현대 구조공황을 배경으로 국가독점자본주의는 이전의 케인즈주의적 국가독점자본주의로부터 신자유주의적 국가독점자본주의로 전환하였다.

관련이 존재하지 않기 때문에, 왜 자본주의 세계경제의 역사에서 마지막 순환(월러스틴에 따르면 2050년에 자본주의 세계체제가 붕괴한다고 하므로 2000년부터 시작한다는 새로운 순환이 자본주의의 마지막 순환이 된다) 이 도래하는가, 즉 그 순환이 왜 그 이전의 순환과 달리 마지막 순환이 되는가가 설명되지 않는다. 월러스틴의 순환의 단순 반복성은 이처럼 자본주의의 구조변화를 이론화하지 못한 데에서 기인한다. 예컨대 오늘날 국제투기자본의 운동을 자본주의의 새로운 현상이 아니라 콘드라티에프 순환의 침체 국면(B국면)에서 나타나는 자본주의의 일반적 특징이라고 주장하는 것이 그것인데, 설령 콘드라티에프의 B국면에서는 물질적 팽창과 생산자본의 운동이 아니라 금융적 팽창과 금융자본의 운동이 지배적이라 하더라도 현재의 순환에서 지배하는 자본은 초국적 독점자본과 금융자본이며, 이런 자본은 독점자본주의 이전의 순환에서 운동한 자본과는 다른 성격의 자본이다. 따라서 그 차이를 이론화해서 그 특수한 운동을 밝히는 것이 이론의 과제인데, 이 문제가 월러스틴에서는 추상적인 반복성으로 해결되는 것이다. 콘드라티에프 순환만이 아니라 헤게모니 주기를 보더라도 이 문제는 마찬가지이다. 역사적으로 반복되었던 중심자본주의 국가들의 불균등발전과 헤게모니 경쟁 그리고 헤게모니의 교대를, 헤게모니 자체의 최종적 위기와 어떻게 연관시킬 수 있는가? 왜 현재의 미국 헤게모니는 선행했던 헤게모니처럼 새로운 헤게모니의 교대가 아니라 헤게모니 자체의 소멸, 즉 근대 세계체제 자체의 소멸로 이어지는가? 이에 대한 납득할만한 설명을 듣기가 어렵다.

5. 대안체제, 대안운동

월러스틴은 자본주의 역사(생성과 발전 그리고 이행의 역사)를 세계사의 법칙적인 전개로서 이해하지 않고 자본주의에 대한 정치경제학비판의 과학적 분석을 거부하기 때문에 당연히 자본주의 세계체제의 발전과 위기 그리고 이행의 문제를 과학적으로 서술할 수 없다. 이에 대신해서 월러스틴을 지배한 것은 (구미)자본주의와 이른바 유럽중심주의에 대한 극단적인 혐오와, 그에 기초한 주관주의적 역사이해다. 그에 따르면 자본주의 역사는 "전반적으로 부정적인 것이었고" 결코 "인간진보의 증거로〔볼 수 없는〕" 것이다. 자본주의 체제는 "이 특정한 형태의 착취관계에 대항하는 역사적 장벽들〔즉 전자본주의적 봉건적 요소들-인용자〕이 〔불행하게도〕 붕괴한 결과"였고 "중국, 인도, 아랍세계 등의 지역들이 자본주의로 나아가지 않았던" 것은 이 "바이러스〔즉 자본주의-인용자〕를 막는 항독소〔다시 말해 정치, 군사, 종교, 문화 등의 전자본주의적 봉건적 요소들-인용자〕"를 지녔기 때문이며, 바로 "그 점이 이들 지역의 역사적 공적"이라는 것이다. 월러스틴은 "그들의 공적을 교묘히 둘러대서 모면할 무엇인가로 만드는 것은 유럽중심주의의 전형적인 형태"라고 못을 박는다. (『세계의 종언』, 253-254쪽) 전자본주의적 사회가 자본주의보다 그래도 진보적이라는 월러스틴의 평가처럼 퇴행적인 것이 있을까? 그러나 주의하라! 이를 부정하려는 자, 그는 곧 유럽중심주의로 낙인찍힌다.

이에 대해 맑스는 다음처럼 말한다. 즉, 자본주의 착취관계가 어떻게 가혹한 것이라 하더라도 그것은 전자본주의적 생산관계를 토대로부터 전복하였고 그와 함께 전자본주의적 생산관계에 속박되었던 피착취 대중들을 해방시켰다고. 뿐만 아니라 자본주의는 자본주의적 착취관계의 확대재생산을 통해 생산력(이는 곧 새로운 사회의 물질적 토대를 이룬다)을 미증유로 발전시켰을 뿐 아니라 이 착취관계 자체를 폐절시키고 무계급사회를 건설할 프롤레타리아계급 또한 성장시켰다고. 맑스가 말하는 자본주의의 진보성이란 바로 이런 것이다. 나아가 맑스는 자본주의 하에서 생산력의 발전과 함께 이 착취관계는 생산력발전과 충돌하며 일층의 생산력발전의 질곡으로 전화하였다고 파악하여 새로운 무계급사회로의 자본주의의 이행과 생산관계의 전화를 역사적 필연으로 보았다. 그것은 곧 자본주의의 역사적 한계성이며, 그 진보적 성격이 반동적 성격으로 전환하는 것, 즉 이행적 성격을 지시하는 것이다. 이렇게 자본주의의 역사적 한계와 이행은 자본주의의 발전 그 자체로부터 나온다. 국가독점자본주의론과 그것이 함축하는 이행론은 다름아니라 이러한 맑스 이해에 근거한 것이다.

자본주의의 역사와 이행에 대한 월러스틴의 주관주의적 이해에 비추어

볼 때, 그가 미래(사회)에 대해 책임있게 말할 것은 별로 없을 거라고 쉽게 예상할 수 있다. 그러면 월러스틴을 따라 자본주의 세계체제의 최종적 위기 후에 어떤 체제가 도래하는가를 보자. 월러스틴에 의하면 1967/73년 이래 장기간의 이행기 후에 자본주의 세계체제를 대체할 체제(들)는 불확실하다고 하지만, 그는 그것이 '민주적이고 평등한 체제'(『세계의 종언』, 15쪽)가 될 것을 기대한다. 그런데, 그런 체제는 어떻게 구성된 체제일까? 월러스틴은 자본주의 이후의 세계체제가 어떤 것인지, 그것이 어떻게 구성되는 것인지에 대해 명확하게 말이 없다. 그것이 소득과 교육 그리고 의료에 대한 요구를 충족시키는 체제라고 말해도(같은 책, 34쪽), 이는 우리의 질문에 답하는 것이 아니다. 따라서 월러스틴이 "평등과 형평을 극대화하는 하나의 역사적 체제"로서 "사회주의"(『역사적 자본주의』, 116쪽)를 기대한다 하더라도 그것은 수사일 뿐이다. 생산력의 발전을 부정하고 현실사회주의와 사회주의적 구좌파의 반체제운동의 모든 이론과 실천을 부르주아적 자유주의로 왜곡하는 그의 주장에서 사회주의는 의연히 공백으로 남을 뿐이다. 그리고 어떤 운동을 통해서 이를 달성할 것인가? 신좌파의 비계급적 운동들인가? 그러면 그 운동들은 어떻게 소통하고 연대하며 어떤 경로를 통해 사회주의에 도달하는가? 여기서도 우리는 반국가주의 운동과 이데올로기라는 그의 공허한 메아리를 들을 뿐이다. 다시 말하면, 우리는 자본주의 세계체제의 이행기에, 월러스틴에 따르면, "세계체제의 모든 방정식에 대해 수많은 해결책이 동시적으로 가능하며, 단기적 유형에 대한 어떤 예측도 불가능하다는 바로 그 의미에서 '카오스'적이 될 것"이고 "(예측할 수 없다는 의미에서) 절대적으로 비결정적이지만, (아무리 작은 충격이라 하더라도 위기에 빠진 체제의 경로에 거대한 영향을 미칠 수 있다는 의미에서) 수많은 행위자들에 종속"되는(『이행의 시대』, 311쪽), 그 엄중한 이행기에 어떤 체제를 위해 노력하고 어떻게 투쟁해야 하는가에 대해 어처구니없게도 월러스틴으로부터 답을 들을 수 없는 것이다. 이것 또한 맑스의 생산관계에 대한 분석을 사상한 세계체계론의 필연적인 한계이자 결함이라 할 것이다.

6. 맺음말: 월러스틴, 사회과학의 노스트라다무스

이렇게 월러스틴 비평의 끝은 허무하고 당혹스럽다. 더욱 당혹스럽게 하는 것은 이론적 정세다. 국가독점자본주의론과 전반적 위기론을 경제주의니 붕괴론이니 종말론이니 하면서 그렇게 비판하던 한국의 논자들을 생각하면, 이상에서처럼 이론적 근거도 없이 체제의 최종적 위기와 이행을 논하는, 그것도 단정적으로 2050년(!!)에 자본주의 세계체제가 소멸한다는 월러스틴의 주장이 이 나라에서 열정적으로 수용되었다는 것은 놀라운 일이다. 이런 주장은 사회과학의 이름으로 치장한 '노스트라다무스의 예언'일 것이다. 말이 나온 김에 이들의 변신을 따라가 보면, 국가독점자본주의론의 내부(우파)와 외부에서 이 이론을 붕괴론이고 종말론이라고 비판하던 논자들은 대부분 국가독점자본주의론과 함께 맑스주의를 폐기하고 부르주아 경제학(포드주의와 조절이론)으로 이행하였으며 그럼으로써 이들 자신이 새로운 종말론의 대변자가 되었다. 즉 이들에게 자본주의 시장경제는 역사의 종말을 의미하는 영원한 생산양식이 되었다. 다른 한편 국가독점자본주의론과 전반적 위기론을 레닌의 관점에서 변호하던 논자들 중 일부는 국가독점자본주의론과 전반적 위기론을 폐기하고 정치경제학비판의 빈자리를 월러스틴(과 역사적 자본주의론)으로 메꿈으로써 그들 자신이 새로운 붕괴론의 대변자가 되었다. 이런 것들이 잘못된 이론청산의 아이러니가 아니고 무엇이겠는가? 결국 월러스틴의 유행이란 것은 곧 진보적 사회과학계의 현재의 혼돈을 반영하는 것이라 생각된다. 따라서 우리가 월러스틴을 둘러싼 이론적 문제들을 논쟁으로 가져와서 과학적으로 극복하고자 할 때만, 그 때에만 월러스틴은 유행할 만한 가치가 있을 것이다. 왜냐하면 그가 단지 논쟁과 비판의 '소재'가 될 것이므로.

새로운 기회로서의 세계시장?
─자본주의의 장애물과 좌파의 경제정책[*]

그레고리 앨보

정상준 · 황선웅 옮김

랄프 밀리반드(Ralph Miliband)가 『회의적인 시대의 사회주의』(*Socialism for Sceptical Age*)[1] 에서 지적한 바와 같이, 평등한 사회구조를 향한 사회주의 프로젝트는 그 동안 다음 두 가지 명제에 의존해왔다. 첫째, 자본주의는 사회악과 불평등의 해결을 가로막는 수많은 장애물을 만들어낸다. 둘째, 사회주의 대안은 이러한 부정과 불평등의 해결을 가능케 한다. 그러나 지금 세기말에 비관주의가 좌파들에 퍼져 있음을 발견하게 된다. 즉 자본주의 시장이 생각했던 것보다 효율적으로 인간의 필요를 충족시키고 또 자본주의적 사회권력과 충돌하지 않고서도 평등주의 정책의 성과를 달성할 수 있도록 (자본주의 시장의) 다양한 제도적 변형이 가능하다는 방식으로 자본주의 시장과정이 재평가된다. 경제적 효율성은 사회적 평등과 조화될 수 있다는 것이다.

---

[*] G. Albo, "A World Market of Opportunities? Capitalist Obstacles and Left Economic Policy," in L. Panitch, ed., *Socialist Register 1997: Ruthless Criticism of all that Exists*, London, Merlin, 1997. 이 논문은 *Monthly Review* 1996년 12월호에 보다 간략한 버전으로 수록된 바 있다. "The World Economy, Market Imperatives and Alternatives"라는 제목으로 Monthly Review에 실린 그 글은 『이론』 17호, 1997년 여름호에 우리말(「세계경제, 시장의 지상명령 그리고 대안들」)로 번역되었다.

[1] R. Miliband, *Socialism for a Sceptical Age*, Oxford, Polity Press, 1994, p. 1.

심지어 여기서 한 발 더 나아가, 어떤 사회주의 경제정책도 (설득력 있는 대안적 사회구조를 제시하는 것은 말할 것도 없고) 이제 더 이상 자본주의 시장의 불공평을 해결할 방안도 제시하지 못한다고 주장되기도 한다. 이러한 정치적 무기력의 주원인은 세계경제의 형성에 있다. 이제 세계화(globalisation)의 비가역적인 과정과 어긋나는 정책들은 불가항력적인 대외제약에 직면하게 된다. 더욱이 1974년 이래의 위기의 시대 후에 다시 안정적인 자본주의 시대가 열렸고, 이는 전 세계 구석구석에까지 정착되었다. 따라서 폴 허스트(Paul Hirst)와 그램 톰슨(Grahame Thompson)이 주장하듯이, 국민국가 차원에서 경제정책을 추진할 여지가 남아있다고 하더라도, 자본주의 시장의 효율성과 역동성은 이미 충분히 입증되었기 때문에, 이는 단지 새로운 국면을 관리하기 위한 '추가적 시장제도'(extra-market institutions)를 어떻게 형성할 것인가의 문제일 뿐이다. [2] 심지어 영국의 신노동당도 인정하듯이 자본주의에 불공평이 여전히 존재하더라도, 이는 시장에 반하는 수단이 아니라, 조응하는 수단들을 통해 가장 잘 해결될 수 있다. 평등주의 정책은 종업원지주제도(ESOP), 자기고용 이니셔티브, 평생훈련지원제도 등을 통해 자본주의 기업 내에서 '노동자의 이해'(stake)를 넓힘으로써 시장 기회의 균등화를 추구해야 한다. [3] 이러한 정치적 합의 앞에서 사회주의의 낡은 명제들을 치켜드는 것은, (밀리반드 자신도 예상하고 있듯이) 애석하게도 현실에 대한 이해의 부족만을 드러낼 뿐이다. [4]

선진 자본주의 국가들에서 나타나는 좌파의 경제정책에 대한 이러한 환멸은, 세계경제와 신자유주의의 원칙이 본격적으로 수용되기에 앞서 전개된, 사민주의의 실패와 후퇴라는 지난 20년의 역사와 얽혀 있다. 존 위즈먼(John Wiseman)의 분석에 따르면, 선거결과만 보면 그 당시 사민주의 정

---

2) P. Hirst and G. Thompson, *Globalization in Question*, Oxford, Polity Press, 1996. 이들은 이렇게 말한다. "따라서 세계화된 경제의 반대말은 국가의 내부를 향한 어떤 것이 아니라, 교역국들에 기초하고 국민국가의 공공정책과 초국적 기구 모두에 의해 조절되는 개방된 세계시장이다." 이들은 이런 주장의 시대적 근거로 투자흐름의 보호추세와 자본가들 간의 협력, 그리고 빠른 성장 등을 들고 있다. *Globalization*, p. 16.
3) Divid Miliband, ed., *Reinventing the Left*, Oxford, Polity Press, 1994 및 N. Thompson, "Supply Side Socialism," *New Left Review*, 216, 1996을 볼 것.
4) Ralph Miliband, *Socialism for a Sceptical Age*, p. 2.

권의 가장 성공적인 사례로 꼽히는 호주 노동당의 경우에도, 기껏해야 '동아시아 자본주의'로 거듭나기 위한 노력 속에서 삭감과 긴축을 수반한 '지옥에 이르는 좀더 편안한 길'을 제공했을 뿐이다.[5] 1996년 선거에서 호주 노동당이 패배하고 이후 대외경쟁력을 유지하기 위한 필사의 노력이 전개되면서, 호주경제는 더욱더 절망적인 신자유주의 긴축의 물결에 휩쓸려 갔다. 전후(戰後) 한동안 사민주의의 요새라 불렸던 오스트리아와 스웨덴의 사민주의 정부 역시 복지의 대대적인 축소, 국유기업매각, 경제개방, 노동시장 유연화라는 신자유주의 정책을 받아들여야 했다. 자본유출과 전 유럽 차원의 실업으로 인해 대외부문이 붕괴하는 상황에서, 스웨덴 모델이 여전히 건재하고 전망도 밝다고 주장하는 것은 불가능해졌다.[6] 스웨덴뿐 아니라 여타 국가들의 모든 문제를 안고 있던 독일의 라인형 모델에서도 이와 유사한 과정이 전개되었고, '조합주의적 자본주의'(concertation capitalism)는 이제 노동자의 혜택과 참여를 줄이기 위한 고용자들의 지독한 시도들을 보여주는 대명사가 되었다. 1996년 4월, 월스트리트를 방문한 영국 신노동당의 토니 블레어(Tony Blair)는 구조조정의 성과가 유실되고 있다고 주장하였다. 그는 이상의 경험들로부터 다음과 같은 교훈을 끄집어냈다. "사민주의 국가 영국은 해외투자를 유치하기 위해 국제경쟁력을 갖춰야 한다. 나는 열정적인 자유무역론자이며, 반(反) 보호무역론자라는 데 일말의 부끄러움도 없다."[7]

스웨덴식 사민주의 정부와 기술적으로 진일보한 독일식 경제를 특징짓는

---

5) J. Wiseman, "A Kinder Road to Hell? Labor and the Politics of Progressive Competitiveness in Australia," in L. Panitch, ed., *Socialist Register 1996: Are There Alternatives?*, London, Merlin, 1996.

6) 좌파의 상당수는 1980년의 공황기에도 이러한 주장을 되풀이했다. 하지만, 많은 맑스주의자들이 스웨덴 모델을 미래의 지향점으로 칭송하고 선전하기 시작한 바로 그 시점에 모델의 주요 설계자 중 한 명은 이미 그것의 종말을 지적하고 있었다. R. Meidner, "Why Did the Swedish Model Fail?", in R. Miliband and L. Panitch, eds., *Socialist Register 1993: Real Problems False Solutions*, London, Merlin, 1993.

7) "Labor Leader Seeks to Reassure NY Financiers," *Financial Times*, 11 April 1996. 덧붙여, 1997년 2월 16일 *Financial Times*와의 신년 인터뷰에서 블레어는 "금세기에 전개된 경제학 내부의 이데올로기 전쟁은 먼 훗날 역사의 진보과정에 있었던 일시적인 이탈로 평가될 것이라고 믿는다"고 말했다.

것처럼 보였던 1974년 이후의 상이한 경제궤도는, 지금은 그저 신자유주의로 수렴하는 또 다른 루트로 보일 뿐이다. 과거의 동유럽 사회주의와 제3세계의 반제국주의적 민족주의의 다양한 역사적 경험 역시 신자유주의라는 외길로 이어지는 험난한 우회로로 보일 뿐이다. 1990년대, 세계경제는 오직 단 하나의 발전모델만을 수용하고 있는 듯이 보인다. 신축적 노동시장에 근거한 수출지향생산, 낮은 실질 임금, 낮은 사회적 임금, 환경규제의 약화, 그리고, 자유무역. 남아프리카 공화국의 새로운 ANC 정부와 이탈리아의 중앙파-좌파연합(FICLC), 체코, 헝가리 등의 이행기 국가와 같이 매우 상이한 정치적, 경제적 사정을 갖는 국가들 앞에 신자유주의라는 단 하나의 동일한 경제정책이 제출되어 있다.

세계시장의 가치법칙이라는 지상명령에 대한 승인—우리는 힘이 없고 다른 대안도 없다—은 환호와 체념 모두를 불러일으켰다. 유력한 신자유주의 잡지 『이코노미스트』(*The Economist*)는 "오늘날 가장 중요한 정치적 도전은 국제자본시장이 좀더 효율적으로 작동할 수 있도록 (각국 정부가) 지원하는 것"이라며 이러한 변화에 열광했다.[8] 제프리 삭스(Jeffrey Sachs)가 언급한 바와 같이, '충격요법'은 지난 40년 동안의 비참한 경제적 폐해를 극복하기 위해 필요한 '경제조직'과 금융자본을 가져다주는 가장 효과적인 수단이었다.[9]

이러한 변화를 불가항력적인 것으로 받아들이기는 좌파 또한 마찬가지였다. 이들은 더욱 체념하였다. 미국의 자유주의자 로버트 라이히(Robert Reich)는 "거의 대부분의 생산요소들이 국경을 쉽게 넘나들게 됨에 따라, 미국경제라는 개념은 점차 의미를 잃어가고 있다"라고 말했다.[10] 독일 사민당(SDP)의 주요 전략가 중 한 명인 프리츠 샤프(Fritz Scharpf)는 "전후 30년 동안의 상황과 달리, 이제는 자본주의경제의 중추적인 작동방식 자체를 건드리지 않고 일국 차원에서 사민주의의 목표를 실현시킬 수 있는, 설

---

8) "The World Economy," *The Economist*, 7 October 1995, p. 5.
9) P. Gowan, "Neo-Liberal Theory and Practice for Eastern Europe," *New Left Review*, 213, 1995, p. 9에서 재인용.
10) R. Reich, *The Work of Nations*, New York, Knopf, 1991, p. 9.

득력 있는 케인즈주의 경제정책이 존재하지 않는다"고 주장하였다. 11) 사민주의는, 적어도 '한 계급 내의 사회주의'(socialism in one class) 라도 방어하기 위해, 지구적 자본주의의 새로운 지상명령을 수용하는 방향으로 자신의 전통적 목표들을 수정해야 했다. 그리고, 자본의 이동이 자유로운 현재의 정세에서 유일하게 실행가능한 평등주의 정책은 노동자 사이에서 소득과 일자리를 재분배하는 것이라고 설명되었다. (이를 가장 강하게 주장하는 논자가 샤프이다). 왜냐하면 "성장률은 정체해 있고, 자본이 실현할 수 있는 분배요구도 크게 증대했기 때문"이었다. 12)

하지만, 이러한 정식화가 조금이라도 타당하기 위해서는 몇 가지 전제들이 충족되어야 한다. 우선, 오늘날 축적의 지리적 팽창이 불안정과 위기를 줄이고 경제의 역동성과 안정성을 증대시키는 비가역적인 과정이어야 한다. 덧붙여, 경제의 안정성을 침해하는 어떠한 제약도 세계시장의 기회를 늘리는 정책을 통해 극복될 수 있어야 한다. 13) 신자유주의자들은 자유무역과 노동시장 탈규제를 통해 '제한된 시장'의 제약을 극복할 수 있다고 주장한다. 사민주의자들은, '노동의 조정에 대한 시장의 제약'을 극복하기 위해 비숙련 노동자들의 훈련이라는 정책을 선택한다. 이상의 한정된 범위 내에서는, 경제정책에 대한 논쟁이, 앤서니 기든스(Anthony Giddens) 의 표현처럼, 정말로 '좌파와 우파를 넘어' 진행된다. 14) 즉, 좌파와 우파를 막론하고 경제정책에 대한 모든 논쟁은 "특정한 제약에 어떻게 행동해야 하고 시장을 통한 신축적 조정의 상대적 속도는 어떠해야 하는가"라는 문제에 국한되어

---

11) F. Scharpf, *Crisis and Choice in European Social Democracy*, Ithaca, Cornell University Press, 1991, p. 274.

12) Ibid. 샤프가 '한 계급 내의 사회주의'를 현재 상황에서 필요한 전략이라고 긍정적으로 평가하는 데 반해, 레오 파니치는 자본으로부터의 전취라는 목표를 상실한 오늘날의 상황을 지적하기 위해 처음으로 그러한 용어를 사용했다. Leo Panitch, *Social Democracy and Industrial Militancy*, Cambridge, Cambridge University Press, 1976, p. 244를 볼 것.

13) 여기에서는 자본주의를 개념화하는 데 있어 "언제나 생산력의 개선과 증진을 이끄는" 기회로서의 시장과, "특정한 운동법칙을 통해 사람들에게 시장참여와 노동생산성 향상을 통한 '효율적' 생산만을 강요하는" 지상명령으로서의 시장을 구분하는 우즈의 제안을 따르고 있다. 이에 대해서는 E. Woods, "From Opportunity to Imperative: The History of the Market," *Monthly Review*, 46: 3, 1994를 볼 것.

14) A. Giddens, *Beyond Left and Right: The Future of Radical Politics*, Cambridge, Polity Press, 1994.

있다. 그러나 시장의 신축적 조정을 통해 세계화의 수확물을 거두어들일 수 있으리라는 전제에 대해서는 어느 누구도 이의를 제기하지 않는다.

이들이 공유하는 마지막 전제는, 자본주의의 세계화가 역사적 진보를 의미해서 정치적 필요와 경제적 건전성에 근거한 전통적인 사회주의 경제목표가 가망 없는 무용지물로 폐기되어야 한다는 점이다. 좌파는 더 이상 '이해관계자 자본주의'의 수준을 넘어 자본주의의 사회적 소유관계를 공격할 정치적 필요를 갖지 않는다. 15) 앤드류 갬블(Andrew Gamble)과 존 뢰머(John Roemer)가 공통적으로 지적하듯이, 오늘날 사회주의자들의 투쟁은 국제경쟁력을 갖춘 기업 내에서 노동자와 자본가간 파레토 최적의 소유권 분배를 달성하기 위한 것으로 국한되어야 한다. 16)

그러나 세계화에 대한 이상의 전제들을 수정할, 더 나아가 기각할 충분한 근거들이 존재한다. 그와 관련하여, 이 글에서는 우선 세계경제의 중심에 여전히 존재하는 불안정성과 신자유주의적 조절수단들의 한계에 대해 간략히 살펴볼 것이다. 그 다음, 안정성을 재구축하기 위해서는 단지 몇 가지 특정 제약들만 극복하면 된다는 사민주의 경제정책의 주장들을 반박한 후, 자본주의는 스스로 체제에 장애물을 부과한다는 밀리반드의 첫 번째 명제가 기각될 수 없음을 보일 것이다. 글의 마지막에서는 이러한 장애물과 제약들에 맞서기 위한 사회주의 경제정책의 대안적 원칙들을 짚어볼 것이다. 세계경제는 새로운 기회가 아니다. 세계화된 시장은 지역고유의 갈등적인 자본주의 소유관계로 구성된 '생산장소'들이 '서로 교통하는 모순된 공

---

15) 이해관계라는 개념은 원래 사적기업 내에서 포함과 협력이라는 특정 개념을 지칭하는 것이지만, 사민주의자들은 협력이라는 수사를 국민국가의 정책의 맥락에 쉽게 적용하곤 한다. 그러한 맥락에서는 이 용어의 특성을 규정하는 특수한 협력방식과 소유권이 있을 수도, 혹은 없을 수도 있다. 이러한 점은 사민주의 정책들이 추진하는 국가경쟁력 강화의 내용과 자본주의의 유형이 어떠한가를 잘 보여준다.

16) J. Roemer, *A Future for Socialism*, Cambridge, Ma., Harvard University Press, 1994; 그리고, A. Gamble and G. Kelly, "The New Politics of Ownership," *New Left Review*, 220, 1996. 이러한 주장은 1950년대 중반에 폴 새뮤엘슨(Paul Samuelson)이 말한 '이데올로기의 종식'이라는 표현을 떠올리게 한다. 새뮤엘슨은 경제이론의 관점에서 노동자가 자본가를 고용하는 것과 자본가가 노동자를 고용하는 것이 서로 무차별하다고 주장하였다. 혼합경제는 쓸데없이 생산방식에 대해 논쟁해 왔다. 새로운 시장사회주의자들에게 사회주의는 이제 세계적 경쟁의 장에서 소유권을 어느 정도로 혼합할 것인가의 문제로 되었다.

간'이다. 17) 밀리반드의 두 번째 명제처럼, 좌파의 경제전략은 근본적으로 더욱 평등하고 상호 협력적인 경제로의 이행을 가능케 할 민주적 조직형식과 시장으로부터의 해방의 문제를 회피할 수 없다.

1. 신자유주의와 세계경제의 불균형

신자유주의자들은 시장교환이 언제나 균형에 이르는 경향을 갖는다고 주장한다. 하지만, 그들의 이러한 주장은 매우 추상적인 수많은 가정들에 근거하는 것으로서, 논리상으로는 아무리 엄밀하다 할지라도 결국은 실제의 시공간 외부에서 구성되는 연역적 모형 내에서만 타당할 뿐이다. 신자유주의의 입장은 제한된 시장의 제약을 극복하는 것이 실업과 무역불균형을 해결하는 관건이라는 명제로부터 시작된다. 자본주의 경제체제의 핵심은 경쟁적 시장에서 벌어지는 자유로운 개인들의 교환과정이다. 경제주체들 중 일부는 자신의 선호체계에 따라 저축, 기업의 설립과 혁신, 노동력 상품의 구입에 관한 의사결정을 한다. 또 다른 이들은 (마찬가지로 자신의 선호체계에 따라) 여가와 소비, 노동력 판매에 관한 의사를 결정한다. 유명한 세이의 법칙(law of Say)에서처럼, 모든 수요는 유효수요이다. 가격에 제약만 없다면, 경쟁적 시장의 신축적 조정과정은 모든 필요를 충족시키고 모든 시장을 청산시킬 것이다. 실업은 노동시장의 국지적 신축성의 한계와 기업의 국제경쟁력의 한계에 따른 '상호적'이고 '자발적'인 결과이다. 상품의 자유로운 교역과 금융자유화—저축을 국경에 상관없이 가장 생산적인 투자 프로젝트로 이동케 하는—는 시장의 기회를 증가시키고 상대적 비용우위가 높은 곳에서 생산을 전문화하는 것이 교역국 모두의 이득을 증가시킨다는 리카도의 비교우위론에 부합하는 자원배분을 이끈다. 18) 세계화는 분업의

---

17) "응집성은 시간패턴(temporal pattern)을 축적의 공간적 제약으로 전환할 때에야 비로소 나타난다. 잉여가치는 특정 시구간(timespan) 내에서 생산되고 실현되어야 한다. 만약 공간적 제약을 극복하는 데 시간이 소요된다면, 잉여가치는 또한 특정 지정학적 구획 내에서 생산되고 실현되어야 한다…권력의 궁극적인 원천이 되는 생산활동은 언제나 특정 장소에 근거할 수밖에 없다." D. Harvey, *The Limits to Capital*, Oxford, Basil Blackwell, 1982, pp. 416, 423.

심화를 막고있는 제한된 시장의 제약을 뛰어넘는 자본주의이자, 증가하는 기회의 시장이다.

시장이 언제나 균형을 달성한다는 이러한 이상적 견해에 대한 비판은 여러 각도에서 제기될 수 있다. 예를 들어, 실업자들이 낮은 실질임금을 받아들일 의향이 있다고 해서 그것이 그들에게 취업의 기회를 보장하는 것은 아니다. (여기서는 그로 인해 일자리를 빼앗기거나 임금을 삭감당할 수 있는 기존취업자들의 반발은 논외로 하자). 정보가 불완전할 경우, 기업은 낮은 임금수준을 저질의 노동에 대한 신호로 해석하고 고용을 꺼리게 된다. 그 결과, 노동시장에서 가격의 경직성이 나타날 수 있다. 케인즈주의자들의 전통적인 주장에 따르면, 노동시장이 경직되어 있을 경우에는 실질임금의 하락이 고용을 증가시키지 못할 뿐더러, 오히려 경제 내의 수요를 감소시켜 실업을 증가시킨다. 이러한 주장은, 실업수준이 증가할 때 임금삭감이 발생하지 않는다는 것을 말하고자 함이 아니다. 중요한 점은, 수량조정 또한 가격조정만큼 중요해서 시장청산이 원활하게 이루어지지 않고 불안정성이 나타날 수 있다는 것이다. 1970년대의 실질임금 경직성을 야기하는 요인으로 지적되었던 인구의 급속한 증가, 사회보장보험, 실업보험, 노조 강성화 등의 경향이 역전되었고, 인플레이션이 지난 반세기 이래 가장 낮은 수준으로 떨어졌음에도 불구하고, OECD 국가들의 실업률은 여전히 높을 뿐더러, 심지어 계속 상승하고 있다. 데이빗 고든(Daivd Gordon)이 신랄하게 지적하듯이, 이에 대해 신자유주의자들은, 외부적 변화가 개인의 선호체계에서 실업의 선택을 증가시킴으로써 '자연실업률이 증가했다'는 (완전히) 비합리적인 설명을 제외하면, 아무런 설명을 제시하지 못한다. [19]

---

18) "The World Economy," *The Economist*, 7 October 1995, p. 4. 헥셔-올린의 정리에서는 비교우위의 근거를 생산요소의 상대적 풍부함으로 설명한다. 덧붙여, 이 이론에서는 변동환율제 하에서의 상대가격조정이 무역을 균형으로 이끈다고 설명한다. 그 결과, 자유무역이 언제나 국가의 자급자족보다 선호된다. 관련문헌과 그 비판에 대한 개관을 위해서는 D. Irwin, *Against the Tide: An Intellectual History of Free Trade*, Princeton, Princeton University Press, 1996 및 R. Heilbroner and W. Milberg, *The Crisis of Vision in Modern Economic Thought*, Cambridge, Cambridge University Press, 1995 등을 볼 것.

19) D. Gordon, "Six-Percent Unemployment Ain't Natural," *Social Research*, 54: 2, 1987; J. Michie and J. Grieve Smith, eds., *Unemployment in Europe*, London, Academic

임금경직성에 의한 것이든, 정보의 비대칭성에 의한 것이든, 실업의 존재는 자유무역정책에 심각한 문제를 제기한다. 비교우위가 성립하기 위해서는 각 국가가 완전고용을 유지하고 생산가능곡선에서 생산한다고 가정된다. 또 생산요소들의 이동은 국내적으로 완전히 자유롭고 완전경쟁 조건에 놓여있으며, 화폐적 교란은 발생하지 않고 무역수지는 균형을 이룬다고 가정된다. 물론, 이것들 중 어느 것도 현실세계의 가정이 아니다. 자유무역론에서는 산출 및 고용이 새로운 수출부문으로 원활하게 확장되고 어떤 국가에서도 지속적인 무역수지 흑자 또는 적자가 발생하지 않을 것이라고 예상한다. 물론, 이것 또한 역사적 근거를 갖지 못한다. 이는 단지 장기에는 그러하리라는 억측에 불과할 뿐이다.[20] 단지 고용의 문제만 놓고 보면, 오히려 보호무역주의 또는 무역조절의 경우가 좀더 그럴듯한 이론적 근거를 갖는다. 왜냐하면 무역으로부터의 정태적 이익을 설명하는 데 필요한 모든 가정을 받아들인다고 하더라도, 무역수지는 역사를 통해 현실사회에서 발생하는 조정과정에 의존하기 때문이다. 즉 모든 지역의 노동자들은 임금을 올릴 능력을 가지고 있어야 하고 기술진보율은 언제나 동일해야 하는데, 그렇지 않으면 경쟁우위와 무역수지흑자가 누적될 것이고, 무역수지 적자국에서는 구조적 무역불균형과 고용의 문제가 발생할 것이다. 중요한 점은, 강한 노조가 존재하고 화폐임금의 수준이 높은 무역수지 적자국은 조정을 강요받지만, 약한 노조와 낮은 임금수준의 무역수지 흑자국은 조정을 강요받지 않는다는 것이다. 무역수지 흑자국에 평가절상 또는 재정지출 증대를 강제하기 어렵다는 점은 지난 십여 년 동안 미국과 일본의 무역경쟁 사례를 통해 쉽게 알 수 있다. 오히려, 더욱 일반적인 경향은 경쟁하는 국가들이 대규모 손실을 피하기 위해 긴축정책과 평가절하를 결합하고자 한다는 것

Press, 1994.
20) 가장 흥미로운 경우는 리카도 자신의 포르투갈 사례이다. S. Sideri, *Trade and Power: Informal Colonialism in Anglo-Portugese Relations*, Rotterdam, Rotterdam University Press, 1970을 볼 것. 이러한 견해에 대한 비판으로는 J. Friedan, "Exchange Rate Politics: Contemporary Lessons from American History," *Review of International Political Economy*, 1: 1, 1994 및 M. Bienefeld, "Capitalism and the Nation State in the Dog Days of the Twentieth Century," in R. Miliband and L. Panitch, eds., *Socialist Register 1994: Between Globalism and Nationalism*, London, Merin, 1994를 볼 것.

이다. 실제로, 이런 경향은 경제개방의 정도가 증가함에 따라 더욱 강화되고 있다. 요컨대, 불확실성과 실업이 존재하는 상황에서 무역의 자유화는 '보호주의'와 동일한 효과를 재생산한다. 즉, 모든 국가들은 무역을 통해 실업을 수출하고자 하지만, 현재적 조건에서 이는, 국내의 수입수요를 제한하고 수출품의 가격을 개선하는 경쟁적 긴축을 통해서만 가능하다.

국가간 교역의 규모가 실물경제의 성장에 비해 훨씬 빠르게 증가하는 과정에서 나타난 것은 (균등화와 균형화가 아닌) 불균등과 불안정의 증거들이었다. 따라서 세계시장이 건강한 규율을 제공해 장기적인 관점에서 더 나은 경제정책과 경제성과를 낳게 한다는 주장[21]은 이제 더 이상 지속될 수 없다. 1950년대까지만 해도 OECD 상위 6개 국가들의 경제개방도—수출의 존도로 측정된—는 GDP 대비 30퍼센트에 채 못 미쳤었다. 하지만, 1994년에 이르면 이는 거의 GDP대비 40퍼센트 수준으로 증가하게 된다. 특히 현재 미국의 무역규모는 1970년대 초에 비해 2배 이상 증가하였다. 이 과정에서 구조적 무역불균형의 문제가 점차 증대되었고, 이는 이제 세계경제의 주요특징이 되었다. 제3세계의 부채위기는 여전히 해결되지 못한 채 남아있다. 이들 국가에서 총 부채규모는 지금도 계속 증가하고 있으며, GDP에서 부채가 차지하는 비율은 부채위기가 시작된 지난 1980년대 초에 비해 조금도 줄어들지 않고 있다. 1980년대 초 이래 계속되고 있는 미국의 구조적 경상수지 적자는 미국을 역사상 최대의 채무국으로 만들었다. 이와는 반대로, 아시아와 일본은 경상수지 흑자를 계속 유지하고 있다. 문제를 가장 단적으로 보여주는 것은 무역규모를 훨씬 초과하는 금융흐름의 엄청난 증가이다. 그 중 한 예로서, 1960년대의 경기호황기에도 각국의 산출량 대비 1퍼센트에 불과했던 국제적 은행활동 규모는 현재 산출대비 20퍼센트 이상에 달하고 있다. 현재 미국의 1일 외환거래량은 1조 달러 수준을 넘어섰고, 이는 국제적인 주식, 채권, 그리고 외환시장에서 투기가 급증했음을 반영한다. (미국의) 연간 무역규모가 3조5천억 달러에 불과하다는 점을 고려하

---

21) "The World Economy," *The Economist*, 7 October 1995, pp. 4-5. *The Economist*는 무역자유화가 예상과 전혀 상반되는 신호를 보내는 경우에도 그것이 단지 좀더 자유로운 시장의 결과물이라는 이유로 무역자유화의 성과는 언제나 효율적이라고 평가하기까지 했다.

면, 이러한 자본이동이 그 어떤 합리적 균형으로부터도 완전히 벗어난 것임을 쉽게 알 수 있다. 물론, 이러한 경향을 경제적 흐름을 통해 생산지역간 상호의존성이 증대된 결과로 볼 수도 있다. 하지만, 이는 동시에 그만큼의 혼란과 불안정성, 그리고 정체의 징후를 나타내기도 한다.

1970-80년대에 경제위기가 전개됨에 따라 선진자본주의 국가들은 반(反)인플레정책으로 선회하였다.[22] 그리고 국내의 고용수준을 유지하기 위한 헛된 노력들 속에서, 국제무역은 시장지분과 단위노동비용을 둘러싼 각축장이 되었다. 많은 국가들에서 성장의 정체로 인한 기존의 재정적자에 막대한 무역수지 적자—변동환율제가 그것의 안정화를 약속했음에도 불구하고 종국에는 철저히 실패한 것으로 드러난—가 더해졌다. 폴 스위지(Paul Sweezy)가 주장하듯이, 국제신용시장의 성장은 이러한 적자를 메우기 위한 것이었음에도 불구하고, 그것과 실물경제 성장과의 괴리는 더욱더 비정상적으로 커져갔다.[23] 80년대 중반까지 대부분의 선진자본주의 국가들은 총수요 또는 대외부문을 안정시키려 하기보다 임금과 사회복지를 삭감하는 공급중시정책을 채택하였고 경쟁력 확보와 금융자유화에 주력하였다. 제3세계 국가들에서도 대체로 비슷한 유형의 구조조정과정이 전개되었고, 부채의 상환을 위해 수입대체 산업화정책이 수출지향 산업화정책으로 전환되었다. 그로 인해 모든 국가들에서 국내수요가 줄어들었고, 더욱 많은 자원이 대외부문으로 투입되었다. 하지만, 이는 단지 국제시장의 변동성을 증대시켰을 뿐이다. 그에 덧붙여서, 상호의존된 금융시장들을 통해 한 국가의 경제의 불안정성이 세계경제 전체로 빠르게 확산될 가능성도 크게 증가하였다. 라틴 아메리카와 아프리카의 대부분의 국가들에서는 90년대 내내 극도의 경기침체가 지속되었고, 현재 모든 동유럽 국가들의 경제활동은 충격요법이 시작되기 전인 80년대의 경기정점 수준보다 훨씬 낮은 수준에 머물러 있다. 성장과 임금의 정체는 비단 이들 국가들에서뿐 아니라 북유럽과

---

22) 이러한 경향에 대해서는 A. Glyn, *et al.*, "The Rise and Fall of the Golden Age," in S. Marglin and J. Schor, eds., *The Golden Age of Capitalism*, Oxford, Oxford University Press, 1990을 참고할 것.
23) P. Sweezy, "The Triumph of Financial Capital," *Monthly Review*, 46: 2, June 1994.

일본을 포함한 모든 선진국가들에서도 나타나는 바이다. 그럼에도 불구하고, 긴축정책이 여전히 기업의 임금결정과 정부의 경제정책을 지배하고 있고, 오늘도 더욱 많은 자원들이 꾸준히 대외부문으로 재배치되고 있다.

인도의 국가계획 실패로부터 파리의 실업자운동—미국이 세계건강계획으로부터 이탈함으로써 야기된—에 이르기까지 최근의 모든 변화를 세계화의 결과라고만 설명할 수는 없을 것이다. 그렇더라도, 자본주의적 팽창을 위한 안정적 대안이라는 것이 전혀 존재하지 않는다는 점은 반드시 지적되어야 한다. 현재 세계경제의 지상명령은 이러한 불안정한 과정이 계속되어야 한다고 강요하고 있다. 그리고 어느 누구도 자신이 먼저 이러한 흐름을 깨려고 하지 않고 있다. 이는 세계시장으로부터의 이탈이 부를 가혹한 처벌을 생각하면 어느 정도 이해되기도 한다. 그렇더라도 이런 변명이, 불균형이 극복되고 있고, 신자유주의 정책이 이론적으로 정합적이며, 세계화의 흐름은 거스를 수 없고, 노동시장의 조정이 사회적으로 바람직한 결과를 낳고 있다는 등등의 이 모든 거짓에 동조하는 것을 정당화할 수는 없다.

2. 개방경제지향의 사민주의

무역불균형과 실업의 해소를 위한 시장조정과정에서 문제가 발생하는 것은, 신고전학파 균형모형에서처럼 시간이 부재한 공간에서가 아니라 실제의 역사적 시간 속에서 경제과정이 일어나기 때문이다. 케인즈는, 전후 국제결제시스템의 미래에 대해 논하면서, 자유방임의 방법에 위임하기만 하면 자동적인 조정메커니즘이 원활하게 작동해서 경제를 균형에 이르게 한다는 주장은 역사적 경험의 교훈을 무시한 교조적 환상에 불과하다고 비판하였다.[24] 현실 세계에서는 자본주의적 기술과 노동자의 임금요구가 초과노동의 공급을 통해 즉각적으로 조정되지도 않고, 통화가치의 평가절하가 반드시 국내산업으로의 지출변경과 수출수요 증대를 유발하는 것도 아니

---

24) J. M. Keynes, *The Collected Writings: Activities 1941-46, Shaping the Postwar World, Bretton Woods and Reparations*, Cambridge, Cambridge University Press, 1980, pp. 21-22.

다. 케인즈주의자의 관점에 따르면, 불확실성이 존재하는 세계에서 상대가
격조정과 균형으로의 복귀에는 시간이 걸린다.

사민주의 경제정책에 따르면, 조정과정의 시간이란, 자본주의로 하여금
자본가와 노동자 모두에게 유익한 완전고용 산출수준에 이르지 못하게 하
는 특정한 제약들을 관리함으로써 시장을 통제할 필요가 있다는 것을 의미
한다. 25) 이것이 케인즈의 『일반이론』(*General Theory*)의 핵심적인 (그러
나 궁극적으로는 보수적인) 메시지이다. 즉, "만일 유효수요가 부족하다면,
낭비된 자원에 대한 공공연한 비방은 참을 수 없을 뿐만 아니라 이들 자원
을 활용하려는 개별 기업가는 자신에게 불리한 조건으로 작업하는 것이 된
다."26) 그래서 전후 시기 자본가들은 조세와 투자에 대한 '국민적 협약'을
지지해야 했으며, 노동자들은 공공소비를 승인하는 한편 인플레를 통제하
도록 명목임금을 설정해야 했고, 그럼으로써 대외수지의 균형과, 높은 이
윤, 높은 고용, 그리고 소득증가라는 포지티브섬 게임(positive sum game)
을 유지하였다. 27) 자본주의 블록 내에서는, 전쟁과 침체의 시기로부터 남
겨진 낮은 무역량 및 자본이동에 대한 부분적 통제가 그러했듯이, 브레튼
우즈 체제 하에서 국민적 조정을 강조한 것이 크게 도움이 되었다. 적절한
국제수지 균형을 회복하는 데에는 일시적 수입통제, 소득정책을 통한 임금
억제, 고정환율의 재조정으로 충분하였다. 아마도 수량적 진보에 대한 가
장 지독한 부르주아 근대주의의 신념 하에서, 수요측면의 제약을 해방하면
성장은 끝이 없을 것이라고, 그리고 지구생태의 문제는 스스로 처리될 것이
라고 생각되었다.

그러나 1970년대 이후, 높은 고용수준을 유지하기 위해 필요한 분배관계
는 쉽게 발견되지 않았다. 우선, 생산의 정체와 생산성 저하는 자본가들로

---

25) 사민주의 경제정책이라 함은 자본주의 내에서 특정한 시장제약과 실패를 보완하기 위
한 경제사상과 실천의 조합을 의미한다. 이 정책들은 시장을 통제하는 것이고 이행의 전략
은 아니다.

26) J. M. Keynes, *The General Theory of Employment, Interest and Money*, London,
Macmillan, 1936, pp. 380-381.

27) 이러한 국민적 타협에 견줄만한 것은 남반부의 수입대체 산업화전략과 동유럽의 계획
경제이었다.

하여금 사회계급간 '국민적 협약'이라는 케인즈주의자들의 낡은 교리를 더이상 받아들일 수 없게 하였다. 그리고 이제는 높은 실업수준을 통해 소득정책이 없이도 임금을 억제하여 이윤을 보전할 수 있게 되었다. 더욱이, 생산의 국제화—수차례에 걸친 GATT 라운드로 인해 관세가 점점 낮아지고 남한과 브라질을 위시한 저임금 생산지역들이 기술력과 해외투자를 확보하게 되면서 크게 진전된—는 자본가들에게 임금과 물가를 억제할 수 있는 한층 더 강력한 협상력을 부여했다. 이상의 모든 변화들은 선진자본주의 진영에 이미 내재되어 있던 수출경쟁압력을 더욱 증대시켰다. '사회적 시장'에 최우선의 지위를 부여했던 스웨덴 또한, 지난 십 수년 동안 실질임금 하락, 조세삭감 및 높은 실업수준을 방치함으로써 고용자가 공세를 취하기는 마찬가지였다. 1982년에는 GDP 대비 1퍼센트가 채 안 되었던 스웨덴 자본가들의 해외직접투자는 1990년대에 이르면 6퍼센트 이상으로 증가하였고, 이는 현재도 계속 증가하는 추세이다.[28] 앤드류 글린(Andrew Glyn)은 스웨덴이 "경제회복을 위해 안정화와 명시적인 반(反)평등주의의 대열에 합류하기 시작했다"고 지적한다.[29] 제약들로부터 해방된 자본주의 내에서 포지티브섬을 얻고자 했던 사민주의의 오래된 국민적 타협은 이제 어디에도 성립하지 않는다.

그 결과, 신자유주의의 대안을 위한 경제정책에 대한 사민주의의 '새로운 사고'는 (좌파의 경제정책이 대면해야만 하는) 다음 세 가지 선택을 제출해야 했다. 첫째, 자본이동을 통제하고 교역부문에 대한 통제를 통해 국내의 생산자와 고용을 보호하며 지역적 차원에서부터 전세계적 차원에 이르기까지 대안적인 계획메커니즘을 구축함으로써, 국제화에 반하는 시도가 행해질 수 있을 것이다. 둘째, 복지국가를 유지하고 국민적 타협을 방어하기 위해 경쟁력 있는 환율을 형성하며 느리게 성장하는 산출과 소득의 재분배를 통해 실업수준을 낮추는 국가안정화 정책이 추진될 수 있을 것이다. (비록

---

28) S. Wilks, "Class Compromise and the International Economy: The Rise and Fall of Swedish Social Democracy," *Capital and Class*, 58, 1996, p. 103.
29) A. Glyn, "Growth and Equality since 1945: The Role of the State in OECD Economies," in C. Naastepad and S. Storm, eds., *The State and the Economic Process*, Cheltenham, Edward Elgar, 1996, p. 96.

이러한 전략이 단위노동비용을 직접적으로 낮추고자 하는 덜 평등한 국가들에 비해 국가경쟁력을 상대적으로 떨어뜨릴지라도.) 셋째, 고숙련 노동자의 이용, 새로운 생산기술의 채택, 그리고 새로운 수출상품의 개발을 통해 작업장의 생산성을 향상시키고 경쟁국에 비교해서 국가경쟁력을 상대적으로 강화시킴으로써, 세계시장의 도전에 정면으로 대처할 수 있을 것이다.

제1의 선택은 (비록 수단과 목적에서 시대에 따라 크게 달라질 수 있을지라도) 전통적인 사회주의적 지향과 매우 근접한 것인데, 이는 세계시장으로부터의 이탈과정에 직면하게 할 것이다. 이는 의심할 바 없이 국내외 자본가들을 공포에 몰아넣을 것이고, 지구적 시장의 조건에서 그러한 도전을 감행한 개별국가들에게 가져올 결과는 너무도 파괴적일 것이다. 따라서 사민주의 정책입안자의 눈에서 첫째 안은 (적어도 1980년대 초 사민당 내에서의 좌파의 패배 이래) 실제적으로는 한번도 대안이었던 적이 없었다. 전후의 사민주의 정책들은 이미 경제적 흐름의 국제화를 주어진 변수로 받아들여 왔었고, 자본가들의 공세적 저항의 가능성을 알고 있는 사민주의 지도자들은 이를 깨뜨리고 싶지 않았다. 제2의 전략은 전후의 사민주의 전략과 유사했는데, 이 안은 강한 힘과 연대의 의지를 갖고 있는 노조들이 존재하는 국가들에서 한때 그럴듯해 보였다. 하지만, 전적으로 방어적인 자세에 불과한 그러한 '긴축분담'(shared austerity)마저도 경제후퇴가 계속되고 외부의 압력이 증가하면서 점점 더 유지되기 어려워졌다. 자본가들 또한 자신의 시장지배력을 제한하고 높은 실업수준을 이용해 대외경쟁력을 강화할 수 있는 기회를 박탈할 그러한 전략에 전적인 반감을 나타냈다. 마지막으로, '개방경제지향의 사민주의'(open-economy social democracy)를 구성하는 제3의 선택은 한층 공세적인 전략인데, 이는 아마도 생산성과 산출의 증대라는 약속을 통해 사회계급간 포지티브섬의 타협을 다시 가능케 할 것이다.30) 이 전략은 '국민적 이해'를 방어하기 위해 '행동주의적인' 사민주의 정

---

30) 예를 들어 Ian Roxborough는 라틴 아메리카에서의 개방경제지향의 사민주의를 고찰하면서 "이것이 모든 신자유주의적 개혁의 완전한 반전을 시도한다는 점은 틀림없다"라고 주장한다. Ian Roxborough, "Neoliberalism in Latin America: Limits and Alternatives," *Third*

부가 할 수 있는 무언가가 존재한다는 것을 암시하기 때문에 특별한 호소력을 가지고 있다. 만약 시장이 불완전한 역사적 과정이라면, 노동의 조정과 무역의 흐름, 그리고 국제적 특화를 자유무역을 통한 비교우위의 작동에 내버려둬서는 안 된다. 국가는 노동시장의 성과와 무역균형 그리고 경쟁력을 개선하기 위해 '비교우위의 형성'을 도울 수 있고, 또 도와야 한다.[31] 적절한 조건하에서는 일부의 노동자들과 자본가들도 '이해관계자 자본주의'의 시작을 알리는 이 세 번째 전략을 좋아할지 모른다.

국가경쟁력에 대한 이와 같은 사민주의 경제정책은 신자유주의 무역이론, 즉 순수한 리카도 무역이론에 대한 비판에서 자신의 이론적 근거를 찾는다. 그 중 한 가지 측면은 일반균형이론의 범위 내부로부터 나온다.[32] 만약 규모의 경제와 불완전경쟁의 요소가 국제무역모델에 도입된다면, 가격이 한계비용을 초과할 것이므로 수출산업들은 '초과이윤'을 얻을 수 있다. 이런 경우에는 국가가 산업에 개입함으로써 국가의 경제적 후생과 국내산출을 개선할 수 있다. 이는 특히 부문간 기술확산의 효과가 있는 산업이나 또는 초기의 상품개발을 보호함으로써 기술적 지대를 벌 수 있는 산업에서 더욱 그러하다. 예컨대 신규산업들은 종종 수입상품과 경쟁할 수 있는 능력을 지니기 전까지 국가로부터의 보호를 필요로 하곤 한다. 왜냐하면 시간상의 선행과 규모에 대한 수확체증은 경쟁자가 발전의 기회를 갖기도 전에 시장지분을 '고착'시킬 수 있기 때문이다. 1980년대 초 기술적으로 더 우월했던 BETA 녹음기가 경쟁의 기반을 상실하고 그보다 기능이 떨어지는 VHS에 밀려나게 된 것도 바로 이 때문이었다. 이전의 QWERTY 타자기와 시애

World Quarterly, 13: 3, 1992, p. 432.

31) R. Kuttner, *The End of Laissez-Faire*, Philadelphia, University of Philadelphia Press, 1991.

32) 이와 관련된 에세이로는 P. Krugman, ed., *Strategic Trade Policy and the New International Economics* (Cambridge, MIT Press, 1986)가 있다. 이에 대한 좌파와 우파의 평가에 대해서는 M. Corden, "Strategic Trade Policy," in D. Greenaway, *et al.*, eds., *A Guide to Modern Economics*, London, Routledge, 1996; M. Humbert, "Strategic Industrial Policies in a Global Industrial System, *Review of International Politica*," *Economy*, 1:3 (1994)를 볼 것. 덧붙여 신무역이론(new trade theory)은 순수 리카도주의 무역이론으로는 설명되기 힘든 두 가지 사실, 즉, 산업내 무역과 선진 국가들간 광범위한 무역흐름이라는 현상들을 설명할 수 있게 한다.

틀의 대규모 우주항공단지의 경우도 이와 관련되어 종종 언급되는 또 다른 사례들이다. 다시 말해 국가가 '전략적 무역정책'을 통해 새로운 상품을 개발하고, 그것을 최대한 빨리 시장에 출시하여 국가간 이윤이동을 극대화하는 것은 가능하다. 따라서 국가가 보호관세와 산업정책을 채택하는 것은, 비록 자유무역과 비교우위의 교의와는 어긋나긴 하지만, 심지어 일반균형이론 내에서도 논리적으로 타당할 수 있다. 다만, 국가가 산업 내의 승자를 선택하는 데에서도 정치적으로 성공할 것인가 여하는 이데올로기적으로 논란의 여지가 있는 문제이다.33) 이에 대해 폴 크루그먼(Paul Krugman)과 같은 자유주의자들은 아니라고 대답한다. 이들은 자유무역정책을 지지한다.34) 반면, 로버트 커트너(Robert Kuttner)와 같은 사민주의자들은 그렇다고 대답하며 독일과 동아시아의 역사적 경험을 대안적 사례로 제시한다.35)

개별주체들의 시장교환에 대한 일반균형모델을 일단 작동하게 하고 또 경쟁하는 국가들과 기업들의 연합체에게 경제적 성과가 '경로에 의존하도록' 우위의 형성을 명시적으로 허용하는 경우, 이 사민주의 우위형성전략은 정당화될 수 있다. 즉, 경제학에 '역사가 중요하다'. 초기의 종속이론가 라울 프레비쉬(Raul Prebisch)가 1차산품과 공산품의 예를 들어 주장했듯이, 만약 상품들간 소득탄력성의 차이가 시간에 걸쳐 점점 벌어진다면 가격격차 또한 계속 벌어지고 성장의 양극화가 발생할 수 있다.36) 이 경우, 쇠퇴

---

33) 뤼그록과 털더는 이보다 한발 더 나아가 Fortune이 선정한 세계 100대 비금융 기업 모두가 정부지원과 무역보호로부터 분명히 재미를 보고 있다고 주장한다. W. Ruigrok and R. van Tulder, *The Logic of International Restructuring*, London, Routledge, 1995, ch. 9. 이는 단지 자유무역에 대한 이론적 방어가 얼마나 이데올로기적인가를 보여주는 또 다른 사례일 뿐이다.

34) Paul Krugman, "Is Free Trade Passe?", *Journal of Economic Perspectives*, 1987/1; Paul Krugman, "Does the New Trade Theory Require a New Trade Policy," *The World Economy*, 15, 1992.

35) Robert Kuttner, *The End of Laissez-Faire*, ch. 4.

36) R. Prebisch, *The Economic Development of Latin America and Its Principal Problems*, New York, UN Economic Commission for Latin America, 1950. '우위형성'론은 고성장을 위한 공산품의 흑자무역이 가장 중요한 문제라고 가정한다. 그러나 캐나다의 학자들이 오랫동안 지적해 왔듯이, 부가가치무역에서 적자가 발생하더라도 고성장이 가능할 수 있다. 진정한 문제는, 발전의 형태와 질, 그리고 통제방식이 어떠하며, 특정한 국가경쟁력 개념

상품의 생산과 무역에 묶여 있는 국가들에게는 초기의 경쟁우위가 미래의 경쟁력에 장애물이 될 것이다. 우위는 만들어지는 것이라는 개념은 세계경제의 위계구조 내에서 국가들의 지위변화 과정을 설명하는 데도 유용하게 적용될 수 있다. 영국의 쇠퇴과정이 생생하게 보여주듯이, 기술력을 상실하는 국가들은 경제적 재난을 경험할 수 있다. 만약 상황이 정상적이라면, 정부는 수요팽창정책을 통해 산출이 경제정책의 목표수준을 '따라 잡도록' 유도할 수 있다. 그러나 경제적 기초가 '취약한' 국가들의 경우에는 수요의 팽창이 수입을 불러들여 국제수지의 위기를 야기하기 때문에, 수요팽창을 위한 어떠한 시도도 곧 중단될 수밖에 없다. 특히, 고투자가 지속되기 위해서는 성장의 안정이 필요하므로, 이러한 중단과 재개의 악순환은 장기적인 관점에서 투자를 더욱 위축시킨다. 이러한 상황은 통화가치의 평가절하라는 방법을 동원하더라도 별반 나아지지 않는다. 왜냐하면 이것 또한 문제의 배후에 놓여 있는 생산성 차이라는 (무역) 불균형의 원인을 시정하지는 못하기 때문이다. 그 결과, 새로운 기술능력의 건설이 차단당한 국가들의 경쟁력은 저비용 생산과 지속적인 경쟁적 평가절하에 더욱더 의존하게 된다. 반면, 기술적으로 앞선 경쟁자들은 새로운 기술에 대한 투자를 계속 높은 수준에서 유지할 수 있다. 왜냐하면 이는 다만 산출능력을 증대시킬 뿐이고 그럼으로써 국제수지상의 지위와 장기적인 경쟁우위를 높일 것이기 때문이다.

국가들의 개방도가 증대됨에 따라 '누적적 인과성'—이런 방식으로 무역규모와 수출 및 수요성향이 총수요와 실업, 그리고 국가경쟁력에 영향을 준다—의 개념이 더욱 중요해진다.[37] 경쟁적인 성과는 경쟁우위(또는 열위)

이 논의에서 배제시킨 것들을 어떻게 평가할 것인가라는 점이다. 그런 점에서 고전적인 주장은 여전히 유효하다. M. Watkins, "A Staple Theory of Economic Growth," *Canadian Journal of Economics and Political Science*, 29, 1963.

37) 누적적 인과성의 논의는 니콜라스 칼도어(Nicholas Kaldor)와 조안 로빈슨(Joan Robinson)의 저작에 입각해있다. 그러나 오늘날 그 함의는 개방부문을 통제할 필요 때문에 변화하였다. 즉, 세계화가 여타의 다른 선택들을 봉쇄하였기 때문에 1970년대 말 캠브리지 경제정책그룹(Cambridge Economic Policy Group)과 영국의 대안경제전략(AES)은 수입통제와 주로 하이테크 산업의 수출촉진을 위해 이 개념을 사용하였다. 이는 종속이론과 가치이론에 의해 상이한 방향에서 전개된, 맑스주의의 절대적 비교우위 개념과도 어느 정도 관련이 있

와 높은 고용수준(또는 실업수준)을 위한 잠재력을 유지한다. 서로가 서로를 '따라 잡고', '앞서 나가거나 뒤쳐지는' 모방과 혁신의 부단한 과정 속에서 기술발전과 생산물 특화가 확산됨에 따라, 자유화된 세계무역체제 내에서 우위를 점하기 위한 경쟁의 압력은 더욱 강화된다. 국가경쟁력 프로그램의 고안과 '이해관계자 자본주의' 프로젝트에 핵심적인 이 문제가 갖는 함의는 강조할 필요가 있다. 이 견해에 따르면, 무역은 생산요소의 '부존상태의 차이'로부터 발생하는 것이 아니라 '각 국가에 특유한 기술습득 및 축적의 조건들'의 기초 위에서 발생한다.[38] 국가(또는 지역) 경쟁력을 결정하는 조건들은 상품의 질을 통해 파악되는 투입물의 효율성, 노동자와 고용자간 작업장 '신뢰', 그리고 '학습' 및 연구 노력으로 요약될 수 있다. 기술변화는 기술력과 기업가 정신을 형성하는 연속적인 과정이므로 '슘페터주의적 기술혁신'은 사회의 최우선적 정책목표로 권장될 필요가 있다.[39] 개방경제에서 경제성장과 실업수준은 세계시장 점유율과 수출능력—이는 경쟁하는 다수의 국가들로 구성된 세계적 위계구조 내에서의 상대적 경쟁우위로부터 도출된다—에 더욱더 의존하고 있다. 따라서 '혼합경제'(mixed economy)라는 사민주의의 재분배 의제는 개방경제지향의 사민주의의 핵심인 '이해관계자 자본주의'의 '혼합기업경제'(mixed enterprise economy)로 바뀌어야 한다. 이 점이 바로 영국중도좌파공공정책연구소(the British Centre-Left Institute for Public Policy Research)가 언급하고 사민주의 정당들에서 폭넓게 견지되는 결론, 즉 '세계화가 영국 기업과 인민, 그리고 정부에 위협을

다. 종속이론에 대해서는 특히 다음을 참조할 것. A. G. Frank, *Capitalism and Underdevelopment in Latin America*, 1967; S. Amin, *Unequal Development*, 1976. 가치이론적 접근에 대해서는 다음을 참조. G. Carchedi, *Frontiers of Political Economy*, 1991; A. Shaikh, "Free Trade, Unemployment and Economic Policy," in J. Eatwell, ed., *Global Unemployment*, Armonk, M. E. Sharpe, 1996.

38) G. Dosi and L. Soete, "Technical Change and International Trade," in D. Dosi, *et al.*, eds., *Technical Change and Economic Theory*, London, Pinter, 1988, p. 419. 다음 글도 참고하라. G. Dosi, K. Pavitt and L. Soete, *The Economics of Technical Change and International Trade*, Hemel Hempstead, Harvester, 1990; C. Freeman and L. Soete, *Work for All or Mass Unemployment?*, London, Pinter, 1994.

39) 따라서 사민주의 우위형성정책은 영국, 캐나다, 미국 등 경제적으로 쇠퇴하는 강대국들에서 윌 휴톤(Will Hutton), 제임스 랙서(James Laxer), 레스터 서로우(Lester Thurow), 로버트 라이히(Robert Reich) 같은 대중작가들을 비롯하여 특히 강력한 지지자를 갖고 있다.

주기보다는 오히려 기회를 제공한다'는 결론의 배후에 놓인 것이다. 40)

　(대외균형을 위해 단위노동비용을 경쟁력 있게 유지하면서도) 고용이라는 국내균형을 충족시키기 위해 우위형성전략을 어떻게 보완할 것인가에 대해서는 몇 가지 경쟁하는, 그러면서도 어느 정도까지는 서로 보완적인 사민주의 입장들이 존재한다. 우위형성견해와 가장 밀접하게 결합되어 있는 '진보적 경쟁력' 전략(progressive competitiveness strategy)에서는 국제화가 부과한 수요측면의 대외제약을 강조한다. 따라서 사민주의 고용정책은, 저임금이 아닌 생산성 증가를 통해 단위노동비용을 낮게 유지하기 위해 생산능력 (또는 유효공급, effective supply)의 성장에 관심을 기울여야 한다. 볼프강 쉬트렉(Wolfgang Streeck)에 따르면, 생산력이란 외부적으로 결정되는 수요조건에 생산과 노동공급을 신축적으로 조정함으로써 생산성을 향상시키는 훈련과 연구개발, 작업장 신뢰 같은 집합적 재화를 의미한다. 41) 그러나 문제는, 이러한 집합적 재화들을 적절하게 공급하는 데 시장이 실패하고 또 그 생산에 있어 자본과 노동의 공동지배의 요구와 관련해 불필요한 갈등을 유발한다는 점이다. 하지만, 이것들은 실제로 고임금-고부가가치 경제에서 국가경쟁력의 근간을 형성한다. 따라서 훈련정책이 고용과 복지전략의 핵심적 구성요소가 되어야 하고, 동시에 노동자 평의회와 여타 유형의 '조합민주주의'를 통해 기업 내 '신뢰'와 협력의 관계가 장려되어야 한다. 조엘 로저스(Joel Rogers)와 스트렉이 주장하듯이, 유효공급전략은 '서구자본주의의 경쟁력 회복'에 기여할 수 있고 '평등과 효율간의 새로운 타협'을 맺을 수 있게 한다. 42)

---

40) Commission on Public Policy and British Business, *Promoting Prosperity: A Business Agenda for Britain*, London, IPPR, 1997; M. Wolf, "Labour of Prosperity," *Financial Times*, 21 January 1997에서 재인용.

41) W. Streeck, *Social Institutions and Economic Performance*, London, Sage, 1992. 이러한 견해에 대한 다양한 평가에 대해서는 다음을 볼 것. G. Albo, "Competitive Austerity and the Impasse of Capitalist Employment Policy," in R. Miliband and L. Panitch, eds., *Socialist Register 1994: Between Globalism and Nationalism*, London, Merlin, 1994; P. Burkett and M. Hart-Landsbert, "The Use and Abuse of Japan as a Progressive Model," in L. Panitch, ed., *Socialist Register 1996: Are There Alternatives?*, London, Merlin, 1996.

42) J. Rogers and W. Streeck, "Productive Solidarities: Economic Strategy and Left

사민주의 전략의 또 다른 변종은 '긴축분담'(shared austerity) 전략이다. 이 전략은 분배관계의 '내부적' 제약이 결정적이라고 강조한다. 이 경우, 소득정책은 임금제약을 통해 일자리를 확산하고 수출을 위해 단위노동비용을 낮게 유지하는 데 중요한 역할을 한다. 안드레아 볼소(Andrea Boltho)는 코포라티즘 국가들의 중앙집권적 단체협상기관들이 "불리한 충격에 대해 실질임금을 더욱 크게 반응시켜서 충격이 실업에 미치는 파괴적 효과를 약화시킨다"고 주장한다. [43] 따라서 수출상의 지위를 유지하기 위한 인플레이션의 통제는 노동시장의 코포라티즘적 기관들에 달려있다. 앤드류 글린에 따르면, 이러한 기관들은 자본주의의 영역에서 소득과 고용을 확산시키고 공적부문의 고용을 위한 자금조달을 가능케 하는 사회연대적인 소득 및 조세정책의 근거를 제공한다. "민간부문의 수요가 적고 생산성 성장이 둔화된 상황에서 완전고용을 유지하기 위해서는 노동자들의 임금과 소비를 엄격히 억제하여 수출경쟁력과 투자수익성을 유지하고 예산을 통제할 것이 요구되었다. 사민주의가 그러한 지원을 결집시킬 수 있는 곳에서는 완전고용이 지속될 수 있었다." 이상의 평가를 통해 글린은 오늘날의 세계에서 가장 중요한 이슈는 경제개방이 아니라, "분배와 통제에 대한 갈등적인 요구들을 조절할" 메커니즘을 재구성할 필요라고 주장한다. [44] 그러나 오늘날 분배문제에서 핵심적 타협이 자본가계급을 배제한 채 이루어지는 한, 높은 고용수준은 사민당의 지원을 받는 노동조합이 그 구성원들에게 제약을 부과할 수 있는 능력, 요컨대 '한 계급 내에서의 긴축분담'에 달려있다.

Politics," in David Miliband, ed., *Reinventing the Left*, p. 143. 이러한 견해에 대한 비판은 Ash Amin, "Beyond Associative Democracy," *New Political Economy*, 1: 3, 1996을 보라.
43) A. Boltho, "Western Europe's Economic Stagnation," *New Left Review*, 201, 1993, p. 73. 다음의 글도 참고하라. R. Dore, R. Boyer and Z. Mars, eds., *The Return to Incomes Policies*, London, Pinter, 1994; T. Notermans, "Social Democracy and External Constraints," University of Oslo, ARENA Working Paper # 15-95, 1995; Scharpf, *Crisis and Choice*; J. Pekkarinen, M. Puhojola and R. Rowthorn, , eds., *Social Corporatism; A Superior Economic System?*, Oxford, Clarendon Press, 1992.
44) A. Glyn, "Social Democracy and Full Employment," *New Left Review*, 211, 1995, pp. 54-55. 물론 이러한 견해는 오늘날 국가경쟁력을 향한 사민주의 정당의 실제의 정책지향에서 다소 주변적인 것이다. 실제의 정책실천에서 사민주의 정부들은 단위노동비용과 조세부담의 절감에 대한 합의를 통해 실질임금의 손실을 노동자에게 전가시키기 위해 연대를 호소한다.

세 번째 입장은 '국제적 케인즈주의자들'(international Keynesian)의 전망이다. 이들은 무역적자와 자본유출이 없고 경쟁력 있는 기업들이 수출을 통해 추가적 산출을 실현시킬 수 있는 곳에서는, 초국가적 수준에서 확장적 정책을 재추진할 정치적 의지만 있다면 개방경제의 수요제약이 제거될 수 있다고 주장한다. 이는 1980년대 초 프랑스에서 미테랑의 'U-턴'의 여파로 일부 노동당 좌파들이 도달한 견해이었다.[45] 최근 데이빗 헬드(David Held)가 언급한 것처럼, "국민정부가 자신의 정책목표와 광범위한 국제경제의 흐름간에 심각한 어긋남(dislocation)의 위험을 원하지 않는다면, 정부의 경제정책은 상당한 정도로 지역적 또는 전세계적 차원에서의 자본이동과 양립되어야 한다."[46] 따라서 어떤 한 국가의 능력을 넘어가는 더 높은 성장과 더 낮은 실업을 위한 적합한 유효수요 조건의 기반을 재구축하기 위해서는 경제정책의 국제적 협력이 필요하다. 헬드의 주장처럼, 지구적 지배구조에 부과된 '세계적 민주주의'(cosmopolitan democracy)는 국제적 경제협력의 규칙을 제정하기 위한 한가지 수단이 될 것이다.

이상의 모든 견해들은 자유무역과 노동시장 탈규제가 무역과 고용을 균형으로 이끌 것이라는 신자유주의의 환상으로부터 벗어나 있다. 그 대신 여기에는 누적적 인과성의 과정, 국내외 불균형간의 상호작용, 오늘날의 실제의 무역패턴, 서로 경쟁하는 다양한 자본들의 상대적 비용우위, 지역간 발전의 차이, 그리고 다양한 고용확산 수단들에 대한 이해가 깔려있다. 그러나 레오 파니치가 지적하듯이, 왜 사민주의 정권들도 결국엔 신자유주의를 수용할 수밖에 없었는가에 대한 분석은 불행하게도 별로 없다. (이는 진보적 경제학자들에게서도 너무나 마찬가지다).[47] 파니치의 주장처럼, 답은 아마도 우위형성전략의 부적합성에 있을 것이다. 왜냐하면 그것은 정부가 직면하는 제약들의 배후에 있는 메커니즘과, 세계시장의 불균형을 안정화시키는 데 방해가 되는 장애물들—다름아닌 바로 자본주의로부터 비롯

---

45) 예로서는 S. Holland, ed., *Out of Crisis*, Nottingham, Spokesman, 1983을 볼 것.
46) D. Held, *Democracy and the Global Order: From the Modern State to Cosmopolitan Governance*, Stanford, Stanford University Press, 1995, p. 131.
47) Leo Panitch, "Globalization and the State," in R. Miliband and L. Panitch, eds., *Socialist Register 1994: Between Globalism and Nationalism*, London, Merlin Press, 1994.

되는 장애물들—을 제대로 설명하지 못하기 때문이다.

먼저, 계속 증가하고 있는 실업의 문제를 이들이 어떻게 다루는지 살펴보자. 48) 실업은 경쟁력과 수요조건에 의해 결정되는 축적률의 결과라고 간주된다. 그러면 고용은 단위산출 당 필요한 평균노동의 일정계수일 것이다. 그러나 경쟁력 개선을 위한 우위형성전략은 노동절약적인 기술변화(자본주의 내에서 기술변화의 기본형태)를 통해 이 계수를 낮출 것이다. 기술진보에도 불구하고 노동시간과 고용비율이 불변이라면, 산출단위 당 노동절약을 상쇄하기 위해 요구되는 총소득과 총고용시간은 증가되어야만 한다. 그렇지 않으면 실업이 증가할 것이다. 이러한 칼날균형(knife edge balance)은, 심지어 자본주의의 황금기(golden age)에도 유지하기 어려웠다. 49) 특히, 개방경제지향의 사민주의자들 경우처럼 대외무역이 국내산출에 비해 더욱 크게 증가할 거라는 기대 하에 실제로 우위형성전략을 추진할 경우, 이러한 균형이 달성되리라는 상상은 한낱 공상에 불과하게 된다.

이러한 균형이 달성되기 위해서는 무역의 성장속도가 산출의 성장률을 능가해야 하고, 산출성장률은 다시 생산성과 고용의 성장률을 능가해야 한다. 더욱이 시간이 지남에 따라 교역재 부문을 중심으로 기술변화가 계속된다면, 주어진 고용규모와 노동시간을 달성하기 위해서는 무역이 더더욱 가속적인 속도로 성장해야 한다. 그러나 협력적인 국제 거시경제정책을 갖는 안정적인 세계경제에서 이 모든 것이 제대로 작동될지는 매우 의심스럽다. 즉, 경쟁력의 불균등성과 무역의 불균형, 통화의 불안정성이 끊임없이 나타나고 있는 현대자본주의 경제에서 미래의 안정된 상을 그리는 것은 불가능에 가깝다. 따라서 높은 고용을 가로막는 내부의 장애물들을 무역의 성장으로 극복할 것이라는 기대 하에 대외경쟁력을 향상시키려는 우위형성정책은 자본주의 시장을 제약하기 위한 국민적 수준과 지역적 수준의 고용정책

---

48) 그 논의에 대해서는 J. Eatwell, ed., *Global Unemployment*를 보라.
49) 다른 포디즘 경제들과 같은 내포적 성장이라기보다는 오히려 외연적이었고 또한 1940년대 이래 장기적으로 실업수준의 증가를 나타내었던 그 성장조건을 묘사하기 위해 내가 '절뚝거리는 황금기'(limping golden age)라 불렀던 것을 캐나다가 보여주었다. G. Albo, *The Impasse of Capitalist Employment Policy? Canada's Unemployment Experience, 1956-74*, Ottawa, Carleton University Ph. D. Thesis, 1994.

에 대한 대체물이 되지 못한다. 50)

　실업문제는 일단 제쳐놓고, 두 번째 근본적인 문제를 보도록 한다. 개방 경제지향의 사민주의 우위형성전략은 자본주의 내에서 경쟁력의 불균등한 발전의 결과로 야기된 대외불균형을 우위의 형성으로 해결할 수 있다는 의심스러운 가정에 입각해있다. 오히려, 현재의 세계경제 지형에서 우위형성 경쟁의 지상명령은 문제의 해결을 궁극적으로는 시장조정에 맡김으로써 지구적 차원의 대외불균형 문제를 더욱 증폭시킬 수 있다. 불균등한 경쟁력이란 주제는 개별국가의 전략에 관계되는 것이므로 바로 이 주제를 전개하는 토대 위에서 자본주의가 부과하는 장애물을 더 살펴보도록 하자. 개념적 수준에서 보면, 무역흑자가 달성되기 위해서는 단위노동비용과 수출가격이 대외경쟁력을 가져야 한다. 이러한 조건이 충족되어 성공적인 수출주도성장을 이룩하는 국가들은 국제수지의 위기에 대한 걱정 없이 고투자를 지속할 수 있다. 나아가 무역흑자는 국민소득과 고용에도 긍정적인 영향을 미칠 것이다. 만약 생산능력의 완전가동으로부터 획득한 이윤이 신규 기술개발을 위해 재투자되고 평가절상에 의한 환율하락이 무역수지에 별다른 영향을 미치지 못한다면, 무역수지 흑자국에서는 생산성 향상이 단위노동비용을 하락시켜 경제성장과 경쟁력 우위가 지속될 것이다. 51) 그러나 문제는, 무역수지 적자국에서는 투자부진이 지속되고 기술력이 더욱더 쇠퇴하는 완전히 반대의 상황이 전개될 것이라는 점이다. 이러한 설명은, 독일과 일본 등 일부 국가들은 계속되는 무역수지 흑자를 누리는 반면 영국과 미국 등 또 다른 국가들은 구조적 경상수지 적자와 경쟁력 쇠퇴를 겪고 있는 현실과 상당히 부합하는 것처럼 보인다. 요컨대, 불균등 발전과 무역불균형은 자본주의가 시장친화적인 발전경로상에 부과하는 정상적인 장애물 중 하나로서 지속될 것이라고 예상할 수 있다. 52)

---

50) R. Rowthorn and J. Wells, *De-industrialization and Foreign Trade*, Cambridge, Cambridge University Press, 1987, pp. 25-27.
51) 경제들간 상보성이 증가하면 수입이 가격에 덜 민감해진다는 점에서 무역수지 적자국에서 평가절하가 갖는 효과 또한 감소한다. 이는 개방부문을 통제하고 수입탄력성을 감소시켜야 할 또다른 필요를 제기한다.
52) A. Singh, "Openness and the Market-Friendly Approach to Development: Learning the Right Lessons from the Development Experience," *World Development*, 22: 12, 1994.

따라서 기술적으로 지체된 국가들은 상대적 성장후퇴와 1인당 소득의 잠재적 하락이라는 절대적 주변화가 영속화되기 전에 이 정체의 악순환을 끊어내야 한다. 이를 위해 우위형성전략은 오랫동안 특정한 발전모델을 형성해왔던 제도적 구조와 사회적 관계를 국가(또는 지역) 경쟁력을 향상시키기 위한 새로운 발전모델로 전환할 것을 제안한다. 경쟁력을 강화하기 위해서는 기존 자원을 현재와는 다른 방식으로 활용하거나 실업 또는 완전히 가동되지 않고 있는 공장 등 유휴자원들을 가동시켜야 한다. 이같은 투자변경을 위해서는 자본이 필요하고, 따라서 금융과 비금융부문에 대한 조세부과 및 임금삭감, 그리고 공공지출축소를 위한 '집합적 의사결정'이 수행될 것이다. 나아가 새로운 부문에 대한 투자는 사전에 계획되어야 하고, 산업정책 프로그램을 밀고 나가기 위해서는 상당한 규모의 투자은행이 설립되어야 한다. 그러나 이상의 모든 것들은 상당한 정도의 비시장적 협력과 정치적 동원을 필요로 하고, 이는 하나의 경제모델(또는 기술집합)을 특정한 제도적 맥락으로부터 다른 맥락으로 이식시키고자 하는 시도에서 비롯되는 익히 잘 알려진 모든 문제들을 발생시킨다. 즉, 기존의 사회적 관계와 생산배치는 신규 생산부문과 작업관계의 조직을 가로막는 심각한 장애물이 될 수 있다.[53]

우리는 이를 '자본주의적 개혁가의 딜레마'라 부를 수 있다. 이러한 딜레마는 다음과 같은 상황 속에서 발생한다. 즉, 시장주도의 과정은 이미 부적합한 것으로 판명난 기존의 패턴을 더욱 강화시킬 것이고, 반면 국가주도의 프로젝트는 내화된 시장의 힘에 부딪칠 것이며, 경제정책의 협력을 위한 제도화된 규칙은 아직도 이 자원들을 지배하는 경제주체들의 협력을 필요로 한다. 따라서 우위형성전략이 추진되기 위한 협력의 정치적 기반은 쇠퇴하는 사회 내부의 자본가계급들로부터도, 또는 기존의 국가기구의 능력 내에서도 존재하지 않을지도 모른다. 협력의 기반은 노동자들의 측면에서도 마

---

53) 이러한 주제에 대한 좀더 발전된 논의에 대해서는 다음을 참고하라. D. Coates, *The Question of UK Decline*, London, Harvester, 1994; J. Tomaney, "A New Paradigm of Work Organization and Technology?", in A. Amin, ed., *Post-Fordism*, Oxford, Blackwell, 1994; J. Price, "Lean Production at Suzuki and Toyota," *Studies in Political Economy*, N. 45, 1994.

찬가지로 취약할지 모른다. 왜냐하면 이는 노조가 자신의 지도력을 발휘해 전통적인 단체협상력과 사회적 요구를 포기하고 대신 대외경쟁력이라는 코포라티즘적 의제를 취할 것을 요구하기 때문이다. 만약 그러한 전략이 국가경쟁력의 마지막 논리까지 강력히 추진된다면, 이는 노동자들을 단결시키기보다는 (보조금과 구조조정정책 그리고 환율을 통해) 쇠퇴부문의 노동자들과 성장부문 노동자들을 분열시키고, 또 (경쟁적 세율과 비견할만한 급여수준 그리고 상품화를 통해) 공적부문의 노동자들과 사적부문 노동자들을 분열시킬 가능성이 크다.54) 결국, 집합적 행동의 구조논리라는 수준에서 보면, 제도적으로 그리고 지정학적으로 내화된 (권력의) 사회적 소유관계와 상충될 필요가 없는, 국가경쟁력에 관한 '공동의 이해'란 존재하지 않는다. 이러한 딜레마에 빠진 자본주의적 개혁가의 관점에서 우위형성전략은 실현불가능한 것으로 전락하고 만다.

그 결과, 기존공장의 경쟁력이 상대적으로 저하하는 국가들은 단위노동비용을 낮춰 무역불균형을 해소하고자 임금구조를 경쟁으로 몰아넣고자 한다. 미국과 영국, 그리고 캐나다의 최근 10여 년간의 경험은, 국가가 노동의 평가절하와 노동시간 강화—비록 이러한 것들이 노동인구의 후생에 심각한 타격을 입힐지라도—를 통해 특정 부문 또는 국가전체의 상대적 경쟁력을 회복할 수 있다는 것을 보여준다. 노동의 평가절하를 통한 경쟁력 회복의 잠재적 기반이 존재하는 상황에서 지배세력은 당연히 (그리고 뉴질랜드와 스웨덴의 노동당, 사회당 정권 하에서는 다분히 의식적으로) 노동자들의 권리를 침해하여 착취율을 높이는 방식을 선호할 것이고, 산업계획을 추진하는 것에 단지 수세적으로가 아니라 적극적으로 반대할 것이다. 이러한 전략은, 사민주의 이론가들이 흔히 주장하듯이, 좀더 나은 정책조합을 통해 변화시킬 수 있는 맹목적인 비합리적 논리가 아니라 체제 자체 내에서 축적된 논리이다.

더욱이 임금구조를 경쟁으로 몰아넣고 우위형성정책에 반대하는 것은,

---

54) 이러한 입장은 가장 역동적이고 성공적인 북미의 노조에 의해 명확하게 되었다. Canadian Auto Workers, *False Solutions, Growing Protests: Recapturing the Agenda*, Toronto, CAW, 1996.

심지어 저임금 전략을 반대하기에 가장 유리한 제도적 조건을 갖춘 국가들에서도 매우 논리적인 반응일 수 있다. 가설적으로 말하면, (조절되지 않는 세계시장에서 모든 국가들이 그렇게 할 수 없다는 점은 분명하지만,) 우위형성과 이해관계자 자본주의의 '제도적 필요조건들'의 기반 위에서 대외경쟁력이 형성될 수 있다고 예상할 수 있다. 이러한 개념화는, 환경비용의 내부화와 고숙련 노동자의 포괄에 있어 차이를 나타내는 다양한 (국가) 경제모델들의 대외경쟁력간에 일종의 '세계무차별곡선'을 가정한다. 55) '경쟁력무차별곡선'은 자본가의 관점으로부터 환경파괴에 개의치 않는 생산방식과 저렴하고 유연한 노동을 이용하는 전략과, 환경비용을 내부화하는 생산방식과 값비싼 고숙련 노동을 이용하는 전략간에 정태적으로 동일한 대외경쟁력의 궤적을 묘사한다. 이러한 곡선을 가정할 경우, 정태분석만으로는, 전자의 전략을 추진하는 것이 비용을 낮출 수 있음에도 불구하고 왜 자본가들이 (생산에서 핵심적 지위를 차지하는 일부 노동자들을 제외하면) 후자의 모델을 선택하는지가 매우 불분명하다. 더욱이 전자의 유연노동 모델을 선택할 경우, 미국의 소프트웨어 기술자들에게 적용된 노동시간 착취적인 '드라이브 시스템'(drive system)이 너무나 잘 보여주는 것처럼, 기업은 생산과 기술을 부단히 혁신할 수 있음에도 불구하고 말이다.

　이러한 결론을 피하는 유일한 길은, 새로운 기술의 유연전문화 또는 일본화(Japanization)나 칼마주의(Kalmarianism)의 유연전문화만이 노동력 전체의 숙련도를 향상시킨다는 기술결정론자들의 주장으로 복귀하는 것이다. 56) 그러나 이는 실증적으로도, 이론적으로도 설득력 있는 주장이 아니

---

55) 이러한 정식화는 리피에츠가 제기한 것으로서 그의 초기 견해로부터는 다소 벗어나 있다. 그러나 그 선행자들 또한 유연성 전략의 공세적, 수세적 형태에 대한 브와예의 입장에 따랐다. 물론 그들은 좀더 평등주의적 성과를 주장했고, 유연전문화와 다품질생산(diversified quality production)의 신봉자들과 달리, 몇몇 모순을 그럴듯한 말로 얼버무리지 않았다. A. Lipietz, "The New Core-Periphery Relations: The Contrasting Examples of Europe and America," in C. Naastepad and S. Storm, eds., *The State and the Economic Process*, Cheltenham, Edward Elgar, 1996; R. Boyer and D. Drache, eds., *States Against Markets: The Limits of Globalization*, London, Routledge, 1996.
56) 이에 대해서는 특히 M. Piore and C. Sabel, *The Second Industrial Divide*, New York, Basic Books, 1984를 보라. 이에 대한 훌륭한 비판으로는 J. Peck, *Work-Place: The Social Regulation of Labour Markets*, New York, Guilford, 1996을 보라.

다. 왜냐하면 심지어 기술향상을 주도하고 있는 국가들에서도 자본가들은 노동자의 숙련향상을 가능한 한 좁은 층으로 국한시키고 노동을 평가절하하기 위한 정책들에 경도되어 있기 때문이다. 경쟁력을 위해 값싼 노동의 선택을 폐기하는 것은, 강하고 잘 조직된 강력한 노조가 국가경쟁력을 추구하는 자본가들에 얼마나 협력하느냐가 아니라 저항하느냐에 달려있다. 만약 우위형성정책의 제안대로 국가경쟁력을 경제정책의 목표로 받아들일 경우에는 (필연적인 것이지만) 자본가들이 국가경쟁력을 이유로 값싼 노동전략을 제안할 때 노동자들이 이에 저항할 수 있는 구조적 여건이 침식될 수밖에 없다. 이는 또한 자본주의 기업논리와는 전적으로 상이한, 노동자들의 독립적인 생산능력 구축이라는 장기적인 평등주의 프로젝트를 희생시킨다. 결국, 자본주의는 기술적으로 앞선 국가들에서도 우위형성전략이 평등주의적 결과를 낳는 것을 막는다.

개별국가의 수준을 넘어 체제 전체로 논의를 확장할 경우, 사민주의의 우위형성정책에는 훨씬 더 심각한 모순들이 존재하게 된다. 이 세 번째 근본적인 문제는, 하나의 국가로부터 그 유일한 목표가 국제수지균형을 유지함으로써 국내 경제조건의 악화를 피하고자 하는 두 번째 교역상대국으로 시선을 옮김으로써 쉽게 파악할 수 있다. 우위의 형성이 국내수요를 포기한 대가인 수출주도성장에 의존하는 한, 특정 국가가 우위형성을 통해 자신의 경쟁력을 개선하기 위해서는, 그 교역상대가 그 동안 경제를 계속 개방하고 있어야 한다. 여기서 곧 다음과 같은 문제가 제기된다. 즉, 만약 교역상대가 국제수지상의 지위를 보전하기 위해 시장의 침투에 긴축 또는 보호정책 (또는 잠재적으로 더욱 파괴적인 효과를 가질 그들 자신의 우위형성정책)으로 대응한다면, 모든 무역이득과 고용이득이 사라지게 된다.[57] 물론, 산업합리화로부터 발생하는 내부적 효율성의 이득은 존재할 수 있다. 그러나 이 경우에도 국제수지가 균형을 이루게 되면, 그러한 이득이 고용과 산출에

---

57) D. Laussel and C. Montet, "Strategic Trade Policies," in D. Greenaway and L. Winters, eds., *Surveys in International Trade*, Oxford, Blackwell, 1994; 그리고, M. Kitson and J. Michie, "Conflict, Co-operation and Change: The Political Economy of Trade and Trade Policy," *Review of International Political Economy*, 2: 4, 1995.

미치는 효과는 결국 두 국가의 대내정책에 의해 결정될 것이다. 국제수지가 균형을 이룬 상태에서, 전체적인 무역규모가 증가할 때 산출과 고용이득이 발생할 것인가의 여부는, 무역으로부터의 이득과 경제개방 때문에 거시경제적 조절을 포기함으로써 발생하는 손실 중 어느 것이 더 큰가에 의존한다. 경제가 무역으로부터 얻는 이득의 크기에는, 무역비중과 산출이득이 단순한 상관관계를 갖지 않고 서로 복잡하게 상호작용한다는 점에서, 언제나 수많은 역사적 위험요인이 숨어있었다. 조절포기로 인한 거시경제적 손실은 초기에는 작을 수 있지만, 신자유주의자들을 제외한 다른 모든 논자들은 그것이 누적적으로 쌓여 종국에는 경제에 심각한 타격을 줄 수 있다는 점에 동의한다. 자발적 수출억제와 같은 관리무역은, 비록 세계경제 전체로는 일반화되기 힘들지만, 우위를 형성하고자 시도하는 두 교역국간에 발생하는 문제들의 일부를 해소할 수 있다. 그러나 이러한 유형의 무역조절 역시 우위형성전략이 의도하는 것보다 훨씬 광범위한 계획을 부를 것이다.

만약 한 교역국이 우위를 형성하는 과정에서 장애물에 부딪칠 경우, 국가경쟁력을 위해 우위를 형성하고자 하는 다수의 국가들로 이루어진 세계경제는 사민주의 경제정책에 매우 심각한 곤란을 부과할 것이다. 국가경쟁력을 위한 우위형성전략의 기저에는 기본적으로, 자신의 고용불균형을 해결하기 위해 모든 국가가 수출을 지향할 수는 없다는 '집계의 구성적 오류'(compositional fallacy of aggregation)가 존재한다. 세계시장이 산출과 고용을 증대시키는 기회로서 작동하는 경우는 오로지 나 이외에 다른 어느 누구도 이를 따르지 않을 때뿐이다. 그리고 그러한 상황이 발생할 가능성은 점점 더 많은 국가들이 우위형성전략을 채택할수록 줄어든다. 달리 말해, 일부에게 양(+)의 보수(positive sum)를 가져다주는 게임이 결국에는 모두에게 음(−)의 보수(negative sum)를 가져오는 게임이 될 수 있다. 그 이유는 다음과 같이 간단하다. 무역불균형이 지속되면 심지어 기술향상을 주도하는 국가들도 포함하여 모든 개별국가들은 생산성 증가로부터 긴축까지 가능한 모든 수단을 동원해서 단위노동비용을 절감하고 국가경쟁력을 강화하고자 하는 유인을 갖는다. 그러나 기술적으로 뒤쳐진 국가들이 무역적자의 추가적 악화를 막기 위해 사용할 수 있는 유일한 경쟁무기는 임금삭감과 이를 통한 단위비용의 절감뿐이다. (이는 특히 무역수지 흑자국들이 총수요를 증가시키지 않는 상황에서 더욱 그러하다). 생산성 향상으로 생산능력은 증가함에도 불구하고 이윤의 실현이 부진하다면, 기술주도 국가들 또한 흑자와 고용을 잃지 않기 위해서는 어쩔 수 없이 저임금 정책을 따라야 한다. 경제의 개방도가 증가함에 따라 구조적 경쟁력의 축은 더욱더 높은 수준에서 유지될 것이다. 그 결과, 요하네스버그부터 델리, 맨체스터, 몬트리올에 이르는 모든 지역들이 프랑크푸르트와 도쿄의 생산성 향상과 상하이 및 노갈리스의 저임금제품 수출업자들에 의해 설정되는 것에 보조를 맞추어야 한다.

이것이 대체로 지금의 세계경제가 갇혀 있는 형국이다. [58] 1971-73년의 오일쇼크와 경기침체, 특히 1981-82년의 볼커(Volcker) 충격, 1987년의 주가폭락, 그리고 1991-92년 미국의 예산축소 이래 경기변동의 동조성과 깊이가 증가된 것은, 이제 초순환적으로 내화되어 실업을 계속 높은 수준에서 유지시키는 수요측면의 불확실성을 보여준다. 미국이 디플레이션 또는 평가절하를 통해—이는 다른 국가들의 수출전략을 차단한다—자신의 구조적 불균형을 치유하려 할 때마다, 나머지 자본주의국가들은 이에 응해야 하고, 그렇지 않으면 엄청난 혼란에 직면해야 한다. (현재의 일본이 그 희생물이다). 그러나 미국에 선불된 신용화폐가 미국의 국제수지 흑자에 의해 어떻게 지불될지는 매우 불분명하다. (그리고 어느 누구도 그에 대한 답을 갖고 있지 않다). 그 결과, 세계경제는 전과는 다른 길로 이동하고 있고, 심지어 일본과 독일처럼 명시적인 우위형성전략을 통해 기술적으로 앞선 국가들도 비정규직의 확산과 착취증대를 통한 '경쟁적 긴축'의 필요성을 느끼기 시작한다.

스웨덴과 같이 좀더 평등주의적인 정책유산을 지닌 국가들에서는 일자리 확산과 낮은 단위노동비용 유지를 위해 소득정책을 이용하는 '긴축분담' 전

---

58) 이에 대해서는 J. Robinson, "The Need for a Reconsideration of the Theory of International Trade," *Collected Economic Papers*, Vol. 4, Oxford, Blackwell, 1973 및 R. Guttman, *How Credit-Money Shapes the Economy*, Armonk, M. E. Sharpe, 1994, pp. 345-346을 보라.

략에 호소할 것이다. 왜냐하면, 이제는 자본의 이동성과 교역상대국들의 대응 그리고 소득분배에 대한 국민적 협약을 바라지 않는 자본가들에 의해 전통적인 경쟁적 평가절하전략은 배제되기 때문이다. 그러나 이러한 전략 역시 구매력을 감소시키고 그것을 흡수할 여력이 없는 세계시장에 더 많은 수출품을 던져 놓음으로써 국제적 수요부족 문제를 더욱 악화시킬 수 있다. 그리고 이러한 외부충격은 신자유주의적 세계시장을 통해 다시 국내로 피드백되어 더 이상 유지하기 어려운 대외경쟁력에 걸맞는 한층 더 '진전된' 임금과 작업조건의 타협을 이끌 것이다. 이는 특히 개방의 증대와 함께 통화의 안정성이 중요시되고 자본유출의 가능성이 커져서 경쟁적 평가절하의 추진이 더욱 어렵게 될수록 그러할 것이다. 국내적으로는, 대안적 발전모델에 적대적인 세계에서 고용자들은 중앙교섭에 점점 더 강하게 반대하고, '평등주의 모델'과 단절하기 위해 더욱 더 공공연하게 정치화될(politicised) 것이다. 59) 그러나 '한 계급 내의 긴축분담' 역시 정치적으로 불안정할 것이다. 왜냐하면 국가경쟁력을 위해 자신의 구성원들에게 계속적으로 억제를 요구해야 할 노조의 조직능력은, 특히 소득의 계급분포가 더욱 악화되는 상황에서는 결국 한계에 부딪칠 것이기 때문이다. 60)

이와는 반대로, 북미의 국가들은 높은 생산성과 집약적 자원활용, 그리고 상대적으로 값싼 노동을 결합하기 위해 노동의 평가절하와 비정규직화 전략을 명시적으로 채택하고 있다. 그들은 세계 경쟁력차트에서 순위가 올라감으로써 보상받는다. 반면, 가나와 같이 막대한 부채를 짊어지고 있거나 뉴파운드랜드처럼 환경적으로 위험한 자원의 채취에 의존하고 있는 주변부 경제들은 끝없는 경쟁의 소용돌이 속에서 기력을 소진한 후 결국 쓰러지게 된다. 그래서 대외경쟁력은 점점 더 값싼 노동과 기술력 향상, 그리고 환경비용의 외부화를 결합시키는 사회들로 향하게 된다. 그러나 심지어 한국의 경우에도 이는 충분한 것으로 보이지 않는다. 한밤중의 비밀회합을 통

---

59) R. Mahon, ″Swedish Unions in New Times,″ APSA 연례회의(Chicago, 1995)에 제출한 논문.
60) 달리 말해, 세계시장의 힘이 자본수익률을 결정하면 임금은 그에 맞춰 조정되어야 한다. 그리고 코포라티즘적 기관들은 이를 위한 최고의 수단을 제공한다. 이는 자본축적과정에서 "임금은 독립변수가 아니라 종속변수"라는 맑스의 오래 전 격언을 떠올리게 한다.

해 일자리의 안전성을 약화시키는 억압적인 노동조합법을 통과시키면서, 한국의 대통령 김영삼은 다음과 같은 말로 이를 정당화했다. "노동개혁이 없다면 세계경제의 치열한 경쟁으로 인해 노동자들이 소득뿐 아니라 직업도 얻지 못한다는 것, 이것이 우리가 직면하고 있는 냉엄한 현실이다."[61]

대규모 자본이동이라는 실제세계의 조건을 추가하면 우위형성전략의 네 번째 근본적인 장애물이 나타난다. 여기서의 문제는 보다 간접적이긴 하지만 세계화가 비가역적이라는 가정에 마찬가지로 손상을 입힌다. 우위형성을 위해서는 장기의 계획기간과, 사민주의자들이 즐겨 사용하는 표현대로, '인내력 있는 자본'이 필요하다. 그러나 지구적 시장에서 금융자본은 점점 더 위험회피를 위해 이윤과 유동성의 단기수요에 의해 추동되고 있다. 투자자(차입자)들을 위한 경제신문의 지혜와는 상반되게, 더 적은 위험과 더 많은 이윤을 결합할 수 있는 선택의 기회가 존재하기 때문에 금융포트폴리오의 국제적 분산은 어떤 특정국가에 대한 약간의 위험—이는 투자기간이 길어질수록 커진다—과 이윤부담도 수용하기 어렵게 만든다. 무역수지에 비해 상대적으로 순자본흐름이 더 증가하면 할수록, 그래서 선대자본에 대한 기준수익률이 축적의 특수한 조건과 무관하게 형성되면 될수록, 이는 세계 이자율에 압력을 행사할 것이다.[62] 따라서 순전히 정태적인 관점에서도, 지구적 금융시장은 산업정책에 장애물을 부과한다. 세계시장에 존재하는 불안정성은 리스크를 증대시키고 동태적 불확실성을 낳는다. 이러한 상황은 금융자본으로 하여금 수출산업의 생산력을 증대시키기 위해 반드시 필요한 장기투자에 묶이는 것을 기피하게 만든다. 더욱이 1994년 말의 멕시코, 또는 1980년대 초의 프랑스와 같이, 구조적 무역불균형에 의한 것이든 아니면 정치적 프로젝트의 변화에 의한 것이든, 투기적인 지불요구의 쇄도는 모든 산업계획의 안정성을 빠른 속도로 파괴할 수 있다.

따라서 자본이동과 변동환율은 산업자본과 금융자본간 시계(time horizon)의 불일치라는 케인즈주의자들의 오랜 문제를 새로운 수준으로 격

---

61) "Seoul Threatens to Expel Foreign Trade Union Groups," *Financial Times*, 14 January 1997.

62) E. Altvater, *The Future of the Market*, London, Verso, 1993, pp. 83-84.

상시킨다. 국제적 자본이전에 조세를 부과함으로써 '금융자본의 수레바퀴에 모래를 붓기 위한' '토빈세'(Tobin Tax)는, 한계적인 수준에서나마, 이러한 과정을 다소 늦출 수 있을지 모른다.[63] 그러나 이 역시 새로운 투기적 수단의 출현을 막지 못할뿐더러, 실물경제로부터 신용화폐순환의 자율성 증대라는 문제의 근원을 다루지는 못한다. 우리는 현재 점점 더 금리생활자들의 이해가 국가발전모델을 결정하고 자본도피와 그에 따른 통화전환 능력을 통해 대안모델을 거부할 수 있는 상황에 직면해있다. 우위의 형성을 가로막는 이런 장애물들이, 금융자본의 민주화와 국제적 자본흐름의 국내로의 '재규제'(re-embedding)가 정치적 대안의 필요조건이라는 전통적인 사회주의의 주장을 그 어느 때보다도 경제적으로 건강하고 정치적으로 필요한 것으로 만들고 있다.

일부 사민주의자들에 의해 세계경제의 불균형을 조절하는 수단으로 조장되는 국제적 케인즈주의는 무역과 자본이동의 어느 문제도 해결하지 못한다. 민주화된 국제적 관리구조에 대한 이들의 요구는 단지 '무엇을 하기 위해서'라는 질문을 회피하고 있다. 국민적 및 지역적 수준에서 보면, 산업계획을 위한 자본분배가 자본이동에 대한 광범위한 제약을 필요로 한다는 것은 전후의 경험을 통해 이미 널리 알려진 사실이다. 민주적인 국제기구는 자본이동의 세계화가 형성한 지구적 경제공간에 단지 좀더 큰 정치적 합법성을 부여할 뿐이다. 만약 이러한 국제기구들이 이와는 다른 의제들을 추구한다면, 이는 곧 사민주의 우위형성정책의 토대를 이루는 (정치적) 합의, 즉 지구화는 비가역적이고 자본시장은 본질적으로 효율적이라는 합의로부터의 이탈을 요구할 것이다.

마찬가지로, 국제적 케인즈주의가 성립하기 위해서는 세계시장의 불균형이 오직 수요측면의 특정 문제로부터 발생한다는 가정이 필요하다. 그러나 국가들의 경쟁력이 서로 상이한 상황에서, 유휴생산능력을 줄이기 위한 세계적 차원의 수요촉진은 기존의 무역불균형 문제를 더욱 악화시킬 뿐이다.

---

63) J. Tobin, "A Proposal for International Monetary Reform," *Eastern Economic Journal*, 4 (1978) ; B. Eichengreen, J. Tobin and C. Wyplosz, "Two Cases for Sand in the Wheels of International Finance," *The Economic Journal*, 105, Jan. 1995.

그것은 이 불균형을 줄이는 데 정말 아무런 역할도 하지 못할 것이다. 그것은 산업경쟁력을 잃고 경제적으로 쇠퇴하는 지역, 또는 무분별한 어획이 자행되었던 대서양 어장처럼 천연자원에서의 초기우위를 잃어버린 지역의 실업을 반전시키지 못할 것이다. 64) 그것은 또한 알라바마를 위시한 미국 남부지역에서와 같은 값싼 노동전략을 역전시키지도 못할 것이다. 더욱이 '경쟁하라'는 자본주의시장의 지상명령은 세계적 통화재팽창을 위해 필요한 국가간 협력을 가로막는다. 경쟁자들에 앞서 수입제한, 통화가치의 평가절하, 또는 긴축 등의 기만을 통해 언제나 무역수지와 고용을 개선할 수 있을 때, 도대체 협력을 어떻게 강요할 수 있단 말인가? 조정과정에서의 대칭성 결여, 불균등발전, 그리고 우위형성전략의 수출의 오류는 모두 자본주의적 장애물을 제기하는데, 이는 국제적인 통화재팽창이나 또는 민주화된 국제관리구조에 대한 모호한 요구 이상의 보다 강력한 형태의 국제협력을 통해서만 대응할 수 있을 것이다.

사민주의 우위형성정책에 직면해있는 핵심적인 장애물은, 세계시장에서 경쟁하는 자본가들에 의해 만들어지는 (국가간 역사적) 과정의 차이에서 유래한다. 상대적 경쟁력과 산출수준의 균등화라는 목표는 국가경쟁력 프로젝트의 뒤에 위치한다. 그러나 국가경쟁력 프로젝트는 자본주의적 개혁가의 딜레마에 부딪치게 된다. 따라서 경쟁적 세계시장에서 (심지어 이해관계자의 권리를 갖고 있는 기업들을 포함하여) 기업들을 인도하고 투자를 분배하며 국제수지의 흐름을 조절하는 것은 국가가 아니다. 이 모든 것은 자본가들의 이윤추구 행위에 의존하고, 그들은 자신들의 특수한 이해를 대외경쟁력이라는 이해관계자 자본주의의 '국민적 이해'에 일치시킬 수도, 그렇지 않을 수도 있다. 그 어떤 경우든, 국민적 이해는 국가의 형성과정과 과거의 발전모델 내에서 나타나는 다양한 자본분파들의 구조적 특성을 고려하여 (국가별로 상이하게) 정의된다. 예컨대, 캐나다의 자본가들은 대규모 자본유입을 통해 국내투자수준을 지탱하길 바랐기 때문에, 전통적으로

---

64) 따라서 경쟁력의 지역적 차이는 다국적 기관의 지역적 계획당국들에 의해 보정되어야 한다. 그들은 지금은 발전을 통제할 주요수단(통화관리, 수입통제)을 상실한 정부가 이전에 했던 일들을 자신의 업무로 삼게 될 것이다.

수출의 구성과 지속적인 경상수지 적자에 대해서는 그리 신경쓰지 않았다. 반면, 영국의 자본가들은 전통적으로 장기자본을 수출해왔고, 수지가 악화될 때에는 단기차입을 통해 이를 해결해왔다. (이러한 과정은 단지 대처시대에 이르러서야 조금 변화했을 뿐이다). 각 국가는 이러한 상이한 과정이 수반한 경쟁력의 상대적 약화와 경제적 하락에 도전하기보다는 이를 누적시켜 왔다. 경상계정에 플로우로 기록되는 국제수지가 경쟁력을 얼마나 제약하는가는, 특정한 계급전략과 제도적 특징, 그리고 경제구조별로 언제나 상대적이다. 상이한 역사적 과정과 계급관계를 통해 발전된 국가경쟁력 모델을 수입하려는 개별국가들의 모든 시도의 도상에는 (자국의 역사적 과정에서) 내화된 사회적 관계가 가로막고 서있다.

우위형성전략은 모든 경제주체들이 대외지향적인 무역과 산업전략을 채택할 수 있다고 말하지만, 이는 사실 그러한 행위가 자본주의 전체차원에서 야기하는 모순들을 간과하고 있다. 로버트 커트너와 수잔 스트레인지(Susan Strange) 같은 일단의 우위형성론자들은 관리무역을 통해 국가간 균형을 유지함으로써 경쟁적 긴축을 피할 수 있다고 주장한다. 65) 그러나 우위형성전략을 자극하는 자본주의적 장애물들은 결코 무역관리만으로는 해소될 수 없다. 이를 해소하기 위해서는 무역을 계획하고 자본이동을 통제할 국제적 체제가 필요하다. 그러나 무엇보다도 논쟁의 여지가 있는 문제는, "국가는 시장과 다르다"는 전제, 즉 국가가 국민경제의 흥망성쇠에 어떤 공통의 이해를 나누고 있는 행위자들을 함께 묶는 운명공동체라는 전제로부터 시작하는 개방경제지향의 사민주의 그 자체이다. 66) 세계시장이 (역사적으로 진보적인) 사회적 발전의 기회를 구성한다는 관념을 적절하게 방어해서 사회주의 경제정책을 부적합한 것으로 만들기 위해서는 결코 허스트와 톰슨이 제출한 바와 같은 그처럼 빈약한 주장을 해서는 안 된다. 그러나 심지어 국가경쟁력에 대한 가장 강력한 사민주의 경제정책도 다음과 같은 가

---

65) Kuttner, *End of Laissez-Faire*, chs. 6-8; J. Stopford and S. Strange, eds., *Rival States, Rival Firms: Competition for World Market Shares*, Cambridge, Cambridge University Press, 1992; R. Blecker, ed., *U.S. Trade Policy and Global Growth*, Armonk, M. E. Sharpe, 1996.
66) Hirst and Thompson, *Globalisation in Question*, p. 146.

정들, 즉 세계화는 비가역적이고 시장의 지상명령은 세계경제가 지금 있는
그대로 유지될 것을 요구하며 끝없는 경제성장에 의해 지구가 파괴된다 하
더라도 고용을 유지할 다른 길은 없다라는 방어할 수 없는 가정들에 의존해
야만 한다.

3. 사회주의 대안과 발전의 다양성

자본주의 경제정책이란 통상 "이기적인 개별행위자들로 하여금 희소한
자원을 가장 효율적으로 이용하게 한다"는 선택이론적 정의로 한정된다. 이
에 반해, 사회주의 경제정책은 평등주의적이며 생태적으로 지속가능한 재
생산을 위해 경제구조를 바꾸는 민주적 통제의 능력을 발전시키는 것으로
정의될 수 있다. 자본주의 경제에서 사회주의 경제정책은 일차적으로 시장
으로부터의 해방과 통제 전략의 문제이다. 사회주의 경제에서 그것은 민주
적인 계획과 경제적 협력의 문제이다. 자본주의 경제의 세계화가 시장의 지
상명령을 부각시키고 사회주의 경제정책에 한계를 부과한다는 점은 분명하
다. 그렇더라도, 국제경쟁력의 추구 외에 다른 대안이 없다는 결론을 강요
하는 것은 오직 "기존의 소유관계와 이에 의해 지탱되는 구조적인 정치권력
이 신성불가침하다"는 선험적이고 (검증되지 않은) 가정들뿐이다. 67) 이에
대해서는 심지어 『이코노미스트』(*The Economist*) 조차 동의하는 것으로 보
인다. 『이코노미스트』는 지구적 경제체제에서 "국가가 무력해진다"는 통념
은 각 나라 정부들이 여전히 "이전과 비등한 수준의 경제적 영향력을 갖고
있다"는 점에서 사실상 '신화'에 불과함을 인정한다. 68) 이러한 맥락에서,
국민국가가 비록 세계화 이전에는 사회적 권력의 제도적인 담지자이자 경

---

67) 중요한 것은 '자본주의적 개혁가의 딜레마'가 그 자체의 시각 내에서는 극복될 수 없다
는 점이다. 마이클 레보위츠가 주장하는 것처럼, 사실 사회주의자들은 오히려 '자본가들의
딜레마'를 만들어낼 필요가 있다. 즉, 타협을 거부하는 대가로 금융 및 생산 자산에 대한
통제권을 잃게 해야 하는 것이다. 이를테면, Mike Lebowitz, "Trade and Class: Labour
Strategies in a World of Strong Capital," *Studies in Political Economy*, 27, 1988을 보라.
68) "The Myth of the Powerless State," *The Economist*, 7 October 1995, p. 16. 물론 이
들의 집필 의도는 국가 개입의 위험을 경고하려는 데 있다.

제행위들에 대한 조절자로서 행동할 수 있었지만 오늘날에는 그것이 더 이
상 가능하지 않게 되었다는 생각은 근본적으로 잘못된 것이다. 실제로 (오
늘날에도) 신자유주의에 부합하는 국제적 기구의 구성과 세계시장의 형성
은 국민국가라는 대리인을 통해 이루어지고 있는 것이다. 69)

그렇다고 해서 세계시장에서의 경쟁이라는 지상명령이 개별자본가나 국
가라는 자율적 경제주체들의 힘을 약화시키지 않았다고 말하는 것은 아니
다. 물론, NAFTA, 마스트리히트 조약, WTO 협약 등은 국민국가(또는 지
역)가 고유한 발전모델을 추구할 수 있는 역량을 제한한다. 그러나 국가정
책에 가해지는 이러한 제한들이 상당정도 자체적으로 부과된 것이라는 점
이 중요하다. 왜냐하면 세계시장이 국가정책을 제한하고 있음은 틀림없지
만, 개별국가들이 그것의 명령에 복종해야 할 의무는 없기 때문이다. 70) 따
라서 우리가 세계시장의 지상명령을 부과하고 있는 자본주의의 소유관계와
권력관계를 문제삼을 준비가 되어있다면—이것이 사회주의 경제정책의 핵
심에 놓여있어야 하는 명제다—국가의 행동반경과 대안의 영역은 더욱 넓
어질 수 있다.

세계화(globalisation)는 단순한 경제적 체제(regime)가 아니라, 사회권
력의 특별한 자본주의적 형태에 뿌리를 갖고 사적자본과 국민국가로 집중
되는 사회관계들의 체계(system)로 간주되어야 한다. 71) 세계화는 기본적
으로 시장—이제는 세계적인 '플로우(혹은 교환)의 공간'인—이 경제활동
의 규제자로서 점점 더 보편화되는 과정이다. 시장의 반경이 확장될수록 민
주적 권력의 영역은 축소된다. 왜냐하면 시장의 통제를 받는 모든 것은 민
주적인 책임성에 종속되지 않기 때문이다. 그리고 시장이 경제활동의 규제
자로 보편화되면 될수록, 민주주의는 기껏해야 정치적 지배계급의 선출과

---

69) Panitch, "Globalisation and the State," p. 87; S. Gill, "Globalisation, Market
Civilization and Disciplinary Neoliberalism," *Millennium*, 24: 3, 1995.
70) 엘마 알트파터의 표현을 빌리면, "외생적 조건에 적응해내는 것은 상대적으로 시장의
기능과는 별반 관계가 없다. 오히려, 이러한 적응은 국민국가가 세계시장의 힘을 정치력을
통해 얼마나 통제할 수 있는가와 밀접한 관계가 있다." Elmar Altvater, *The Future of the
Market*, London, Verso, 1993, p. 81.
71) N. Poulantzas, *Classes in Contemporary Capitalism*, London, Verso, 1974.

관련된 '형식적인' 권리의 수준으로 전락하게 된다. 더욱이, 의회의 단점들이 드러나고 정치활동의 영역이 시장의 지상명령에 접수되어 가면서, 이러한 권리들마저도 점차 그 중요성을 잃고 있다. 따라서 자본주의의 세계화가 진행될수록 형평성의 증대나 기업수준의 경쟁력 향상을 꾀하는 어설픈 사회주의 경제정책들은 더 이상 가능하지 않게 된다. 그와 함께 사회주의 경제정책이 자본주의의 사회적 소유관계에 대한 정치적 대결을 회피하는 것도 불가능하게 된다.

그러므로 세계화의 대안은 사실 대안적인 발전모델의 문제임과 동시에 시장의 지상명령에 맞서는 민주주의의 문제이다. 세계화의 반대말은 민주주의로서, 이는 시민의 자유와 투표권이라는 중요한 맥락에서뿐 아니라, 서로 평등한 자격으로 사회의 조직과 생산에 대해 집단적으로 토론하고 작업장과 공동체에서의 자주관리를 발전시킬 수 있는 능력이라는 못지 않게 중요한 맥락에서도 그러하다. 이러한 의미에서 민주주의는 정치적 조직의 한 형태이자 경제적 규제자로서의 시장에 대한 대안인 것이다.[72]

따라서 생산의 지리적 팽창은 사회주의자들에게 경제활동과 민주주의의 공간들 및 그 규모에 대한 질문들을 재고할 것을 촉구한다. (나는 여기서 사회주의자들에게 이야기하고 있지만, 민주주의에 진정으로 헌신적인 사람이라면 어느 누구도 이러한 문제제기를 회피하지 못하리라). 전지구적 자본주의 시장의 지상명령에 대한 대안적 논리는, 이중적이면서 다소 역설적이지만, 생산의 규모를 줄이면서 동시에 민주주의의 규모를 확장하는 전략이다.[73] 우선, 민주주의의 규모확장을 위해서는 국제기구들 및 기관들의 지배구조와 정책구조를 바꾸는 것은 물론, 민주적인 운영과 자주관리의 토대를 국가적, 지역적 차원에서 확장할 필요가 있다. 이 점을 분명히 하자.

---

72) E. Wood, *Democracy Against Capitalism: Renewing Historical Materialism*, Cambridge, Cambridge University Press, 1995의 결론을 참조.
73) 이는 물론 70년대의 생태주의 좌파들의 테마로, 현재는 일부 맑스주의자들, 특히 오코너(Jim O'Connor)가 편집장으로 있는 중요한 저널(*Capitalism, Nature, Socialism*)의 테마이기도 하다. 이는 분명 폐쇄적인 자급자족 전략과 구분되어야 하는 것으로서, 민주적인 다양성과 생태환경, 그리고 평등의 실현을 위해 대외부문을 국내외적으로 통제하는 전략이라 할 수 있다.

이러한 차원에서 민주주의의 유의미한 확장은 자본주의의 소유관계에 중대한 도전을 제기할 것이다. 집단적 의사결정이란 국가의 강력한 제재에 뒷받침되어 자본배분을 지도하고 그렇게 경제적 잉여에 대한 통제를 확립할 수 있는 특정한 민주적 역량을 의미한다. 중요한 점은, 물적인 지원과 더불어, 지역조직들로부터 국가 및 그 이상의 공동체들을 아우르는 모든 수준에서 자본의 힘에 맞서는 민주주의 운동의 역량—이는 특정 장소들에서의 계급관계와 계급투쟁에 따라 크게 다를 것이다—을 강화하는 것이다.

생산규모의 축소란 내부지향적인 경제전략으로 이행하고 국제적 협력과 통제를 위한 새로운 경제적 관계들을 형성하는 것을 의미한다. 자본주의 시장의 논리는 오직 양과 크기의 문제에만 매몰되어 대규모의 생산을 요구하며, 생산물의 질, 사회적 필요, 생태적 지역주의, 부정적인 외부성, 지방의 민주주의 같은 여타의 다른 고려사항들은 모두 그것에 종속된다. 사회주의 정책의 전반적인 목표는, 이러한 사회적 고려사항들을 양과 규모보다 우선함으로써 생산규모라는 핵심적인 경제목표의 (독점적) 지위를 낮추는 것이어야 한다. 물론, 국가들 간에 존재하는 엄청난 빈부의 격차로 인해 생산규모 축소의 일반적인 원칙이 선진국과 개발도상국에 동일하게 적용될 수는 없을 것이다.[74] 또한 적정수준의 복지를 생산하기 위해 필요한 주요 산업부문들은 반드시 그 규모가 유지되어야 한다. 덧붙여서, 특정부문에서는 투입량과 환경적으로 유해한 산출물을 최소화하는 가장 효율적인 공장규모를 달성하기 위해 (여전히) 규모의 경제가 중시될 수도 있다. 그러나 생산규모의 축소는, 다음과 같은 신념, 즉 생산은 무엇보다도 인간의 기본적인 필요를 충족시켜야 하고 자주관리능력을 함양시켜야 하며 무차별 벌목과 무기화학농업 등과 같은 자본집약적인 기술들이 심각한 환경문제를 발생시키는 상황에서 이에 반하는 노동집약적인 기술들을 채택해야 한다는 사회주의의 신념과 조응해서 일반적 지도원리로 남아야 한다. 선진국에서 쉽게

---

74) 여기서 규모의 경제란 긴 생산공정을 통해 주어진 양의 투입에 대해 산출량이 증가하는 것을 의미한다. 규모의 경제는 이론적으로는 유연성과 외부의 조직, 그리고 전문화를 결합한 여타의 생산 형태들에서도 가능하다. 로빈 머레이의 여러 글들은 생산을 둘러싼 최근의 논쟁에서 이론적인 핵심을 짚어내면서 이 점을 가장 근거 있게 제시하고 있다. 예컨대, Robin Murray, "Ownership, Control and the Market," *New Left Review*, 164, 1987을 참조.

발견되는 극도의 경제적 불안정성과 엄청난 공해, 막대한 자원남용, 지역 생태환경의 파괴 등은 경제성장이 인류의 번영과 어떠한 점에서도 결코 동일시될 수 없음을 명확히 보여주고 있다.[75]

　이상의 사회주의 경제정책의 전략적 지향으로부터 두 개의 결론적 명제가 자연스럽게 도출될 것이다. 첫째, 이상의 전략이 추진되기 위해서는 세계경제의 수준에서 대안적인 발전모델을 지원하는 제도적인 구조가 강력히 구축되어야 한다. 여기에는 탄탄한 근거가 존재한다. 전후의 역사가 북반구의 포디즘, 남반구의 수입대체산업화, 그리고 다양한 '사회주의의 실험' 등 많은 경제발전모델을 살펴볼 수 있게 하였다.[76] 오히려 동질적인 신자유주의 발전모델만을 강변하는 시도 자체가 오늘날 세계전역에 다양한 종류의 경제적 재난이 존재한다는 사실을 반증하는 것이다. 어떤 경제전략도 활기찬 개방적 요소를 가져야 하고 어떤 경우에도 세계지형을 설명할 필요가 있기 때문에, 내부지향전략이란 개념은 어느 정도는 일종의 개념적 지향이다. 그러나 아짓 싱(Ajit Singh)이 주장했듯이, 개방성이란 무역, 자본운동, 이민, 문화, 그리고 시간과 공간의 영역에 다양하게 적용될 수 있는 다차원적인 개념이다. 국제경제관계는 획일적인 시장강제이어서는 안 되고 언제나 대외무역에 대한 '전략적인 개입수준'을 포괄해야 한다.[77] 이러한

---

75) B. Sutcliffe, "Development after Ecology," in V. Bhaskar and A. Glyn, eds., *The North, The South and the Environment: Ecological Constraints and the Global Economy*, New York, St. Martin's Press, 1995.

76) 자본주의적 경제발전의 가변성은 오늘날의 세계지형이 더 이상 고전적인 제국주의 시대의 그것과는 같을 수 없다는 사실을 의미한다. 세계경제의 흐름은 더 이상 북반구의 자본주의가 원하는 바대로 일방통행적이지 않다. 그렇지 않다면, 어떻게 아시아에서의 네 마리 용의 급속한 성장과 미국 경제의 경제적 쇠퇴 및 무역갈등, 그리고 많은 나라들에서 내수지향적인 경제정책에 반대하는 국민적 자본가들의 동원을 설명해낼 수 있을까? 오늘날 제국주의 연구는 획일적인 법칙보다는, 중심부 경제로 하여금 주변부의 자원들을 유리하게 통제하도록 하는 특정한 메커니즘에 대한 것이어야 한다. 이러한 정의는 캐나다와 미국의 사례와 같이 선진자본주의 국가들 간의 종속관계들에 대한 연구를 포괄하는 것이다. 국민적 모델들의 여전한 중요성에 대해서는 다음을 참조. S. Berger and R. Dore, eds., *National Diversity and Global Capitalism*, Ithaca, Cornell University Press, 1996; J. Zysman, "The Myth of a 'Global Economy': Enduring National Foundations and Emerging Regional Realities," *New Political Economy*, 1: 2, 1996.

77) A. Singh, "Industrial Policy in the Third World in the 1990s: Alternative Perspectives," in K. Cowling and R. Sugden, eds., *Current Issues in Industrial Economic*

관점에서 보면, 국제수지는, 비록 사회계급들의 분배상의 이해관계를 설명하기 위해서는 반드시 이 지표를 각각의 구성요소로 분해해야 하지만, 여전히 화폐와 상품의 국제적 '유통공간'을 파악하는 데 유용한 척도이며, 특정한 '생산공간'의 생산력을 나타내는 지표이다. 그러나 국제수지는 동시에, 비록 간접적이기는 하지만, 상이한 경제모델들의 접합의 정도와 특정한 생산공간들 사이에 존재하는 생산의 사회적 관계들을 보여주기도 한다. 경제적, 생태적 관계들을 조직하고 다양한 경제모델들 간의 대외관계를 관리하는 상이한 방식이 존재한다고 주장하지 않는 한, 사회주의자가 대안을 제기해낸다는 것 자체가 불가능한 일이 된다. 그러한 연대주의적인 국제경제정책의 목표는 다음처럼 요약될 수 있다. 즉, 선택된 발전의 경로가 여타의 국가들에 (환경파괴나 구조적인 국제수지 흑자 또는 적자 같은) 부정적 외부효과를 부과하지 않는 한도 내에서 각각의 국가에 종별적인 대안적 발전경로를 민주적으로 결정할 집단적 능력을 극대화하는 것. 이 목표는 오로지 국제연대와 민주적 협력기관의 지원을 통해 민주적으로 조직된 국가 및 지역의 경제적 공간에서 금융자본과 생산관계를 재규제(re-embedding) 할 때에만 비로소 실현될 수 있다.[78]

둘째, 오늘날 완전고용의 의미는, 심지어 사민주의의 고용정책에서조차 안정된 물가에 연동된 일정수준의 실업과 동일한 것으로 여겨지고 있다. 그러나 이러한 정의는 노동시장의 성과와 생산물시장의 성과를 혼합하는 것이고, 고용이 교환이 아닌 필요를 위한 생산과 관련되어야 한다는 좌파의 전통적인 요구를 전혀 담아내지 못하고 있다. 조안 로빈슨(Joan Robinson)

Strategy, Manchester, Manchester University Press, 1992. 대외적인 관계는 다른 계획된 목표들을 좌절시키지 않도록 반드시 관리되어야 하고 국내적으로는 보다 자율적이며 통합된 경제를 이루기 위해 반드시 계급투쟁이 필요하다. 이 점은 다음 글에서 강력하게 주장되고 있다. C. Leys, *The Rise and Fall of Development Theory*, London, James Currey, 1996; M. Bienefeld, "The New World Order: Echoes of a New Imperialism," *Third World Quarterly*, 15: 1, 1994.

78) 이는 로버트 콕스의 주장, 즉 "새로운 다자주의의 핵심기관은 (문명적인) 다양성…예컨대 파편화된 전체의 약한 중심도 반영해야 할 것이다"라는 주장의 강한 버전인 것처럼 보일 것이다. Robert Cox, "Civilisations in a World Political Economy," *New Political Economy*, 1: 2, 1996, pp. 153-154를 참조.

이 지적한 것처럼, "'완전고용'이란 단 한 명의 실업자도 없는 상태를 지칭하는 것으로 단순하게 정의되는 게 낫다."79) 노동시장의 성과를 평가할 적합한 기준을 포함하는 정의라면 보다 더 좋을 것이다. 이 경우 완전고용은, 성인인구가 연대임금의 보수를 받고 풀타임 노동으로 사회적으로 유용한 지불노동에 자발적으로 참여하는 것을 극대화하는 것으로 간주될 수 있다.

시장으로부터의 해방을 향한 사회주의 경제정책의 이러한 전략적 지향을 통해 우리는 좌파운동과 생태운동에서 그 동안 제기해 왔던 일련의 경제원칙들을 다소나마 체계화할 수 있다. 이 원칙들은, 시장의 지상명령에 맞선 민주적인 조절양식들을 창출해내는 '구조개혁'이란 의미에서 이행기적인 것—이는 사회주의 그 자체도 아니고 또 최근 유행하는 모델구성도 아니다—으로 간주되어야 한다.80) 앞서의 두 가지 실재적인 이유들 때문에, 그리고 사회주의 경제정책에 대한 지지를 극대화하기 위해서도, 이것들은 다음과 같은 10개 원칙의 측면들을 포괄하는 대안적 발전모델을 통해 완전고용의 방향으로 나아가는 전략으로 상정되어야 한다.81)

1) 발전경로의 다양성과 고용의 안정을 위해서는 내부지향적인 경제전략이 반드시 필요하다

지금까지의 경제정책들은 자국경제나 지역적 생산의 통합에 대한 고려 없이 그저 자본을 동등하게 대우하고 자본이동의 비용을 절감함으로써 이

---

79) *Collected Economic Papers*, Vol. 1., New York, Augustus M. Kelley, 1951, p. 105.
80) 존 팔머(John Palmer)가 지적한 것처럼, "현재의 당면한 투쟁요구와 미래의 대안사회 사이에 놓여있는" 이행기의 사회주의 경제전략은 "마르크스주의자들간에 심각할 정도로 이론화되지 않은 주제로 남아 있다." 그러나 최근의 몇몇 연구들은 가까운 장래의 사회주의 경제에 대한 쟁점들을 명확히 하는 데 유용하다. J. Palmer, "Municipal Enterprise and Popular Planning," *New Left Review*, 159, 1986, pp. 117-122; D. Elson, "Market Socialism or Socialization of the Market," *New Left Review*, 172, 1988. 〔국역: 「시장사회주의인가 시장의 사회화인가?」, 카피레프트, 『읽을꺼리』 1호, 1997〕; R. Blackburn, "Fin de Siècle: Socialism after the Crash," *New Left Review*, N. 185, 1991. 〔국역: 「동구권 몰락 이후의 사회주의」, 김영희 외 역, 『몰락이후』, 창작과비평사, 1994.〕
81) G. Albo, "Canadian Unemployment and Socialist Employment Policy," in T. Dunk, S. McBride and R. Nelson, eds., *Socialist Studies Annual 11: The Training Trap*, Halifax: Fernwood, 1996.

를 촉진하는 것에만 초점을 맞춰 왔을 뿐이다. 그러나 정부가 수출부문에 과도한 자원을 쏟아 넣었음에도 불구하고, 수출부문에 대한 지원은 실제로 실업을 조금도 줄이지 못했다. (사실 줄일 수도 없었다. 성장의 정체가 나타나기 전부터도 말이다). 사정이 그러하므로, 자유무역이 반드시 고용과 소득을 증대시킨다는 주장은 터무니없는 거짓말임이 분명하다. 현실에는 적극적인 산업전략으로서 쿼터나 관세부과 같은 보호주의적 조치들을 이론적으로 정당화하는 수많은 사정—유치산업과 대량실업 또는 연구개발부문의 시장실패 등—이 존재한다. 매우 끔찍스런 노동조건에서 생산되는 상품에서도 마찬가지로 도덕적으로는 말할 것도 없고 이론적으로도 자유무역에 강력하게 반대할 근거가 존재한다.

무역과 보호주의에 대한 좌파들의 논쟁은 종종 겉보기에만 그럴 듯하였지만 참담할 정도로 모순적이었다. 자유무역은 신자유주의적 기획임을 인식하면서도, 그 거부는 국제주의에 대한 모욕이라고 기피하고 있다. 국내 노동자들의 보호가 해외 노동자들의 희생을 가져올 것이라 우려하고 있다. 그러나 무역 자체에 대한 찬반의 여부로 질문이 제기되어서는 안 된다. 문제는 경제의 안정과 평등주의적 성과를 어떻게 달성할 것인가라는 점이며, 무역은 이와 관련된 전략적 이슈에 불과할 뿐이다. 현재와 같은 형태의 세계무역은 대단히 불균형적이고 불안정하며, 또한 국민경제들을 규제하는 효과에 있어 강압적이기까지 하다. 그것은 단지 소득과 노동의 사회적 양극화를 낳았을 뿐이다. 그러므로 우리는 다음과 같이 더욱 광범위한 원칙을 제기하고자 한다. 완전고용을 위한 대안적인 발전경로를 적극적으로 추구하기 위해서는 개방부문이 국내의 우선적인 의제들을 제한하지 않고 또 국제체제가 이러한 선택들을 침식하기보다는 지원할 것이 요구된다. [82] 수출지향 경제전략은 지속가능하지도 않고 바람직하지도 않다. 이는 (모든 평등주의적 경제전략의 핵심이 되는) 내부발전 전략으로 대체되어야 할 것이

---

82) 최근 중요한 연구들에서 대안적인 무역체제에 대한 아이디어들이 발전되고 있다. J. Michie and J. Grieve Smith, eds., *Managing the Global Economy*, Oxford, Oxford University Press, 1995; M. Barratt Brown, *Models of Political Economy*, London, Penguin, 1995, chs. 17-19; G. Epstein, J. Graham and J. Nembhard, eds., *Creating a New World Economy*, Philadelphia, Temple University Press, 1993.

다. 이런 전략은 부분적으로는, 완전고용정책을 위해 일시적인 무역제한을 허용했던 초기의 브레튼 우즈 체제에서 강조된 것이기도 하다.

이러한 접근은 무역의 역할에 대해 전적으로 새로운 빛을 비춘다. 이를테면, 이러한 관점에서는 무역이 '최악의' 생산모델들로부터의 구속에서 벗어나 지역적 생산, 환경기준, 아동노동의 금지 등 전과는 다른 지향을 위해 조절될 수 있다. 달리 말해, 다양한 경제모델이 추진되는 과정에서 어느 정도의 관세보호와 개방부문에 대한 통제가 허용될 수 있다. 더욱이, 일자리의 추가적인 상실 없이 무역수지의 균형을 회복하기 위해 무역수지 흑자국이 충분히 물가를 인상하거나 적자국이 물가를 충분히 인하하는 것은 불가능함이 증명되었다. 노동 및 환경에 대한 공통의 기준이 없는 단 하나의 지구적 시장은 (모든 국가들로 하여금) 경쟁적 긴축의 조건 하에서 경쟁으로부터의 손실을 우려하여 필연적으로 이 기준들을 낮추도록 할 것이다. 물론, 고용을 위해 혹은 무역수지의 불균형을 해결하기 위해 관세와 쿼터를 사용하는 것을 최소화하기 위해서는 어느 정도의 국제적인 협력과 무역계획이 요구된다. 이들 조치 중 어느 것도 무역을 막음으로써 경제로부터 규모의 경제의 실현, 소비의 다양화, 새로운 생산물 및 생산과정들의 이전의 기회를 빼앗지 않는다. 이들은 단지, 다양한 발전경로를 장기적으로 강화하고 무역수지를 청산하기 위해 필요한 국제적 조절과 협력을 통해 각국의 고유한 맥락에서 개방부문을 계획할 것을 함축할 뿐이다.

2) 금융자본의 활동은 부채의 상환과 자본이동에 대한 민주적 통제를 받아야 한다

전간기의 역사와 1974년 이후의 경험을 통해 알 수 있듯이, 일국의 경제정책에 대한 대외제약은 외부로부터 부과된 것이라기보다는 사실 국내의 축적과 국민국가의 행위 사이에 존재하는 내부의 모순으로부터 자라난 것이다. 물질적인 팽창의 국면은, 지오반니 아리기(G. Arrighi)와 엘마 알트파터가 주장하듯이, 생산물이 판로의 벽에 부딪치고 자본가가 금융의 흐름에서 더욱 높은 이윤을 추구하는 세계화국면이 시작되면서 종결되었다.[83] 그와 함께 다음과 같은 일련의 문제들이 발생한다. 금융자산은 생산의 정체 때문에 점점 더 단기수익을 지향하고, 부채는 이자지불을 감당할 수 없으며, 중앙은행의 지급준비금이 금융흐름에 의해 왜소화됨에 따라 국민경제가 점점 더 외환이동에 취약해지고 있다.

사실상 모든 나라들이 더욱더 많은 빚을 지고 있는 상황에서 국제적 부채문제는 특별한 어려움을 제기한다. 국가의 부채를 청산하기 위해서는 수출에서 잉여가 발생해야 한다. 그리고 채무와 이자를 상환하고자 하는 희망으로 모든 것들이 국가경쟁력과 수출경쟁력 향상에 바쳐지고 있다. 그러나 여타의 나라들도 수출을 늘리고 수입수요를 줄이는 이런 똑같은 방법을 채택하면, 그것은 전세계적으로 고용조건을 악화시킬 뿐이다. 수요가 보다 위축되는 상황에서 채무와 이자 상환을 충족하기 위해서는 공공부문과 노동자들의 생활수준을 더욱 압박할 것이 요구된다. 그러면 연대임금 수준에서 일자리를 재분배하는 것도, 막대한 자금을 금융적 이해를 위해 계속 이전하는 것도 불가능하다. 따라서 고용을 늘리고 대안적인 발전을 이루기 위해서는 부채위기로부터 벗어날 다른 길을 찾아내는 게 필수적이다. 부채부담은 오직 인플레이션을 통제함으로써 실질이자율을 마이너스 혹은 최저의 수준으로 떨어뜨리거나, 이와 동일한 효과를 낳는 지급조건의 재조정이 수행될 때에만 비로소 경감될 수 있다. 그 밖의 다른 모든 조처들은 현재의 자원과 능력들을 고갈시키면서 필연적인 채무불이행을 내일로 잠깐 미룰 뿐이다. 또한, 국가발전에 대한 금융자본의 지배력을 제한할 수 있도록 신용 및 자본통제의 위계질서, 즉 신용 체제가 고안되고 실행되어야 한다. 이러한 조치들로는 다음과 같은 것을 예상할 수 있다. 소규모 은행들의 확대, 전국규모의 은행들에 대한 민주적 통제, 계획강화를 위한 신용배분, 통화, 채권 및 주식시장에서의 투기적 거래에 대한 단기 과세, 자본이동에 대한 양적 통제, 신용상환과 장기의 자본흐름을 조절할 국제적 주체의 재구성 등이 그것이다. 금융통제 없는 거시경제의 안정은 부질없는 바램에 불과할 뿐이니. 84)

83) G. Arrighi, *The Long Twentieth Century*, London, Verso, 1994, pp. 230-238; E. Altvater, "Financial Crises on the Threshold of the 21st Century," *Socialist Register 1997*.
84) 여기에서 제시한 견해와 가장 근접한 관련 연구로는 J. Crotty and G. Epstein, "In

3) 거시경제의 안정을 위해서는 총수요의 관리뿐만 아니라 투자 계획과 단체협상 규범의 새로운 양식 또한 필요하다

자본주의 본연의 고용위기가 존재한다는 (우리의) 주장과, 총수요 제약의 완화가 산출을 증대시켜 필연적으로 고용확대로 귀결된다는 (사민주의 자들의) 주장은 전혀 다른 것이다. 왜냐하면 후자의 주장은 자본주의적 발전에서 산출의 증가란 결국 잉여노동의 증가에 의한 것임을 간과하기 때문이다. (따라서 이러한 발전형태에서는 산출증가가 노동자의 소득에 미치는 효과도 불분명해진다.) 자본주의와 신자유주의 고용정책의 끔찍스러운 면은, 유연성에 대한 체제의 필요로부터 발생하는 비용은 모두 노동자들에게 떠넘겨지는 반면 그 혜택은 자본가들이 거두어간다는 점이다. 그것의 부정적 여파는 오늘날 최고조에 이르고 있다. 거시경제적 안정은, (개별) 기업 수준에서의 일자리 보장을 통한 고용안정뿐 아니라 산업구조조정에 직면해 있는 지역공동체 수준에서의 재훈련과 신규 일자리 창출에 대한 사회적 보장을 통해 고용안정으로 이어져야 한다. 그러한 거시경제적 안정을 위해서는 시장의 힘을 통제하는 새로운 메커니즘들이 수반되어야 한다. 예컨대 국가와 부문수준의 계획평의회, 투자흐름과 기술전략에 대한 계획협정, 지역별 및 부문별 발전위원회, 그리고 (금융산업을 포함해서) 핵심부문에 대한 공적소유 등이 그것이다.

거시경제의 안정은 사실 케인즈주의에서 말하는 수요변동성에 대한 관리의 차원을 훌쩍 뛰어넘는다. 사회계급들 사이에, 공공재와 사유재 사이에, 그리고 현재의 소비와 미래의 지속가능성 사이에는 분배상의 불균형이 존재한다. 생태주의와 반지구화, 그리고 형평성의 근거 위에서 보면, 재분배상의 거시경제적인 안정이 다른 어떤 무제한적인 성장보다 훨씬 이치에 맞는다.

유효수요가 회복되기 위해서는 비용절감의 목적으로 노동자들과의 생산성 공유라는 외양에 올려놓은 차단장치가 폐기될 필요가 있다. 그러나 평등

Defence of Capital Controls," in L. Panitch, ed., *Socialist Register 1996: Are There Alternatives?*, London, Merlin, 1996 및 R. Pollin, "Financial Structures and Egalitarian Economic Policy," *New Left Review*, 214, 1995를 보라.

주의 고용전략은 이를 넘어서야 한다. 생산의 증가를 위해서는 산출물의 소비자가 필요하고 이를 위한 소득이 분명 노동자에게 돌아가야 한다. 그러나 산출의 증가는 생태적으로 좀더 강한 제약을 받아야 한다. 바로 이 지점에서, 역사적으로 고용을 늘리는 가장 효과적인 수단이었던 노동시간 단축을 좀더 강력히 밀어붙여야 할 필요가 새삼 중요하게 제기된다. (추가적인 고용과 최극빈 노동자들을 위해 할당되는) 생산성 증가의 결과를 공유함에 있어서 노동조합은 실업자들과의 연대 하에 '연간 임금인상'보다 '연간 여가시간 요소'라는 협상기준을 우선해야 한다. 모든 고용축소는 또한 그 확대가 취하는 형태에 의존한다. 자본주의적 부문의 일자리들은 이윤 논리에 의해 지배되고, (국가와 집단적 조직들에서의) 비자본주의적 부문의 일자리들은 재분배 논리에 의해 지배된다. 특히, 자본주의적 부문 중 제조업 부문에서는 고용축소가 항상적이다. 따라서 고용증가는 상대적으로 보다 노동집약적이고 지속가능한 서비스 부문으로 기울여야 한다. 정말로 문제는 해야 할 일의 문제가 아니다. 새 교실에서부터 예술 갤러리에 이르기까지 공공시설은 턱없이 부족하고, 보건, 주택, 공공교통에 대한 요구도 무지막지하게 억눌린 상태다. 그리고 산업화와 신자유주의가 낳은 폐기물들을 친환경적으로 정화하기 위해 해야할 일이 너무나 많다.

4) 실업의 감소를 위해서는 노동의 단축과 노동의 재분배가 필요할 것이다

전후의 고용정책은 실업과 싸우기 위해 산출과 수출을 보다 빠르게 증대시켰다. 오늘날의 자본주의적 고용정책 역시 동일한 시도를 행하고 있지만 별로 성공하지 못하고 있다. 경쟁적 긴축의 상황에서 고용을 증대하기 위한 수출주도 전략이, 자국의 일자리 상실을 다른 나라들에 떠넘기고 다른 나라들 또한 이에 동일한 방식으로 대응하는 제로(또는 네거티브) 섬 게임이 된다면, 국가의 거시경제적 확장전략은 실업률을 줄이는 데 충분치 못할 것이다. 인구증가를 억제할 대책이 부재하고 (또 성인의 경제활동 참여비율을 떨어뜨리지 않고자 하는 목표가 주어져 있는 한), 고용증가만을 위해서도 상당한 수준의 산출증대가 요구된다. 더욱이, 생산의 자본집약도가 증가하였기 때문에, 성장률이 일관되게 전후의 호황수준에 근접해 있거나 이를 능가해야만 (현재의 평균노동시간과 노동력 증가 하에서) 실업을 줄일 것이다. 물론, 이렇게 해도 여전히 유휴 노동력이 남아돌고 그만큼 생산성 증가도 이루어지지 않을 것이며, 많지 않은 수준에서의 그 고용을 위해서는 엄청난 경제성장이 필요할 것이다. 그러나 더욱 많은 토지와 자원을 생산에 투입하는 유사한 외연적 성장으로 전후 수준의 성장을 달성하는 것은, 자연환경에 엄청난 비용을 치르게 할 것이다. 이러한 관점에서 보면, 성장중심적인 고용전략은, 첫째, 실업감소와 존립할 수 없다는 점, 둘째, 생태적인 기준에서도 바람직하지 않다는 점에서 이제는 확고하게 거부되어야 한다.

경쟁적 긴축의 과정에서 노동시간이 크게 증가했다는 점은 지구화의 예상치 못한 부작용이다. (노동시간 단축은 1974년의 위기 때 처음으로 발목을 잡혔다. 현재 노동시간은 더욱더 길어지고 양극화되고 있다).[85] 노동자들의 구매력이 삭감되는 와중에도 노동시간과 노동강도는 꾸준히 증가해왔다. 노동시간단축 운동은 노동강도와 노동시간을 늘리려는 자본주의의 경향에 대해 대안논리를 부과할 국제적인 운동을 요구하였다. 소득과 마찬가지로 노동 또한 불평등하게 분배되어 있다는 것은 분명하다. 그러나 소득의 재분배와 달리 노동의 재분배는 여가시간을 만들어내는 실질적인 결과를 낳는다. 물론, 현재에도 노동시간을 균등화시키는 다양한 수단들이 존재한다. (특히, 그것들이 보편적인 기준으로 발전될 경우 그 효과도 커질 것이다.) 시간외노동의 제한이나 전문가들의 '이중 돈벌이'에 대한 엄격한 제한, 휴가 및 국경일의 확대, 작업장에서의 자발적인 일자리나누기 계획 등이 그러한 예이다. 그러나 실업을 크게 줄이기 위해서는, 예컨대 (선진자본주의 국가들의 노동시간을 현재의 독일 수준 아래로 가져올) 주당 32시간, 연간 1,500시간과 같은 연간 평균노동시간의 목표를 확실히 정해서 표준노동시간을 대폭 줄이는 것 외에는 다른 어떤 것도 도움이 되지 못할 것이다. 기존 공장들은 교대노동의 증가로 인해 (고정투자가 늘어날 때까지) 좀더 활

---

85) 이러한 견해에 대해서는 A. Lipietz, *Towards a New Economic Order*, New York, Oxford, 1992 및 G. Strange, "Which Path to Paradise: Gorz and the Greens," *Capital and Class*, N. 59, 1996을 볼 것.

발하게 가동될 것이다. 그러나 산출증가가 느리면, 실업의 단기적 감소를
위해서는 노동뿐만 아니라 소득의 이동—이는 생산성 증가, 노동시간 감
소, 실업수당 감소 및 공공서비스 개선에 의해 상쇄된다—도 필요할 것이
다. 따라서 노동단축 전략은 (단지 공공부문 노동의 노동시간만을 줄여 공
공재를 줄이고 불평등을 늘리는 명청한 짓은 피하면서) 가능한 한 평등주의
적인 방식으로 실행되어야 한다. 이 경우에만 산출의 증대가 고용에 최대한
의 효과를 미칠 것이며, 노동을 확산시키고자 하는 방어적인 투쟁이 다른
삶의 방식을 건설하는 공격적인 투쟁의 기초가 될 수 있다.

5) '시간의 정치'는 표준노동시간의 설정을 넘어 노동시간과 여가
시간을 배분할 수 있도록 확장되어야 한다

자본주의의 역사는 곧 '끝없는 노동'의 역사였다. 포드주의는 이에 '끝없
는 소비'와, 케인즈주의자들의 신념, 즉 생산성 향상으로 노동시간이 해방
되어도 산출증대가 언제나 노동시간 감소에 우선한다는 신념—예전의 교과
서들을 보라—을 덧붙였다. 이런 지향을 바꾸는 것은 시간에 대한 자주관
리 및 노동과 고용의 실제적인 질서에 대한 질문을 제기한다. 이는 집단적
인 측면과 개인적인 측면을 갖고 있다. 우선 개인적인 측면을 보면, 여가시
간에 대한 재량권이 명백히 증가할 것이다. 또한 신축적인 노동시간, 근무
시간에 기반한 선임권, 그리고 유급 재교육휴가를 통해 노동시간의 신축적
인 패턴을 더욱 강화해서 시간에 대한 통제를 재구성하는 것도 가능하다.
노동시간의 단축과 관련된 집단적 측면 역시 동일하게 중요하다. 예컨대,
앙드레 고르(André Gorz)와 에르네스트 만델(Ernest Mandel)이 주장하듯
이,86) (새로운 상황에서는) 행정 및 입법활동들에 대한 집단적 의사결정
을 위한 시간이 충분하게 주어지게 된다. 노동시간이 급진적으로 줄어들
고 시간배분에 대한 노동자들의 통제가 강화되면 '민주적으로 관리되는 경
제'를 향한 사회주의 운동의 오랜 목표가 실현될 가능성이 크게 높아질 것
이다.

---

86) E. Mandel, *Power and Money*, London, Verso, 1992, p. 202; A. Gorz, *A Critique
of Economic Reason*, London, Verso, 1989, p. 159.

6) 노동숙련의 향상에 대비하여 노동과정에서의 생산성 증가를 협의하여야 한다

경제위기는 또한 생산의 공급측면의 위기—이는 다시 노동수요의 구조를 결정한다—와 관련된다. 신기술은 노동과정과 노동시간을 변화시켜 공급측면을 재구성한다. 그러나 경쟁적 긴축은 노동속도의 증가와 테일러주의 방식의 작업분할을 강제하고 있다.(이것이 종종 생산으로의 노동자 투입을 증가시킴으로써 발생할 수 있는 생산성 증가를 희생할지라도.) 따라서 (공급측면을) 긍정적으로 재구성하기 위해서는(이는 작업장과 사회에서의 계급관계를 변경하는 것에 달려있다) 노동자들을 생산과정의 결정에 참여시켜 지루하고 반복적인 작업을 계획적으로 제거시켜 나감으로써 새로운 기술력을 개발해야 한다. 테일러주의와의 싸움은 노동자들의 기능 보존과 확대에 입각해있는 그런 종류의 훈련으로 확장된다. 이는 단기적이며 특수한 기능이 아니라 장기적이며 포괄적인 기능을 의미한다. 이는 또한 개별기업에 국한된 기능이 아닌 이전 가능한 기능을, 실용적인 지식만이 아닌 이론적인 지식을, 그리고 노동과정 전반에서 노동자들의 자율성을 확대하는 기능을 의미한다. 그러므로 제도적인 훈련 혹은 정규훈련과 현장연수의 결합을 통한 공식적인 숙련향상은 노동자들로 하여금 자신의 노동과정을 더욱 유연한 방식으로 통제할 수 있게 한다. 노동의 숙련향상은 기술적인 능력을 갖는 광범위한 기능을 모든 노동자에게로 확대할 것이다.

고용과 교육은 언제나 밀접한 관련을 맺어왔다. 직업훈련은 산업정책과 전체적 및 부문별 노동수요에서 중심적인 역할을 담당한다. 직업훈련은 노동공급을 기능의 수요에 조화시키고, 일자리간의 조정을 활성화하며, 경기후퇴기에 기능을 향상시키는 데에서 중요한 역할을 한다. 직업훈련만으로는 가상의 일자리들에 대한 노동수요를 창출해낼 수 없으므로, 이는 다른 유인책들과 조화를 이루어야 한다. 그러나 노동자들의 능력과 기능을 계속적인 과정으로 형성해내는 것은, 고숙련 노동의 과잉공급을 제공한다는 긍정적인 이익을 갖는 것이고, 이는 수요 및 기술변화에 따른 조정을 한층 용이하게 할 것이다. 노동과정에 노동자의 참여를 늘려 생산성을 향상시키는 것이 자본가들의 영토에서 수행되는 전투라는 점은 분명하다. 그러나 구상과 실행을 재결합하고 노동자들의 능력을 재구성하는 것은, 모든 민주적 사회주의의 토대가 되는 노동자들의 자주관리의 가능성을 실질적으로 발전시킨다. 그러므로 최종적으로 도달하고자 하는 목적지는 협소하게 정의된 '훈련'이 아니라 평생교육이 되어야 한다.

7) 노동의 숙련향상은 질적으로 집약적인 성장모델 내에서 질적 생산과 연계되어야 한다

더 이상 성장과정의 질적 문제, 노동과정과 생산물 디자인의 문제, 또는 사회적 필요를 위한 생산의 문제를 재껴 놓는 것은 가능하지 않다. 사민주의적 케인즈주의가 국가와 공동체 그리고 노동자들의 계획능력을 발전시키지도 못했고 '다른 양식의 삶'을 제공하지도 못했다는 점에서, 그 실패는 바로 이 지점에서 가장 컸다고 할 수 있다. 케인즈주의는 우선적으로 소비재의 양과 필요고용시간을 늘려 자본주의의 실업문제를 완화하고자 하였다. 그러나 이제는 노동과정에 투입되는 기능과 자원 그리고 고용을 생산과정의 생태적 질과 생산물의 사용가치에 결합시킬 필요가 있다.

사회주의의 대안적 정책은 이미 가시화된 많은 긍정적인 경향들을 더욱 두드러지게 할 것이다. 예컨대, 노동의 숙련향상은 노조에게 그들 자신의 기술 네트워크와 해당 산업에 대한 대중적 계획, 그리고 사회적으로 유용한 생산물들을 발전시킬 기회를 준다. 마찬가지로 신기술의 특정 요소들은 분권화된 소규모 일괄생산이나 유연전문화를 가능케 한다. (그렇다고 터무니없이 잘못된 몇몇 이론들이 1980년대에 그랬던 것처럼, 이를 경제시스템 전체로 일반화할 수는 없다.)[87] 이는 또한 더욱 다양한 주문생산 기구와 의류, 가정용품들이 제공될 수 있게 한다. 질적으로 집약적인 성장은 공공서비스의 공급에도 해당된다. 특히 여기서 문제는 이중적이다. 우선, 전후 공공부문의 관료주의적 포드주의 방식도 다양화된 질적 생산으로부터 이익을

---

87) C. Sabel, "Flexible Specialization and the Re-emergence of Regional Economies," in P. Hirst and J. Zeitlin, , eds., *Reversing Industrial Decline*, Oxford, Berg, 1989를 보라. 이는 앞서 인용한 볼프강 쉬트렉의 글이 통찰력 있게 지적했던 논점이다. 그러나 아울러 R. Mahon, "From Fordism to?: New Technologies, Labour Markets and Unions," *Economic and Industrial Democracy*, 8, 1987 또한 참조하라.

얻고 투입물에 의해 통제되는 공공서비스 생산과 그 표준화를 극복할 수 있다. 또한, 긴축정책의 양적 제한조치들로 인해 깨끗한 거리라는 가장 기본적인 것으로부터 공공장소에서의 다양한 예술감상에 이르기까지 공공재의 범위와 질은 심각할 정도로 손상을 입었다. 따라서 사회주의 경제정책은 노동자의 기술과 능력을 고무하고, 자원절약적이며 내구적인 생산기술을 포함하는, 그리고 여가와 집합적 서비스, 양질의 생산물을 제공하는, 질적으로 집약적 성장모델을 육성해야 할 것이다.

8) 노동시간의 단축은 작업장 민주주의를 위한 관리의 시간을 허용한다

노동시간 단축으로부터 생기는 예상치 못한 혜택은, 작업장과 공동체의 생산 및 노동 계획에 필요한 관리 및 심의 시간을 해방시킴으로써 고용을 민주적으로 확대하도록 한다는 점이다. 노동시간의 단축과 고용안정은 새로운 대안에서 매우 핵심적인 것이어서, 협상 테이블에 작업장 수준의 계획협정을 제기하는 것은 매우 필요할 뿐 아니라 또한 충분히 가능한 것이다. 이러한 협정에는 보상, 이윤, 거래 및 투자 계획에 대한 정보뿐 아니라 생산물 디자인과 노동자들의 장기계획 또한 포함되어야 한다. 추가적인 산출량 증대에 흡수되지 않는 노동생산성 증가는 노동자의 통제와 생태적으로 지속가능한 발전을 위해 쓰이는 시간의 증가로 흡수될 수 있다. 물론 자본은 민주적 통제에 대한 그러한 '구조개혁'을 자본의 파업이라는 위협 없이 내놓으려고 하지 않을 것이다. 또한 자본은 노동자 자주관리를 감수하기보다는 테일러주의를 지속시키고자 할 것이다. 자본의 흐름에 대한 외부적 조절이 결정적으로 중요한 이유는 바로 이 때문이다.

9) 지역의 계획능력은 다양한 발전과 완전고용의 유지를 위해 핵심적으로 중요할 것이다

전후의 케인즈주의는 이렇다할 경제계획 없이 중앙집중적인 총수요 관리에만 전념하였다. 노동시장이 경직적일 경우에는 고용계획과 구조조정정책으로 총수요관리정책을 보완할 필요가 있다는 것은 케인즈주의에서도 인식되었다. 그러나 이는 대부분 직업 및 노동력 추이를 예측하는 데 한정되었다. 여기에는 자원이용에 대한 계획도 포함되지 않았고, 경기후퇴기에 '정부공사 프로젝트'를 착수한다는 전후의 아이디어도 실제로는 한 번도 실행된 적이 없다. 지역계획의 한 요소인 공공직업소개소는 주로 (이미) 기재된 일자리들을 대상으로 고용을 상담하는 역할을 했을 뿐이고, 지역 고유의 일자리 및 기술적 필요를 발굴하는 데는 그다지 성과를 거두지 못했다. 더욱이, 많은 나라들에서 신자유주의 정책이 추진되면서 지역고용센터가 제공했던 이러한 제한된 서비스들조차도 점차 줄어들게 되었다. 이에 반해, 대안적인 고용정책은 지역의 관리능력의 발전을 자신의 최우선 과제 중 하나로 삼아야 할 것이다. 기존의 노동력과 기능들을 책임지는 동시에 지역의 노동력 추이와 기능부족, 그리고 일자리의 추이를 예측하는 지역별 노동계획을 마련해야 한다는 요구가 너무도 크다. 이러한 유형의 지식은 중앙집중적으로 발견되거나 발전되는 것이 아니다. 따라서 지역의 노동시장관련 기관들이 실업수당의 수동적 분배자나 등재된 일자리에 대한 비디오전시센터의 역할 대신 한층 진취적이고 적극적인 계획단위가 되어야 한다.

지역계획에 대해 하나 더 덧붙일 것이 있다. 일자리 증가의 대부분을 차지할 서비스부문에서, 도전의 행진은 노동의 질이나 임금을 올리는 것만이 아니라, 사적시장에 의해서는 매우 비싸게 제공되거나(예컨대 보육), 재원부족으로 전혀 제공될 수 없는(이를테면 깨끗한 환경) 많은 서비스활동들을 집단적으로 생산하는 데까지 나아가야 한다. 이것이 실현되기 위해서는 자원이용에 대한 계획과 서비스의 사용자 및 생산자들로부터의 정보가 반드시 필요하다. 워싱턴이나 베를린의 고층빌딩에 앉아 있는 사람으로부터 다중적인 문화사회에 도서관이라는 자원을 제대로 공급할 방안이 나올 수 있을까? 비자본주의적 '제3섹터', 즉 (새롭게 형성된 것이든 혹은 전통적인 국가관리로부터 부분적으로 이전된 것이든) 자주관리 하의 공동체 서비스—예컨대 문화생산, 환경정화, 교육, 레저—에 대해서는 대중에 의한 분권화된 계획이 중심이 되어야 한다. 지역의 노동위원회는 사회적으로 유용한 활동들과 공동체적 필요, 지역고유의 기술 등을 고려하여 이러한 활동들을 계획할 것이다. 이는 고용확장과 민주적 역량의 형성간의 연계를 더욱 강화할 것이다.

10) 사회주의 경제정책은 새로운 형태의 민주적 관리를 포괄해야 한다

이 문제의 핵심이라 할 고용정책은, 통제와 계획, 그리고 자금조달을 담당하는 중앙부처와 분권화된 직업소개소라는 전통적인 위계적 관료제를 통해 운영되고 있다.[88] 특히 직업소개소들은 전시동원과 뒤이은 실업보험제도의 채택에 힘입어 크게 성장했다. 그러나 중앙부처에서는 초점도 어긋난 형편없는 계획이 수립되고 지역공동체에서는 융통성 없게 또 현실과 동떨어지게 그것이 운영되는 등 전후 관료적 운영의 가장 나쁜 특질들이 여러 방식으로 직업소개소들에 스며들었다. 지역고용센터가 공동체의 노동을 토론하고 계획하는 주요 장소였다고 말할 수 있을까? 그러나 우리 대부분이 성인의 삶의 커다란 부분을 노동하는 데 (혹은 일자리를 찾는 데) 보내고 있는 민주사회에서, 이들 센터들은 반드시 그렇게 되어야 하고 또 그럴 수 있다. 민주적이고 책임감 있는 지역기관들이 구축한 노동시장 시스템은 충분히 법적으로 확립될 수 있을 것이다. 이는 국가 차원의 고용정책에 포괄될 수 있을 것이고, 그때 지역위원회에 의사결정의 분권화가 보장되어야 하며 이를 통해 지역공동체가 생산, 고용, 훈련의 우선순위 결정에서 적극적인 역할을 행해야 한다. 민주적으로 선출된 이러한 위원회들은 다양한 지역적 사안들의 '대안을 위한 공간'으로 기능할 수 있을 것이다. 이 공간에서는 노동자들의 계획이 공동체의 발전계획과 어우러질 것이다. 여기에서는 작업의 질의 향상이 실제적인 사회적 프로젝트로서의 지위를 얻을 것이다. 또 여기에서는 노동자와 노조에게 고용계획을 만들어갈 자원과 지원이 제공될 것이고, 공동체의 환경론자들과 노조들이 건강과 안전, 작업장의 오염문제를 해결함에 있어 서로 보조를 맞춰 나갈 것이며, 지역의 사회적 필요를 계획하고 사회적으로 유용한 고용을 제공하도록 공동체가 위임을 받을 것이다.

---

88) 고용정책의 운영에 대한 이러한 접근에 대해서는 G. Albo, D. Langille and L. Panitch, eds., *A Different Kind of State? Popular Power and Democratic Administration*, Toronto, Oxford, 1993 참조.

4. 결론: 자본주의의 장애물과 사회주의의 지상명령

20세기말 자본주의경제의 국제화가 전통적인 사회주의 경제목표들과 정책수단들을 무력하게 만드는 역사적인 조건을 형성했다는 주장은 이제 마치 하나의 지혜처럼 받아들여진다. 신자유주의 정책의 대담함과, 사민주의의 최근의 수정주의적 선회에서 나타나는 끔찍할 정도의 노예근성도 부분적으로는 이에 근거한다. 이에 반해 나는, 시장과정의 국제화가 세계도처에서 엄청난 재앙과 국가 내 또는 국가간 경제의 불균형 및 사회의 양극화를 야기하였고 이런 문제들은 시장과정을 강화하려는 어떠한 경제적 시도에 의해서도 결코 해결될 수 없다고 주장하였다. 국제화의 경제적 공간을 확장하려는 신자유주의 정책과 사민주의 정책이 바로 그러한 시도의 예라 하겠다. 시장이 전지구적으로 확장된 만큼 시장의 세계적 지배를 위한 공간도 넓혀야 한다는 주장—'코스모폴리탄 민주주의'와 '세계적 시민사회'의 형성을 변호하는 일부 좌파들이 이렇게 주장한다—은, 논점을 회피하는 것일 뿐 아니라 시장과정을 완전히 잘못 파악한 데서 비롯된 것이다. (이는 그들이 지구적 금융자본의 '수레바퀴에 모래를 던져 넣자'는 갸륵한 목적을 지녔다 해도 그러하다.) 자본주의적 사회관계는 여전히 사회정의를 가로막는 커다란 장애물이다.

구조적으로 불균형하고 통제를 벗어난 국제화된 자본주의시장의 초경쟁적(hyper-competitive) 조건에 처해 있는 개별 국가들 앞에는 궁극적으로 보호주의 아니면 긴축이라는 단 두 개의 선택만 놓여 있다. 현 정세에서 보호주의(와 '인근궁핍화'라는 1930년대의 실업수출전략)는 IMF와 세계은행, 그리고 GATT-WTO의 신자유주의적 '워싱턴 컨센서스'에 의해 관세 및 비관세 장벽이 낮아짐으로써 고려의 대상에서 배제되었다. 그러나 보호주의에 대한 '컨센서스의' 제약은 저변에 있는 압력을 해소하는 것이 아니라 이를 단지 다른 지역으로 옮길 뿐이다. (특히 WTO는 무역협정일 뿐 아니라 사적인 투자흐름들을 위한 투자협정이기도 하다.) 따라서 구조조정의 모든 부담이 기술합리화—이는 느리고, 비용이 높고, 위험이 크다—와 노동강화 그리고 생태적 악화의 지속적인 과정에 귀착되어야 한다. 이런 방어적인 구조조정은 결국 수요에 영향을 미쳐 '경쟁적 긴축'의 악순환을 만들어내고, 그로 인해 합리화와 비용절감에 대한 압력이 끊이질 않게 된다. 1990년대에 대외수지와 경쟁력의 개선은 자국의 실업을 늘려 '인근국가의 노동자계급을 궁핍화시키는' 정책의 형태를 취하고 있다. 신자유주의들의 자유무역과, 우위형성을 통해 국가경쟁력을 강화하자는 사민주의자들의 제안 중 어느 것도 자본주의의 이러한 파괴적 형상으로부터 벗어날 탈출구를 제시하지 않는다. 단순히 금융시장을 길들이고자 하는 시도 역시, 세계경제에서 나타나는 비대칭성의 공간적 토대는 건드리지 못한 채 단지 그 위에 구성된 입체적인 양상만을 수정한다는 점에서 문제를 해결하지 못하는 것은 마찬가지다. 민주적인 계획이 사회적 필요에 가장 잘 부합되도록 투자와 연구개발의 지출을 분배한다는 주장과는 반대로, 지구적 시장이 이들 지출을 효율적으로 분배한다는 새로운 시장사회주의자들의 그릇된 신념에도 이 장애물이 적용된다. 이는 소비자주권과 현재의 분배 및 소비패턴의 지속가능성을 주장하는 어처구니없이 천박한 견해일 뿐이다.

물론, 이러한 비판에도 불구하고 다음과 같은 가장 어려운 질문이 여전히 남아있다. 어떠한 기반 위에서 이상의 과정에 대한 정치적 도전을 감행하고 사회주의 경제정책을 밀고 나갈 것인가? 그와 관련하여 현재 대부분의 좌파 정당과 지식인들을 사로잡고 있는 것은, 진보적인 경쟁력으로 세계화를 헤쳐 나가자는, 종종 '이해관계자 자본주의'로 표현되기도 하는 사민주의적 제안이다. 그러나 이 글에서 분석한 모순들로 인해, 이 전략은 그 어디서도 신자유주의에 대한 진지한 대안이 되지 못하고 있다. 현재 확산되고 있는 것은, 두 동강이 난 소득에 일자리는 불안해져도 노동시간은 날로 늘어가고 공공부문은 더욱더 황폐해지고 있는 북아메리카 모델이다. 이는 심지어, 타협을 견인하기 위한 강력한 노동운동의 전제조건들과 국가경쟁력에 전념하는 국민적 부르주아지를 가장 잘 결합하는 스웨덴과 독일의 경우에도 그러하다. 마찬가지로, 가장 날카로운 사회주의 잡지조차 신자유주의의 진보적 대안으로 칭송하곤 했던 기적의 동아시아 경제들도 국가개입을 통한 자국산업의 지원이 산출수준을 증가시키는 데 언제나 실패만 하는 것은 아니라는 자명한 사실을 보여주는 한 가지 사례에 불과할 뿐이다. 이들

모델은 많은 대외적 제약들 때문에 일반적으로 적용될 수도 없고, 또 사회주의 정책이 지향해야 할 평등주의적, 민주적, 또는 생태적 기준에서 볼 때 바람직하지도 않다.

나는 이 글에서, 최근 좌파들 사이에서 가장 유행하는 사상들에 다시 반대하면서, 사회주의 경제정책이 이러한 문제들을 해결하는 데 여전히 결정적인 대안을 제공한다고 주장하였다. 물론 이는 미리 만들어진 청사진이 제공될 될 수 있다고 선언하는 것이 아니다. 이는 시기와 장소에 따라 다양하게 전개될 투쟁의 원칙과 전략적 지향의 생명력 있는 집합들을 찾아가자는 말이다. 이런 점에서 '생산의 공간'을 재영토화(re-territorialisation) 하고 화폐 및 상품 교환의 '유통공간'을 세계적 차원에서 제약하자는 요구는 논쟁의 대상이 될 수 없다. 다시 밀리반드를 인용한다면, "국제적 차원에서의 계급투쟁의 현실은 사회주의 정부가 가능한 최대의 자립적인 정책수단을 유지해야 할 필요가 있다는 점을 분명히 지적한다. 사회주의자들은, 자신들이 추구하는 목적에 현재 또는 가까운 미래에 감당치 못할 제약을 부과할 게 틀림없는, 동일한 방향의 정치적 세계화를 결코 수용할 수 없다."[89] 보다 적절한 논점은 다음 두 지점에 있다. 즉 어떤 정치시점에서, 어느 정도로, 그리고 어떤 형태로 국민국가의 주권을 회원국가들의 주체적이고 생태적으로 바람직한 다양한 발전경로를 강화하는 민주적인 다국적 블록과 국제기구에 양도할 것인가? 그리고 어느 시점에, 어느 정도로, 그리고 어떤 형태로 국가들 내부의 민주적 포럼들이 생산과 환경을 계획하고 통제할 우선권을 가져야 하는가? 이러한 난제들을 헤쳐나가기 위해서는 철저히 국제적으로 사고하고 연계를 맺고 연대하는 정치운동이 필요하다. 그러나 이러한 운동들은, 그들 자신의 지역 및 국가 공동체와 생태기반에 굳건히 뿌리를 박고 자신의 민주적 역량과 경제적 대안을 발전시켜 나갈 때만 비로소 일어날 수 있다. 이를 가로막는 장애물은, 이들 운동 자체가 새로운 기회로서 추구할 생명력 있는 사회주의 경제정책을 발전시키는 것이 불가능하다는 데 있지 않다. 경쟁의 쳇바퀴와 세기말 자본주의의 절망에서 벗어난 '다른 양식

---

89) R. Miliband, *Socialism for a Sceptical Age*, pp. 179-180.

의 삶'을 바라면서도 이 정책들에 대해 그다지 호의적이지 않은 세계 대다수 인구의 정서도 장애물이 아니다. 진정한 장애물은 역사적으로 특정한 생산 양식으로부터 자신의 권력과 부를 끌어내고 있는 소수계급이다. 이 권력의 시장적 기초가 불확실하고 불균형하며 착취적이고 대체할 수 있는 것으로서 있는 그대로 드러날 때에 비로소 앞으로 나아갈 길도 열릴 것이다.

경제위기, 경제민주주의 그리고 사회화[*]

하이너 헤젤러 · 루돌프 히켈
김성구 옮김

1. 파묻혀졌던 논쟁의 부활

몇 년 전만 해도 현실자본주의가 권력정치방식으로(machtpolitisch) 재활성화될 수 있을 거라고는 생각하지 못했지만, 오늘날 그 활성화 속에서 급진적인 이윤논리에 종속되어 체제 재편이 진행되고 있다. 대량실업의 지속과 새로운 빈곤의 확대로 인해 직접적으로 타격을 받고 생존을 위협받은 사람들뿐 아니라 고용되어 있는 노동자들도 기업의 정치경제적 요구를 더욱 감내하도록 강제된다. 경제와 정치의 구조조정은 궁극적으로, 수십 년 간 힘든 갈등 속에서 노동자들이 관철한 사회개혁을 해체하고 사적 생산관계에 대한 정치적 제한을 해체하는 결과를 가져올 것이다. 우선 마르크와 페니히[현금급여-역자]에서, 그 다음에는 표준노동관계의 약화, 공동결정권의 제한 그리고 파업권과 조합활동의 토대에 대한 공격이라는 형태로 사회복지를 해체하는 것, 이것이 [신자유주의적-역자] '전환의 정치'의 몇 가지 사례이다. 그 핵심은 무절제한 자본전략의 권력을 확장하고자 하는 데 있다.

대량실업이 고착되고 개혁을 질식시키는 환경에서는 단지 민주적이고 사

* Heiner Heseler/Rudolf Hickel, "Wirtschaftskrise, Wirtschaftsdemokratie und Vergesell-schaftung," Heiner Heseler/Rudolf Hickel, hrsg., *Wirtschaftsdemokratie gegen Wirtschaftskrise*, VSA-Verlag, 1986, pp. 7-41.

회적인 경제의 새 질서를 관철하는 것만이 아니라 그 토론조차도 어렵게 된다. 그것은 다음 세 가지 이유 때문이다.

첫째로, 대량실업, 생존의 궁핍과 위협 그리고 노동자들을 차별화하고 분열시키는 이데올로기적 전략 때문에 경제적 의사결정관계를 민주적으로 새로 형성해 가기 위한 정치적 동원 조건이 모든 수준에서 악화된다. 여기에 바로 사업장에서 그리고 임금정책 및 경제재정정책에서 규율강화를 위한 수단으로서 실업을 유지하려는, 계급이해에 규정된 근거가 있다. 경제적 위기시대는, 순진한 붕괴론적 환상과는 반대로, 무조건적으로 민주적 경제개혁의 토론이나 심지어 그 관철을 위한 기름진 토양이 되지 않는다. 독일에서의 역사적 경험과 연방공화국(서독-역자)의 최근의 발전에서 보는 바대로 오히려 반민주적 경향이 강화될 우려가 있다.

둘째로, 체제를 부식시키는 우파의 이런 재편에 대항해서 노동조합 및 노동조합 편에 서있는 정당이 고난스런 방어투쟁에 정치력을 집중하는 것은 이해될 수 있다. 이 방어투쟁은 이런 체제퇴행의 정치에 대항해서, 그 동안 힘들게 관철한 사회국가(Sozialstaat) 원칙 및 개혁세력을 위한 법률적, 제도적 환경조건을 지키는 시도에 해당된다. 그러나 이런 일상적인 논쟁을 통해, 사적 생산관계에 대한 지금까지 달성한 사회적 제한이나 완충상태를 최종적인 기준으로 선언할 위험이 발생한다. 가장 포괄적인 의미에서의 사회국가 해체에 대항한 투쟁에서, 무엇보다 경제적 토대의 민주화를 통해 사회국가를 일층 발전시켜야 할 필연성이 너무도 쉽게 전략적 시야로부터 빠져나간다.

마지막으로 **셋째로,** 경기의 전개가 경제적 의사결정관계의 민주적 재편을 둘러싼 논쟁 자체에 영향을 미친다. 독일(특별하게 언급하지 않는 한 이하에서 구 서독을 지칭함-역자)의 역사에서 지금까지 가장 심각한 1980/1982년 경기침체가 시간적으로 얼마 되지 않았음에도 불구하고, 미약한 경기상승이 엄청난 선전비용 하에서 자본주의 성장경제의 자기갱신력에 대한 증거로 둔갑되고 있는데, 이 증거는 의문스런 것이다. 이미 이룩한 사소한 경제성장, 비교적 유망한 화폐가치의 안정성 그리고 대외경제적 우위가, 외관상 사경제의 재활성화가 성공한 것 같은 표식이 된다. 지속적인 높은 대량실업은 단지 시장경제 예언가들의 찬가에서 일시적인 불협화음 정도로 생각된다. 사경제적 성장을 추진하는 보수적인 집단을 너머 성장의 오이포리(Euphorie)가 확산되고 있다. 사회적, 생태적인 지향으로 부분적으로 수정되기는 하지만, 성장지향주의가 많은 사람들에게 정치적으로 압도적인 것처럼 보인다.

개혁을 어렵게 하는 경제위기의 효과들에 대한 이러한 평가로부터 다음처럼 말할 수 있다.

경제위기가 무절제한 자본력을 확장하도록 정치, 경제적으로 기능지워지기 때문에, 지금까지 달성한 개혁 지위를 수호하는 모든 투쟁과, 대량실업에 대한 투쟁에서 성공적인 모든 조처는 이미 경제적 의사결정관계를 둘러싼 하나의 논쟁을 이룬다.

경제위기를 보수적으로, 자본지향적으로 수단화하는 것은, 결정적인 위기원인 자체가 정치적 변화의 중심테마로 될 때에만 지속적으로 극복될 수 있다.

실업의 직접적인 결과에 대한 중요한 방어투쟁을 너머 자본력을 제한하여 경제적 의사결정관계를 민주화하고자 하는 근본적인 경제개혁의 필연성을 시야에서 잃어서는 안 된다. 민주적 경제개혁 전략의 필수적인 조건은, 이윤에 의해 조종되는 지금까지의 축적유형이 가져온 경제적, 생태적, 사회적 결과들을 거침없이 평가하는 것인 바, 그로부터 실질적으로 대안적인 경제발전의 길, 이 나라 대다수 사람들의 이해와 필요를 지향하는 그런 길을 엄밀히 규정할 수 있다.

이 글에서는 시론적으로 성장의 위기와 대량실업 그리고 생태적 파국의 기본구조로부터 근본적이고 민주적인 새로운 경제질서의 필연성과 그 형태들이 전개되고 개관될 것이다.

2. 성장의 위기, 대량실업 그리고 생태적 파국—경제민주주의적 개혁에의 도전

그렇게도 여러 번 서약된 경기상승, 즉 독일에서 가장 심각했던 전후 경제침체 후 1983년에 시작해서, 지금까지의 평가에 따르면, 1986년에는 약 3%의 실질경제성장률을 가져올 그 경기상승은, 그것을 장기적인 축적모형에 끼워들일 때에만 올바로 평가할 수 있다. 1) 이미 최근의 경기상승과 선행했던 경기상승을 비교한 바에 따르면, 1976-1979년 사이 년 평균성장률은 3.9%인 반면, 1983-1986년에는 2.4%로서 명백히 낮아졌다. 2)

자본주의 경제의 촉진을 위해 포괄적으로 경제정책과 재정정책을 배치하는 것으로는 장기적인 경제성장 둔화경향을 극복할 수 없었다. 또 1984-1986년 사이 50만 명에 이르는 취업자 수의 증가도 경기호전의 결과일 뿐 아니라 또한 본질적으로는 가속적인 템포로 진행된 노동시간 단축으로써 설명될 수 있다. 경제성장만으로는 일자리의 증가를 가져올 수 없었을 것이다. 이 두 해 동안에 노동시간 단축이 없었다면, 피고용자의 수는 감소했을 것이고 실업자 수는 아직도 이미 전후 최고수준인 230만 명을 넘어 증가했을 것이다.

마지막으로, 이 경기상승이 임금 및 봉급 소득의 부담 하에 이윤에 유리한 방향으로 포괄적인 재분배가 이루어지는 토대 위에서의 경기상승이라는 것을 지적하자. 국민경제의 분배상태에 대한 지표인, (정산한) 임금비율은 1985년 62.3%로서 60년대 전반기의 평균치에 가깝다. 3) (수정된) 순기업이득의 지수가 1980년을 100으로 할 때 1985년까지 40% 이상 증가한 반면, 실질임금 지수, 즉 노동자들의 소득은 같은 기간 중에 5% 감소하였다. 4) 순이득과 순임금의 불평등한 발전은, 재분배과정이 무엇보다 조세정책적 조처들에 의해 추동되었음을 보여준다. 1982년 이래 이 조처들로 인해 1985년 기업부문은 57억 마르크만큼 경감된 반면, 사적 가계, 여기서 특히 중·

---

1) 1984년 거시경제적 주요 지표가치의 예측에 대해서는 다음을 참조하라. "Grundlinien der Wirtschaftspolitik 1986—Westliche Industrieländer: Fortsetzung des moderaten Wirtschaftswachstums," *DIW-Wochenberichte* 1-2/1986, p. 25.
2) 경제전체의 발전에 대한 자료는 다음을 보라. "Entwicklung des Sozialprodukts 1950-1984," *Wirtschaft und Statistik* 6/1985.
3) 경제전체의 발전에 대한 평가를 위해서는 *Jahresgutachten des Sachverständigenrates 1985/86*, Ziff. 65, Bundestagsdrucksache 10/4295 (1985. 11. 22)를 참조.
4) 수치에 대해서는 다음을 참조. R. Welzmüller, "Ungleichheit der Einkommensverteilung gewachsen—Aktuelle Daten zur Verteilungsentwicklung," in *Der Angriff auf den Sozialstaat*, Arbeitsmaterialien 9 des WSI, Düsseldorf, 1985.

하위 소득자의 가계는 87억 마르크를 더 부담하였다. 5) 이렇게 엄청난 소득 재분배도 현실의 경기상승을 특징짓는데, 대중소득이 불충분하게 확대하면 소비력은 전개될 수 없기 때문에 이런 재분배는 동시에 현재의 미약한 경기 발전을 설명해준다.

나아가 경기발전은 생태적 손상의 확대와 함께 나아간다는 점을 감추어서는 안 된다. OECD의 한 연구에 따르면, 환경손실을 화폐로 계산할 수 있는 경우에 그것은 매년 GNP의 3-5%에 이를 것으로 추산된다. 그것은 1984년 1조7530억 마르크의 명목국민생산을 상정하면, 적어도 대략 530-880억 마르크가 된다. 신중하게 평가된 이 환경손실에 대해 250억 마르크의 환경회복비용이 지출된다. 그래서 미약한 경기상승조차, 지속적인 환경파괴로부터 발생하는 국민경제적 부담을 증대시킨다. 이런 생태적 손실의 결과로 인해 그렇게 찬양된 성장의 결과는 명백하게 상대화된다.

순환적 전개에 따라 다시 하강으로 끝나겠지만, 다소 흥미로운 최근의 경기상승 국면을 보면 다음과 같은 점이 명백해진다. 전통적으로 각인된 경제성장은 경제문제의 극복을 위한 어떤 보증도 하지 못하며 오히려 부담을 심화시키고 그 해체는 점점 더 어려워진다. 임금 및 소득 수령자를 희생하는 방향으로의 순소득의 재분배, 지속적인 대량실업 그리고 생태적 파괴의 확대가 이런 사경제적 성장유형의 조건이다. 이로부터 반사적으로 민주적인 새로운 경제조직에 대한 결정적인 도전이 정의된다.

독일에서 장기적 축적이 전개된 경험을 보면, 근본적인 경제개혁에 대한 도전은 보다 명확해진다. 여기서는 장기적 축적유형에 대해 보다 정확한 분석을 제시할 충분한 지면이 없다. 6) 단지 몇몇 근거만을 보도록 한다.

1. 1950년에서 1984년까지 35년 동안 장기적 경향에서 경제성장이 둔화하고 있음을 관찰할 수 있다. (〈표 1〉, 〈그림 1〉 참조) 처음 10년 동안 연

---

5) R. Hickel/J. Priewe, "Ineffiziente Instrumente oder unzureichende Anwendung? Die Finanzpolitik von 1974-1984 auf dem Prüfstand: Argumente für ein Beschäftigungs-programm," *PIW-Studie* Nr. 3, Bremen, 1985, p. 21 참조.

6) 자세한 분석을 위해서는 다음을 참조. R. Hickel, *Ökonomische Rahmenbedingungen der Arbeitspolitik—Theoretische und empirische Grundlagen*, Bremen, 1985, Manuskript. (Grüne Reihe des Wissenschaftszentrums Berlin으로 출간 예정)

<표 1> 주요 국민경제지표 1950-1984 (연평균변화율, %)

	1950-60	1960-70	1970-80	1980-84
GNP(1976년 불변가격)	7.9	4.6	2.8	0.7
국내취업인구	2.3	0.2	-0.1	-1.1
총고정자본자산 (신규구매가격)	9.8	10.4	10.0	5.6
취업인구당 유효노동시간	-1.4	-1.0	-1.1	-0.2
비자영노동소득	11.5	9.6	8.8	3.0
임금비중(정산후)[1]	-0.9	0.5	0.5	-0.9
가처분소득[2]	10.5	8.6	8.4	3.7
개인소비물가지수	1.9	2.8	5.2	4.1

1) 취업인구 중 노동자가 차지하는 비율을 1960년 수준에서 불변으로 고정한 경우의 임금비중
2) 사적 가계가 수령한 총소득으로부터 이전지출을 뺀 소득

자료: Entwicklung des Sozialprodukts 1950-1984, *Wirtschaft und Statistik* 6/1985

평균 GNP성장률은 7.9%이었다. 이 추세적 성장둔화는 매번 4-5년간 지속하는 순환들을 통해 관철되었는데, 경기불안정성은 오히려 증대되었다. 1983년 이래 이번 경기상승이 지연되고 있는 것은, 중기적 성장위기에 의해 야기된 취약한 투자동학을 표현한다. 1950년 이래 (실질) GNP는 4.5배만큼 증대하였다. 80년대와 90년대의 문제들을 이른바 '경제기적'의 재구성으로 해결할 수 있을 거라고 믿는 것은 환상이다. 이것은 우선, 오늘날의 경제적, 생태적 발전문제가 바로 선행했던 무절제한 성장동학의 결과이기 때문에 불가능하다. 50년대와 60년대에 발생한 환경손상에 대한 계산서는, 아직도 지불될 수 있는 한, 낡은 짐의 형태로 오늘날 작성되고 있는 실정이다.

나아가 극단적인 성장동학의 결과로서 과잉생산능력이 형성되었는데, 이는 불충분하고 변화된 수요에 직면하여 해체되거나 재편되어야만 한다. 부문 구조변동을 보면, 1970년대까지 제2차 부문(상품을 생산하는 광공업부

<그림 1>　경제정책의 주요지표[1]

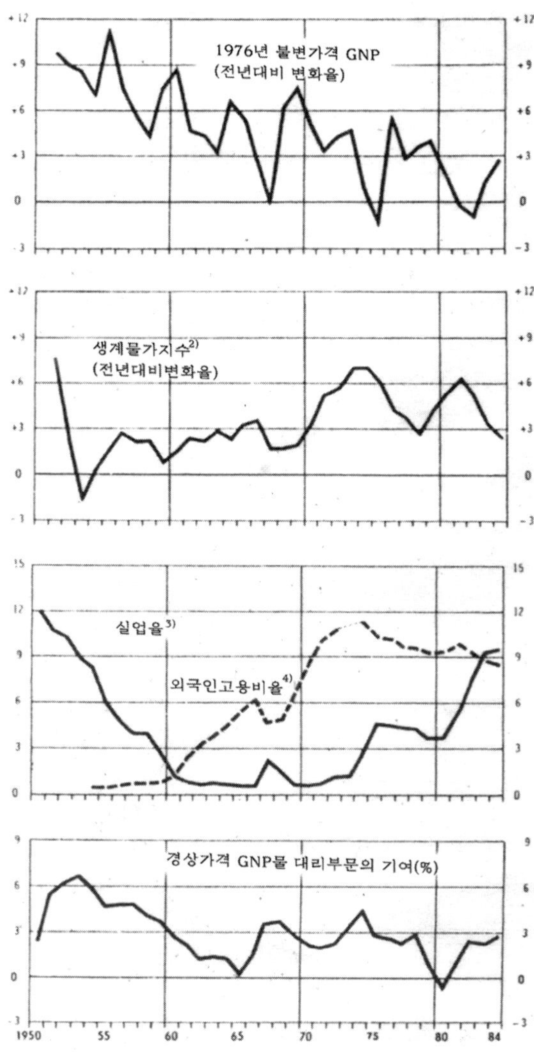

1) 1950-53년은 자르란트와 베를린 제외
2) 전체 사적가계, 1962년 이전은 중간소득의 4인가족 노동자가계
3) 종속적 경제활동인구 중 실업자(%)
4) 매 6월 기준 피고용자 중 외국인 피고용자 비율(%), 연방노동청 자료
자료: *Statistisches Bundesamt 85 04 71*

<표 2> 전체경제의 구조계수(%)

가치창출비중/ 고용비중[1]	1950	1960	1970	1980	1984
제1차 부문[2]	I 7.4 II 24.6	4.5 13.7	3.3 8.5	2.6 5.5	3.0 5.5
제2차 부문[3]	I 39.4 II 42.9	46.3 47.9	48.3 48.9	44.6 44.2	42.7 41.5
제조업	I 25.5 II 32.3	33.5 36.9	37.2 38.1	34.6 34.3	33.5 32.0
제3차 부문[4]	I 53.1 II 32.5	49.1 38.3	48.5 42.6	52.7 50.4	54.3 53.1
GNP에서 차지하는 비중(1976년 불변가격) 개인소비	52.2	52.0	54.4	56.3	54.7
고정자본형성 설비투자 건설투자	21.3 6.0 15.3	24.2 7.5 16.7	24.2 9.2 14.9	21.5 9.0 12.6	20.0 8.5 11.5
해외부문기여 (수출-수입)	4.9	3.1	1.0	1.4	4.8

1) I: 전체 가치창출에서 해당부문의 총가치창출이 차지하는 비중(1976년 불변가격)

  II: 국내 전체취업자 중에서 해당부문의 국내취업자가 차지하는 비중

2) 농업, 임업 및 어업

3) 상품생산업(광공업)

4) 국가, 사적 가계, 그리고 영리의 성격을 갖지 않는 사적 기관 및 상업, 교통과 서비스기업

자료: Entwicklung des Sozialprodukts 1950-1984, *Wirtschaft und Statistik* 6/1985

문)의 확장 후에 전체 가치창출 또는 취업인구에서 차지하는 이 부문의 비율은 감소하고 있다. (〈표 2〉 참조) 산업화의 강도는 줄어들고 있다. 이 현상은 때때로 '탈산업화 테제'로 묘사되기도 한다. 분명히 여기에 순환적으로 관철된 과잉축적이 담겨져 있다.

이 추세적 발전의 맥락에서 경제민주주의적 재편의 문제가 마치 회고적

으로 제기되고 있다. 경제적 재구성의 시기에 이미 경제민주주의적 새판 짜기가 일어났다면, 오늘날 경제적, 생태적 발전문제가 집적되는 것은 적어도 예방적으로 줄일 수 있었을 것이다.

2. 경제성장의 추세적 둔화와 함께 기업의 축적행동, 즉 이윤의 획득과 사용도 변화되었다. 이제까지의 연구 수준에서 보면, 이윤율의 전개와 자본축적의 전개간에 관련이 해체되었는데, 여기에는 강한 버전의 해체와 약한 버전의 해체, 두 가지 방식이 정식화될 수 있다. DIW의 방법에 따라 실물자본수익〔장부구매가격(Anschaffungswert)으로 평가한 투입된 자본당 수익〕을 계산하면, 이 수치는 1972년과 1982년 사이에 대체로 18%의 수준에서 거의 변하지 않았다.[7] 그러나 그에 반해 자본형성(총고정자본자산의 성장)은 추세적으로 명백하게 감소하였다. 축적과 이윤율간의 연관 해체에 대한 이와 같은 강한 버전에는 약한 버전이 대치하고 있다. RWI의 방법에 따라 신규구매가격(Wiederbeschaffungspreis)으로 자본스톡을 계산하면, 지난 10년간 축적율이 이윤율보다도 더 심하게 감소하였음을 보여준다.[8] 이 두 개의 분석으로부터 다음과 같이 해석할 수 있다. 즉 축적율은 계산방식에 따라 절대적으로(DIW의 경우) 또는 적어도 상대적으로(RWI의 경우) 이윤율의 전개에 비해 감소하였다. 또한 국제적인 비교를 보더라도 축적을 추동하는 이윤율은 다른 국가보다 독일에서 비교적 높은 편이다. 축적의 난관을 미리 예상해서 이윤의 사용방식을 변경하였다는 것이 이 연관 해체에 표현되어 있다. 이러한 경제적 분석은, 그러나 역으로 다음과 같은 결론, 즉 축적율 하락에도 불구하고 기업경제는 자본의 가치증식을 위해 충분하고 높은 이윤을 동원하고 있다는 결론을 허용한다. 축적에 의해 조건지워진 이윤획득 외에 다른 영역들이 개척되었음이 분명하다. 국가보조 또는 소득 재분배 그리고 국내 및 국외의 화폐·자본시장으로의 이윤 전용이 그러한 원천을 제공할 수 있다. 명백하게 증대되는 집적에 직면해서, 무엇보다도

---

7) DIW, *Strukturbericht des Deutschen Instituts für Wirtschaftsforschung* (*Erhöhter Handlungsbedarf im Strukturwandel, Analyse der strukturellen Entwicklung der deutschen Wirtschaft*), Berlin, 1983, p. 123 이하.

8) RWI, *Strukturbericht des Rheinisch-Westfälischen Instituts für Wirtschaftsforschung* (*Analyse der strukturellen Entwicklung der deutschen Wirtschaft*), Essen, 1983, p. 142.

대기업들에서 이윤의 영유능력이 높아졌음을 추측할 수 있다. 집적과정을 통해 가속화되는, 기업행동의 그와 같은 변화들은 경제적 공급과 소득분배 그리고 일자리에 지속적인 효과를 미친다. 동시에 그런 변화는 정치적으로 점점 더 통제하기 어려운, 경제의 권력집적을 나타낸다. 그 때문에 여기에 경제권력의 해체를 목표로 하는 민주적인 새로운 경제질서의 필연성이 제기된다.

3. 이윤율과 축적간의 관련에서 이러한 구조적인 전위는 기업의 이윤사용방식의 변화에 반영되므로 그로부터도 인식할 수 있다.

(주택임대와 금융기관을 제외한) 기업경제가 화폐자산 형성에 기여한 금액은 지난 수년동안 증대하였다. 순고정자본투자를 기업의 전체 자산형성(화폐 및 실물고정자본 형성)과 관련시키면, 그 비율은 60년대 약 68%로부터 1977-84년 시기에 47%로 하락하였음을 볼 수 있다. (〈표 3〉과 〈그림 2〉 참조) 따라서 벌어들인 이익은 그 자체로 실물자본 형성의 전제가 아니다.

최근의 경기상승에서도 이런 것을 관찰할 수 있는데, 이전의 경기상승에 비해 '자기금융수단'의 보다 작은 비율이 실물투자 형성에 이용되었다. 이윤사용의 이 변화에는 두 개의 경향이 표현되어 있다. 한편에서는 역사적으로 높은 수준의 자본스톡 위에서 제기되는 (수요조건에 의해 규정되는) 실현문제가 기업정책적으로 선취되고 있다. 〔즉 실현문제의 전망이 나빠 이윤은 실물투자의 형성에 적게 사용되고 있다. -역자〕 다른 한편에서는 국내 및 외국의 화폐·자본시장에서 수익성 좋은 투자가능성이 제공되는데, 이는 실물투자와 결합된 요구수준을 그 수익에 비해 높이게 된다. 이윤사용에서의 이러한 변동은 경제전체적으로 특정한 결과를 가져온다. 벌어들인 소득은 국민경제적 지출로 전혀 전화되지 않거나(외국에의 투자) 또는 단지 지체되면서 전화될 뿐이다. 이러한 소득재순환(그 뒤에는 재화와 서비스의 생산이 있다)의 지체 또는 실패는 적응과정을 통해, 그러나 지금은 생산수준의 불충분한 이용과 발전 그리고 지속되는 대량실업 상태에서 마침내 경제전체적 조정이 달성될 때까지, 생산 및 고용수준의 감소로 이어진다. 9)

---

9) 공황론에 대해서는 다음을 참조. R. Hickel, ″Ökonomische Ursachen-und Politik-probleme der Massenarbeitslosigkeit,″ in J. Hoffmann, Hrsg., *Überproduktion,*

따라서 경제적 의사결정관계의 새로운 질서를 구축하려면, 이윤획득과 사용에 대한 사회적 통제형태에 집중해야 한다.

<표 3> 기업의 화폐자산, 실물자산, 자기금융수단(주택경제 제외)　　　(년평균치)

	1961-1968	1969-1976	1977-1984
1. 화폐자산(억 마르크)	116.4	306.2	480.3
2. 국내화폐자산총액 대비 화폐자산 비중[1](%)	22.48	25.51	27.04
3. 실물자산[2](억 마르크)	310.4	414.2	517.6
4. 실물자산 대 화폐자산(3번 항목 : 1번 항목)	3.06	1.48	1.14
5. 자산형성총액 대비 순고정자본투자 비중[3](%)	68.38	51.81	46.05
6. 화폐자산 대 자기금융수단[4](%)	23.53	37.64	31.81
7. 총투자 대 자기금융수단[5]	1.29	1.36	1.18

1) 국내 비금융부문들의 화폐자산형성에서 이 부문의 화폐자산형성이 차지하는 비중
2) 이 부문의 순투자
3) 순고정자본투자 대 화폐자산형성총액(실물자산형성과 화폐자산형성)
4) 자기금융수단: 저축(사내유보이윤)+자산이전수지잔고+감가상각
5) 총고정자본투자 중에서 자기금융이 차지하는 비율의 역수

자료: *Zahlenübersichten und methodische Erläuterungen zur gesamtwirtschaftlichen Finanzierungsrechnung der Deutschen Bundesbank* 1960-1982, Sonderdrucke der Deutschen Bundesbank Nr. 4, 4. Auflage, Juni 1983; 1983년과 1984년의 평가치에 대해서는 Deutsche Bundesbank, *Monatsberichte* 5/1985

Unterkonsumtion, Depression—Analysen und Kontroversen zur Krisentheorie, Hamburg, 1983.

<그림 2>

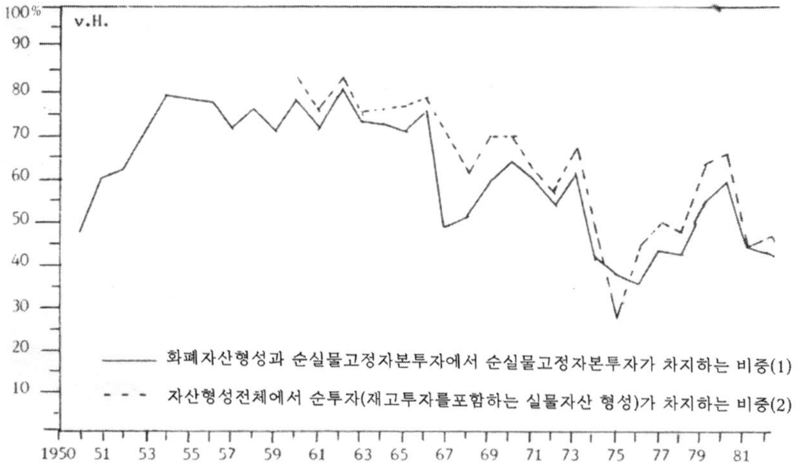

1) 순실물고정자본투자와 화폐자산형성의 합에서 순실물고정자본투자가 차지하는 비율
2) 전체자산(실물자산형성＋화폐자산형성)에서 순투자(재고변화를 포함하는 실물자산형성)가 차지하는 비율

자료: 1) 1950-59년은 독일연방은행의 수정된 자금조달계산 결과에 따라 산정; 1960-69년은 1960-77년에 대한 비수정자료로부터 산정, *Sonderdruck*, Nr. 4, 3. Aufl., 1978; 1970-82년은 수정된 자료로부터 산정, Nr. 4, 4. Aufl., 1983; 1983년은 Monatsberichte 5/1984 참조
2) *Zahlenübersicht und methodische Erläuterungen zur gesamtwirtschaftlichen Finanzierungsrechnung der Deutschen Bundesbank*, Sonderdruck Nr. 4, 4. Aufl., 1983(1960-1982); 1983년은 *Monatsberichte* 10/1984 참조

4. 이윤영유와 이윤분배의 중심에서 일어난 이 구조변동은 극소전자에 기초한 기술변화의 연속적 관철과정을 동반하고 있다. 축적의 템포가 늦어지고 있는 반면, 투자활동 자체는 합리화의 영역으로 옮겨지고 있다. 그것을 증명하는 것은 단지 Info-Institut를 통한 그 의심스런 투자동기 설문조사만이 아니다. 지난 수년간 감소된 경제전체의 투자비율(GNP에서 고정자본투자가 차지하는 비율)에 대한 보수주의자들의 한탄은 단지 건설투자만 비중에서 하락하였다는 사실을 감추고 있다. 지속되는 성장둔화에서 일어난 두 번의 경기침체에도 불구하고 기술변화를 체화하고 있는 GNP대비 설비투자의 비율은 지난 15년간 전혀 감소하지 않았다. (〈표 2〉 참조) 사업장에

의 신기술 투입은 비교적 경기변동과 독립적으로 실행되고 있다. 그래서 지난 수년간 중기적인 성장둔화의 체제 하에서도 생산의 기술적 재구조화는 상대적으로 끊임없이 관철되고 있다. 이것이 아직 시간당 생산성에 대한 실증적인 변화에서 보여지지 않는 것은, 이 수치에 영향을 미치는 여러 비기술적 요인들과 관련이 있다. 10) 이러한 기술적 재구조화의 결과들은 다음과 같이 포괄적이다. 즉 새로운 기술은 최종생산물 혁신보다는 오히려 처리기술 혁신을 지향하고 확대투자를 보다 적게 요구하기 때문에 확장동학의 둔화가 기대된다는 것이다. 순 효과에서 보면, 그것은 긴 시기 동안 실업증대에 기여할 것이다. 오스트리아에서의 극소전자의 파급에 대한 최근의 한 연구가 이를 증명하고 있다. 11)

국민생산의 성장에 대한 현실주의적인 수치와, 기술에 의해 조건지워지는 시간당 생산성 발전에 대한 중간적인 변종을 가정하는 경우에도, 생산성 발전과 생산의 발전간의 격차는 1990년 너머까지 열려 있을 것이다. 즉 정확하게 말하면, 경제인구의 잠재력, 경제성장, 시간당 생산성 그리고 노동시간 단축의 전개에 대해 적정한 가정을 할 때, 1990년 등록된 실업자와 비등록 실업자의 수는 약 430만 명에 이를 것이고 2000년에는 320만 명에 이를 것이다. 12) 다음 15년 동안 지금까지와 같은 사적 경제적 성장전략이 연장된다면, 대량실업은 제거될 수 없다.

마지막으로, 이윤지향적 기업전략을 통해, 생산구조와 노동조직을 근본적으로 변화시키기 위한 새로운 기술이 이용되고 있다. 노동유연화, 노동자들의 부분화, 지금까지의 사업장으로부터 사적 가계의 영역으로 생산의 이동('전화재택노동'), 노동조합에 대한 압박, 이 모든 것들이, 임금종속적

---

10) 시간당생산성에 영향을 미치는 요인들에 대해서는 다음을 참조하라. R. Hickel, ″Ursachen, Prognose und Therapie der Arbeitsplatzvernichtung,″ in U. Briefs u. a., Hrsg., *Technologische Arbeitslosigkeit: Ursachen, Folgen, Alternativen*, Hamburg, 1984.
11) Österreich-Studie—Bundesministerium für Wissenachaft und Forschung, Hrsg., *Mikroelektronik, Anwendungen, Verbreitung und Auswirkungen am Beispiel Östereichs*, Wien/New York, 1981.
12) 예측의 근거에 대해서는 다음을 참조. W. Klauder u. a., ″Arbeitsmarktperspektiven der 80er und 90er Jahre—Neue Modellrechnungen für Potential und Bedarf an Arbeitskräften,″ *Mitteilungen aus der Arbeitsmarkt-und Berufsforschung*, 18. Jg., Heft 1/1985.

피고용자들의 이해를 조직하는 전통적인 조건들을 지속적으로 악화시키는 그 발전의 표제어들이다. 그것에 대항하기 위해서 경제적 의사결정관계를 민주적으로 새로 구성해야 할 필연성이 드러나게 된다. 소득재분배와 실업, 지금까지 보호되었던 '표준노동관계'의 침식 그리고 피고용자와 그 조직의 약화 등을 통한 사회적 양극화가 저지되기 위해서는, 신기술의 경제적 투입이 많은 사람에게 유익하고 기술적 진보로부터 사회적 진보도 나올 수 있도록, 이미 투자결정의 첫 번째 국면에서 사회적 통제가 필요할 것이다.

경제적 위기와 생태적 결손을 초래한 것은 핵심적으로 자본주의 조절메커니즘에 규정되어져 있다. 개별 자본가적 토대에 기초한 성장과정의 장기적 추세로부터 실업의 해체, 성장과정의 질적 조절, 지금까지 조명 받지 못했던 소비수요와 사회적 수요를 강화시키는 방향에서의 소득재분배 등 오늘날의 도전들이 쌓여왔다. 개별경제적 이윤극대화의 지배 하에서 거시경제적 조정 실패는 궁극적으로 생산과 소비의 불균형에서 규칙적으로 보여지는 소득분배의 불비례에 기인한다. 이윤지배 때문에 재화와 서비스의 생산에서 발생하는 소득은, 충분하게 개인적 필요와 사회적 필요의 지점으로 도달되도록 그렇게 분배되지 못한다. 그러나 조정 실패로 인해 (실현된) 이윤조건 자체가 허물어진다. 대중소득의 불충분한 발전은 수년에 걸쳐 사적 소비 영역에서 생산의 지체로 이어진다. 경제성장 템포가 둔화된 주요원인 중의 하나는 실질 사적 소비가 저발전한 데 있다. 이윤에 유리한 소득분배 방식으로 초래된, 국내경제적으로 지배적인 유효수요의 부족은 수출의 확대를 통해서는 지속적으로 메워질 수 없다. 마지막으로 공공적 생산의 필요를 충족시키는 것도 사경제적 수익성의 지배 때문에 실패할 것이다. 공공적 필요의 영역에서 생산에 대한 요구, 예컨대 생태적 사후보호나 사전보호, 기초자치단체에서 미래지향적인 하부구조와 도시건설에 대한 요구는, 사적 경제적으로 수익성이 없고 공공재정 자체가 이윤경제를 돌보는 방향으로 재편되고 있기 때문에, 충분치 않게 생기거나 아니면 전혀 생기지 않을 것이다. 생산과정에서 새로운 기술이 관철함에 따라 여기서 언급한 과잉생산 능력의 문제는 첨예화될 것이다. 즉, 합리화의 이익이 임금 및 봉급소득으로 전달되어지지 않는다면, 보다 효율적인 생산능력은 불충분한 사적 소비수요에 대치하게 되는 반면, 동시에 이전 국면의 기술변화에 비해서 새로운 기술에서는 확장조건이 약화된다. 수익성에 따른 개별경제적 결정을 시장을 통해 경제전체적으로 조정하는 자본주의 기제의 결함을 표현하는 이와 같은 위기적 발전에 대해, 새로 형성될 민주적 경제구조의 틀 내에서 경제적 조절의 과제는 다음처럼 정의될 수 있다.

문제는 사적 소비 및 사회적 필요의 척도에 따라 생산의 잠재력을 발전시키고 완전히 이용하는 것이다. 오늘날의 경제발전에서는 생산의 가능성과 필연성이 높고 있는데, 이는 사경제적 토대에 근거한 전통적인 조절유형으로써는 완전히 이용할 수 없다. 왜냐하면 이 조절유형에서 완전한 이용은 곧 과잉생산의 위기를 가져올 것이기 때문이다. 경제적 의사결정관계를 새롭게 형성하려는 정치는 바로 미래지향적 형성의 잠재력을 발전시키고 완전히 이용하는 것을 지향해야 한다. 그렇게 형성될 대안적 발전유형을 관철하는 것은 단지 경제기능적으로만 규정될 수는 없다. 정치, 경제적 조건들이 포괄되어야 한다. 경제위기의 해부학의 한 측면은, 국제적으로 활동하는 집적된 기업전략으로부터 초래되는, 경제전체적 맥락에서의 불안정과 실업의 증가 경향을 증명하는 것이다.

정치적 위기분석의 다른 측면은, 지배관계에 의해 규정되어 일정 정도 실업을 이용하는 것에 분석을 집중하는 것이다. 완전고용에 복무하는 정책의 포기와 10년 넘어 지속되는 실업은 단지 정치적 이해와 경제적 이해의 합작으로부터만 해석될 수 있다. 위기와 함께 명백해진, 직접적인 피해자와 고용노동자들에 대한 악성의 압력은, 사회적으로 완충장치를 갖춘 생산관계를 급진적으로 재편하기 위한 보수적 토양을 제공한다. 사회적 보호권리의 해체를 통한 기업권력의 강화, 즉 정치적으로 통제되지 않는, 자본의 전략을 위한 공간의 확대는 대량실업의 환경에서 보다 잘 관철될 수 있다. 실업은 생존상의 결핍과 위협을 창출하기 때문에, 이는 자본주의적 균형에 속하는 것이다. 따라서 지난 몇 년 동안 대량실업의 체제 하에서 전체적으로 생산관계의 사회적 안전에 대한 엄청난 해체가 일어났던 것도 놀랄 일이 아니다. '최저임금실업'의 관념에 따라 늦어도 1982년 이래 사회급여가 포괄적으로 해체되었다. 1982년 재정운용 이래 사회급여 해체조처가 일어나지 않았다면, 작년에 약 700억 마르크가 위기의 피해자들에게 쓰여질 수 있었을 것이다. 첫 번째 단계의 화폐적 측면의 사회국가 해체에 이어 사회적 및 임금적 보호권리에 대한 '돈 안 드는' 해체가 뒤따랐다. 추가적인 풀타임 일자리를 창출하지는 않지만 유연한 노동형태를 가능하게 해주는 이른바 '고용촉진법'과, '뜨거운' 임금영역 밖으로 '차갑게' 쫓겨난 자들에게 앞으로 연방노동청의 급여 수령을 배제하는 노동촉진법(Arbeitsförderungsgesetz, AFG) 116조의 개정(연방정부 또는 연방의회를 통한)은 보호권리가 해체되는 영역에서 가장 뛰어난 예들이다. 실업자의 상황에서 보면, 사회급여 해체의 두 단계간 관련은 명백하다. 실업의 상태에서 화폐적 급여를 삭감하면, 그것은 실업 당사자들에게 보다 열악한 고용제안에 적응할 준비를 갖도록 강요한다. 그러나 '표준노동관계'에서 벗어난 보다 열악한 다양한 형태의 일자리를 법률적으로도 허용하기 위해서는, 이른바 '고용촉진법'에서 그러했던 것처럼, 상응하는 명문규정들이 해소되어야 한다. 13) 연방정부가 실업과 싸우는 정책에 집중하지 않고 단지 외견상으로만 고용정책이라는 이름으로 기업을 강화시키기 위한 질서정책적 재편에 초점을 맞추고 있다는 점은 연방정부의 다른 많은 활동들에서도 증명될 수 있다. 이러한 점으로부터 경제와 정부의 협력을 자본과 내각의 동맹으로 비판적으로 서술하는 것은 분석적 의미를 갖는다. 그 때문에 연방정부의 정책을 '사유화'라는 표제어로 특징짓는 것은 적절치 않을지도 모른다. 오히려 문제는 사회적, 임금적 보호법규들의 해체를 통한, 그리고 공공적 수입과 지출을 통한, 재편의 정책인 것이다. 슘페터는 이미 1918년에 자신의 저서(『조세국가의 위기』)에서 국가의 조처에 대한 정치경제적 의미를 적확하게 파악하고 있었다. "국가가 이것 또는 저것을 한다고 말할 수는 없을 것이다. 중요한 것은 항상, 국가기구를 추동하는 게 누구인지 또는 누구의 이해인지 그리고 그로부터 누구의 이해가 말해지는지 인식하는 것이다."14)

---

13) 이에 대해서는 *Memorandum '85: Gegen die Unterwerfung der Arbeit und die Zerstörung der Umwelt—Mehr Arbeitsplätze, soziale Sicherheit und Umweltschutz*, Köln, 1985, (특히 제3장) 참조.
14) J. Schumpeter, *Die Krise des Steuerstaats*, Graz/Leipzig 1918. (R. Hickel, Hrsg., R. Goldscheid/J. Schumpeter, *Die Finanzkrise des Steuerstaats—Beiträge zur politischen*

독일의 추세적 축적유형에 대한 이상의 분석을 보면, 기업경제에 유리한 양적, 질적 재편 정책은 경제적, 사회적, 생태적 도전들을 극복할 수 없다는 점이 명백해질 것이다.[15]

한편에서 경제발전의 문제에 대한 개략적인 서술과, 다른 한편에서 화폐정책적 및 질서정책적으로 사회국가 해체를 목표로 하는 국가정책의 특성규정으로부터, 경제적 의사결정관계의 새 질서를 포함하는 근본적 경제개혁의 영역과 접점들이 지시될 것이다.

3. 경제개혁전략의 기본 요소들

장기간 지속하는 심각한 경제위기의 원인들은 고도로 집중되고 이윤지향적인 시장방식의 생산조정이라는 근본구조에 토대를 두고 있으며 이는 50년대까지 거슬러 올라간다. 이것이 이상에서 개관한 위기분석의 핵심이다. 이 원인들은 본질적으로 시장실패—탈조절과 시장개방 그리고 국가에 의한 시장적합적인 일반적 생산조건의 창출을 통해 정정될 수 있다는—에 기인하지 않는다.

'전문가자문위원회'(Sachverständigenrat)가 언제나 반복해서 선전하는 바와 같은 시장지향적 위기극복 전략은 수미일관해서 공급측면으로 접근한다. 국가는 기업경제의 이해를 위해 기능화되어 있다. 위기의 '청산기능'은 경제적으로, 정치적으로 노동자들의 권리를 밀어내는 데 이용된다.

그러나 그것으로 위기의 근본문제, 즉 대량실업, 생명조건의 생태적 파괴 및 사회적 양극화는 해결되지 않는다. 이윤경제에 입각한 호황의 대가는 오히려 빈곤의 증가와 소득 및 자산분배의 급속한 불균등 심화이다. 이같은 시장지향적 전략은 중기적으로 이미 다음 위기를 준비한다. 왜냐하면 필수적인 투자활동과 관련해 일반적으로 너무 낮은 이윤이 현재 존재하는 것도 아니고 또 투자 몫이 일괄적으로 증대될 것도 아니므로, 사적 이익과 투자

Ökonomie der Staatsfinanzen, Frankfurt/M, 1976으로 재간행, p. 377.)

15) 연방정부의 재정정책 비판을 위해서는 R. Hickel/J. Priewe, "Ineffiziente Instrumente oder unzureichende Anwendung?", p. 54 이하를 참조하라.

의 무차별적인 촉진은 일층의 구조적인 과잉능력 및 실물축적과 화폐적 축적간의 지속적인 괴리로 이어질 것이기 때문이다. 전문가자문위원회조차 인정하는 최적의 공급조건에도 불구하고 또는 바로 그 때문에, 근본문제는 해결되지 않은 채로 남아있다.

1) 거시조절과 사회적 동맹—위기로부터의 탈출구?

완전고용 목표를 지향하는 경제개혁정책이 상정하는 것은, 시장경제체제가 어떻게 기능하는가 하는 문제에 대한 두 개의 본질적인 인식이다.

1. 시장은 스스로 균형—여기서는 일을 구하는 자는 모두 일자리를 얻는다—이 달성되지는 않는다. 1943년 칼레츠키의 선경지명 있는 분석에 의거해서 포그트가 정식화한 것처럼, 자본주의적 균형은 체제에 필수적인 실업의 존재에 의해 특징지워진다. 왜냐하면 실업의 존재는 광범위한 개혁정책의 이념을 직접적으로 곤경에 빠지게 하기 때문이다. 16) 이로부터 위기의 극복은 단지 국가활동의 지향을 바꾸는 길을 통해서만 가능하다는 결론이 도출된다.

2. 생산수단에 대한 사적 소유와 사적 이윤영유에 의해 규정되는 시장경제질서에서 완전고용과 임금 및 봉급 수령자에 유리한 소득재분배 그리고 환경친화적인 경제성장의 관철을 이루는 적극적인 정책에 대해 계급을 넘어서는 컨센서스가 존재한다는 것은 가정할 수 없다.

거시조절의 구상은 무엇보다도, 전후 독일의 발전에서 최초의 가시적인 (미약한) 침체국면에 대한 사민주의적 대응이었다. 투자, 소비, 국가수요, 수출 같은 국민경제적 총량변수에 대한 국가의 거시조정을 통해 공황과정이 극복되지는 않는다 해도 현저하게 완화된다는 것이다. 사적 이윤지향적 시장방식의 생산조정은 국가의 거시조절을 통해 폐지되지 않을 뿐 아니라 바로 국가적 거시조절의 전제를 이루었다. 이것은 고데스베르크 강령의 "가

---

16) W. Vogt, "Kapitalistisches Gleichgewicht und ökonomische Ungleichgewichte," *IHS-Journal* Bd. 5/1981; ders., "Warum gibt es Massenarbeitslosigkeit," *Leviathan* 3/1983; M. Kalecki, "Politische Theorie der Vollbeschäftigung," in B. S. Frey/W. Meissner, Hrsg., *Zwei Ansätze der Politischen Ökonomie—Marxismus und ökonomische Theorie der Politik*, Frankfurt/M, 1974.

능한 한 많은 시장을, 필요한 한 많은 계획을"이라는 신앙고백적 미사여구 속에 강령적으로 표현되었다. 1967년 경제안정법과 함께 경제수요에 대한 거시조절은 경제정책적 실천을 위해 법규화되었다.

거시조절에 입각한 케인즈주의적 구상은 1950년대의 성장성과에 영향을 받아 노동조합과 사민주의의 강령에서 보다 진보적인 경제민주주의적 관념들을 밀어내었다.[17] 20년 이상이 지난 후에 독일사민당(SPD)은 경제정책 강령의 초안에서 다시 거시조절의 전통으로 되돌아가고 있다. '모든 사람을 위한 노동'이라는 계급을 넘어서는 사회적 동맹과 함께 중간계층 경제에 집중함으로써 '미래의 산업사회'에 대한 생태적, 사회적 갱신이 도모되어야 한다는 것인데, 그럼으로써 동시에 대량실업, 사회적 불평등의 증대 그리고 환경파괴에서 보여지는 근본적인 도전들과 싸울 수 있다는 것이다.[18] 명시적으로, 또 60년대와 70년대의 경험을 고려하는 것 없이, 거시조절의 과제—국가와 경제 그리고 연방은행간의 협력에 입각하는—가 국가에 부여된다.

90년대를 위한 정책 제안이 60년대와 70년대의 수단들로 되돌아가고 있다. 그럼으로써 바로 이 정책의 파산 원인들이 퇴색되고 근본적인 사회적 이해대립이 무시된다.[19] 70년대 초 거시조절로 위기를 막을 수는 없었고 단호하게 위기와 싸울 수도 없었다. 많은 부문에서 구조적 과잉축적과 과잉생산능력, 지속되는 대량실업, 사경제적 성장이 가져오는 생태문제는 국가의 거시조절에 의해 성공적으로 극복될 수 없다. 거시조절은 단지 수요량을 **양적으로** 변화시키는 것에 입각하고 있다. 거시조절은 일차적으로 이미 전제된 생산구조를 지향해야만 하고 이 구조를 과제지향적으로 변화시킬

---

17) 이에 대해서는 R. Hickel, "Sozialdemokratische Wirtschaftspolitik in der Krise," *Frankfurter Hefte*, Heft 5/1984 참조.

18) Wirtschaftskommission der SPD, *Die Wirtschaft ökologisch und sozial erneuern*, Manuskript, Bonn 1985. 이 토론용 초안에 대한 비판은 다음을 참조. *Anpassung oder Reform? Zur neuen Wirtschaftskonzeption der SPD*, hrsg. von VSA-Verlag, Hamburg 1985.

19) 거시조절에 대한 비판은 다음을 참조. R. Hickel, "Ökonomische Stabilisierungspolitik in der Krise—Ursachen und Ausweichstrategien," in R. -R. Grauhan/R. Hickel, Hrsg., *Krise des Steuerstaats? Widersprüche, Perspektiven, Ausweichstrategien*, Opladen 1978.

수 없다. 이 초안은 '노동과 환경 특별프로그램'으로써 단지 발전의 오류를 정정하고 목표지향적으로 조절하는 공공적 개입이라는 구상만을 준비하고 있다.

원칙적으로 거시조절에 맞추는 것은, 기업의 이윤기대를 지향하고 소득분배를 건드리지 않을 때에만 성공의 기회를 가질 수 있다. 이것이 바로 "한 계급 내에서의 사회주의"라는 관념의 명백한 배경일 것인데, 이 관념에 따르면 더 이상 이윤으로부터 노동소득으로의 재분배 기회가 아니라 다만 노동소득 내에서의 재분배 기회만이 문제이다.

더구나 시장과정의 작동과 경쟁은 거시조절의 유효성의 중요한 전제인데, 이는 성장하는 콘쩨른의 경제력 앞에서 하나의 허구임이 밝혀지고 있고 또 독일사민당 초안에서 그러하듯이 적절한 경쟁정책을 통해 다시 형성할 수도 없는 것이다.

2) 대안의 길

근본적인 경제개혁은 전통적인 경제발전 유형으로부터 나타나는 발전의 오류를 극복하도록 지향되어야 한다. 소득분배의 개선―유효수요를 통해 대중들로 하여금 보다 잘 생산에 접근하게 하고 대량실업을 해체하며 생태적 위기를 극복하게 할―을 통해 생활조건과 노동조건이 개선될 수 있다. 나아가 전체경제는 다시 그 본래의 목표, 즉 임노동자들의 상태를 개선시키는 것을 지향할 것이다. 이와 같은 경제의 수단화는, 많은 사람들의 발전조건을 규정하는 소수에로의 경제권력의 집중에 대항하는 것이다.

이 때 경험상의 하나의 핵심적인 관련을 포착하지 않으면 안 되는데, 이는 무엇보다도 '경제정책대안연구그룹'(Arbeitsgruppe Alternative Wirtschaftspolitik)이 그 분석과 제안의 중심으로 생각했던 것이다. [20] 위기의 결과를 극복하기 위한 개혁정책의 제안은 한편에서, 현안적인 문제들로부터 시작

---

20) 이에 대해서는 Arbeitsgruppe Alternative Wirtschaftspolitik, *Memorandum '84: Gegen soziale Zerstörung durch Unternehmerwirtschaft—Qualitatives Wachstum, 35-Stunden-Woche, Vergesellschaftung*, Köln, 1984, 특히 대안정책의 논거를 체계적으로 서술한 A부, II. 4(p. 141 이하)를 참조하라.

해서 단기적으로 도입될 수 있는 조처들의 목록까지 포함해야만 한다. 다른 한편에서 그 정책제안은 단지 단기적으로만 유효한 기술관료적 수단들에 대한 토론으로 축소되어서는 안 되고 동시에 대안적 발전유형을 실현하는 길을 열어야 한다. 따라서 한편에서 최악의 결과들을 완화하고 동시에 다른 한편에서 보다 더 진전된 경제개혁으로의 길을 여는 단기적 조처들은 생산의 잠재력을 발전시키거나 사회적으로 이용하는 전략에 속하는 것이다. 대량실업과 경제성장의 둔화 그리고 생태적 위기의 조건하에서 그러한 전략의 요소들은 다음과 같다.

1. 재분배정책을 통한 중·하위 소득의 강화는 지금까지 불이익을 받았던 소득계층의 수요를 개선시켜 사적 소비에의 참여를 보다 넓혀준다. 지난 수년동안 경제성장에 비례하여 사적 소비가 발전하지 못한 것은, 무엇보다도 사회적 약자들의 근본적인 가치변화를 표현하는 것이 아니라 '새로운 빈곤'의 확대 결과 심화된 부양문제를 나타내는 것이다. 이러한 소비가능성의 강화는 경제적으로 이성적이며 사회적으로 요구되는 것이다. 그것은 대안적 발전유형이라는 의미에서 바로 생산의 재편으로 이어지고 대중소비력의 확대를 통해 생산 중 투자되는 비율은 감소될 것이다.

2. 고용프로그램을 통한 국가의 실업과의 싸움은 질적 성장의 정책에 편제될 수 있다. 그러한 한에서, 정책과제에 무차별적으로 작용하는 거시조절과는 반대로 국가의 고용정책은 생산구조에 영향을 미치게 된다.

사경제적 생산은 무엇보다 환경영역의 경우, 한편으로는 사회적 비용의 외부화를 가져온다. 다른 한편으로 그것은 이윤경제적 수익성계산의 지배 때문에 미래지향적인 공적 필요의 영역을 전혀 개척하지 못하거나 또는 불충분하게만 개척한다.

그 때문에 고용프로그램은 과제의 특성에 따라 이러한 공적 생산영역으로 동원되도록 유도되어야 한다. 나아가 대량실업과의 싸움은 환경정책적 부담을 억제하는 프로그램과 결합할 수 있다.

질적인 성장정책의 맥락에서 이 프로그램의 재정조달은, 기업부문의 이윤발생과 생산적 실물투자로의 그 사용간의 연관이 상대적으로 해체되고 있는, 앞서 서술한 과정에 대처하는 것이다. 그렇지 않으면 놀게 되거나 외국으로 빠져나갈 국민소득이 이 프로그램의 재정을 지원하기 위해 이용된다.

케인즈주의적 거시조절이 지출방식과 무관하게 단지 지출과 소득흐름의 수준만 높이는 반면, 여기서는 경제전체적 수요—이것 또한 가속도 효과와 간접적 효과를 통해 확대된다—가 사회적으로 적절하고 미래지향적인 프로그램 과제를 처리하는 것과 결합된다. 케인즈는 보다 정치지향적인 자신의 저작들에서 항상 반복하여 생산의 재편 및 제도적 개조의 필연성에 주목하였다.[21] 단지 소득 및 고용이론에서만 그는 단기적인 소득효과에 대한 당시의 일반적인 관심에 직면하여 프로그램 과제에 대한 고려를 포기하였다. 로빈슨은 올바르게도 이러한 '거시조절 케인즈주의'의 일면적인 수용에서 이 구상의 위기의 핵심을 보았다. "케인즈가 정통파가 되었을 때, 사람들은 고용이 무엇을 위해 기여해야 하는가 하는 질문으로 바꾸어 토론할 것을 망각하였다." 로빈슨은 계속해서, 경제학은 경제전체적 수요조절에서 국가지출의 유용성에 대한 질문을 소홀히 해도 감내해야 하지만, 실천적인 재정정책은 이를 감내해서는 안 된다고 말한다. 경제정책의 실천에서는 소득 및 고용을 안정시키는 지출의 형성에 대해 오히려 다음과 같은 언급이 중요하다. 즉, "군산복합체가 그 일을 떠맡았다."[22] 고용정책은 항상 유용한 생산을 동원하는 것과 결합되어야 한다는 것, 이것이 역사적 교훈이다.

공적 필요에 대한 아주 다양한 분석들이 보여주는 바처럼, 공공 프로그램의 방안들은 환경정책, 고갈될 수 있는 자연자원의 보호와 대체, 일반적인 인프라정책, 특히 교통정책의 영역에서 엄청나게 존재한다. 환경정책적 요구를 고려한 기초자치단체의 투자수요에 대한 (그 사이 수정된) 계산에서 독일도시학연구소(Deutsches Institut für Urbanistik)는 1985-90년의 기

---

21) H. Mattfeldt, Hrsg., *Keynes—kommentierte Werkauswahl*, Hamburg 1985에 실린 J. M. Keynes의 글들, 특히 *Das Ende des Laissez-Faire: Ideen zur Verbindung von Privat-und Gemeinwirtschaft* 참조.

22) J. Robinson, "The Second Crisis of Economic Theory," *The American Review*, Vol. LXII 1972. (여기서는 다음 번역에 따라 인용하였음. "Die zweite Krise der ökonomischen Theorie," in W. Vogt, Hrsg., *Seminar: Politische Ökonomie, Zur Kritik der herrschenden Nationalökonomie*, Frankfurt/M, 1972, p. 52, 49.)

간에 대해 이를 3,580억 마르크(불변가격 기준)로 추정하였는데, 그것은 15%의 평균성장률에 조응하는 것이다.[23] 그에 비해 1984년 자치단체의 투자는 305억 마르크로서 역사상 최저상태에 도달하였는데, 이는 1980년 수준보다 26%만큼 낮은 것이었다.

프로그램 지향성과 함께 고용프로그램은 또 장기적으로 실행되어야 한다. 장기고용프로그램이 단지 짚불만 일으키고 여러 메커니즘을 통해 사적 경제의 투자를 쫓아낼 것이라는 모든 지적은, 올바로 보면 근거가 없는 것으로 드러난다. 70년대 말의 '미래투자프로그램'까지 해서 70년대 후반 공공적 투자프로그램들은 단지 단기적 지향을 가질 뿐이었다. 나아가 그 프로그램들은 거시적 공적 정리정책(Konsolidierungspolitik) 때문에 '부수적 효과'의 형태로 이용되었고 긴축적 화폐정책에 의해 좌절되었다. 그러나 단기적인 촉진프로그램에 대해서조차 고용효과가 증명될 수 있었다.

끝으로 히켈과 프리베는 지난 10년 동안 이자의 변동이 적자재정으로 지원되는 프로그램 활동에 의해서라기보다 외국(특히 미국)의 이자수준에 맞춘 독일연방은행의 이자정책에 의해 영향받은 것임을 보여주었다.[24]

이상에서 개관한 질적 성장정책을 통해 대안적 발전전략의 맥락에서 생산의 재편—당연히 건강을 위협하는 생산의 금지와 정부부과도 포괄하는—의 길이 열려질 수 있다. 고용프로그램과 결합된 과제 목표를 통해 이제는, 국가주의적, 권위적 필요가 명령될 것이라는 비난은 적합하지 않게 된다. 그 반대로, 불충분한 사전적, 사후적 생태보호에 직면하여 정치적 동원이 증대되는 것은, 이윤경제 과정에서 개개인의 선호가 충분히 고려되고 있지 못하다는 것을 표현한다. 그래서 여기에 경제민주화를 위한 선호가 보장되어 있다.

3. 그러나 가장 효율적인 질적 성장정책도 새로운 기술의 끊임없는 확산 때문에 일자리를 충분히 보장하지 못할 것이다. 왜냐하면 이 정책은 일자리

---

23) 기본연구에 대해서는 DIFU, *Kommunaler Investitionsbedarf bis 1990, Grundlagen-Probleme-Perspektiven*, Berlin, 1980을, 환경정책의 영역에서 지방자치단체의 투자수요를 고려한 계속작업에 대해서는 M. Reidenbach/Ch. Knopf, *Der kommunale Investitionsbedarf Mitte der 80er Jahre—Eine Einschätzung*, Berlin, 1985를 참조하라.
24) R. Hickel/J. Priewe, op. cit., p. 48 이하.

손실을 결국 생태와 건강보건을 압박하는 생산의 제한 또는 금지를 통해 보상해야만 하기 때문이다. 생산기구의 기술적 재편은 역사적으로 생산과정으로부터 취업노동의 구축을 가져오는데, 이는 개별적인 일시적 발전들로는 상쇄할 수 없다. 그 때문에 효과적인 노동시간단축정책이 대안경제정책의 하나의 중심기둥이다. 완전한 임금보전하의 노동시간단축, 이것이 비로소 경제적 합리화의 이익에 포괄적으로 참여하는 것을 보장한다.[25]

그러나 이러한 기술혁신의 토대 위에서 시간배분이 비취업노동에 유리하게 이동한다면, 경제와 사회의 민주화 문제는 보다 넓은 의미에서 제기된다. 즉, 취업노동의 맥락에서 경제적 의사결정의 민주화만이 아니라 재생산 및 여가영역의 형성도 새로운 문제로서 전면에 부각된다. 이 영역을 지배하는 경제권력을 저지하는 것, 이것이 인간적인 발전을 위한 전제를 이룬다.

여기서 개관한, 소득재분배와 고용프로그램 그리고 지속적인 노동시간단축의 조처들은 민주적인 새로운 질서의 경제로 가는 포기할 수 없는 발걸음이다. 이윤경제를 강화시키기 위해 오늘날 진행되고 있는 체제재편을 권력정치적으로 생각해보면, 이는 특히 명백해질 것이다. 신보수주의적으로 체제변화를 관철하는 데 실업이 도구적으로 이용되는 한, 실업의 해체를 위한 어떤 사소한 조처도 대립적인 경제적 이해에 부딪친다. 고용프로그램을 실현하는 데서 단지 기술관료적 세부사항만이 문제라 한다면, 자본과 내각의 동맹을 통한 완고한 거부가 설명될 수 없을 것이다. 그러한 한 대량실업에 대한 투쟁에서의 사소한 조처들도 보다 진보적인 경제개혁을 위해 커다란 의의가 주어진다. 그것을 실현시킬 때 언제나 "원칙의 승리"도 주어진다.

민주적 경제개혁은 실업의 해체를 위한 이 작은 조처들의 바늘귀를 통해서만 들어온다. 지난 수년간의 경험들이 이렇게 가르치고 있다. 이런 조처들이 실현된다면, 그것과 결합하여 일자리에 종속적인 사람들에 유리한 방

---

25) 경제학적 논거에 대해서는 *Memorandum '83*의 특별기고(「35시간이면 충분하다」)를 참조. Arbeitsgruppe Alternative Wirtschaftspolitik, *Memorandum '83: Qualitatives Wachstum, Arbeitszeitverkürzung, Vergesellschaftung—Alternativen zu Unternehmerstaat und Krisenpolitik*, Köln, 1983.

향으로 정치적 힘관계가 이동될 것이다. 물론, 대안경제정책의 이 구상은 장기적으로, 경제발전의 토대를 규정하는 보다 진보적인 경제민주화의 관념을 필요로 한다.

3) 경제민주주의와 사회화
경제적 의사결정관계의 새로운 질서

앞에서 상론했듯이, 경제정책은 경제적 권력관계라는 긴장의 영역에서 일어난다. 자본주의기업의 이윤이해와 국가정책의 고용목표는 여러 면에서 갈등에 빠진다. 근본적인 경제개혁전략은 경제적, 정치적 저항 및 대립적인 이해관계를 테마화하고 계산에 넣어야 한다.

경제 전체적으로 어떤 조절 시도도, 거기서 근본적인 경제적 권력관계와 소유권 및 처분권 구조가 불변으로 남아있다면, 협소한 한계와 결코 극복할 수 없는 장애에 부딪치게 된다. 완전고용을 지향하는 개혁전략도, 환경보호에 우선순위를 두는 환경정책도, 그와 결합된 조처들이 자율적인 사적 기업들에 의해 실행으로 옮겨진다는 가정에 의거할 수는 없다. 자본의 권력을 제한하는 방향으로 경제적 권력구조를 이동하는 것 없이는 어떤 근본적 경제개혁정책도 실패하도록 예정되어 있다.

사회적 동맹과 사회적 동반자 관계라는 길에서도 자본소유권 위에 근거하는 경제권력을 밀어내고 극복하지 않는 한, 자본의 이윤요구는 밀어낼 수가 없다. 자본의 가치증식이 무제한적으로 사적 처분권에 맡겨진다면, 자본주의 국가의 어떤 정부도 완전고용을 보장할 수 없다.

이러한 인식으로부터 경제의 민주화가 모든 경제개혁정책의 중심적인 구성부분이 된다. 경제민주주의적 개혁의 중심에는 위기의 본질적 원인으로 규명된 처분권 및 의사결정권능—이는 배타적으로 생산수단에 대한 소유와 사적 자본으로부터 정당화된다—에 대한 제한과 통제가 자리잡는다. 경제민주주의는, 경제과정을 사회적 필요에 맞추게 하는 것을 용이하게 하고 여러 면에서 이를 비로소 가능하게 하는, 그런 제도적 조건의 창출을 함축한다.

개별경제적 수익성 기준은 그것이 경제전체에 미치는 잘못된 효과를 고려하여 제한되어야만 한다. 다름아닌 바로 개별경제적 합리성과 경제전체적 합리성간의 여러 면에서의 괴리를 주목해야 한다. 생태에 미치는 생산의 영향을 사회로 전가시키는 것은 이윤원리에 속하므로 개별경제의 관점에서는 합리적이다. 의사결정 및 조절시스템으로서 시장은 항상 부정적인 효과들—이윤지향적인 기업 자체에 미치는 효과의 외부에 놓여있는 그런 효과들—을 고려하지 않는 경향이 있다는 것을 '환경의 정치경제학'은 여러 면에서 이론적, 실증적으로 증명하였다. 26)

대량실업, 공장가동의 중지 그리고 생산의 이전은 콘쩨른의 손실을 감소시킴으로써 개별경제적으로는 합리적일지 모른다. 그러나 그렇게 획득된 이윤에 대해 여러 면에서 훨씬 더 높은 실업의 사회적 비용이 대치하고 있다. 27)

경제민주주의적 개혁은 개별경제적 효율성과 경제전체적 효율성간의 이 같은 구조적 모순에 착안한다. 사회적 목표를 기업정책으로 포함시키는 것은, 자본권력을 밀어내어 경제적 의사결정관계를 새로이 형성하는 것과만 조화될 수 있다.

그러나 경제민주화의 목표는 하나의 포괄적이고 엄밀하게 기술된, 자본주의에 대치되는 사회구상으로써 설정되어서는 안 된다. 그 중심에는 어떤 비역사적이고 추상적인 체제모델도 들어와 있지 않다. 경제민주주의적 개혁은, 이윤결정적이고 고도로 집적된 시장조절의 결정적인 기능결함에 주목하고 있다. 따라서 역사적, 민족적 발전과 무관하게 역사적 시간과 국가별 차이를 초월하는 일반적인 경제개혁이론은 존재할 수 없다. 28)

경제적 의사결정관계를 새로이 형성하고자 하는 개혁은 다음 세 가지 개입수준과 중심점에 초점을 맞춘다.

---

26) 이에 대해서는 오랫동안 전혀 주목받지 못했던, K. William Kapp의 근본적인 연구 및 H. Binswanger 등의 책을 참조하라. K. William Kapp, *Soziale Kosten der Marktwirtschaft*, 1979; H. Binswanger u. a., *Arbeit ohne Umweltzerstörung*, Frankfurt, 1983.

27) Heseler/Kröger, *Stell Dir vor die Werften gehören uns*, Hamburg, 1983, p. 154 이하 참조.

28) 경제개혁의 이론에 대해서는 K. Novy, "Wirtschaftswissenschaft, wirtschaftspolitische Alternativen und Wirtschaftsreformpraxis," *Leviathan* 4/1979, p. 466 이하 참조.

첫째, 피고용자의 필요를 지향하는 사회적 목표로 공장과 기업의 배타적인 이윤지향성을 대체하기 위해서는 **공장과 기업에서의 공동결정**을 확대하는 것이 필요하다.

둘째, 경제과정에 대한 배타적인 시장조절을 제한하기 위해서는 **초기업적 공동결정의 형태들과 일반적 조건에 대한 국가적 계획**이 필요하다.

셋째, 배타적으로 사적 자본소유에 기초한 경제권력을 제한하기 위해서는 기업과 위기부문의 **사회화**(Vergesellschaftung)도 필요하다.

이하에서 각각의 문제영역을 개관하도록 한다.

4) 공장과 기업에서의 공동결정

독일에서 노동자의 공동결정권은 무엇보다 공장법(Betriebsverfassungs-gesetz), 대기업공동결정법(Gesetz über die Mitbestimmung in Großunternehmen) 그리고 광산공동결정법(Gesetz über die Montanmitbestimmung)에 규정되어 있다.

공장법은 확실히 이전의 자본주의 공장조직에 비해 공장에서 기업가의 처분권 제한을 표현하고 있다. 그러나 이 공동결정권은 전적으로 이윤지향적 투자결정의 사회적 결과들에만 관계하는 것이다. 투자결정 자체는 공동결정영역과 영향권 밖에 놓여있다. 또 어떤 기업도 최종적으로 공장폐쇄와 생산이전을 방해받지 않는다.

새로운 기술의 도입과 노동조직 및 일자리의 형성에서 공동결정권을 다룰 수 있다면, 그것은 사회적으로 조화로운 기술의 발전과 관철을 위한 중요한 발걸음을 표현할 것이고, 노동자의 노동조건을 현저하게 개선하는 데 기여할 수 있다. 29) 나아가 기술정책적 문제에서 행동의 필요가 증대된 현실에 직면하여 지난 수년동안 일자리에 대한 노동조합의 공동결정구상도 발전되었다. 30)

---

29) 이에 대해서는 예컨대 *Entwurf eines Gesetzes zum Ausbau und zur Sicherung der betrieblichen Mitbestimmung*, Bundestagsdrucksache 10/3666, 1985. 7. 23을 보라.
30) G. Leminsky, "Mitbestimmung am Arbeitsplatz, Erfahrungen und Perspektiven," *Gewerkschaftliche Monatshefte* 3/1985, p. 151 이하 참조.

공장과 일자리 수준에서 그러한 공동결정의 구상들은 기술변화의 방향, 규모, 그리고 속도에 적절하게 영향을 미친다. 그럼에도 불구하고 자본의 거대한 집적에 직면하여 공장수준에서 영향력을 행사할 가능성은, 그에 앞선 재정 및 투자결정 또한 공동결정에 열려져 있지 않는 한, 제한된 범위에 머물 것이라는 점을 간과할 수 없다.

이러한 관점에서 광산공동결정은 비교적 보다 더 성공한 시도인데, 이것이 모든 대기업과 콘쩨른에 확대된다면, 이윤지향적 생산조절에 대한 통제와 제한에서 진일보한 결과를 가져올 것이다.

그러나 60년대의 철강위기와 그 이전의 석탄광업의 위기는 광산공동결정의 한계—이는 전적으로 공장과 기업의 수준에 적용되는 모든 공동결정규정의 한계를 동시에 표현한다—도 보여준다. 자본의 과잉축적으로 향하는 시장경제적 경향에서 비롯되는 구조적 위기는 대안적인 의사결정구조를 개별공장수준으로 제한해서는 저지될 수 없다. 그렇게 해서는 다만 그 사회적 결과들을 완화할 수 있을 뿐이다.

환상을 경고하는 것도 필요하다. 기술 형성 영역에서 공동결정의 확대를 요구하는 것은 이른바 사용자와 피용자간의 '잘 이해된 공동의 이해'에 기초한 것이 아니다. 따라서 그 요구는 정부의 명령을 통해 계급을 넘어서는 사회적 동맹에서 합의적으로 관철될 수는 없다. 공동결정이 인간적인, 사회적으로 조화로운 기술변화의 형상을 가져온다면, 이것은 통상 보다 높은 비용과 결합되어 있고 따라서 기업의 이윤요구를 억제하는 것과 결합되어 있기 때문에, 자본소유자의 단호한 저항에 대항해서만 관철될 수 있다. 그러므로 공동결정의 확장을 요구하는 자는, 이것이 정치적 권력투쟁 없이 관철될 수 없다는 것을 알아야만 한다.

5) 초기업적 공동결정과 일반적 조건에 대한 국가적 계획

공동결정은 경제민주주의의 기본적이고 포기할 수 없는 구성부분이다. 공동결정이 개별공장의 수준으로 한정된다면, 그 한계가 명백하게 드러난다. 부문과 지역수준에서 공장간 생산 및 투자결정을 조화시키는 것은 공장의 생산과 사회적 필요를 조정하고 조화시키기 위해 불가결한, 중요한 보완이고 없어서는 안 될 전제이다. 지난 수년간 노동조합에서 초기업적 공동결정의 필연성이 다시 강력하게 강조되었고 토론되었다. 그것에 따르면 정보와 청문 그리고 조사의 권리 및 법안발의 제출권을 갖는 경제평의회와 사회평의회는 미래를 내다보는 구조정책을 창출하고 조정하기 위한 결정적인 기관일 수 있다. 부문 및 지역의 일반조건에 대한 국가적 계획에 편제되어 이 자율적인 기관들은 질적인 성장정책을 구체화하고 부문적으로, 지역적으로 조화를 추구할 수 있다.

일반적 조건에 대한 국가의 계획은 무엇보다도 신기술의 개발과 적용, 투자활동 일반, 노동시장, 그리고 하부구조, 주택건설 및 에너지정책의 영역을 포괄해야 한다.

일반조건에 대한 국가의 계획은, 생산과 소비, 소득분배와 소득사용에 대한 세부적이고 구속력 있는 계획들이 지령되고 전개되는, 그런 전적으로 중앙집중화된 계획기관을 의미하지 않는다. 그러나 생태조화적인 질적 성장을 실현하고 이를 장기적으로 보장하기 위해서는 개별경제의 권력형성을 금지하는, 경제전체적, 그리고 부문과 지역에 특수한 세련된 유도수단들이 필요하다.

일반조건에 대한 지시적 계획은 시장과정을 대체하지는 않고 이를 통해 시장과정은 엄격하게 제한된다. 나아가 경제전체적 수준의 공동결정에 대한 토론은, 이 토론이 **제도적** 개혁제안으로 한정되지 않을 때에만, 일층 동원할 수 있는 전망을 가져올 것이다.

경제민주주의의 제도적 형성은 인간적인, 생태조화적인 생산양식의 근본적인 목표들과 결합되어야 한다. 지난 수년동안 이에 대한 다양한 형태들과 이니셔티브가 발생하였다. 기업과 노동조합의 연구그룹들이 미래지향적인 대안생산의 구상을 발전시켰다.[31] 그것과 지역적 수요잠재력과의 결합 그리고 경제전체적 성장전략에 그것을 편제시키는 것은 경제민주주의적 개혁에 대한 중요한 초석을 표현하는 것이다.[32]

그러나 군수생산기업이나 위기에 빠져있는 기업에서 미래지향적이고 고용보장적인 생산물을 실현하는 데는 여러 방해물들이 대치하고 있는 바, 이

---

31) K. Mehrens, Hrsg., *Alternative Produktion*, Köln, 1985 참조.
32) 이에 대해서는 또한 Arbeitsgruppe Alternative Wirtschaftspolitik, *Memorandum '84* 참조.

에 대한 경험으로부터 다음과 같은 결론을 말할 수 있다. 즉, 대안적 생산물의 이념은 콘쩨른의 이해관계가 너무 낮은 이윤전망과는 대치하거나 또는 사적 수요가 결핍하기 때문에 실현되지 못한다. 공장에서는 그러한 구상을 실현시키기 위한 공동결정규정이 결여되어 있다. 지역의 수준에서도, 초지역적으로도 일차적으로는 공공적 수요가 결핍되어 있다. 바로 여기가 제도적으로 개입하는 경제민주주의 개혁구상이 접목해야만 하는 교점이다.

6) 사회화와 국유화

기업의 사회화 요구는 분명 경제개혁구상에서 가장 논란의 소지가 많고 가장 이데올로기와 편견에 사로잡힌 요소이다.

두 번의 세계대전 이후에 경제적으로 중요한 기업과 부문에 대한 사회화 요구는 매우 확산되었다. 사회화 요구는 아마 다수적 지지를 가졌을 것이라고 생각되었다. 그러나 낡은 소유관계와 경제적, 정치적 권력구조가 다시 확고해지면 확고해질수록, 그만큼 더 생산수단의 사적 소유에 대한 시비를 질서정책적 금기사항으로 선언하는 것에 성공하였다. 핵심산업과 은행을 공동소유로 가져가자는 요구는 노동조합의 강령에서 후순위의 메모항목 또는 현실적인 정치적 중요성을 상실한 훗날의 목표가 되었다.[33]

그러나 공황의 지속과 함께, 사적 시장방식의 생산조절이 가장 명백하게 실패로 드러난 영역들에서 지난 수년동안 다시 사회화에 대한 토론이 광범위한 공감대를 형성하였다. 이는 무엇보다 철강산업 및 조선산업에서 그러하였다.[34] 철강산업에 대한 금속산업노조(IG Metall)의 사회화 요구와 함께 이 문제는 새로운 정치적 현실성을 획득하였다.

"사회화는 사회적 목표를 위한 생산수단의 이용을 의미한다. 철강산업의

---

33) 제1차대전 후의 사회화 논의에 대한 뛰어난 서술은 다음을 참조. Klaus Novy, *Strategien der Sozialisierung*, Frankfurt, 1978. 또한 Schneider/Kuda, *Mitbestimmung*, München, 1969 및 E. U. Huster, *Die Politik der SPD 1945-1950*, Frankfurt, 1978 참조.

34) Gruber/Sörgel, *Stahl ohne Zukunft?* Hamburg 1985; Heseler/Kröger, *Stell Dir vor die Werften gehören uns*, Hamburg, 1983; Ziegenfuß, Heseler, Kröger, *Wer kämpft kann verlieren*, Hamburg, 1985 참조.

경우 사회화는 철강지역에서 노동자의 사회적 신분과 고용안정 그리고 철강입지의 유지를 보장할 것이다."이것이 철강위기의 정점에서, 막대한 보조금을 통해 사적 소유와 경영자이해를 보장하는 것에 대항하여 금속산업노조가 전달한 목소리이다.

철강산업에서 사회적 목표를 위한 생산수단의 사용은, 금속산업노조의 견해에 따르면, 사적 소유의 조건 하에서는 가능하지 않다. 철강위기의 사적경제적 해법은 중장기적인 대량해고, 피고용자의 사회적 퇴보, 전체 철강입지의 폐쇄와 철강지역의 황폐화를 의미한다. 단지 사회화만이 수용가능한 전망과 대안을 제공한다. 지주회사 형태로 국가소유로 이전하는 것, 이것이 노동자이해 지향적인 철강위기 극복을 위한 불가결한 조건이다. 국가지주회사의 구상에서 개별기업들은 법률적으로 독립적인 채로 남아있고, 기업의 의사는 지주회사의 제한된 지시권에도 불구하고 '분권적인 기업운영'의 원칙에 따라 아래로부터 위로 올라가는 방식으로 형성된다.

금속산업노조와 유사한 방식으로 경제정책대안연구그룹[35]도 상세한 분석과 구체적인 제안에서, 철강산업의 국가소유와 사회화는 성공적인 위기극복을 위한 절대 불가결한 전제를 표현한다고 판단하였다. 동시에 금속산업노조의 제안에서도 그런 것처럼, 이러한 보다 진보적인 경제개혁구상에서 다음 사항이 강조되어야 한다. 즉 기업과 부문의 사회화는 사적 자본가로부터 국가로의 소유권의 변화로 축소되어서는 안 된다. 사회화는 분명, 국가주의적, 관료주의적 편협함 속에서 이해타산적인 대중적 편견들이 암시하는 것처럼, 자본의 이해에 복무하는 경영자가 이제 국가관료에 의해 대체된다는 것을 의미하지 않는다.

긍정적으로 보면, 기업의 사회화는 경제적 의사결정관계의 새로운 제도적 질서를 통해 노동자와 사회의 이해가 기업의 계획에서 우선순위를 갖는다는 것을 의미한다.

오늘날 논의되고 있는 그러한 사회화의 제안들은 단지 부문을 **새로 조직하는 것**에 한정되지 않는다. 위기에 빠진 기업에서 소유관계의 변화를 통

---

35) *Memorandum ´81* 및 *Memorandum ´83* 참조.

해 자동적으로 보다 많은 수요가 창출되지는 않는다는 주장은 반복해서 말해지는 오해이며, 사회화 요구를 물리치기 위해 즐겨 쓰는 반론의 하나다.

철강콘쩨른의 국유화와 민주화는, 국가의 경제전체적 그리고 지역적 고용정책과 함께 검토될 때에만, 따라서 앞에서 서술한 대안적인 경제, 재정정책, 에너지 및 기술정책에 편제될 때에만, 미래지향적인 고용전망을 제공해준다. 대안적 경제정책에 편제되지 않는다면, 위기부문에서 국유화된 기업은 끊임없는 보조금 수령자로 남게 될 것이다.

위기에 빠진 기업을 국가소유로 가져오는 것은 많은 경우 민주적 통제와 사회화를 실현하기 위한 근본적인 전제를 이룬다. 사회화의 전제로서 국유화는, 노동자들에게도 광범하게 유포되어 있는 이에 대한 회의를 진지하게 받아들일 때에만, 실천적으로 정치적 중요성을 획득할 것이다. 사회화의 요구가 아직도 노동운동에 유포된 사상적 재산에 속했던 이전의 수십 년 간과 달리, 우리는 오늘날 국내적으로도 국제적으로도, 국유화되었지만 그러나 동시에 기업 내부적으로 민주화되지는 못한 국영콘쩨른의 기업정책에 대해 다면적인 경험들을 갖고 있다.

국유화된 기업의 경험은 결코 부정적인 것만은 아니다. 예컨대 국영기업 루프트한자(Lufthansa)는 의심할 바 없이 세계시장에서 사적 콘쩨른과 똑같이 성공적으로 자신을 관철하고 있다. 그리고 철강위기에서 국영콘쩨른 잘츠기터(Salzgitter)는 확실히 다른 사적 콘쩨른보다 더 부정적이지 않다.

국가소유로의 기업인수가 전적으로 사회주의 정부들에 의해 실행된 것도 아니다. 예컨대 영국과 스웨덴 또는 독일과 같은 서유럽의 많은 국가들에서 보수적 정부에 의해 국유화가 이루어진 예들을 볼 수 있다. 그러나 국유화가 보다 적극적인 공동결정을 통해 기업정책으로 하여금 다른 목표와 기준에 의무를 부여하는 것 없이 단지 소유권의 변동만을 의미한다면, 그것은 노동자들에게 결코 진보적인 전망으로 나타날 수 없다. 바로 그런 방식으로 독일에서 1967년과 1973년 사이에 '국유화'를 통해 독일 최대의 조선소 Howaldtswerke-Deutsche Werft AG(HDW)가 형성되었다. 이 국영 거대조선소는 이미 성장시기에 합병과 공장폐쇄 그리고 합리화조처들로 일자리 해체의 선구자가 되었다. 이 조선소는 지금 대량해고와 공장폐쇄로 장기적인 조선위기에 대응하고 있다. 또 기업정책에서도 본질적으로 사적 거대조선소와 차이가 없었다. 호황기에 이 조선소는 단기적으로 이윤이 높은, 그러나 장기적으로 전망이 없는 대형유조선 건조에 중점을 두었던 반면, 위기시기에는 특수선박 건조에서의 잃어버린 지위를 군수주문의 강화를 통해 보상하고자 하였다. 장기지향적인, 사회적 미래영역으로의 생산 재편은 빠져있었다. 그 동안에 HDW-Hamburg의 나머지 조선소는 Blohm & Voss Werft로 넘어갔다. 이 조선소의 직원들은 국유화만으로도 이미 원칙적으로 진보적인 경제정책으로의 길이 열릴 것이라는 점을 결코 확신할 수 없을 것이다.

국제적 경험으로부터도 마찬가지다. 위기에서의 배타적인 국유화가 긍정적인 효과를 가져올지 많은 회의가 이유 있는 것처럼 보인다. 많은 국가들에서, 특히 철강과 조선부문에서 위기의 부문 또는 생존을 위협받는 기업이 국유화되었는데, 이를 통해 생산능력의 해체나 고용의 감소가 종국적으로 저지되지도 않았고 미래생산으로의 재편도 용이하게 되지 않았다. 종종 위기부문의 국유화는, 몇몇 경우에 공장폐쇄를 단지 수년간 연기하는, 손실의 사회화의 다른 형태를 표현할 뿐이다.

이런 국유화의 경험들은 자주 경제개혁전략에 대항하여 선동적으로 논쟁되었는데, 물론 그 경우 사적 이윤전략의 부정적인 결과들은 고의적으로 간과되기 마련이다.

전향적인 분석은 이상의 경험들로부터 다른 결론을 끌어낸다. 공기업이, 민주적으로 기초된 사회적 기업정책에 의무가 주어지고, 개별기업의 수익성이 기업성과의 결정적인 또는 유일한 척도로 간주되지 않을 때, 비로소 공기업은 전체적으로 민주적인 새로운 경제질서의 편성에 본질적인 기여를 할 수 있다. 근본적인 개혁구상은 바로 여기에 중요한 과제영역을 가지고 있는데, 그러나 많은 분석들에 따르면, 지금까지 실천에서 단지 예외적인 경우에만 공기업은 국가의 경제정책적 전략에 편제되거나 또는 사회적으로 발전된 통제된 목표에 의무가 부여되었던 것이다. [36]

---

36) 예컨대 G. Himmelmann, "Zur Problematik einer verstärkten Kontrolle öffentlicher Unternehmen," in *Archiv für öffentliche und freigemeinnützige Unternehmen*, Bd. 11,

그밖에 독일 공기업부문의 오늘날의 현실은 이미 공기업의 법률적, 조직적 그리고 재정적 형태의 다양성을 매개해준다. 사회화는 반드시 중앙정부로의 소유집중을 함축하는 것이 아니다. 에너지 공급과 교통 그리고 은행부문에서 자치단체소유형태의 국가소유가 중요한 역할을 할 수 있는데, 이런 소유가 지역발전을 위해 오늘날 너무 적게 이용되고 있다.

공기업과 국영기업부문의 확대 및 이용과 병행해서 지난 수년간 고용위기를 배경으로 하여 새로운 사회적 기업 이니셔티브, 자주관리기업 그리고 협동조합기업이 발생하였다.37) 새로운 사회적 기업의 요구를 목표에 맞게 촉진하고 이를 지역의 구조정책과 결합시키는 주목할만한 예는 '런던광역시 기업위원회'(Greater London Enterprise Board)에서 볼 수 있다.38) 독일에서 그와 유사한 시도는 사소한 차원의 지역정책적 조처일 뿐인데, 이는 단지 알리바이 기능으로 이해될 수 있는 것이었고 지금까지 이론적 토론을 넘어가지 못했다.

1984년 스웨덴에서 도입한 임금노동자기금은 투자활동을 사회적으로 조절하는 또 다른 길을 나타낸다. 임금노동자기금은 초기업적 노동자 재산형성의 한 변종으로서 투자유도적 변종을 구성하는데, 이는 생산의 사회적 조절에 이용될 것이다. 지속되는 위기로 스웨덴에서도 한정된 분배관계 내에서 생산영역의 사후적 교정에 전적으로 집중하는 정책이 한계를 드러내 보였다.39) 집단적인 자본형성—이는 동시에 화폐적 축적과 실물적 축적간의 불비례를 해체하는 데 기여할 수도 있다—은 스웨덴에서 고용정책을 본질적으로 엄호하게 되었다.

민주적 경제개혁은 기업의 이제까지의 소유 및 의사결정관계를 정치화해야(politisieren) 한다. 경제민주주의는 공공부문의 확장과 생산 및 재생산의 사회적 조절 강화 전략 그리고 기업의 사회화를 통해 이루어진다. 여기서 철강산업의 새로운 질서를 위한 금속노조의 제안은 미래지시적이고 포괄적인, 사회화를 통한 민주화의 길을 나타내는 것이다. 물론 이 구상은,

---

1979 참조.
37) H. Bierbaum/M. Riege, *Die neue Genossenschaftsbewegung*, Hamburg, 1985 참조.
38) Einemann/Lübbing, *Politische Alternativen in London*, Bremen, 1984 참조.
39) R. Meidner, A. Hedborg, *Modell Schweden*, Frankfurt, 1984 참조.

다른 경제부문이나 기업 또는 경제 전체에 그대로 옮겨질 수 있는 어떤 사회화 모델을 표현하지는 않는다.

이상에서 개관한 것처럼, 사회화의 여러 수준과 형태들이 존재한다. 사적 소유로부터 어떤 경제권력도 나오지 않는 경우에는, 소유권의 변화 없이 경제적 의사결정에 민주적 영향력을 행사할 수 있다. 그러나 다른 경우에는, 투자활동에 대한 직접적인 사회적 조절과 생산수단에 대한 공적 소유의 토대 위에서만 유효하게 경제개혁을 관철할 수 있다.

오늘날 재화와 서비스생산에서 기업정책을 조절하는 중심으로서 행동하는 거대 상업은행을 통해 경제권력이 집중되는 한, 이 비민주적인 지배 역할을 해체한다는 의미에서 은행의 민주화가 시급하게 요구된다. 경제적 의사결정관계의 새로운 형성을 논의의 중심으로 가져오고 또 사적 소유로부터 도출되는 경제권력을 테마화하고 극복하는, 그러한 일층의 경제민주주의적 개혁 없이는 위기로부터 성공적으로 탈출하는 길은 좌절되도록 예정되어 있다.

2부
사회화와 공공부문

국가소유와 민주적 국가[*]
—진보적인 사회화구상의 전망을 위하여

외르크 후프슈미트
박종완 옮김

1. 사회화의 현재성

경제의 핵심적인 특정 부문들에 대한 사회화(Vergesellschaftung)의 요구는 노동운동의 가장 오래되고 본질적인 요구에 속한다. 나는 이 요구가 오늘날에도 계급투쟁의 전망에 대한 그 의의를 조금도 상실하지 않았다고 확신한다. 그러므로 노동운동의 자기 이해와 목표설정에 있어서 사회화가 어떤 위치를 점하는가는 한 국가에서 노동운동의 발전 정도를 측정하는 중요한 척도이다.

우리가 이런 관점 하에서 독일(구 서독-역자)을 바라본다면, 모순적인 상황에 직면한다. 즉 한편으로는 사회화의 문제가 전체적으로 유망하지 못한 상태에 놓여있는 것처럼 보인다. 독일노동조합동맹(DGB)의 1981년 강령에서도 또 사민당(SPD)의 현 강령에서도 사회화는 특별한 역할을 하지 못한다. 독일노동조합동맹에 있어서 사회화는 경제권력과의 투쟁을 위한

---

* Jörg Huffschmid, "Staatseigentum und demokratischer Staat—Zu den Perspektiven einer fortschrittlichen Vergellschaftungskonzeption," in Heiner Heseler/Rudolf Hickel, hrsg., *Wirtschaftsdemokratie gegen Wirtschaftskrise*, VSA-Verlag, 1986, pp. 146-165.

마지막 가능성으로 아직도 언급되고는 있다. 사민당의 1959년 고데스베르크(Godesberg) 강령에서는 경제정책적, 또는 사회정책적 전략으로서 사회화는 전혀 나타나지 않는다. 또한 지금 만들어지고 있는 새로운 사민당강령에서 사회화가 커다란 비중을 갖게 될 것 같지도 않다. 다만 독일공산당(DKP)의 강령에서만 사회화가 중심적인 지위를 점하고 있는데, 주지하다시피 독일공산당의 영향력은 현재 정치적 논쟁과 그 지형을 의미있게 각인시키지 못하는 상태다.

그러나 다른 한편으로는 이런 만족스럽지 못한 상태에서 최근 새로운 움직임이 일어났다. 사회화에 대한 논의가 두드러지게 활성화되었고, 가까운 장래에 더욱 증대할 것이다. 이런 현상의 근본적인 배경은, 금속산업노조(IG Metall)가 1980년대 초부터 금속산업에서 끝도 없이 몰아쳐 오는 일자리 축소, 합리화, 그리고 노동강도 강화의 파고에 대항한 저항을 점점 더 철강산업의 사회화에 대한 요구와 결합시켰던 사실에 있다. 1985년 봄에 금속산업노조 중앙집행위원회는 '금속산업노조의 철강정책강령'을 통과시켰는데, 거기에는 "만약에"와 "그러나" 같은 단서조항 없이 사적 철강콘쩨른들을 국가소유로 가져갈 것과 금속산업노조 참여하의 민주적인 철강정책을 시행할 것이 요구되었다. (이 강령의 배경과 정치적 돌격방향 그리고 자세한 내용들은 이 책에 실린 루돌프 유디트와 위르겐 페터스의 글에서 읽을 수 있다. -역자)

이 강령의 제시와 함께, 이제 자본의 위기경로에 대한 대안으로서 사회화에 대한 단순한 토론만이 아니라 그 운동이 의미있게 한 걸음 전진하였다. 물론 이 강령은 단계적으로 실천적 정책으로 전환되고 사회화의 주요사업이 앞으로 수행되어야 한다. 그러나 전체적으로 금속산업노조의 차원에서 명확한 방향설정과 구체적인 구상들이 존재한다는 것은 하나의 진보이다. 이는 아주 높게 평가될 수는 없지만, 그 자체 철강산업의 사회화를 위한 실천적인 운동의 한 동인이다.

금속산업노조의 이 철강강령에 반대하여 쉴새없이 공격의 포화가 터지고 있다. 독일연방산업단체(BDI), 독일연방사용자단체연합(BDA), 전체금속산업, 기민련(CDU)/기사연(CSU) 그리고 자민당(FDP)으로부터는 다른 어떤 것도 기대할 수 없다. 그러나 사민당마저도, 이미 1984년 1월 당내의 '노동자문제작업그룹'(AfA)의 제6차 연방회의가 '철강산업의 공동소유로의 이행' 요구를 결의했음에도 불구하고, 1985년 중반 에센(Essen) 당대회에서 사회화를 위한 제안을 명백하게 거부하였다. 심지어 몇몇 노동조합과 독일노동조합동맹 내에서도 적어도 다양한 유보조항이 존재하였다.

마지막으로, 일련의 체제비판적인 지식인들도 소유의 토대를 국가소유로 하려는 사회화의 방식에서 어떤 진보적인 전망도 보지 않는다. 이들은 지배적인 콘쩨른과 독점기업들을 그 자체로 인정하지도 않지만(이들에게 콘쩨른과 독점기업은 독점자본의 형태가 아니라 단지 개별적인 대기업일 뿐이다-역자), 이것들의 몰수를 기본적으로 그렇게 중요하다고 생각하지도 않고 오히려 국영기업의 나쁜 경험을 지적하면서 '진정한 사회화'—그 핵심은 국가기구가 권리를 요구하지 않는 분권화된 조절에 있다—의 문제를 논하려는 경향이 강하다.

자본주의적 국가소유와 공공부문 정치의 나쁜 현실에 대한 근본적인 비판이 어떻게 올바르고 또 중요하다 해도, 이로부터 앞에서 암시한 방향으로 사회화문제를 도출하고 강조하는 것은, 내 생각으로는 이론적으로 문제의 핵심을 지나쳐가고 정치적으로는 사회화과제의 거대한 위상을 의미없게 만드는 것처럼 보인다. 나는 사회화의 핵심을, 첫째로 독일의 경제적, 정치적인 발전에 대해 지배적인 거대한 콘쩨른의 몰수와, 둘째로 경제의 전체 부분은 아니라 하더라도 중요한 부분들에 대한 (포기할 수 없는) 조절수단인 국가기구의 민주화에서 본다. 내가 보기에는 가능한 한 많은 사람들에게서 격렬한 권력투쟁—사회화과정과 결합되어 있고 생산수단의 사적소유 위에 입각한 지배 및 착취체제를 진정으로 문제삼는—을 위한 자각과 준비, 정치적 동원을 만들어내는 데에 정치적 과제가 있다.

이하에서 나는 이 입장을 논증하고자 한다. 우선 제2절에서는, 한편에서 노동운동의 투쟁요구로서의 사회화요구와 다른 한편에서 현대자본주의의 구조와 정치과정으로서의 사회화 사이의 명백한 모순을 테마화하고 시험적으로 해석할 것이다. 그리고 제3절에서는 객관적이고 역사적인 과정으로서 사회화에 대해 몇 가지 이론적인 설명을 하고, 마지막으로 현재의 사회화는

의 중 가장 중요하다고 생각되는 두 개의 문제, 즉 국유화와 사회화의 관계에 대한 문제(제4절)와 소유의 문제(제5절)를 다룰 것이다.

2. 논의의 연관점—나쁜 현실에 대항하는 노동자운동의 투쟁요구

먼저 어떤 상황 하에서 그리고 어떤 직접적인 목표설정을 가지고 금속산업노조가 철강산업의 사회화 요구를 제기하고 있는가를 생각해보아야 한다. 그것은 무엇보다도 노동자들에 대한 파국적인 발전과 전지역의 황폐화를 막는 것의 문제이다. 1974년과 1984년 사이에 철강산업에서는 12만 명 이상 혹은 3분의 1 이상의 일자리가 없어졌다. 도르트문트(Dortmund), 두이스부르그(Duisburg), 브레멘(Bremen) 등 철강도시들의 실업률은 단지 연방의 평균을 훨씬 넘고 있을 뿐 아니라 비슷한 크기의 다른 도시들에 비해서도 훨씬 높다. 사회부조를 받는 사람들의 숫자도 극적으로 증가하고 있고 철강도시들에서 빈곤은 일반적 현상이 되어버렸다.

이 위기의 책임소재는 명확하다. 이는 '세계적인 철강위기' 때문도 아니고, '세계경제적 파탄' 때문도 아니며, 바로 철강콘쩨른들의 정책 때문이다. 경쟁과 이윤지향에 의해 추동되는 콘쩨른의 축적정책이 거대한 규모의 과잉생산능력을 창출하였다. 사회적 계획이 부재한 점, 철강수요의 예상되는 성장둔화와 세계철강생산에서의 예상되는 지역구조의 이동을 고려하지 못한 점 그리고 적절한 시기에 현재의 수단으로써 대안적인 생산라인과 대체일자리를 구축하지 못한 점—이 수단들은 결국 제철소의 확장과 현대화에 투자되어버렸다—이런 것들이 철강위기의 원인들이다. 이것들은 우연하게 작용한 것이 아니라 사적소유와 경쟁에 의해 강제되어, 모든 개별기업들이 최대이윤을 지향한 결과이다.

사회화 요구는 이런 구조를 극복하고 이 구조에 내포되어 있는 강제요인들을 분쇄하며, 국민적 철강생산을 위한 사회적인 전체계획을 확립하고 이를 통해 개별적인 계획의 오류는 아니라도 파국적인 규모의 체제적 위기는 회피하는 데에 맞추어져 있다. 나아가 제철소의 사적소유는 폐지되어야

하고 철강산업은 단일화되어야 하며, 철강산업의 각 부분은 서로 경쟁하도
록 할 것이 아니라 상호 조정하고 협력해야 하며, 공적수단으로써 새로운
생산라인을 만들어야 한다.

노동자운동의 역사에서 종종 심각한 부문위기들은 사기업이나 사적 경제
부문을 공적소유로 전환하도록 요구하는 배경이 된다. 그 직접적인 의도
는, 사회화를 통해서 일자리의 폐쇄를 막아내는 것이다. 그 외에 사회화 요
구에 대한 다음과 같은 근거들이 노동자운동에서 중요한 것이다.

— 세계대전 이후에 노동자운동은 거대한 콘쩨른의 과도한 정치적 권력에
  초점을 맞추었다. 즉 이 권력은 민주적으로 정당화되지 못했고 전쟁과
  파시즘의 발생에 본질적으로 기여하였다는 것이다. 미래에 이러한 파
  국을 회피하기 위해서 거대 콘쩨른은 공적소유로 전환되어야 하며 사
  회적 관리에 종속되어야 한다는 것이다.

— 사회화 요구의 또 다른 근거는 (기초원료산업, 철강, 은행 같은) 개별
  핵심부문이 전체 경제의 발전에 대해 커다란 경제적 의의를 갖는다는
  점에 있다. 이들 부문에 대한 사회적 조절을 통해 위기로부터 자유로운
  경제발전의 토대가 놓여져야 한다는 것이다.

사회화의 요구들이 노동자운동의 측면으로부터 제출되고 있는 한, 그에
대한 여러 논거들에는, 이러한 조처로써 경제적 및 정치적 발전의 실패—
이는 자본주의적 경쟁의 법칙성을 통해 전개된다—를 막기 위한 출발점과
가능성을 손안에 장악한다는 강령적인 구상이 공통적으로 자리잡고 있다.

자본은 이런 요구에 대해 전투적으로 거부하면서 대치해 있다. 왜냐하면
자본은 사회화에 내재해있는 민주적이고 사회지향적인 정치의 가능성을 보
고 두려워하기 때문이다. 오늘날 기업가단체들은 심지어 정반대의 요구들
을 의사일정에 올려놓고 있으며, 독일 정부는 기다란 민영화리스트를 작성
하였다.

현재적 상황에서 철강산업의 사회화 요구는, 거대조선소나 은행 등 다른
부문의 사회화 요구와 마찬가지로, 한편에서 노동과 다른 한편에서 자본
이, 즉 한편에서는 공적소유의 토대 위에서 공공복지의 의무를 진 민주적인
조절의 전망과 다른 한편에서는 사적소유의 토대 위에서 이윤지향적인 '자

유로운 힘들의 게임'이 사회적으로 대치하고 있는 하나의 무대이다.

그러나 위기적인 방식의 자본주의적 이윤조절에 대한 대안으로서 사회화를 요구하고 때로는 이를 관철하는 사람들의 구상과 전망은 하나의 사항이며, 사회화된 기업 또는 경제 부문에서 나타나는 현실은 많은 경우에 완전히 다른 것이다. 즉 사적 자본은 사회화에도 불구하고, 또 그것과 함께 노동자운동이 영향을 미칠 수 있는 잠재적으로 커다란 가능성에도 불구하고 자신의 계급적 지위를 안정적으로 유지하거나 새롭게 안정화할 수 있다면, 사회화에 대해 전투적으로 저항하면서도 사회화와 함께 동거할 뿐 아니라 오히려 그것으로부터 이윤을 잘 얻을 수도 있다.

자본주의 계급관계의 지배 하에서는, 사회화에 내재해 있는 공공복지 지향적인 정책의 사회적 가능성이 완전히는 아닐지라도 압도적으로 억압된다. 국가소유는 공급조달자로서, 구매자로서, 자금조달자로서, 기업정리담당자로서, 사적자본에 복무하는 것이 주요기능이 된다. 연방 수준(예컨대 연구기관)뿐만 아니라 연방주 수준(MBB) 및 기초자치단체 수준(RWE)에서의 공적소유를 통해 경제적으로 사적자본에 유리한 재분배 및 조달과정이 조직된다. "국가자본의 감가(staatliche Kapitalentwertung)"(P. Boccara) 또는 '국가적으로 감가되는 자본'의 확대는, 자본주의발전의 역사에서 보면, 심각한 초순환적 위기경향에의 일종의 적응형태다. 즉, 물질적 생산수단의 일부는 더 이상 사적 자본의 형태로 이윤성 있게 조직될 수 없다. 그러나 경제의 '나머지' 부분이 충분한 정도로 계속 사적 자본주의방식으로 기능할 수 있기 위해, 다시 말해 잉여가치를 생산하고 이윤을 영유할 수 있기 위해, 그것들은 투입되어 계속 발전되어야 하는 것이다. 공적으로 조성되는 '일반적 생산조건'은 이제 사회적 생산의 하나의 성장부문으로 확장되기에 이른다. 여기에 투입된 '자본'은 가치증식을 하지 않지만, 사적자본의 가치증식을 위한 전제조건을 창출한다.

국가적 자본감가는 따라서 많든 적든 우연한 사실이 결코 아니다. 그것은 자본주의 체제를 안정화시키기 위해, 또 이윤율의 장기적 저하의 압력 하에서 그 가치증식 조건을 확고히 하기 위해 객관적으로 요구되는 것이다.

자본주의적 생산을 위해 객관적으로 요구되는 일반적 조건과 전제조건의 창출이 처음부터 또는 자본주의발전의 초기단계에서 국가에 놓여있지 않았던 부문(우체국, 철도, 학교 등)에서 보면, 사적 자본은 자본주의발전의 진행에서 필연화되는 국유화를 자신의 주도로 관철할 능력이 없다는 점이 분명해진다. 왜냐하면 사적 소유로부터 공적 소유로 전환하는 것은 언제나 특정한 개별자본들의 몰수와 폐절을 의미하기 때문이다. 그래서 사회화에 대해 이들 자본은 전투적으로 투쟁하며, 사회화는 격렬한 경쟁전의 대상이 된다.

이렇게 역사적으로 보면, 국가적 자본감가처럼 객관적으로 체제를 유지하고 안정화시키는 발전이 자본이 아니라 노동자운동—이 운동은 물론 체제공고화와는 다른 목표들을 이것과 결합시켜 왔고 또 결합시키고 있다—에 의해 관철된다는, 모순적으로 보이는 상황이 존재한다. 그러나 결코 한 번 뿐인 상황은 아니다. (가장 눈에 띄는 역사적 대조는 다음과 같은 것이다. 어느 정도 유용한 노동력을 유지하고 발전시키기 위해, 따라서 모든 잉여가치 생산의 토대를 유지하고 발전시키기 위해 객관적으로 요구되는 노동시간의 단축은 사적자본에 대항한 노동자운동의 격렬한 투쟁을 통해 관철되었고 지금도 관철되고 있다.)

한편에서는 체제극복의 목표를 확고히 갖고 있으면서도 다른 한편에서는 현실적으로 존재하는 많은 사회화된 기업과 부문들에서 체제안정적이고 노동자적대적인 역할을 보고 있는 논자들이 사회화에 대해 갖는 의심과 그 비판은 무엇보다도 이런 모순과 관련되어 있다. 사적 기업들을 공적소유로 가져감으로써 노동자운동은 혹시라도 피착취자와 억압받는 자로서의 자신의 지위를 영구화하는 것은 아닌가? 노동자운동은 자본주의 병상을 지키는 의사처럼 인식도 못한 채 체제의 논리를 집행하는 것은 아닌가? 그리고 국영기업이 많은 경우 사기업보다도 더 나쁘게 행동하지 않는가? 〔예컨대 영국철강(British Steel Corporation)은 무서울 정도로 잔인하게 그리고 어떠한 사회적 완충장치 없이 수년 내에 영국 철강산업 일자리의 절반 이상을 없애버렸다.〕 따라서 노동자운동이 언제나 다시, 때로는 긴 휴지기 후에 다시, 교훈도 얻지 못한 채 사회화 요구로 돌아간다면, 이 운동은 불행에 찬 잘못된 길로 빠져드는 것이 아닌가? 우리는 소유문제를 적절치 못한 것 또는 적어도 부차적인 것으로 간주하고, 그 대신 솔직하게 어떤 소유질서라 하더라도 다만 그 경제에서의 민주적 관계를 형성하는 데로 집중하는 것이 더 낫지 않은가?

사회화와 결합되어 있는 노동자운동의 구상 및 요구와, 대부분의 사회화된 기업과 부문의 실제적인 역할, 이 양면 사이의 모순은 부정할 수 없다. 그러나 이 모순의 한 면을 고정시키고 그로부터 다른 면을 청산하려는 것은 별로 의미있는 일이 아니다. 또 사회화의 진보적 개념과 내용에 집착해서 사회화의 현실의 존재를, 목표구상이 이미 실현된 것이라고 그렇게 돌려 해석한다면, 그것은 부질없이 눈을 비비는 일일 것이다. 그러나 나쁜 현실을 지적하면서 사회화의 구상을 원칙적으로 오류라고 기각하는 것도 마찬가지로 도움이 되지 않는다. 이에 반해 모순의 양면이 발생하고 발전하는 조건을 분석하고 그 해결을 위한 단초가 존재하는지 또 어디에 존재하는지를 조사하는 것이 생산적일 것이다. 다음 절에서 이를 시도할 것이다.

3. 역사적 과정으로서 사회화

한편에서 소유관계 및 처분관계의 변화라는 사회화에 대한 노동자운동의 요구와, 다른 한편에서 자본주의에서 사회화된 부문과 기업의 실제적인 역할, 이 양면에 대한 공동의 토대는 생산력 발전과 생산과정의 복합성이라는 의미에서의 '객관적 사회화'로의 역사적 경향과 그것의 현재 도달된 상태이다. 이는 여러 단계를 거쳐 전개되는데, 도식적인 자동주의는 아니지만, 그 자체로부터 '주체적 사회화'를 위한 사회운동을 생산해낸다.

1) 발전된 자본주의(와 사회주의) 사회의 물질적 재생산의 토대는 산업이다. 산업은 진보한 사회적 분업의 결과인데, 이는 다시 인간생산력의 엄청난 발전과 생산수단의 포괄적 사용과 병행해서 진보한다. 역사적으로 산업은 **자본주의적** 산업으로서, 자본주의적 상품생산의 형태로 생성되었다. 산업이전의 생산은 덜 발전된 분업과, 생산과정의 '전체성' 및 이해가능성으로 특징지어졌던 반면, 오늘날에는 분업의 발전과 함께 생산과정을 감각적으로 이해할 가능성이 줄어들었다. 생산의 계획은 점점 더 포괄적이고 구체

화되며 점점 더 복잡해진다. 그러나 그 생산계획은 생산자들의 계획—이로써 생산자들이 연관사항들에 대한 토론과 이해 그리고 조직을 통해 생산에 대한 잃어버렸던 감각적 이해력을 다시 회복할 수 있을—으로서 나타나지 않는다. 오히려 그것은, 노동자가 전체 생산과정을 이해하는가 아닌가에 개의치 않고 그를 작업장에 배치하는, 자본의 명령 하에서 일어난다. 노동자들로서는 공장의 계획적인 분업은 본질적으로 소외이다. 상품은 사회적 협력의 산출물인데, 이 협력은 그러나 강제로 명령된 협력이다. 여기서 **객관적 사회화**는 **주체적 개별화**로서 경험된다.

2) 객관적 사회화에도 불구하고 교통형태는 의연히 상품사회 즉 시장경제의 형태로 남아있다. 생산물의 영유는, 마치 공장의 소유자들이 자신의 노동으로 스스로 생산한 것처럼, 이들에 의해 이루어진다. 그러나 생산력 발전과 분업의 증가에 따라 시장관계는 더욱 복잡해진다. 생산에 앞선 사전 지출구조에 대한 요구가 더욱 커지고 생산분화는 더욱 세분되며 판매시장은 점점 더 이해할 수 없게 되는데, 이 모든 것이 기업규모의 증가 때문에 생산의 유연성이 대개 줄어드는 속에서 일어난다. 시장의 위험성은 증가하며, 따라서 위기경향도 강화되고 기업의 측면으로부터도 대항수단을 찾는 노력이 강화된다. 급속한 축적과 집중 그리고 집적을 통해 시장지배적인 독점의 지위를 구축할 수 있는 한, 개별 자본가로서는 전체 재생산부문을 자신의 손안에 종속시키는 것이 의미있는 해결책이고 적어도 중기적으로는 유효한 해결책이다. 이는 조달로부터 판매에 이르는 생산라인을 계획하고 가치증식의 요구를 커다란 규모에서 보다 잘 관철할 수 있게 한다. 여기서 독점자본주의(또는 '법인자본주의')가 성립하고 그 결과 생산력발전이 일층 추동된다. 생산의 사회화만이 아니라 재생산의 사회화가 우선은 시장지배적인 사적 콘쩨른의 지휘하에 진전된다.

3) 생산과 재생산의 차원 및 복합성은 더욱 증가한다. 가능성의 면에서 보면 개별 콘쩨른조차도 생산력의 일층의 발전과 사회적 분업의 일층의 분화 및 세련화에 따라 제기되는 객관적 필연성에 뒤처져 있거나, 또는 경제 전체적으로 객관적인 필연성을 고려하지 않는 전략적 선택을 결정한다. 이 필연성은 적절한 노동력, 연구기관, 원료 그리고 특정한 사회간접자본 등

을 갖추는 것과 관련되는 것이다. 이 모든 것은 (계급지배를 정치적으로 보장하는 기능과 병행해서) 점점 더 국가의 과제가 된다. 예나 지금이나 재생산의 객관적 추동력은 경쟁의 압력 하에서의 축적으로의 강제이며 주관적인 이윤지향성이다. 표층의 세계에서 재생산은 아직도 여전히 시장을 통해서, 따라서 간접적인 방식으로, 다시 말해 생산이 일어난 후에 조절되고 사회화된다. 그러나 이러한 표층 하에서 국가와 기업 간의 직접적 결합의 긴밀한 망, 즉 개입, 협정, 발주, 보조금, 기타 국가의 지출과 재원조달, 그리고 판매보장 등의 긴밀한 망이 오래 전부터 형성되었는데, 점점 더 이것은 위기적인 자본주의적 사적생산의 담지자이자 포획망이 되어버렸다.

객관적인 사회화는 콘쩨른에서도 생산의 영역을 넘어갔으며 재생산의 영역으로 밀고 들어갔다. 국가개입의 증가와 함께 객관적 사회화는 개별자본가적 조절의 한계도 돌파하여 '시장에 낯설은' 수많은 규정과 개입 그리고 자극 등의 규칙을 정착시킨다. 이는 우연도 아니고 자의도 아니며, 역사적 발전의 표현이고 그로부터 나오는 사회적 생산력발전의 필연성이 표현된 것이다.

직접적 생산의 영역뿐 아니라 개별자본가적 재생산의 영역도 넘어가는 이러한 '네트화'의 본질적인 매개수단과 능동적인 조직자는 중앙과 지방의 모든 수준에서의 국가이다. 국가적 개입 및 조절활동의 지배적인(전일적이지는 아니더라도) 지향성의 내용은 그럼에도 불구하고 자본 또는 지배적 자본블록의 가치증식이다.

4) 자본주의생산양식의 역사적 발전에 있어 객관적 과정으로서의 이 사회화는 자본의 측면에 관한 것이며, 자본주의적 가치증식의 우위 하에서 일어난다. 그러나 동시에 생산자 또한 주체적으로 사회화되며, 자본의 대항극(객관적으로는 이미 언제나 그러하지만)으로 훈련된다. 이 발전은 모순적이다. 개별생산자는 공장에서 다른 생산자들과 협력해야만 하는데, 그럼으로써 사회적 생산력이 인간노동의 생산력을 증진시킨다는 것을 알게 된다. 그러나 그는 이를 자신의 외부에 존재하는 어떤 것, 자신을 억압하는 어떤 것으로서 경험한다. 전체 재생산과정의 객관적 사회화가 개별생산자에게는 전 사회를 자본의 이윤이해에 맞추는 것으로 나타난다. 사회화는 그

에게 사물의 관련으로서 표현된다. 이것이 하나의 측면이다. 다른 측면은, 그가 공장의 압력에 대항해서 점차 대항력을, 그것도 협동적이고 사회적인 형태로 대항력을 발전시키는 것을 배우게 된다는 점이다. 노동조합이 조직되고, 노동조합은 노동조건의 개선과 노동시간 단축, 임금인상 그리고 사회적 안전의 강화를 위해 투쟁한다. 오늘날 이 투쟁은 직접적 생산의 영역을 넘어 전사회적 재생산의 영역에까지 걸쳐있다. 그러나 이는 점점 더 국가개입과 조절에 의해 규정되기 때문에, 노동조합의 투쟁과 요구도 또한 국가를 향하게 되고 자본의 이해에 복무하는 국가정책에 대항하게 된다. 노동조합은 또한 국가에 대해 대중의 이해를 위한 정책대안을 요구한다. 그러한 운동은 **주체적** 사회화의 표현이다. 즉 자본에 의한 소외적인 방식의 규정에 대한 임금 및 봉급생활자의 대항운동의 표현이다.

5) 자본이 설정한 목표로의 종속에 맞선 노동자계급의 대항운동의 발전된 표현은 특정 기업과 부문의 사회화 그리고 마침내는 전체경제의 사회화 요구이다. 따라서 사회화는, 생산력발전과 사회적 조절네트의 특정한 역사적 상태 위에서 경제활동에 대한 자본주의적 목표규정성이 지양되는, 그러한 의식적인 행위를 특징짓는다. 자본주의적 목표규정성에 대신해서 안전한 일자리와 보다 나은 노동조건, 충분한 소득과 사회적 안전 그리고 환경 및 자원 친화적인 교류를 보장하는 방향으로 사회적 재생산을 도모하게 된다. 질료적 측면으로부터 보면, 사회화는 공격적인 자본주의적 동학을 대체하는 다른 성장 및 발전유형을 목표로 한다.

노동자운동의 진보적 요구로서 사회화는, 인간관계에 대해 보면, 자본주의적 명령구조를 지양하고, 경제적 사회적 관계를 자립적으로 계획하고 조직하는 것을 의미한다. 이는 독점적 위계구조와 국가의 규정체계를 해체하는 것과 병행해서, 지금까지 공중(Öffentlichkeit)에는 폐쇄되었던 새로운 토론영역(예컨대 우리는 자동차를 몇 대나 필요로 하는가 같은 토론)을 열고 새로운 계획과정과 의사결정과정 및 그에 따른 기관들을 수립하는 것을 포함한다. 그때 개개인이 자신의 이해를 정식화하고 대변하는 수준인 최하위의 수준은 필연적으로 지금보다 훨씬 중요한 역할을 행해야 한다. 그 관계들은, 개개인에게 들여다 볼 수 있고 이해될 수 있을 때에만, 민주적으로 계획되고 형성될 수 있다. 그러나 이해될 수 있다는 것은 우선, 보여지는 것의 크기에 관한 범주가 아니라 내다보는 자의 능력과 이해관계에 관한 범주이다.

6) 도식적으로 보면, 사회화의 내용과 발전단계들은 용어학적으로 다음과 같이 파악할 수 있다. 모든 분업사회에서 개개인은 자신을 위해서만 생산하지 않고, 자신의 생산물을 통해 다른 사람들과 접촉함으로써 다른 사람들을 위해서도 생산한다. 그러한 한에서 모든 생산은 사회적이다. 그러나 사회적 관계의 방식과 범위는 상이하며 역사적 변화들에 종속되어 있다.

개개인이 홀로 생산하고 그 후에 생산물을 갖고 시장에 가는 그런 구조는 **'사후적인'** 또는 **간접적인** 사회화라고 말할 수 있다. 시장에서 그는 자신의 상품이 요구되는지(구매되는지) 아닌지를 알게 된다. 여기서는 경제전체적으로 필요를 계산하고 생산요소의 투입을 조절하는 의식적인 어떤 것도 존재하지 않는다. 그러나 그러한 조절은 그럼에도 불구하고 객관적으로 요구되기 때문에, 그것은 말하자면 조정되지 않은 개개인의 개별적인 생산결정들에 대한 인정 또는 수정으로서 사후에 일어난다. 이러한 사후적 사회화의 조직자와 매개자는 시장이며, 그 조절은 가격의 지렛대를 통해 사회적 무정부성 하에서 일어난다.

이에 반해 개별적 생산과정들이 사전적으로 계획에 맞춰서 양적, 질적으로 상호 조정되는 구조는 **계획적 또는 직접적** 사회화라고 볼 수 있다. 이때 계획성의 유효범위는 상이할 수 있다. 그것은 하나의 공장에서의 생산, 한 부문 또는 지역, 또는 국민경제 전체(그러면 계획경제가 될 것이다)로까지 뻗을 수 있다. 직접적 사회화에서 우리는 다시 **명령적인 계획성**(kommandierte Planmäßigkeit)과 **공동적이고 민주적인 계획성**(gemeinschaftlich demokratische Planmäßigkeit)을 구별해야 한다.

자본주의생산양식의 근본원리는 간접적 사회화이고 사회주의사회의 근본원리는 직접적, 공동적 사회화이다.

그러나 자본주의의 역사적 발전의 진행 속에서 직접적 사회화의 영역들이 자본주의적 무정부성의 기본틀 내에서 형성되고 점증한다. 즉 우선은 공장에서, 그 다음에는 개별부문의 독점을 통해 그리고 마침내는 경제전체에서 국가적 조절을 통해. 그것들은 생산력발전과 체제안정화의 요구에 대한 필연적인 대응이다. 여기서는 **명령적인** 계획성에 관한 문제이다. 즉 공장에서는 기업의 명령이라는 폭력이 지배하고, 유통부문에서는 독점의 권력이 그리고 전체경제에서는 국가의 주권이라는 폭력—이는 물론 독점자본을 위해 개입한다—이 지배한다. 그러나 간접적, 무정부적 사회화라는 사회적 기본 틀 자체는 지양되지 않기 때문에, 이 틀 내에서의 계획성의 확대는 사회적 모순과 불비례 그리고 공황을 폐절하지 못한다. 그것은 심지어 이 모순과 불비례 그리고 공황을 심화시키고 지연시킬 수 있다.

그러나 이 구조에 대항해서 저항과 반대운동이 전개된다. 즉 공장에서, 또 공장을 넘어 노동조합이, 독점적으로 지배되는 재생산부문에서 협동조합이 그리고 자본에 의한 국가의 기능화에 대항하는 노동자운동의 정당이 전개된다. 이 대항운동들은 직접적 사회화가 도달한 단계 위에서 전개된다. 이 운동들은 명령적 사회화의 소유토대를 폐절시키고, 이를 생산과 영유 그리고 소비에 대한 공동의 계획과 조절에 의해, 즉 공동소유의 토대 위에서 사회적 재생산에 대한 민주적 계획과 조절에 의해 대체하고자 한다.

4. 국가와 사회화

현대 부르주아국가에는 두 개의 필연적인 객관적 기능이 융합되어 있다. 첫째는 고도로 사회화된 생산 및 재생산과정을 조절하는 기능, 둘째로 정치적 지배관계를 보장하고 자본의 가치증식의 기초로서 '시장경제의 기본질서'를 보장하는 기능.

이 두 개의 기능이 역사적으로 국가의 구조, 기관 그리고 정책에 서로 결합되어 있다는 사실 때문에, 착취와 억압에 맞선 실천적 운동에서 이 기능들을 분석적으로 또 올바르게 분리하는 것이 극히 어렵게 된다. 다른 점에서는 변함없는 국가기구에서 지배엘리트와 사회적 목표설정만 교체해서 사실상 사회적 재생산의 새로운 지향성을 관철시키는 것은 충분하지 않을 뿐 아니라, 내친 김에 말한다면, 정치적 과정으로서 전혀 실행할 수 없는 것이다. 대항운동은 국가의 구조와 기능방식을 향해 뻗어나가야 한다. 왜냐하면 이 구조와 기능방식은 생산력발전의 특정수준에서 객관적으로 요구되는 조절에 의해서만이 아니라 자본주의적 소유 및 지배관계와 재생산의 목표 설정에 의해서도 각인되어 있기 때문이다. 이 구조의 지양을 위해서는 무엇보다도, 계급사회 및 착취자사회로서의 자본주의에서 체계적으로 산출되고 체제의 필연적인 산물이 되는, 국가기관과 토론 및 의사형성 그리고 결정과정의 기구들이 기업과 부문 및 지역의 관련된 사람들에 의해 지양될 것이 요구된다. 재생산을 사회적으로 의식적으로 장악해서 조절하는 것은 관련자들의 참여를 요구한다. 이것이 자본주의적 생산지배에 맞서는 생산자들의 운동으로서 사회화의 본질적인 내용이다.

따라서 정치의 분권화, 중앙정부 기관의 탈권력화와 그 역능의 제한, 인간들에게 직접적으로 이해될 수 있는 수준에서의 정치적 형성가능성의 증대, 이런 것들에 대한 요구는 모든 진보적인 사회화구상의 포기할 수 없는 구성부분이다. 사회적 서비스의 기초자치단체로의 이전, 지역발전평의회의 건설, 생산과 투자결정에의 노동자 및 노동조합의 참여, 이 모든 것은, 경제적 재생산의 사회적 내용을 진정으로 변화시키고자 하는 사회화구상에 속하는 것이다.

그러나 이러한 의미의 사회화를 근본적으로 반국가적인 것 또는 근본적으로 국가를 지나쳐가야 하거나 그럴 수 있는 운동으로서만 선전하는 것은 오류일 것이다.

첫째로, 사회적 토론과 의사형성의 분권적 과정과 기관들도 국가기관으로 보아야 한다. 사회적 목표설정이 토론되고 확정되고 관철되고 검사되는 그 과정을 조직하는 것이 국가기관과 정책의 과제라면, 모든 수준에서의 사회화는 탁월하게 국가적 업무가 된다. 그것이 국가의 업무가 아닌 한, 그것이 국가의 업무가 되도록 지향하는 것은 의미있는 일이다. 현대자본주의에서 국가는 실제로 중앙정부로서만이 아니라 모든 수준에서, 기초단체와 지역지구에서조차 활동한다. 오늘날의 조건 하에서는 민주적인 토론과 의사형성이 정말 다양한 수준에서의 국가정책에 대항하여 관철되어야 한다. 이는 국가정책의 역사적 형성과 탈형성에 기초한 하나의 필연성이다. 그러나 그것은 결코 의미있는 목표구상은 아니다. 오히려 목표구상은 민주적 국가의 모든 수준에서 민주적 의사형성과 그 관철을 통일적 과정으로서 조직하는 데로 향해야 한다.

둘째로, 그 목표설정에서 언제나 민주적 국가화(demokratische Verstaatlichung)와 긴밀하게 결합된 민주적 사회화는 분권적 수준에 한정될 수 없다. 확실히 중앙정부의 모든 개별적인 조절조처가 생산력의 발전상태와 생산 및 재생산의 사회화 정도에 의해 객관적으로 요구된 것은 아니다. 그러한 한에서 예컨대 에너지공급의 경우에 경제적 분권화과정을 위한 상당한 운동공간이 존재한다. 그러나 다른 한편에서는 많은 경우(예컨대 철강이나 기관차제작의 경우처럼) 생산력의 발전과 특정한 상태 그리고 사회적 분업 때문에 몇몇 커다란 집중화된 단위로 생산을 조직할 것이 요구되는데, 그 정책은 과잉생산과 공황을 막기 위해 중앙에서 조정되어야 한다. 에너지공급의 경우를 본다면, 소형발전소와 열-발전 결합에 입각하여 분권적으로, 기초자치단체나 지역적인 수준에서 에너지의 생산과 분배를 조직하고 그럼으로써 에너지절약적인 독자적 공급을 보장하는 것은 실로 의미가 있다. 그러나 에너지 생산과 분배를 위한 설비의 생산을 똑같이 분권적인 자율 하에서 조직하는 것은 의미있는 일이 아니다. 가까운 장래에 이를 원하는 모든 기초자치단체와 지역에 소형발전소를 공급하기 위해서는 독일에서 4개나 5개 이상의 에너지생산설비기업이 필요한 건 아니다. 생산설비제작기업의 생산과 투자 그리고 생산능력의 발전을 전체적으로 시장의 자유로운 운동, 따라서 경쟁의 자유로운 운동에 맡기지 않는 것, 즉 스스로를 시장정복의 전략에 넘기지 않는 것이 절대적 조건이다. 그것들은 오히려 서로 조정되어야 한다. 이 조정이 구속력이 있는 것이라면, 이는 기초자치단체와 지역에 새로운 발전소를 공급하기 위한 신뢰할 수 있는 계획을 필요로 한다. 이제 우리는 다음과 같은 것을 요구할 수 있다. 이 계획은 기초자치단체와 지역의 결정과정에 입각하여 성립되어야 하며, 이 요구는 일정한 한계 내에서 의심할 바 없이 올바르고 이성적이다. 그러나 **완전한** 분권적 자율은 분명 어리석은 짓일 것이다. 예컨대 모든 기초자치단체가 앞으로 5년 내에 에너지공급을 복합열발전소(Blockheizkraftwerke) 방식으로 전환하기로 동시에 결정한다면, 이는, 시장 힘들이 자유롭게 운동하는 경우만이 아니라 분권

적 계획들이 중앙심급에 의해 단순히 합산되어 실행되는 경우에도, 생산설
비제작에서 엄청난 단기적 붐을 가져올 것인데, 중기적으로 이 붐 다음에는
엄청난 공황이 뒤따를 것이다. 그에 반해 현재의 또는 건설되어야 하는 소
형발전소 생산능력이 그 수요를 순차적으로 충족시킬 수 있고 또 그때그때
대체하기 위한 조달을 보증하는 데 충분하도록 그렇게 분권적 에너지공급
으로의 이행을 준비해 나간다면, 이는 모든 점에서 의미있는 일이다. 그러
나 이는 자치단체와의 조정을 필요로 하고 중앙의 수준과 분권적 수준간의
일련의 의사형성과정을 요구하며, 마지막으로 분권적 수준에 대해서도 구
속력 있는 중앙의 결정을 요구한다. 우리는 이 중앙의 결정방식을, 예컨대
특정한 문제에서는 소수파의 거부권을 부여하는 등 다양하게 만들 수 있다.
그러나 카오스와 위기를 감수하려 하지 않는 한, 중앙의 결정을 고려하지
않을 수 없다.

이상을 요약하자. 현대자본주의에서 객관적 사회화의 주요 축은 독점자
본의 이해에 복무하는 중앙정부에 의한 경제적 재생산의 조절이다. 이에 대
항해서 대안적 경제정책의 요구—노동하는 사람들의 이해에 복무하는 주
요 생산영역의 사회화 요구가 그 주요한 구성부분에 속한다—가 대치하고
있다. 그러나 이 요구는 **국가적** 조절 자체의 거부가 아니다. 왜냐하면 국가
문제는 궁극적으로 권력의 문제이며, 따라서 사회지향적인 이해를 지속적
으로 관철할 수 있느냐의 문제이기 때문이다. 또한 이 요구는 **중앙의** 조절
자체를 거부하는 것도 아니다. 왜냐하면 그렇게 하면 그것은 생산력발전에
서의 퇴보와 경제적 개별주의를 의미할 것이기 때문이다.

사회화 요구는 중앙을 포함하여 모든 수준에서의 민주적인 국가적 조절
의 전망을 긍정적으로 내포한다.

포괄적인 국가조절에 대해 분권적 수준으로부터 중앙수준에 이르는 민주
적인 의사형성과 그 관철이라는 의미에서의 대안은 도대체 어떠한 것일까?
어떻게 그것과 다른 방식으로 생산과 재생산의 다양한 수준이 협력하고 협
연하는 것을 조직하는가? 민주적인 국가조절이라는 의미에서의 포괄적인
사회화 전망에 대해 이론적으로는 두 개의 대안이 존재한다.

하나는 개입과 조정이 완전히 또는 주요부분에서 행해지지 않는 것이다.

각각의 수준과 부문은 '자율결정으로' 혼자서 생산한다. 그러면 여기에는 다시 두 개의 가능성이 있다. 분권적 단위가 외부세계에 대해 스스로를 고립시켜 다소간 자급자족적으로 생산하고 분업과 생산력발전 그리고 물질적인 재화공급의 지금까지 도달된 수준이 급격하게 저하하는 것을 감수하든가, 아니면 비교생산비설의 의미에서 경쟁하면서 또는 사회적 분업의 의미에서 계획적으로 외부세계와 교환이나 영업관계에 들어가는 것이다. 후자의 첫 번째 경우(자본주의 발전에 상응하는)에 이는 양극화와 공황을 가져올 것이고, 두 번째 경우에 이는 공동의 계획과 조정 그리고 결정메커니즘—다양한 또는 대립적인 이해가 존재하는 경우—을 필요로 한다.

그럼으로써 우리는 또 다른 대안을 검토하게 된다. 즉, 다른 가능성은, 재생산의 사회적 조정을 실로 조직하지만 그러나 국가적 조정으로서가 아니라 직접적 대표자원칙에 입각하여 예컨대 '자율적으로 규정되는 경제평의회'에서 조직하는 데 있을 것이다. 그러한 조정은 어떤 의의를 가질 것인가? 그것은 구속력 없는 토론, 즉 견해들과 이해관계들의 단순한 비교확인일까? 아니면 거기서도 결의가 되고 결의된 것은 또한 일탈하는 이해관계들에 대해 관철될 것인가?(그때 물론 강력한 소수자보호에 대해 어떤 이의도 제기될 수 없다.) 합의원칙이 유효한가 아니면 다수결원칙인가? 만약 그 결의가 잘 발전된 지역〔바이언(Bayern)〕으로부터 잘 발전되지 못한 지역〔니더작센(Niedersachsen)〕으로의 자원이전과 결합되어 있다면, 이는 어떤 의의를 갖는가? 자문기관과 계획기관은 주권적인 권능을 갖고 있는가 아닌가? 이 모든 질문은 아카데미의 완벽주의의 관점으로부터 답변되어야 하는 것이 아니라, 실천적인 사업에서 즉각 긴급하게 제기될, 뛰어나게 실천적인 질문이기 때문에 답변되어야 한다. 그 답변은 언제나 고도로 복잡한 재생산과정의 조절기관을 창출해야 한다는 것이다. 그것에서 또 그것을 통해 조직되어야 하는 바의 그 기관이 상응하는 관철력을 갖고 있다면, 그것이 다름 아닌 국가이다.

따라서 사회화와 국유화를 대립시키는 것, 또는 원칙적으로 국유화 없이 또는 국유화의 대안으로서 사회화를 요구하는 것은, 결국에는 국가로부터 자유로운 그런 재생산 공간으로의 퇴보를 추동하는 것이며 민주적 국가의 형성을 포기하는 것이다.

문제는 역사적으로 생성된 생활관계로부터의 후퇴, 자율결정적인 사회화라는 이름 하에서의 자치그룹을 통한 소생산복합체의 장악—이는 실제로는 객관적이고 주체적인 사회화수준으로부터의 도주이다—에 관한 것일 수 없다. 오히려 문제는 역사적으로 왜곡된 형태로 사회화된 생활관계들을 민주화시키는 것이다. 사적 생산수단의 주요부분을 국유화하고 민주적으로 기초된 국가에서 경제를 계획하고 형성하는 것, 이것이 현재의 착취 및 지배관계를 진보적으로 극복하는 전망이다.

5. 사회화와 소유문제

자본주의적 사회화의 현대적 형태—사적 이윤의 이해에 복무하는 재생산과정의 국가조절—는 특정한 권력 및 계급관계의 표현이다. 이는 다시 소유관계에 그 토대를 갖고 있다. 생산수단에 대한 사적소유는 자본주의 생산양식의 일반적이고 가장 중요한 토대이며, 역사적으로 형성된 지배적인 사적소유 형태 즉 거대 콘쩨른과 독점에 결집된 사적소유는 역사적으로 현재적인 권력관계의 토대이다. 처분관계는 종종 매개적으로, 그러나 보통은 상당히 무매개적으로 소유관계의 표현이다.

자본의 (국가적 또는 사적) 정책에 대항하는 사회운동은 종종 생산수단에 대한 사적소유의 폐절을 직접 조준하지 않고 사적소유에 입각한 사적처분권의 제한을 향하고 있다. 그러한 요구는 의미있고 포기할 수 없는 것이다. 많은 요구들은 역사의 진행 속에서 법률적인 규정 또는 협약에 제도화되었다. 즉 공장에서의 노동보호와 합리화로부터의 보호, 지역이주와 환경훼손의 제한, 일반적으로 말하면 헌법에도 또한 뿌리내린 바와 같은 소유의 사회적 책임성이 그러하다. 자본주의에서 사회적 진보는 독점자본의 처분권을 제한하는 요구들의 관철 속에서 상당한 정도로 전개된다.

그러나 그러한 요구와 성과를 다음과 같은 관념으로 추론하는 것, 즉 사회적 재생산의 토대에 대한 소유(다시 말해 원료와 생산수단에 대한 소유)를 원리적으로 그 처분과 분리시킬 수 있고 경제의 민주적 관계를 형성하는 데 있어 '처분권의 민주화'에 한정할 수 있다는 관념을 추론하는 것—말하자면 어떤 사람들은 생산수단의 소유자이고 다른 사람들은 그것으로 무엇을 할 것인지를 결정한다는 도식에 따라—은 문제가 있다.

이러한 구상은 관념적이다. 왜냐하면, 그것은 권력(국가의 권력도 그러하다)의 집중과 행사의 토대가 궁극적으로 어디에 있는가(물질적 생산토대에 대한 소유에 있다!) 하는 문제를 고려하지 않기 때문이다. 도대체 소유로부터 분리된 민주적 처분권이란 지속적으로 무엇에 입각해있는가? 소유자의 간섭으로부터 이를 보호하는 의회와 경찰에 입각해있는가? 그러면 의회와 경찰은 무엇으로부터 재정조달을 하는가? 소유권을 통해—그러나 자신의 소유권에 대해 어떤 발언권도 없다는—소수에게 돌아가는 생산의 수익으로부터인가?

물론 혹자는 지적 유희에 갇혀서, 사회적 재생산이 형식적으로는 생산수단에 대한 사적소유를 견지하는 위에서 조직되지만 그러나 실제적으로는 민주적 계획에 의해 조직되는 모델을 그릴 수 있다. 다만 문제는 그러한 모델이 어떤 것인가 하는 점이다. 이론적으로 그것은 기업의 실제적 과잉 존재와 함께 하나의 변수의 과잉을 내포하고 있다. 실제적으로 그것은 부정할 수 없는 몇몇 사실로부터 일탈하는 것이다.

즉, 사적소유자의 처분권을 제한하는 모든 조처에 대해 사적소유자는 전투적으로 투쟁하며 자본은 그 경우 효과적으로 권력에 의거하는데 이 권력은 그 폐절에 이르기까지 사적소유에 뿌리를 내리고 있다는 사실로부터 일탈하는 것이다.

또한 자본의 권력에 대해 일단 달성한 모든 제한은 민주적 세력에게는 불안정한 성과이며 제공되는 모든 기회 여하에 따라 자본에 의해 다시 문제시된다는 사실로부터 일탈하는 것이다. 달성된 민주화의 성과에 대한 이 공격(어떤 경우에도 구체적으로 자본의 이해에 복무하는 정책을 수행하는 공기업에 대한 공격을 포함하여)의 재원은 다시 사적소유의 수익으로부터 조달된다. 독일에서 정부의 교체 역사와 신자유주의적 전환의 역사를 보면, 누구에게도 이 사실은 간과될 수 없도록 해야 한다.

이런저런 경험에 대해 다음과 같이 질문하는 것, 즉 생산수단이 아직 사적소유 하에 있지만 소유자는 어떤 말도 할 게 없도록 그렇게 해 놓으면 그것으로 충분하지 않겠는가라고 질문하는 것은, 기껏해야 위험한 몽상이며, 아니 그것보다는 오히려 의식적인 오류라 할 것이다. 어떤 경우에도 그것은 소유문제의 실제적 폭발성과 결정적인 의의로부터 빗나가는 것이다.

생산수단에 대한 사적소유로부터 나오는 처분권과 자유를 **제한하는 것**은 자본주의에서 사회적 방어투쟁과 모든 대안구상의 중요한 내용이며 포기할 수 없는 요소이다. 그러나 생산수단에 대한 소유로부터 나오는 이 처분권에 대한 제한—이 제한이 기본적으로 임의적으로 계속될 수 있다고 잘못 해석하는 것을 포함하여—으로 투쟁을 **고정시키고 한정하는 것**은, 위험한 사민주의적 환상이다. 그 좌절은 이론적으로 논증할 수 있을 뿐만 아니라 이미 여러 번 역사적으로 그러했으며, 그에 대해 혹독한 대가를 치루어야만 했다. 언제나 대중의 이해에 반하여 거대 콘쩨른이 투입하는 소유권을 콘쩨른으로부터 사실상 박탈하려는 목표를, 노동자와 대중을 동원하여 구체적인 역사적 힘관계를 변화시키는 운동과 결합하는 것, 이것을 처음부터 포기하는 자는 경제의 지속적인 민주화의 전망을 포기하는 것이다.

그러나 이상으로써도 우리는 아직 추구해야 할 몰수와 사회화의 범위에 대해서도, 또 사적소유를 대신할 수 있는 구체적 소유형태에 대해서도 구체적으로 언급하지 않았다. 경제의 민주적 구조와 과정을 관철하고 보장하기 위해서 소자영업자나 소매상인 또는 중소기업가를 몰수할 필요는 없을 것이다. 오히려 결정적인 것은, 경제적으로 수준과 구조를 규정하고 정치적으로 영향력이 막대한 거대자본을 공적소유로 전환하는 것이다. 이것은 경제적으로도 정치적으로도 충분한 **토대**일 것이다. 나머지 사적자본은 그 토대 위에서 경제적 정치적 처분권이 그렇게 제한되거나 묶여있어서 그 자본에게는 사회적 계획의 틀 내에서 운동하는 것 이외에는 어떤 것도 남아있지 않게 될 것이다. 사회적 계획은 핵심적인 경제영역에서의 공적소유에 토대를 갖고 이를 통해 물질적인 구속력을 갖게 된다.

사적소유의 자리를 대신할 **소유형태**에서는 연방과 연방주 그리고 기초 자치단체 수준에서의 **국가적** 소유(또는 인민소유)가 우세할 것이다. 왜냐하면, 이를 통해서 비로소 민주적인—본질적으로 다양한 국가수준에서 조직되는—계획과 그 실행간의 통일이 가장 잘 형성될 수 있기 때문이다. 자본주의에서의 중앙정부적 조절의 역사적 경험에 근거해 보면, 또 하위의 분권적 수준을 최대한 계획에 포괄해야 할 필연성에 근거하면, 국민적 콘쩨른이나 지주회사 또는 단일회사로서 운영되는 기업과 부문에도 연방주나 기초자치단체 같은 여타의 국가적 수준들이 어느 정도 소유권을 갖고 참여할 수 있으며, 이들에게 완전한 투표권(경우에 따라서는 자치단체의 다수 견해에 반대하여 결정을 내려서는 안 되는 형식의 어떤 거부권조차도 포함하여)을 부여할 수 있다.

남아있는 사적소유와 국가소유 사이의 중간형태로서는 협동조합적 소유가 경제전체적 목표를 지향하는 경제에서 중요한 역할을 수행할 수 있다.

생산수단에 대한 (이 나머지) 사적소유와 협동조합소유가 민주적 계획의 틀에 묶여있고 이 틀로부터 떨어져 나갈 수 없는 한, 그것들은 의미가 있고 문제가 되지 않는다. 이 계획 자체는 그러나 분권적 수준과 중앙수준에서의 광범한 국가소유의 토대 위에 입각해 있을 때에만 가능하거나 또는 적어도 지속적으로 관철될 수 있다.

경제민주주의와 사회화[*]

하인쯔 비어바움 · 니콜라우스 슈미트
박종완 옮김

우리는 과거의 오류와 불행에 다시 빠지고 싶지 않기 때문에, 경제영역에서도 민주주의의 실현을 요구해야 한다. 경제민주주의로의 길은 산업의 대소유와 독점적 소유를 사회화하고 경제생활의 모든 수준에서 노동하는 사람들의 완전한 공동결정권을 확립하는 것을 통해 다가간다.

—오토 브렌너(Otto Brenner), 1960.

1. 머리말

선진자본주의 산업국가들에서 고착화하는 지속적인 대량실업은 환경파괴, 지역의 빈곤화, 그리고 신기술의 투입에서 발생하는 문제들과 마찬가지로 자본주의 발전모델의 한계를 분명하게 보여준다. 고용위기는 이제 지속적인 현상이 되었다. 그러나 모든 부문이 똑같은 정도로 위기를 겪는 것은 아니고 그 효과는 지역별, 부문별로 매우 차별화되어 있다. 경제성장의 지속적인 둔화에 직면하여 생산부문간의 구조변동과, 산업생산 및 서비스부문 사이의 근본적 비중변화는 고용정책의 파국으로까지 확대될 위험을 안고 있다. 오늘날 이는 철강, 광산, 조선, 건설 같은 일련의 전통적 산업만이 아니라, 자동차처럼 아직도 독일(이하에서 서독 - 역자) 경제발전의 기

---

[*] Heinz Bierbaum/Nikolaus Schmidt, "Wirtschaftsdemokratie und Vergesellschaftung," in Heiner Heseler/Rudolf Hickel, hrsg., *Wirtschaftsdemokratie gegen Wirtschaftskrise*, VSA-Verlag, 1986, pp. 119-137.

등 역할을 하는 경제부문에도 해당된다.

자본주의 경제질서는 점점 더 안정적이고 균형잡힌 경제발전이 가능하지 않고, 커다란 파괴 없이는 구조변화를 극복할 수 없는 상태다. 부정할 수 없는 경제적, 사회적 발전실패를 단지 시장 힘들의 자유로운 전개를 제한하거나 방해한 결과로 보고 그에 따라 더 많은 시장에 매달림으로써 이윤추구를 생산 및 생활관계의 유일한 형성동인으로 삼는, 보수주의적-자유주의적 경제정책구상은 경제사회적 문제들을 해결할 수 없다. 왜냐하면 이런 구상은 근본원인을 잘못 이해하고, 필연적으로 위기를 심화시킬 수밖에 없는 수단들을 선전하기 때문이다. 즉 이 구상은 보다 많은 경쟁과 합리화의 강제, 그리고 노동생산성의 발전—이는 오로지 기업의 수익증대와 보다 나은 자본의 가치증식만을 목표로 한다—에 입각해 있다.

그러나 고도로 발전된 자본주의 국가들에서 결정적인 문제는, 노동생산성의 일층의 발전이 그 구조조건 하에서는 전혀 경제사회적 문제를 해결할 수 없고 오히려 반생산적으로(kontraproduktiv) 작용할 수밖에 없다는 점에 있다. 생산성의 진보는 더 많은 자본투입을 통해서만 획득할 수 있는데, 그 결과 보다 많은 노동력이 생산과정으로부터 축출되거나 또는 약간의 경기확장 국면에서도 이렇다할 고용증대가 일어나지 않는다. 생산성이 생산보다 더 빠르게 증가하며, 노동량과 일자리의 수는 감소하는 것이다.

우리는, 그 자체로는 역설적이지만 그러나 자본주의관계로서는 필연적인 상황, 즉, 한편으로는 '필요노동'의 비중이 점점 줄어들지만, 다시 말해 개별 상품에 대한 생산시간은 점점 짧아지지만, 다른 한편으로는 필요노동의 단축 속에 내포되어 있는 노동의 해방가능성이 오히려 노동하는 사람들의 위협으로 전도되는 상황에 처해 있다. 생산성증가의 이득은 노동하는 사람들 또는 사회전체에 유익한 것이 아니라 이윤의 증대에 기여하고 있다. 그럼에도 이는 이윤생산의 토대 자체를 잠식하고, 총자본의 가치증식조건을 악화시킨다.[1] 지속적인 성장둔화, 정체되어 있고 정말 회복할 것 같지 않

---

1) 이는 순환적인 상승과 하강을 통해 기본모형으로서 관철하는 현단계 자본주의 발전의 기본경향을 묘사한다. 경기의 상방운동에 따른 가치증식조건의 일시적 향상조차도 이 경향을 근본적으로 되돌리지는 못하며, 단지 이 경향이 초순환적으로 관철되는 형태를 표현할

은 경제의 발전양상은 이러한 사태의 표현이다. 마지막으로 일부 자본주의 기업들의 이윤상승에는 점점 더 많은 수의 기업도산과, 이에 따라 광범위한 자본폐기가 상응한다는 점을 잘못 보아서는 안 된다. 2)

이 모든 사실들은 자본주의 생산양식이 역사적 한계에 부딪쳤음을 보여준다. 달리 표현하자면, 발전된 자본주의 국가들에서는 자본주의 생산관계가 현재의 생산력 발달수준과 어울리지 못하는 것이다. 현재의 지배적인 경제 및 사회관계 하에서는, 기술의 발전과, 일층의 사회적, 개인적 발전 자체를 가능하게 하는 생산력진보가 사회적 퇴보로 전도되고 있다.

그러나 현재의 경제적, 사회적 문제들의 해결책은 결코 산업사회로부터 어떻게든 하차하는 데 있는 것이 아니라, 오로지 생산력진보의 사회적 이용을 방해하는 요소들을 제거하는 데 있다. 그런데 공공적 기관의 간접적인 개입—체제조건 그 자체를 문제로 삼지 않는—은 자본주의 생산양식과 그에 내재된 위기 및 기능의 결손을 제거할 수가 없다는 점이 여실히 드러났기 때문에, 경제사회구조의 근본적인 재편이 요구되는 것이다. 경제발전 및 경제구조와 사회관계 전체의 형성을 구성하고 있는 이윤논리가 지양되어야 한다. 이윤과 개별자본의 가치증식 강제 대신에 사회적 필요충족이 들어서야 한다. 문제는, 언젠가 에른스트 브라이트가 표현한 것처럼, "예컨대 투자의 규모, 방식, 방향으로부터 합리화과정을 거쳐 해고를 포함한 전체 인사정책에 이르기까지 개별기업들의 결정이 노동자들의 전체 노동조건 및 생활조건에 영향을 미치지만, 그러나 이는 전적으로 기업경영진의 결정에 달려있고 다시 경영진의 결정은 본질적으로 소유자의 수익성을 지향하는,"3) 그런 사회구조를 극복하는 데 있다.

뿐이다.

2) 이런 의미에서, 문제는 지금 기업정책에 반영되어 있는, "낡은 가치증식 지형의 세계적 와해과정"이라는 Siegfried Bleicher에게 동의할 수 있다. 이때 기업전략은, 우리의 견해로는 Bleicher처럼 "수익조건을 향상시키기 위해 유망한 출발지점을 수세적으로 평가절하하는 것"이라기보다는 오히려 시장점유를 둘러싼 투쟁과 축출경쟁에서 보다 유리한 출발지점을 차지하려는 공세적 정책으로 묘사될 수 있다. Siegfried Bleicher, "Krise und Krisen-bewältigung," in Bleicher, Hrsg., *Ausstieg? Gewerkschaftliche Reformpolitik in der Industriegesellschaft*, Hamburg, 1985, p. 120ff 참조.

3) Ernst Breit, "Mitbestimmungsinitiative: Abbau der Arbeitslosigkeit—Demokratisierung der Writschaft," *Gewerkschaftliche Monatshefte* Nr. 10/1982, p. 599.

생산과 경제의 형성에 사회적 영향력을 제고시켜야 할 필연성은, '시장의 자기회복력'이 고용 및 사회문제의 해결에 도움이 되지 않는다는 인식과 마찬가지로, 노동조합들 내에서 이론의 여지가 없다. 이는 또한 현재 사민당 (SPD)의 강령토론에 이르기까지 정치적 좌파에 대해서도 그러하다. 그러나 어떻게 사회적 영향력을 행사할 수 있는가, 어느 정도로 경제적, 사회적 진행 자체에 개입해야 할 것인가에 대해서는 완전히 논쟁적이다.

현재의 경제적, 사회적 문제들에 직면하여, 완전고용 회복을 위해 독일 노동조합동맹(DGB)이 제안한 질적이고 선별적인 경제성장이라는 구상, 미래전망적인 구조정책에 대한 요구, DGB의 공동결정 이니셔티브, 그리고 지역 및 부문정책 프로그램에 대한 토론과 함께 노동운동의 두 가지 전통적인 토론 및 강령적 요소, 즉 경제민주주의와 사회화가 다시 전면에 부각되었다. 사회화 문제, 계획과 시장 사이의 관계, 그리고 투자유도에 대해 추상적인 토론이 진행되었던 70년대 초와 달리, 이번 토론의 현재성은 강령적 토론으로부터가 아니라 위기적인 현실의 발전 그 자체로부터 기인한다. 물론 이전에 이미 논쟁적으로 토론되었던 일련의 문제들이 나타나는데, 이것들은 경제민주화와 사회화를 둘러싼 오늘날의 토론에도 중요한 것이다. 즉,

 - 사적 소유의 의미(소유권 문제)
 - 국유화와 사회화의 관계
 - 자본주의 생산양식 내에서의 사회화 경향
 - 경제민주주의와 사회화의 연관관계
 - 사회화 전략의 관철조건

2. 자본주의적 생산 내에서의 사회화

자본주의 발전은 광범위한 분업을 가져왔고 노동과정 자체를 고도로 과학화시켰으며 기술발전을 추동하였다. 이 모든 것은 생산력의 커다란 발전과 노동생산성의 엄청난 상승을 가져왔다. 생산과정의 기술적, 조직적 토대를 끊임없이 혁신하는 것은 자본주의 생산양식의 본질적인 특징이다. 이

와 함께 노동은 사회적 성격을 띠게 된다. 노동과정의 일층의 분화와 과학화는 노동의 실질적 사회화를 표현한다. 그러나 노동의 사회적 성격은 대립적인 형태 속에서 전개된다. 왜냐하면 그것은 노동자와 대립해서 전개되고 자본의 가치증식과 이윤획득에 종속되어 있기 때문이다.

이런 모순은 다음과 같은 방식으로도 나타난다. 즉, 기업의 수준에서 생산과정은 세부사항까지 계획되고, 공장과 관리과정의 조직을 위해 과학적인 수단들이 사용되고 있는 데 반해, 사회전체 수준에서 노동과 생산의 배분은 계획과 통제 없이 이루어진다. 생산구조 자체도, 생산과 소비의 조정도 시장을 통해 사후적으로 비로소 이루어지며, 그 결과 주기적으로 과잉생산과 과잉축적, 그리고 공황이 발생하고 사회적 노동과 자원이 낭비된다.

자본주의생산 자체를 사적 형태에서의 사회적 생산이라고 특징지울 수 있다면, 경제의 사회적 성격과 사회화의 실질적인 정도는 다음과 같은 점에서 표현된다. 즉, 경제적, 사회적 하부구조의 상당부분은 사적 자본가적으로가 아니라 공적으로 조직되어 있고, 일부 부문에서는 생산이 생산수단의 사적 소유가 아니라 공동소유의 토대 위에서 이루어진다. 공동소유라는 것은 공기업뿐만 아니라 협동조합 전체부문도 포함한다.

이로써 생산수단의 사회화에 대한 요구는 이미 자본주의 생산양식 안에 그 물질적 토대를 갖추고 있다. 사회화란, 전체 생산 및 생활관계를 목적의식적으로 형성해갈 목적으로, 노동의 사회적 성격의 일층의 전개를 방해하는 자본주의 생산양식의 그 제한들을 제거하고 노동의 사회적 잠재력을 완전히 발전시키는 것 이외에 다른 어떤 것도 의미하지 않는다. [4]

3. 공공부문

공공부문은 생산에 대한 사회적 영향을 행사하기 위한 직접적인 단초를

---

[4] 이 점에 관해서는 SOST, *Vergesellschaftung*, Hamburg, 1985, p. 11도 참조하라. "문제는 기업 및 전체사회에서의 의식적이고 자율적인 분업과 협력 형태인 것이며, 생산과정에서 생산물과 생산과정을 혁신하는 데 적용하는 것만이 아니라 동시에 사회적, 자연적 환경과 관련하여 사회적 지식을 체계적으로 개발하는 것이다. 간단히 말하면, 문제는, 발전가능성이 풍부하고 다양한 관계에 있기 때문에 욕구가 다양한 개인성의 조건들을 만드는 것이다."

제공한다. 국가는 교통, 정보 및 통신과 관련하여 하부구조의 핵심부분을 마련할 뿐만 아니라 국가보조든 조세감면의 형태든 사기업들에 직접적으로 재정지원도 한다. 독일에서 대기업들의 연구개발 프로그램은 상당부분 국가로부터 특별지원을 받는다. 공적자금은 예컨대 철강, 조선 같은 위기부문만이 아니라 항공, 우주산업, 전자 같은 첨단기술 부문으로도 흘러 들어간다. 그러나 이 자금의 사용에 대해서는 공공적 통제가 행해지지 않고, 따라서 자금사용에 상응하여 투자와 생산물 프로그램, 그리고 고용에 대한 영향력 행사가 이루어지지 않고 있다. 공적자금은 사실상 자본의 가치증식조건의 개선에만 복무한다.

DGB는 이미 수년 전부터 국가의 보조금정책을 개혁할 것을 요구하고 있다. 핵심문제는, 공적자금의 투입을 가능한 한 절약하고 구조 및 고용정책적으로 보다 효과적으로 보조금을 투입하기 위해 보조금에 대한 광범위한 통제를 확립하는 것이다. 그럼으로써 국가보조는 더 이상 사적 자본의 가치증식에만 복무할 것이 아니라 사회적 필요를 지향하는 경제발전에 기여해야 한다. 5)

국가는 투자를 촉진할 뿐만 아니라 스스로 투자자로 나서고 기초자치단체, 연방주, 그리고 연방 수준에서 자신의 기업을 지배한다. 예컨대 에너지부문은 거의 대부분이 공공소유로 되어있다. 그런데 국영기업은, 국가가 단지 사적 자본가를 대신하고 있는 국영기업과, 예컨대 철도 또는 우체국처럼 공적인 위임을 받아 사회적 목표설정의 책임을 지는 국영기업으로 구분할 수 있다. 그러나 자본주의적 기업과 구별되는 공기업의 이런 성격은, 공기업들이 점점 더 강력하게 자본주의 경제원리에 종속되고 있기 때문에, 대부분의 공기업들에서 전혀 보여지지 않고 단지 퇴행적으로만 존재한다. 그러나 공기업들에 있어서 문제는, 사적 소유로부터 벗어나서 원칙적으로 사회적 목표설정의 책임을 이행하는 경제정책의 단초를 제공하는 부문이라는 것이다. 이는 공동경제(Gemeinwirtschaft)에도 해당되고, 또 그 현재 형태에 있어서는 거의 자본주의적 기업들과 구별되지 않지만, 그러나 최근에 와

---

5) 1980년에 제출된 '보조금 통제에 대한 DGB의 요구와 제안'을 참조하라.

서 자본주의 경제의 제한을 극복할 생산 및 노동형태의 단초로서 다시 토론되고 있는, 협동조합에도 해당된다. 6)

4. 소유권 문제

이미 고도로 발전된 자본주의 산업국가들이 사회화 전략을 위한, 따라서 생산에 대해 보다 커다란 사회적 영향력 행사를 위한 구체적 단초점을 제공한다는 것은 이론의 여지가 없다. 그러나 소유권 문제 자체를 무시할 수 있을 정도로 그렇게 사회화의 정도가 진전되어 있는가 하는 문제는 논란거리다. 즉 한편에서는 소유권 문제가 이미 낡은 것으로 간주되고 사회화 구상 내에서도 부차적인 것으로 간주되는 반면, 다른 한편에서는 소유관계의 근본적인 변혁이 요구되고 소유권의 몰수가 변혁의 핵심문제로 부각된다. 자본주의 생산양식이 생산수단의 사적 소유와, 그에 따른 노동과 소유의 분리에 기초하고 있다는 점에는 의심의 여지가 있을 수 없다. 고도로 발전된 자본주의에서도 이 분리는 생산과정의 조직과 진행을 위한 구성적 요소다. 생산수단의 소유로부터 생산의 관리권과 생산의 결과물에 대한 영유권이 나오는 것이다. 자본주의적으로 규정된 생산관계를 극복하기 위해서는 노동과 소유의 분리를 지양할 것이 요구되는데, 그러나 이것은 각각의 생산자가 수공업 장인의 방식을 따라 다시 자신의 생산수단의 소유자로 되어야만 한다는 과거지향적 의미는 아니다. 노동과 소유의 분리는 오히려 생산수단이 연합한 생산자의 집단적 소유로 될 때에만 지양될 수 있다. 7) 그래서 소유권 문제는 예나 지금이나 핵심적인 문제이다.

그러나 이제 고도로 발전된 자본주의사회는 실질적 경제과정에서 자본의 소유와 자본소유자 자신에게 점점 더 적은 역할이 돌아간다는 점에 의해 특

---

6) Bierbaum/Riege, Hrsg., *Die neue Genossenschaftsbewegung*, Hamburg, 1985 참조.
7) Marx, *Das Kapital*, Bd. 3, *MEW* 25, p. 453을 참조. "주식회사에서는 자본기능이 자본소유와 분리되고, 따라서 노동 또한 생산수단 및 잉여노동의 소유로부터 완전히 분리된다. 이것은 자본주의적 생산의 최고의 발전의 결과이며, 자본이 생산자들의 소유, 그러나 개별화된 생산자들의 사적 소유가 아니라 연합한 생산자들의 소유, 즉 직접적인 사회적 소유로 재전화하기 위한 필연적인 관통지점이다."

징지워진다. 그래서 많은 기업들에서 보수를 받는 경영자가 자본소유자의 자리를 대신하고 있다. 기업의 경영이 소유자로부터 분리되고 있는 것이다. 이는 특히 가장 발전된 자본주의 기업형태, 즉 주식회사에 있어 그러하다. 이미 맑스는 주식회사를 "자본주의적 생산 자체의 경계 내에서 사적 소유로서의 자본의 지양"[8] 이라고 묘사하였다.

그러나 자본소유와 경영이 분리됨에 따라 기업의 자본주의적 성격이 사라지는 것은 아니다. 예나 지금이나 자본의 가치증식으로의 강제가 기업의 행동을 지배한다. 또한 소유관계가 경영의 실천에 표현되지는 않을지라도, 그것은 무시할 수 없다. 예나 지금이나 생산위치의 이전, 폐업, 생산물 프로그램의 변경, 그리고 무엇보다 이윤영유에 대한 권한은 사적 자본소유자들에게 주어져 있다. 이처럼 처분권은 소유권으로부터 도출된다. 경영자의 처분권은 생산수단에 대한 사적 소유에 그 토대를 갖고 있으며, 경영자는 자신의 실제적인 행위를 통해 자본주의 생산양식의 법칙을 집행하는 것이다. 그러므로 소유로서의 자본과 기능으로서의 자본의 부분적인 자립화와 대립으로부터 소유권과 처분권을 분리시키고, 그 결과 소유권 자체는 더 이상 어떤 역할도 하지 못하며 단지 처분권을 제한하는 것만이 문제라고 말하는 것은 오류이고 몰개념적인 것이다. 오로지 처분권에만 시야를 고정하는 사회화구상은, 실제적인 몰수에 버금가는 것 없이 도대체 어떻게 법질서에 인정된 소유자의 영향력을 끊어내야 하는가를 스스로에게 묻지 않으면 안 된다. 노동으로부터 분리된 생산수단의 사적 소유는 자본주의 생산관계에 특징적이며, 그 중심적인 표현이다. 이 소유관계는 사회적 노동의 일층의 발전에 대한 제한을 표현한다. 비록 노동의 사회적 역량의 해방으로서 사회화가 소유관계의 변화로 환원되지 않는다 하더라도, 그 변화 자체는 모든 사회화 전략의 필수조건이다. 지배적인 사회적 생산관계로서의 사적 소유의 지양은 진정으로 사회적으로 조직된 생산을 정착시키기 위한 전제조건이다.

---

8) Ibid., p. 452.

5. 사회화와 국유화

투자, 생산, 그리고 고용의 구조에 대한 이윤의 지배를 제거하고 그 자리에 사회적 필요 지향적인 발전계획을 확립하기 위해서는, 국영기업의 실천이 보여주는 바처럼, 사적 소유를 국가소유로 대체하는 것만으로는 결코 충분하지 않다. 소유관계의 단순한 변화는 결코 충분하지 않고 그것이 저절로 생산구조의 근본적인 변경을 가지오지 않는다는 점은, 예컨대 이탈리아와 영국처럼 산업생산에서 광범위한 국가부문을 지배하는 고도로 발전된 자본주의 국가들에서의 상황 전개를 통해서도 증명된다. 오늘날은 국유화로 환원되는 그런 사회화를 실천적으로 진지하게 요구하는 사람은 아무도 없다. 그러나 국유화와 사회화를 서로 대립시키는 것도 또한 오류이다. 오히려 국유화란 사회화로 나아가는 첫걸음으로 이해되어야 한다. 국유화와 사회화는, 국유화가 소유관계의 변화를 내포하는 반면 사회화는 우선적으로 처분권의 변화를 목표로 한다는 방식으로 단순하게 해소될 수는 없는, 그런 관련하에 놓여있다. 그렇게 해소하면 마치 소유관계의 변화 없이도 처분권의 유효한 제한이 가능한 것처럼 이해되어 소유 문제의 지위가 잘못 이해되어 버린다.

사회화 요구는 소유관계의 변화를 전제하지만, 그러나 소유관계의 변화에서 사회화가 소진될 수 있다. 사회화는 노동의 사회적 역량을 해방시키기 위해 노동과 소유의 분리를 철폐할 것을 목표로 한다. 이는, 중심적인 경제적 결정들이 사회적 심급을 통해 내려져야 하고, 이윤 대신에 사회적 기준이 고려되어 결정되어야 한다는 것을 의미한다. 이것은 적어도 경제의 핵심 변수들에 대해 영향을 미칠 수 있는 방식으로 경제발전을 계획할 것을 전제로 한다.

이는 노동조합의 강령에서 **투자유도**와 **국민경제적 기본계획**에 대한 요구, 또는 금속산업노조(IG Metall)의 정관에서처럼 "핵심산업과, 시장 및 경제를 지배하는 여타 기업들을 공동소유로 가져갈 것"에 대한 요구에 표현되어 있다. 사회화의 단초는 필연적으로 철강산업과 같은 위기부문들에 놓여 있다. 왜냐하면 여기서 자본주의적 발전모델의 실패가 가장 명백하게 보여지기 때문이다. 물론 사회화 구상은 위기부문들에 머무를 수는 없고, 다른 부문들에 대해서도 발전되어야 한다. 독일의 경우에 이는 특히 자동차, 전자, 또는 화학과 같은 핵심부문들에 해당된다. 이때 기존의 공적 지원조처에 기대어서 투자와 생산결정에 대한 사회적 영향력을 관철하고 그 영향력을 증대시키며 무엇보다 실제적인 기업정책에서 이를 관철하는 것이 중요하다. 이것은 소유구조 및 그로부터 도출되는 처분권에 개입하지 않고서는 이루어질 수 없을 것이다.

여기서 상세히 서술할 수는 없지만, **금융부문**에 대한 영향력을 행사하지 않고서는 사회적 필요를 지향하는 경제발전은 분명 도모하기 어렵다. 이미 오늘날 은행들은 산업에 대한 출자지분과 신용공여를 통해 전체경제의 구조와 형성에 핵심적인 영향을 미치고 있는데, 이 영향은 직접적인 경제적 의의를 넘는 것이며 더구나 모든 민주적 통제로부터 벗어나 있다. 경제전체에 대한 금융자본과 신용정책의 의미를 감안할 때, 이 부문에 대한 일관성 있는 공적인 영향력 행사는 필수불가결하다. 이는 금융부문의 사회화를 불가피하게 만든다.

임금노동자들의 이해관계에 부응하는 경제정책을 위해 **공공부문**—이미 전개한 바처럼 사회화 전략의 틀에서 커다란 의의가 이 부문에 돌아간다—을 이용하기 위해서는 공적 결정들이 광범위하게 민주화되어야 하고 사회적 필요를 지향해야 한다.

6. 민주화

사회화는 바로 노동의 사회적 역량을 발전시키고 노동과 소유의 분리를 지양하며, "자본을 생산자의 소유로, 그러나 더 이상 개별화된 생산자의 사적 소유로서가 아니라 연합한 생산자의 소유로서, 직접적인 사회적 소유로서 재전화하는 것"9) 을 의미하기 때문에, 사회화는 광범위한 민주화를 내포한다. 사회적 생산과정에서 생산자들의 참여는 필수불가결하다. 사회화의

---

9) Ibid., p. 453.

목표는 중앙집중화도 아니고 모든 것을 지배하는 계획화도 아니며, 한편으로는 사회적 목표설정에 따른 경제의 조절을 허용하고 다른 한편으로는 가능한 한 광범위한 창발성을 가능하게 하는 그러한 기본지침들을 수립하는 것이다. 이것은, 오늘날 노동생산성의 발전으로 '필요노동'의 비중이 크게 줄어든 만큼 충분히 가능한 일이다.

이처럼 경제와 사회의 민주화가 사회화 전략의 구성요소라면, 다른 한편 생활관계의 진정한 민주화도, 사회적 계획이라는 의미에서 사회적 생산과정을 변화시키는 것과 결부되어 있다. 경제민주화에 대한 노동조합의 오래된, 그러면서도 여전히 현재적인 요구는, 경제구조 그 자체가 근본적으로 변화될 때에만 이행될 수 있다. 이러한 관련은 1920년대의 경제민주화 토론에서도 인지되었다. "현재의 자본주의에 대한 대항권력의 구상으로서 경제민주주의는 상호 규정적인 세 개의 요소, 즉 **계획화, 사회화, 그리고 공동결정**에 토대를 두고 있었다."[10] 민주화 요구의 구체적인 형상, 이를 관철시키기 위한 단초의 규정 그리고 계획화, 사회화, 공동결정 사이의 관계 규정은, 토론 그 자체가 그런 것처럼, 노동조합 강령의 변화와, 그때그때 역사적 상황과 관련한 노동조합의 실제정책의 변화에 달려 있다. 이 점은 특히, 공동결정에 대한 노동조합 요구의 중심을 어디에 놓을 것인가, 사업장 또는 기업 수준인가, 또는 무엇보다도 초기업적이고 전체경제적인 부문인가 하는 문제에 있어서 그러하다.

7. 전체경제 수준의 공동결정에 대한 DGB의 구상

2차대전이 끝난 국면에서 경제구조를 근본적으로 새로 형성하는 일에 실패한 후, 그리고 그때까지 알지 못했던 장기간의 번영으로 특징지워졌던 그 후의 경제발전과 관련하여, 노동조합의 공동결정에 대한 요구와 정책은 오랫동안 사업장과 기업수준에 집중되었다. 전체경제 수준의 계획화와 사회화에 대한 기본적인 요구는 비록 강령적 지위를 갖고 있었지만, 그러나 구

---

10) G. Leminsky, "Mitbestimmung," *WSI-Mitteilungen* 12/1983, p. 699.

체적인 노동조합 정책에 있어서는 뒷전으로 밀려나 있었다. 강령적으로 그
것은 1949년 DGB 창립총회에서 채택된 뮌헨강령을 1963년의 강령으로 대
체하는 것에서 표현되었다.

그 후 경제발전의 변화에 따라 공동결정에 대한 노동조합 요구의 구상도
바뀌게 되었다. 1966/67년 경제위기 이후 DGB 내부에서는 소수의 전문가
들에 국한되기는 했지만, 전체경제 수준의 공동결정을 둘러싼 새로운 토론
이 진행되었는데, 이는 전체경제 수준의 공동결정에 관한 1971년의 DGB
구상으로 귀결되었다. 11) 여기서 전체경제 수준의 공동결정이란 연방, 연방
주, 기초자치단체 수준에서의 경제사회평의회의 설치를 통해 여기에 노동
조합의 정보권, 자문권 그리고 협의권을 제도화하는 것으로서, 그래서 경
제정책적 거시조정정책을 가일층 형성해가는 것으로서 이해되었다. 국가의
개입 역할이 강조되었고 1967년의 '경제안정법' 속에 정식화된 전체경제의
목표 달성이 국가본연의 과제영역으로 간주되었다. 이 구상은 경제를 근본
적으로 새로 형성하는 것이 아니라, 그 근본적 조건은 문제로 삼지 않은 채
단지 경제의 진행과정에 사후교정 방식으로 개입하고자 하였다.

1970년대 경제사회 문제들의 첨예화와, 1974/75년 세계경제위기에서 명
료하게 보여지는 경제발전 전체의 변화는 이미 전체경제 수준의 공동결정
에 대한 1971년의 DGB 구상에 의문을 제기하였고 새로운 강령적 고려를 요
구하였다. 이와 관련하여 무엇보다 완전고용의 회복을 위한 1977년의 DGB
의 제안을 지적해야 하는데, 이는 1981년의 고용프로그램에서 일층 구체화
되었다. 특히 1980년대 초 급속하게 확대되는 실업과 경제의 침체경향이 노
동조합 내에서 경제와 사회의 형성방식에 대한 토론을 심화시켰다. 이는 공
동결정에 대한 토론과 강령에서도 표현되었는데, 여기서 초기업적 공동결
정에 대한 요구가 무게를 얻어갔다. 이것은, 예컨대 철강석탄 공동결정처
럼 기업수준에서 상당한 정도로 나아간 공동결정 구상조차도 누적되는 구
조적 경제문제들을 해결할 수 없다라는 배경 하에서 이해될 수 있다. 전체

---

11) *Gesamtwirtschaftliche Mitbestimmung—unverzichtbarer Bestandteil einer Politik zur
Lösung der wirtschaftlichen und gesellschaftlichen Krise*, DGB-Schriftenreihe Mitbestim-
mung Nr. 6, Düsseldorf, 1984에 부록으로 재수록되었다.

경제 수준의 공동결정에 대한 1971년의 DGB 구상은 현재화되어야만 했다.

1984년의 구상에서 전체경제적 공동결정에 대한 요구는, 작업장으로부터 기업을 거쳐 전체경제에 이르는 모든 수준과 관계되는 매우 포괄적인 공동결정 구상의 요소가 될 뿐 아니라 또한 경제 및 구조정책에 대한 노동조합의 대안과 직접 관련되어 있다.[12] 이것에는 질적 성장을 가속화하고 사회적 기준에 따라 기술발전을 도모하도록 이미 기획된 조처들을 관철하는 데 기여해야 한다는 과제가 부여된다. 노동시장의 불균형, 부문 및 지역의 불균형은 조기에 명확히 해야 하고 이에 상응하는 국가의 대응조처들이 취해져야 한다. 경제예측은 전문가의 평가를 받고 국가의 조처들은 보다 잘 조정되어야 한다.

전체경제적 공동결정의 제도적 확립과 관련해서는 기본적으로 1971년의 구상을 유지한다. 즉, 연방, 연방주, 기초자치단체 수준에서, 한편으로는 사용자 및 기업단체 대표들과 다른 한편으로는 임금협약권한을 갖는 노동조합들의 상급단체들로 구성되는, 노자 동수의 경제사회평의회(SWR)의 설치를 요구한다.

연방 및 연방주 수준의 경제사회평의회의 주요 권리로는 다음과 같은 것이 귀속되어야 한다.

- 설문조사권, 즉 설문조사를 실시하게 할 권리.
- 정보권과 청문권. 즉, 연방장관(및 상응하는 연방주 장관) 또는 그 대리인과, 연방(또는 연방주) 고위부서의 부서장, 그리고 공법의 적용을 받는 법인체와 시설의 경영자가 각각 상응하는 경제사회평의회 또는 그 산하 위원회에 정보를 제공하고 이 위원회의 청문에 응하기 위해 출석해야 할 의무.
- 법안발의권
- 경제사회평의회의 소관업무와 관계되는 주요문제 및 법률초안에 대한 입장표명과 평가서 작성의 권리.

연방과 연방주 수준의 경제사회평의회는 지역 경제사회평의회를 통해 보

---

12) 제도화는 경제**사회**평의회의 설치와 관계 있는 것이지만, 이미 1971년의 구상에서처럼 여기서도 사회정책과의 관련은 상세하게 정식화되고 있지 않다.

완되어야 하는데, 이는 동시에 정치적, 행정적 구조의 변경에 대한 요구와 결부되어 있었다. 예컨대 상공회의소 같은 공법적인 기관에 의해 지금까지 대표되었던 기능들이 지역 경제사회평의회로 이전되어야 한다. 그럼으로써 기존의 상공회의소는 공법적 기관의 지위를 상실할 것이다. 물론 지역 경제사회평의회로 예상했던, 경제전체적 공동결정에 대한 그러한 제도적 규정들을 관철하기 위해서는 독일에서 정치적 힘관계가 크게 변화할 필요가 있다. DGB는 지역, 연방주, 연방 수준에서 경제사회평의회보다 훨씬 적은 권한을 갖는 **구조평의회**의 설치를 요구함으로써 이 문제를 고려하고자 한다. 이때 구조평의회는 각급 정부에서 자문기관으로서 이해되며, 다음과 같은 권한이 주어져야 한다.

- 경제발전, 특히 구조정책적 발전과 그 결과 그리고 계획하고 있는 조처들과 관련된 정보권.
- 이에 상응하는 입장표명의 제출과 공표의 권리.
- 전문 자문인력의 고용과 외부 전문가를 초빙할 권리.

경제사회평의회 또는 구조평의회에 대한 요구에서 표현되는, 전체경제적 공동결정에 대한 DGB의 요구는 총체적으로 국가의 경제정책적 결정과 조처에 대해 영향력 행사를 강화할 것을 목표로 한다. 그때 전체경제 수준의 공동결정은 무엇보다도 통제기능을 갖는다. 그러나 이것은 본래의 의미에서의 공동결정의 문제도 아니고 공동결정이 실행되는 것도 아니다. "문제는 공동결정에의 참여가 아니라 노동자들을 위한 공적인 논쟁의 장을 개선하는 일이다."13)

전체경제 수준의 공동결정에 대한 노동조합의 요구는 강력하게 제도지향적이다. 그에 반해 경제흐름의 문제 자체와 경제관계의 필요한 변화는 오히려 뒷전으로 밀려나 있다. 이것은 의심할 바 없이 하나의 약점을 나타낸다. 왜냐하면 진정으로 사회적 생산이라는 의미에서의 경제발전의 변화된 토대 위에서 비로소, 노동조합의 제도화된 통제 및 자문기능들이 경제사회정책

---

13) Detlef Hensche, *Mitbestimmung und Interessen—Aufgaben, Möglichkeiten und Grenzen gesamtwirtschaftlicher Mitbestmmung. Thesen.* Vervielfältiges Manuskript, Köln, 1985.

의 결정 시에, 노동자들의 노동 및 생활관계 지향적인 정책을 형성한다는
의미에서 실제적인 실현 기회를 갖기 때문이다. DGB 구상에서 전체경제
수준의 공동결정은 경제와 사회의 광범위한 민주화를 목표로 하기 때문에,
이는 경제의 사회화 전략과의 관련에서 비로소 완전한 효과를 낼 것이다.
전체경제 수준의 공동결정과 사회화는 상호 규정적이다.

8. 미래전망적 구조정책과 전체경제 수준의 공동결정

전체경제 수준의 공동결정에 대한 1984년의 구상은 전체경제 수준의 공
동결정과 미래전망적 구조정책을 결합시킨다는 점에서 1971년의 구상에 비
해 명백히 진일보한 것이다. 이때 양자를 포괄하는 고리는 "완전고용의 회
복과 사회적 필요의 충족에 최우선 순위를 두는 노동지향적 경제정책"14) 에
대한 요구다. 미래전망적 구조정책에 대한 요구의 내용 자체도 변화되었
다. 이 정책은, 우선 여러 정책들 중 하나의 정책영역으로 이해되었지만,
이제는 포괄적 개념의 성격을 갖게 되는데, 그 개념에서는 "질적 성장을
가속화하고 생산력 발전을 사회적으로 통제하기 위해서는 사적, 공적 투
자와 기타 경제정책 및 노동시장정책의 조처들이 (하나의 전체로 결합될)
수 있고 또 (결합되어야) 한다."15) 사회적 필요의 충족을 지향하는 경제발
전과, 질적 성장, 환경보호, 그리고 생산력 발전의 사회적 통제에 대한 노
동조합 요구의 이행을 위해서는 전체 생산과정에 대한 포괄적인 사회적 조
절이 요구되고 국민경제의 광범위한 개혁이 필요하다는 점이 여기에 표현
되어 있다.

미래전망적 구조정책과 관련하여 요구되는 개입의 범위와 구체적 형상에
대해 노동조합 내에는 여러 견해가 존재한다. 예컨대 다음과 같은 견해가
대변된다. "미래전망적 구조정책을 위해 …현재의 경제정책 수단은 (구조
정책보고를 예외로 하면) 충분하다. 새로운 수단들은 필요하지 않다."16)

---

14) 1982년 제12차 DGB 정기연방총회의 85번 제안.
15) *Gewerkschaftliche Mitbestimmung*…, op. cit., p. 59.
16) A. Pfeiffer, "Vorausschauende Strukturpolitik durch gesamtwirtschaftliche Mitbestim-

이 견해에서는 경제발전의 포괄적인 형성이 목표가 아니다. 여기서 목표는 "시장경제의 자기조절과, 연방국가 및 여타 지역법인의 모든 수준에서의 기본계획을"[17] 결합하는 토대 위에서 미래의 발전으로부터 발생할 위험을 줄이고 긍정적인 기회를 확보하는 데 있다. 이 경우 미래전망적 구조정책은 본질적으로 경제예측의 개선, 자발성의 포착, 투명성 확보, 그리고 국가조처들의 조정의 개선으로 축소된다. 그럼으로써 기본적으로는 낡은 거시조정정책을 근본적으로 변화시키지 않고 다만 개선한다는 것이다. 그러나 이 견해는 경제발전의 실질적인 진행과 충돌하고, 또 자본주의 축적과정이 전체적으로 정체에 빠졌으므로 경제사회적 문제의 해결을 위해서는 경제정책의 근본적인 새로운 지향이 필요하다는 점을 인식하지 못한다. 기본적으로 이런 구상은 언제나 이미 존재하는, 그러나 오늘날까지 어떤 물질적 토대도 지니고 있지 못하는 '혼합경제'의 관념을 따르는 것이다.

다른 한편, 노동조합 측으로부터는 사회화까지 이르는, 경제과정에 대한 깊숙한 개입이 요구되고 있다. 이는 특히 철강과 조선 같은 전통적 산업부문의 문제들과 관련하여 중요하다. 금속산업노조는 명시적으로 철강산업의 사회화를 요구한다. 이 요구는, 다른 방식으로는 철강산업지역에서 이성적이고 미래보장적인 노동시장정책과 구조정책이 가능하지 않은 것처럼 그렇게 철강노동자들의 이해관계에 부응하는 경제사회정책은 다른 방식으로는 가능하지 않다는 의식에서 제기되는 것이다.[18] 사회지향적 산업정책의 전제조건으로서 사회화 요구는 금속산업노조에 한정되어 있지 않고 DGB로부터도 제출되었다.[19] 나아가 바로 DGB의 대표자들에 의해 경제발전을 위한 중요한 의미가 공공부문에 주어지고 있다.[20]

---

mung,″ in *Gewerkschaftliche Monatshefte*, 10/82, p. 125.

17) Ibid., p. 623.

18) *Stahlpolitisches Programm der IG Metall*, IGM-Vorstand, 1985를 참조.

19) 예컨대 Siegfried Bleicher, ″Krise und Krisen- bewältigung″ 참조. "철강 및 조선산업의 사회화와, 생산능력 감축의 통제 및 새로운 분업질서를 위한 국가적 지원은 이러한 조처들을 통하여 지역의 산업구조를 유지하고 국민적으로 포기할 수 없는 생산능력을 확보하기 위한 질서정책의 우선적인 주요 수단이고 과제다."(p. 141)

20) S. Bleicher, op. cit., p. 142 참조. "또한 국영기업으로서 직접적으로 공적 통제 하에 놓여 있는 독일연방철도와 독일연방우체국에도 질서정책과 구조정책상 핵심적인 기능이 주어진다. 환경보호의 관점에서도, 국민경제의 현대화의 관점에서도, 국민경제의 장래의 하

노동조합의 영역 내부에서의 상이한 입장들로부터, 어떤 수단이 미래전망적 구조정책에 투입되어야 하는가, 그 투입은 구체적으로 어떻게 행해져야 하는가, 그리고 어떤 단계들에서 경제발전에 대한 목적의식적인 사회적 조절이 달성될 수 있는가에 대한 노동조합의 토론을 일층 강화할 필요가 있다는 점이 명백해진다. 또한 무엇보다도, 지역과 부문의 구조문제를 해결하기 위한 이제까지의 시도들의 한계가 점점 더 분명하게 나타나기 때문에, 노동조합의 토론을 확대하고 강화하는 것은 필연적이다. 그때 경제민주화와 사회화는 결코 양자택일의 정책구상이 아니라 포괄적인 사회개혁전략의 체계적으로 연관된 구성부분들을 표현한다.

9. 관철의 문제

대량실업, 사회보장 해체, 환경파괴, 그리고 사회적으로 통제되지 않는 기술 문제를 안고 있는 현실의 경제적, 사회적 발전으로 경제와 사회의 근본적 재편은 객관적으로 필수적인 과제로 되고 있다. 그러나 대안적 발전모델을 관철하기 위한 정치적인 조건은 극히 열악한 상황이다. 지역과 부문의 구조재편에 대한 모든 사회적 조절에 반대하는, 또 동시에 지역과 전체경제 수준에서 어떤 형태의 경제민주주의 구조의 설치에도 반대하는 기업진영과 보수주의-자유주의 정치가들의 대대적인 저항은 이런 상황을 명백히 보여준다. 이러한 정치적 힘관계에 직면하여 노동조합은 "제도적인 참여권의 확대와 일층의 공동결정기관(경제사회평의회, 구조평의회)의 설치라는 의미에서 경제정책에 대한 공동결정의 확대를 요구하는 것**만**으로는 더 전진하지 못할 것이다. …경제정책에서 제도적인 참여형태들을 관철하기 위해서는 우선 노동조합의 투쟁을 통해 물리적인 영향력 행사를 단계적으로 확대하는 것이 필수적이다. 다시 말해 노동조합은, 후에 이를 제도적인 참여형태로 전화시킬 수 있기 위해서는 먼저 구조와 부문정책에서 물질적인 공동

부구조 발전에 대해 이 두 국영기업이 행하는 특별한 역할에 의해 사회국가적 정책에 전략적 유도수단들이 보장되는데, 따라서 민영화와 탈국유화 조처를 통한 이 수단들의 파괴는 모든 수단을 동원하여 저지해야 한다."

결정의 가능성을 쟁취해야 한다."21) 나아가 경제민주화와 미래전망적 구조
정책 또는 사회화에 대한 요구를 관철하기 위해서는 조합원들 사이에 보다
확고한 뿌리를 내릴 것이 필요할 뿐 아니라 종속적 임금노동자들 자체 내에
서 구조조정의 목표와 수단에 대한 기업과 부문을 포괄하는 광범한 합의가
형성될 것이 요구된다. 그러한 합의는 개별지역의 발전구상 또는 (에너지,
교통 등) 개별 부문의 발전구상을 만들 때 결코 처음부터 주어져있는 것이
아니다. 기업수준과 초기업 수준의 노동조합정책을 서로 결합하는 것은 특
히 중요한데, 왜냐하면 그렇게 해서만 임금노동자들의 직접적인 이해에 연
관될 수 있기 때문이다. 그러나 그러한 결합은 기업이기적인 입장을 극복하
고 상이한 부문에 종사하는 임금노동자들의 상이한 물질적 생활상태를 고
려하며 또 구조조정의 조처로 개별 노동자 그룹에게 발생하는 문제들을 수
용할 것을 요구한다. 이는 특히 환경훼손적 생산을 제한 또는 중지시킨다든
가 구조정책과 고용정책상 실패한 대규모 하부구조프로젝트에 대한 대안을
개발할 때 명백해진다. 예를 들면 부쉬하우스 발전소(Kraftwerk Buschhaus)
의 가동과, 돌라르트 항만(Dollart-Hafen) 또는 라인-마인-도나우 운하
(Rhein-Main-Donau-Kanal)의 건설을 둘러싼 논쟁이 이를 보여준다. 대안
구상은, 구조정책적 개입과 결부된 결과들이 구체적으로 포착되고, 예컨대
대체 일자리 창출을 통해 그 해결책이 개발될 때만 관철될 수 있다.

경제민주화, 전체경제 수준의 공동결정, 그리고 임금노동자들의 노동 및
생활조건 개선을 지향하는 경제발전에 대한 노동조합의 요구에 전망을 제
공하는, 사회화전략의 관철은 또한 노동조합 정책 자체의 변화를 전제한
다. 미래전망적 구조정책의 목표, 형상, 그리고 투입되는 수단들에 대한 토
론을 집약시킬 것이 요구된다. 이 토론은 '노동의 미래'에 대한 근본적이고
강령적인 토론과 결합될 수 있다. 그러나 노동조합 자체의 생존과 관련되는
이런 문제에서 걸음마 단계도 넘어가지 못했다면, 이런 점에서 노동조합의
토론과정은 아직도 명백한 결손을 보여준다. 특히 지역 수준에서 기업들과

---

21) J. Welsch, "Gewerkschaftliche Ansätze überbetriblicher Mitbestimmung in der
Struktur—und Branchenpolitik—Offene Fragen und Perspektiven (Thesen)," in
WSI-Arbeitsmaterialien 7, 'Aspekte der Mitbestimmung,' Düsseldorf, 1985, p. 203.

부문들 사이에 노동조합 내부의 상호이해를 강화할 것이 요구되었다. 또 폐업에 맞선 노동조합의 활동과 관련하여, 생산전환과 관련하여, 그리고 지역과 부문의 발전구상에 대한 양해 시에 획득된 경험들을 개념적으로 일층 발전시킬 것과, 그로부터 전개되는, 기업수준 및 초기업 수준의 노동조합 정책들과 정치적 대안구상을 맞물리게 할 단초점들을 일층 발전시킬 것도 요구된다. 22) 이는 또한 공기업의 재조직과, 이것을 목적의식적인 공공적 고용정책과 연계하는 문제와 관련하여 이미 발전된 단초들에 대해서도 동일하게 해당된다. 23)

나아가 노동조합 내부의 조정과 상호이해를 구축하는 것을 뒷받침하는 조직구조, 예컨대 지역 수준의 구조정책 작업그룹이라든가, 사회보험 영역의 자치기관들과 다양하게 존재하는 공동결정의 수준 그리고 위원회 사이에 조정을 도모하기 위한 다양한 단초들도 일층 발전되어야 한다. 조직정치적으로 보면, 이는 기업수준에 중점을 두어온 지금까지의 정책에 대한 필수적인 보충으로서 전반적으로 노동조합 정책의 지역지향성을 강화하는 것을 의미한다. 이는, 단체협상 투쟁과 폐업반대 투쟁에서 찾아낸 노동조합의 연대적 행동에 대한 단초들에 대해서도 동일하게 해당된다.

---

22) 이 점에 관해서는 G. Lobodda, "Das Recht auf Arbeit verwirklichen. Möglichkeiten und Grenzen einer arbeitsorientierten Regional-und Strukturpolitik zur Sicherung der Arbeits-und Lebensverhältnisse," in S. Bleicher, op. cit., p. 90ff.; IG Metall-Vorstand, *Stellungnahme zum Initiativantrag No. 4 des 14. Ordentlichen Gewerkschaftstages der IG Metall—Kampf gegen Arbeitsplatzvernichtung*, Frankfurt, 1985를 참조하라.
23) 이에 관해서는 베를린 주의 여러 소유기업들에 대한 공공운수노조(ÖTV) 베를린 지부 지도부의 일련의 문건들과, 지역구조분석을 위한 Hans-Böckler 재단의 전문가 토론회 (1985년, Bonn)에서 제출된 '공기업의 전망'에 대한 K. Lange와 C. Landerer/D. Röhricht 의 발제문을 참조하라.

철강산업의 사회화
―'금속산업노조의 철강정책 강령'의 핵심요소[*]

루돌프 유디트 · 위르겐 페터스
김성구 옮김

금속산업노조(IG Metall) 중앙집행위원회(Vorstand)는 1985년 4월 '철강정책 강령'을 만장일치로(!) 통과시켰다. 그 강령은 출발상황을 철강부문의 위기라고 기술하고 있다. 그리고 위기에 처한 철강부문의 조건들을 변화시키기 위해서 무엇을 해야만 하는지에 대한 답변들을 담고 있다. 문제는 피고용자들과 일자리에 관한 것이다. 그리고 철강산업입지와 전체 지역에 관한 문제이다. 그 강령은 전혀 새로운 것이 아니다. 새로운 점이 있다면, 금속산업노조가 철강산업의 사회화(Vergesellschaftung)에 대한 신념을 분명히 밝히고 있다는 것이다.

1. 강령토론―살아있는 민주주의의 예

'철강정책 강령'의 대부분은 기존의 것을 수정, 보완한 것일 뿐이다. 금속산업노조는 1983년 초 이미 이 부문의 구조정책에 대해 철강정책에 관한 생

---

* Rudolf Judith/Jürgen Peters, ″Vergesellschaftung der Stahlindustrie―Ein Kernelement des 'Stahlpolitischen Programms der IG Metall'″, in Heiner Heseler/Rudolf Hickel, hrsg., *Wirtschaftsdemokratie gegen Wirtschaftskrise*, VSA-Verlag, 1986, pp. 42-57.

각들을, 철강산업에서의 구조정책에 대한 금속산업노조의 요구로서 발표한 바 있다. 1) 이미 보여준 입장이나 결의들과 마찬가지로, 철강위기를 순전히 사적경제적 방식으로 해결하는 것을 금속산업 노조가 거부하고 있는 점은 분명했다. "말 그대로 사태가 극적으로 첨예화되기 때문에, 철강기업들에 영향력을 행사할 수 있는 온갖 가능성에 대해 다시 생각해보는 것이 불가피하다. 이것은 소유관계의 변화도 함께 포함한다."

소유 문제에서의 입장이 여러 가능성들을 허용했지만, 마찬가지로 모든 것을 열어두었다. 국가나 여타 공공법인체를 통해 철강공장들의 소유를 직접 인수하는 것은 배제되지는 않았지만 또 추구되지도 않았다. 철강기업에 직접적인 영향력을 행사할 수 있기 위해서는 철강산업에 필요한 금융지원이 지렛대가 되어야 했다. 왜냐하면 결국 권력과 영향력이 중요하기 때문이다. 문제는 기업정책이다. 한 기업의 영업정책은 그 목표설정에 확정되어 있어야 한다. 그리고 그것은 우리의 경제질서에 있어서는 결국 소유권을 통해서만 그러하다.

아르베드 자르쉬탈(ARBED Saarstahl)의 예는 건전한 소유구조가 없는 기업이 황폐하게 되는 상황을 보여준다. 아르베드 룩셈부르크(ARBED Luxemburg)는 법률적 소유자이지만, 소유자의 기능을 대표할 수 없다. 실제의 소유자는 국가인데, 그러나 국가가 소유자의 역할을 실제로 떠맡지는 않는다. 이는 지탱될 수 없는 상태이다.

더욱이 구(舊) 강령에는 공적 지원들이 철강기업들에 대한 직접적인 자본출자로서 승인될 수 있다고 적혀있다. 따라서 버려지는 보조금이나 대부금으로서 금융보조가 주어질 수는 없다.

1977년 금속산업노조의 입장은 보다 명백했다. 철강회의2)에 제출된 결의문에는 다음과 같이 적혀있다. "거대합병까지도 포함한 시장경제적 방법을 동원해 제철 및 철강산업의 상태를 정상화하겠다는 연방공화국의 몇몇 기업들의 생각은 노동자들의 부담만 될 것이다.

제철 및 철강산업을 공동소유로 가져가는 것이 해결책 자체는 아니다.

---

1) 1983년 3월 14일 금속산업노조 중앙집행위원회의 결의.
2) 1977년 5월 27일 Dortmund.

철강의 주문이 이를 통해 증가하지는 않을 것이다. 하지만 일자리를 유지한다는 보다 높은 목표 때문에 특히 구조가 취약한 지역들에서는 이런 조처가 사적경제적 해결책들보다 선호될 수 있다.

피고용자들의 사회적 이해를 고려하면서 계획적 조처를 통해 불가피한 개편들이 보장될 수 있다."

1983년 강령에서 정식화된 길이 노선이탈로 간주되었지만 충분하다고 여겨지지는 않았다. 철강기업들의 많은 노조 간부의 생각은, 더욱 첨예화되는 위기를 맞아 종속적인 피고용자들의 이해가 기존의 소유구조 하에서는 더 이상 유지될 수 없다는 것이었다. 이 점은 금속산업노조의 강령에도 언급되어져야 했다. 이 견해에 따르면, 철강기업들의 사회화만이 오래 전부터 자꾸 강조된 금속산업노조의 원칙을 보장해주는 것이었다.

노동자 지향적인 철강정책은 다음을 목표로 해야 한다.

─철강산업입지 보장

─사회적 신분상태의 보장

─대체 일자리의 창출

이런 숙고들이 공장들에서의 일상적 경험을 통해 이루어졌다. 시간제노동, 인원감축, 지속적인 성과압박, 합리화, 공장폐쇄 등이 1975년 이후 위기가 심화되고 있는 부문에서 보여지는 모습이었다. 숙련저하와 결합된 빈번한 그룹재편과 작업재배치, 일자리 상실에 대한 불안 그리고 앞날에 대한 지속적인 불안정 때문에, 기업들에 의해 항상 찬양되는 시장경제에 대한 믿음은 지속적으로 흔들리게 되었다.

유럽석탄철강공동체(EGKS) 결성 이후 철강산업에서 시장경제적 원리가 제한적으로만 적용되고 있음에도 불구하고, 시장경제 이데올로기는 언제나 다시 위력을 발휘하곤 한다. 마치 이 부문의 문제들이 오직 그런 식으로만 제압되어질 수 있기라도 한 것처럼 말이다. 철강산업은 제한된 시장 메커니즘의 조건들 하에서 잘 살아남았다. 과거에는 엄청나게 큰 이익을 목표로 삼을 수 있었다. 그리고 1974년만 해도 그 세계는 나무랄 데 없이 잘 돌아가는 것처럼 보였다.

그 후 철강시장의 상황이 급작스럽게 악화되었다. 1975년 이후 위기가 첨예화되었다. 수많은 철강기업들에서 경종이 울렸다. 몇몇 기업의 종업원 전체가 한번 이상, 말 그대로 '퇴출' 직전에 있음을 보았다. 거대철강자본들의 파멸적인 가격경쟁 속에서 어떤 수단이건 적절한 것이었다. 점점 더 줄어드는 판매수입 상황에서 시장점유율을 위한 투쟁은, 철강기업들이 서로 대립하는 투쟁으로 모습을 바꿔갔다. '강자의 권리'라는 정글의 법칙들이 모든 경제적 이성보다 우선했다. 철강산업입지 전체가 파멸 직전에 있었다. (그리고 여전히 파멸 직전에 있을 수 있다.) 철강산업의 위기는 지역들의 위기가 되었다. 그 분명한 예를 자르란트(Saarland) 주가 보여준다.

철강산업입지의 노동자들은 자기들 방식으로 저항했다. 시위를 통해 그들은 자신들의 처지에 대해 주목을 끌려고 시도했다. 도르트문트(Dortmund)나 비텐(Witten), 에쎈(Essen)과 하팅겐(Hattingen), 파이네(Peine)와 잘츠기터(Salzgitter), 두이스부르크(Duisburg), 푈클링엔(Völklingen), 게오르크스마리엔휘테(Georgsmarienhütte), 그리고 오버팔츠(Oberpfalz) 등 거의 모든 철강산업입지들에서 노동자들이 길거리로 나섰다. 일자리를 계속 없애나가겠다는 위협과 철강산업입지를 없애겠다는 위협에 대항하여 그들은 정치가들에게 무엇인가를 해줄 것을 요구했다. 그들은 자신들의 일자리를 보장해줄 것과, 그와 함께 자신들의 경제적 생존을 보장해줄 것을 요구했다. 그들은 철강산업입지를 보장해줄 것을 요구했다. 위기에 대한 쓰라린 인식으로부터 철강산업의 사회화에 대한 외침은 거의 희망에 찬 외침 같은 것이었다.

수많은 조합원 회합, 사업장 회합, 노조간부 회의 등에서 격렬한 토론이 벌어졌다. 옳은 길에 대해, 중·장기적으로 추구되어져야 할 목표들에 대해 토론이 벌어진 것이었다. 이념들이 만들어졌고, 사상들이 다시 배척되었다. 이런 저런 길에 대해 많은 것이 모색되었다.

1983년 10월 뮌헨(München)에서 열린 금속산업노조 전국대의원대회에 철강산업입지들에서 온 수많은 제안들이 제출되었다. 그 제안들의 목표는, 소유문제에 대한 금속산업노조의 철강정책적 고려들을 보충하거나 보다 정확하게 규정하는 것이었다. 명확한 규정을 원한 것이었다. 수많은 토론발언들에서 소유관계 변화의 필연성이 이 부문의 위기현상에 대항할 본질적인 전제조건으로서 근거를 갖게 되었다. 이론적인 논증들이라기보다는 오히려 철강산업의 사회화 요구의 필연성에 대한, 폐부를 자극하는 실제 예로서, 흥미 있는 토론발언들이었다. 전국대의원대회는 그 논증을 따랐다. 독일노동조합동맹(DGB)에서 가장 큰 산업노조의 최고기관이 거의 만장일치로 철강산업의 사회화를 목표로 설정했다.

중앙집행위원회는 철강정책 이념들을 이런 원칙적인 방향설정을 통해 일층 가공하였다. 새 강령은 1985년 3월 19일 특별히 그 문제 때문에 소집된 철강회의에서 표결에 붙여졌다. 그 강령은 거의 만장일치로 채택되었다. 노동조합 정책의 발전에 있어서 역사적인 사건은 아닐지라도 확실히 의미 있는 사건이었다.

금속산업노조의 철강정책 강령은 사회적으로 의무가 지워지는 철강정책이라는 원칙에 따라 이루어졌다. 그 원칙 하에서 무엇이 이해될 수 있는가는 철강정책 원칙들에 다음처럼 요약되어 있다.

- 철강지대들에서 고용의 보장
- 노동자들의 사회적 지위 보장
- 철강산업입지의 유지
- 노동조합들의 결정적인 영향력행사가 가능한 위에서 철강산업의 사회화
- 수준 높은 공동결정의 유지와 확대
- 완전한 임금보전 하에 노동시간의 지속적 단축

금속산업노조의 강령은 결코 단순히 요구사항들의 목록이 아니다. 위기에 처한 이 부문의 조절을 노조가 어떻게 상정하는지 상세히 서술되어 있다.

단기적으로 금속산업노조는 모든 철강기업들의 생존을 보장해줄 것을 요구한다. 이 요구는 우선 연방정부에 하는 것인데, 물론 관련 연방주들에도 해당된다. 유럽공동체(EG) 내에서의 반(反)위기조처들3) 은 계속되어야 한다. 적어도 과잉생산능력이 시장에서 또 다시 무질서로 나아가는 한은 그러

---

3) 유럽석탄철강공동체조약에 따르면 유럽 집행위원회는 석탄과 철강 부문의 만일의 위기에 대해 여러 조처, 즉 수량제한, 가격명령, 수입제한 등의 조처를 취할 의무가 있다. 반위기조치들을 취하기 위한 전제는 정치적 결정들인데, 이는 가맹국가들의 거부권에 의해 부분적으로 저지될 수 있다.

해야 한다.

'희생의 평등' 원칙에 따르면, 모든 철강기업들에서의 생산은 유럽공동체 집행위원회의 조처에 따라 감산되어야 한다. 어떤 기업도 자신에게 할당되는 생산량 이상을 생산해서는 안 된다. 약정된 영역 외부에서 제공되어질 수 있는 철강의 양은 예외이다. 수량제한에는 가격조처(최저가격 및 기준가격)와 수입통제 체계가 수반되어야 한다.

현재의 철강시장 상태는 이 부문의 실제적 상태를 속이고 있다. 주문상태는 현재 만족스러울 만큼 좋다고 판단된다. 그렇지만 중장기적인 전망은 앞으로 어둡다. '철강의 일반목표들'4)에 따르면, 1990년까지 유럽공동체에서 철강시장은 단지 연간 1억2천만 톤의 생산량 수준으로 발전할 것으로 가정된다. 이것은 유망한 가정이다. 불리한 가정에 따르면 연간 1억3백만 톤의 생산이 가정된다. 비교를 위해 본다면, 1984년 철강은 연간 1억2천만 톤이 생산되었다. 그러나 유럽공동체 국가들의 생산능력은 훨씬 더 높은 상태에 있다. 유럽공동체의 평가에 따르면 연간 1억6천만 톤 이상이다. 스페인과 포르투갈의 가입으로 일층의 과잉생산능력을 갖추게 되었다.

과잉생산능력 문제는 따라서 아직도 한동안 철강산업의 중심적인 문제로 남을 것이다. 철강이 생산되고 판매될 수 있는 것보다 생산능력이 훨씬 높은 한, 금속산업노조의 견해에 따르면, 노동자들에게 유리하도록 생산, 가격형성, 공급의 흐름에 정치적으로 개입하는 것이 필요하다.

중·장기적으로 철강산업의 새로운 질서가 요구되었다. '철강정책 강령'은 이 부문이 처한 위기상황에 대한 금속산업노조의 원칙적 답변이다. 이것은 시장경제적 원리들에 따라 철강산업의 새로운 질서를 강제하려는 시도들에 반대한다. 이것은 고용주들과 그들 단체들의 전략과 구분된다.

금속산업노조는 강령에서 '철강산업의 사회화'를 핵심사항으로 요구한다. 이때 노조는 "미래의 기업정책에 대한 노동조합의 결정적인 영향력 행사가 가능한 위에서"라고 특별히 강조하고 있다.

---

4) '철강의 일반목표들'은 유럽공동체 내에서의 철강시장 발전, 생산능력, 고용 등에 대한 중·장기적인 예측이며, 공동체에 참가한 철강 생산자들, 철강 소비자들, 철강 노동자들과의 협의 후에 유럽공동체 집행위원회에 의해 간행된다.

2. 사회화는 국유화와 동일한가?

철강산업의 국유화(Verstaatlichung)가 아니라 사회화가 요구된다. 이것이 금속산업노조가 항상 주의를 환기시키는 중요한 차이이다. 공장들이나 산업부문의 국유화에 반대하는 근거로 재차 동원되는 부정적인 예들이 있다. 특히 '자유기업'의 옹호자들은 지치지 않고 온갖 말을 동원하여 국유화 이념에 반대할 것이다. 생산수단의 사적 소유에 대한 이 맹렬한 옹호자들이, 자신들이 그로부터 어떤 이득을 얻어낼 수 있을 때는, 국유화된 기업에 대해 어떤 이의도 없거나 있다 해도 미미하다는 것은 흥미로운 일이다. 그래서 공공서비스의 특정 영역들은 전혀 논란의 여지가 없다. 예를 들면 우체국과 철도의 특정한 영역들이 그러하다. 이익이 전혀 없거나 미미하게만 이익이 날 때, 국가는 성과를 제공하고 위험을 감수해야 한다. 이익이 손짓하는 곳에서 '사기업들'은 '먹이통'에 다가서려 한다.

국유화된 기업들을 매우 세심하게 구별하는 것은 확실히 필요하다. 또 철강산업을 국유화한 나라들도 세심하게 구별해야 한다.

국유화된 영국 철강산업의 노동자들은, 국유화되지 않은 산업의 노동자들이 처한 상태와 어떤 본질적인 차이도 느끼지 못했음이 확실하다. 보수적인 정부에 의해 국유화된 기업에서 노동자들에 대항하여 감행된 행동들은 흔히 사적 소유자들의 행동들과 구분되지 않는다. 종종 국유화된 공장들은 보수적 정부 하에서 심지어 부정적인 모범을 보여주는 역할마저 떠맡는다. 연방소유의 잘쯔기터(Salzgitter AG)에서 노동자측에 의해 가져와진, 주주총회에 대한 감사회의 결의를 다수파 주주가 폐기했을 때, 정말 어떤 진보적인 기업정책도 보여지지 못했다. 광산공동결정의 역사에서 그때까지 유일무이한 사건이었다. 사적 소유자들은 그때까지 노동자와 노동조합들에 대해 그런 모욕을 감행하지 못했었다. '국유화된' 기업이 부정적인(!) 사례를 만든 것이다. '국유화' 개념은 그 때문에 신용을 많이 잃었다.

그럼에도 불구하고 노동자들과 노동조합은 기민당(CDU), 기사연(CSU), 자유당(FDP)으로 이루어진 보수적 정부의 민영화 계획에 저항할 것이다. '철강산업의 구조정책에 대한 요구'에서 그에 대해 상세하게 설명되었다.

"이와 관련하여 잘쯔기터 콘쩨른의 부분들에 대해 말해지고 있는 바와 같은, 연방기업들의 민영화에 대한 고려는 노동자들과 노동조합을 자극하는 것으로, 그리고 국가의 사회국가적 의무와 첨예하게 대립되는 것으로 지적되어야 한다."

독일연방공화국(서독-역자)의 국유화된 기업들에서는 국유화되지 않은 기업들에서보다 노동자들에게 보다 이익이 되는 정책을 위해 영향을 미칠 수 있는 가능성이 더 많이 제공된다. 노동자들은 자신들의 정당한 이익을 관철시키기 위해 기업들 차원 외에, 종종 효과적인 또 다른 기반, 즉 정치적 차원을 갖는다.

늘 인용되곤 하는 온갖 부정적인 사례에도 불구하고 다른 예들도 있다. 국유화된 오스트리아 철강산업을 부정적인 사례로 진지하게 인용하려는 사람은 아무도 없을 것이다. 또는 유럽공동체의 다른 국가들의 국유화된 철강산업도 인용하려 하지 않을 것이다. 국유화라는 개념은 따라서 아직 명확성을 충분히 제공해주지 못한다. 국유화 개념은 내용들, 즉 기업정책의 목적과 방법들에 대해 여전히 아무 것도 말하지 못하고 있다.

사회화는 아주 일반적으로 말하면, 생산수단을 사회적 목적을 위해 이용하는 것이다. 철강산업의 사회화는 철강분야에서 고용의 확보와 노동자의 사회적 지위의 확보를 보장해 주어야 한다. 이를 위해서는 많은 개별적 조처들이 필수적이다.

하나의 기본입장은 철강산업입지의 유지이다. 클뢰크너 베르케(Klöckner Werke AG)와 크룹 철강(Krupp Stahl AG) 및 오스트레일리아의 원료 콘쩨른 CRA간의 실패한 합병의도로부터 다음이 명백하게 되었다. 즉 우리의 경제질서에서는 일반복지의 의무가 지워진 어떤 기업정책도 사적 소유자로부터는 기대할 수 없다. 합병의 경우, 철강산업입지인 게오르크스마리엔휘테를 대체하는 것 없이 폐쇄시킬 의도이었다. 그러면 2,400명 이상의 노동자들이 단번에 실업자가 될 것이다. 그러나 그것만이 아니다! 산업의 일자리 하나는 주지하다시피 무역, 제조업, 수공업, 공공행정 등에서 두세 개의 일자리를 가져온다. 게오르크스마리엔휘테에서는 상상할 수 없을 정도로 일자리가 없어졌을 것이다. 그 지역은 거의 폐허상태에 놓일 것이다. 이 예는 콘체른 중앙의 결정들이 종종 그때까지 건전했던 경제지역의 운명을 결정하곤 한다는 것을 보여준다.

물론 위축되거나 침체한 철강시장과 과잉생산능력 때문에 철강공장들에서 일자리 수가 유지되어질 수 없다는 것을 금속산업노조도 알고 있다. 생산능력 감축과 그에 따른 일자리 감소는 유럽공동체 국가들에서 계속될 것이다. 더욱이 유럽공동체 집행위원회는 이것을 목표로 밀고 나갈 것이다. 철강시장의 중·장기적인 발전에 대한 진단에서 유럽공동체 집행위원회는 1990년까지 유럽공동체에서 노동자 수가 적어도 8만 명만큼 감소할거라고 예상한다. 기술공학적이고 조직적 측면에서의 생산성의 지속적인 증가 역시 철강부문에서 일자리의 수를 현저하게 감소시킬 것이다.

그 때문에 금속산업노조는 생산능력 감축이 행해지는 지역들에서 대체일자리의 창출을 요구한다. 여기서 철강기업들은 자신의 재가공 부분에 대해 책임이 있다. 어쨌든 가능하다면 그럴 때에만 일자리의 증대가 가능하기 때문에, 재가공 부분에 대해 책임을 지고 있는 것이다. 그 때문에 재가공 부분은 철강산업의 사회화 요구 속에 함께 포함된다. 그러나 마찬가지로 연방과 연방주에게도 책임이 요구된다. 금속산업노조는 이런 이유에서 철강정책의 지역화 원칙을 계속 따른다. 지역정책에 대해 책임 있는 연방주들은 주의 발전 계획들을 철강공업지대에서 기대될 수 있는 변화에 맞출 수 있어야 한다.

대체일자리 창출에 대해서는 종종 실제로 이루어지는 것보다 쉽게 말해졌다. 철강공장들의 적응 조처들과 동시에 일자리 구축이 가능하다고 언제나 기대할 수는 없다. 따라서 금속산업노조는 지금까지의 기업복지정책을 계속해야 한다고 판단한다. 즉,

- 사용자측의 해고통지 배제
- 불가피한 작업재배치 시에 소득 및 신분 보장
- 복지계획(보상규정)을 통한 조기 '은퇴'

교육훈련 정책에서 기업들은 교육훈련 및 보습교육 시설을 완전하게 이용할 의무가 있어야 한다. 노동자들의 숙련이 기업의 성과능력에 결정적인 의미를 지니는 것과 마찬가지로 지역의 성과능력에도 그러하다는 것은 자

명한 이치다. 노동자들에게 있어서 직업적인 숙련은 그들의 물질적인 생존 토대를 보장해주는 한 부분이다.

물론 대체일자리와 기업복지정책이 있다고 해서 노동자들의 고용가능성 부족을 막을 수 있을 정도로 충분하지는 않을 것이다. 따라서 노동시간단축은 임금협약이나 법률적인 토대 위에서 계속되어야 한다. 실제 예들에 따르면 노동시간단축이 고용에 미치는 효과적인 성공에 대해 더 이상 논란은 없다. 심지어 진지한 보수적인 세력들조차 고용에 대한 노동시간단축의 효과적인 기여를 더 이상 부인하지 않는다. 제철 및 철강산업에서 주당 38시간으로의 2시간 노동시간단축이 공장들에서 급속한 인원감축을 멈추게 했다. 다가올 생산을 준비하기 위해서는 많은 곳에서 다시 직원들이 고용되어져야 했다. 금속산업노조의 설문조사에 따르면, 협약에 따른 주당 노동시간의 단축을 통해 약 7,100개의 일자리가 창출되었거나 또는 보장되었다. 이것은 이 경제부문의 전체 일자리의 3.3%에 달한다.[5)]

언제나 다음의 문제가 중요하다.

기업정책은 사회적 목표들에 대해 의무를 져야 한다. 금속산업노조는, 국민철강지주회사에서 적절한 규약 규정을 통해 소속 기업들로 하여금 이런 목표에 의무를 지게 할 것을 상정한다. 모든 수준에서 법률적으로 또는 계약상으로 규제되는 바의 광산공동결정은 사회적으로 의무지워진 기업정책을 일층 보장해주는 것이어야 한다. 그러기 위해서는, 금속산업노조의 구상에 따르면, 기업정책이 지역 고용정책과 함께 철강위원회를 통해 미리 조정되어야 한다. 그러나 모든 수준에서의 단체협약을 통해서도 직원 전체의 이해가 보장되어야 한다.

금속산업노조 위원장은 그 조직의 철강회의에서 금속산업노조의 입장을 다음과 같이 표현하였다. "조직으로서 금속산업노조는 결국 일자리에 대한 재판관이 아니라 일자리를 위협받는 노동자들의 변호사이고자 하고 또 그럴 수 있을 것이다." 즉, 국민철강지주회사에 대해 금속산업노조는 독립적인 지위를 점할 것이고 단체협약을 통해 많은 것을 규제하려고 할 것이다.

---

5) 약 19만 명(제철 및 철강산업 피고용자 전체의 약 88%)을 고용하는 90개의 철강공장에서 금속산업노조가 행한 설문조사.

3. 분권적 지도원칙

금속산업노조는 국민철강지주회사의 지붕아래 철강산업의 사회화를 제
안한다. 이로써 금속산업노조는 국민철강콘쩨른의 분권적 구성을 추구한
다. 즉 어떤 통일된 회사가 아니라 상위회사와 독자적인 자회사들로 이루어
진 하나의 콘쩨른을 추구한다. 이때 생산구조에 맞추어 자회사 각각의 경계
가 설정될 수 있다. 또한 지역적으로도 그러하다. 금속산업노조는 그 강령
에서 어떤 세부적인 사항도 다루지 않았다. 지역적인 관점에서도 자회사들
의 경계설정이 이루어져야 한다는 생각은 금속산업노조가 지역 철강정책의
원칙을 계속 추구하기 때문에 분명하다.

하위 수준인 자회사들은 자체적으로 결정할 수 있는 여지를 가져야 한
다. 이때 이 부문의 주요한 기업결정들이 상위 회사에 어느 정도 집중된다
는 것은 물론 불가피하고 경쟁원칙의 지양을 위해서도 필요한 것이다. 이것
은 예를 들어 생산 및 판매 계획 그리고 투자 및 인원 계획에 대해 그러하
다. 중앙은 가능한 한 많은 결정들을 자신에게로 끌어오는 속성이 있다. 심
지어 현장에서 보다 잘 하고 사태에 적합하게 결정이 이루어질 때에도 말이
다. 그 때문에 금속산업노조는 분권적 기업경영 원칙을 상위회사의 정관에
확립시키고자 하고, 광산부문에서 지금까지 해온 협약정책과 비슷하게 협
약을 맺어 만들어가고자 한다. 협약을 통해 다음과 같은 것을 확고하게 해
야 한다.

- 자회사들은 자체 소유의 투자자산을 가지고 있고 전체 직원은 노동법
  상 자회사에 소속되어 있다. 그래서 광산공동결정이 유효하다. 회사들
  은 동등하게 구성된 자체 감사회를 가지고 있고 업무집행 수준이나 이
  사회 수준에서 각각 한 명씩의 노동이사를 갖는다.
- 기업수준 하에서는 상응하는 공동결정 가능성이 창출되어야 한다. 지
  역적·조직적인 측면에서 가능한 곳에서는 언제나 공장경영진이 결성
  되어야 한다. 이 공장경영진의 성원 하나가 인사와 복지 사안에 대해
  책임을 가져야 한다. 감사회(Aufsichtsrat) 대신 자문회(Beirat)가 이
  공장경영진에 편제된다. 이것은 분권적 공장경영의 또 하나의 구성요

　소이고 현장의 공동결정을 강화하는 것이다.

－기업이 계획을 세울 때 기업조직들의 의사형성은 아래로부터 위로 이루어져야 하지 그 반대여서는 안 된다.

－이 모든 것은 상위회사의 지시 권한이 제한되어야 한다는 것을 전제한다.

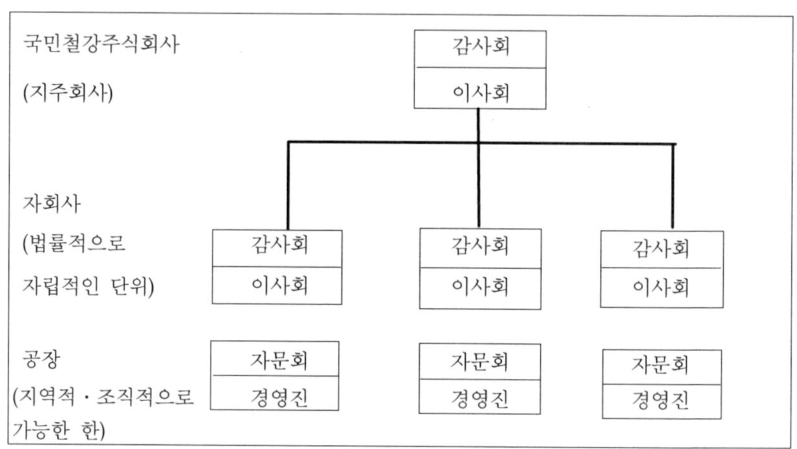

　민주적 의사형성 과정은 아래로부터 위로 이루어진다. 그러나 결국 결정이 내려져야만 한다. 지도의 과제는 상위회사(지주회사)의 의무이다. 지주회사는 상이한 철강지역의 아마도 각기 다른 발전경향들을 하나의 공통분모로 가져가도록 시도해야 한다. 지주회사는 확실히 예전보다 더 지도능력을 입증해야만 할 것이다. 예를 들어 투자의도와 관련하여 경우에 따라 발생하는 각기 다른 자회사의 경쟁적인 이해가 조화되어야 한다. 콘체른 중앙(즉 상위회사)이 처음부터 특정한 발전 가능성들에 불이익을 주거나 아니면 적어도 제한시키는 것은 의미있을 것이다. 그 때문에 상위회사의 결정권한은 단지 제한적으로만 제한될 수 있다. 요컨대 경험에 따르면, 일자리를 방어하고, 노동자들을 위한 대체생산을 하기 위해 자신의 이니셔티브를 발전시키는 데 있어서, 법률적으로 자립적인 기업의 현장 이사회는 비자립적인 공장 경영진이라기보다는 오히려 콘체른 중앙에 대한 동맹파트너라는 것이다.

금속산업노조는 분권적 지도 원칙을 통해 공동결정 가능성을 확장하려는 것이지 관료제에 유리하도록 그 가능성을 해체하려 하지 않는다. 종종 '이해관계자' 측으로부터 '국유화 대신 공동결정'이라는 논증이 제시되는데, 이로써 국유화된 기업들에서는 공동결정이 필요 없거나 완전히 배제된다는 느낌이 든다. 이에 대해서는 더 다루지 않겠다. 금속산업노조가 추구하는 경제민주화의 이런 시도에서는 문제가 그렇게 제기되지는 않는다. 그 대신 공동결정과 사적 소유의 극복이 사회화를 위한 필수적인 전제조건으로 간주된다.

4. 철강산업만 사회화하는 것이 아니다

철강산업의 사회화는 오늘날의 철강 콘쩨른에 속해있는 가공부문 기업들을 동일하게 포착해야 한다. 철강산업에 대한 공적 지원의 반제의무 때문에 몇몇 철강 콘쩨른이 자신의 철강부분을 분리시켜 별도의 회사로 가져왔는데, 가령 튀센(Thyssen), 만네스만(Mannesmann), 회쉬(Hoesch) 등이 그러하다. 클뢰크너 베르케 같은 몇몇 철강회사들은 여전히 이런 의도를 가지고 있다. 다른 회사들의 경우 철강부분은 재가공에서 벌써 분리되었다. 부분적으로 매우 계열화된, 철강 콘쩨른의 재가공이 문제다. 예를 들어 튀센의 경우에는 튀센산업(Thyssen Industrie AG) 전체 그룹의 문제다. 이 그룹은 카셀(Kassel)에 있는 튀센 헨쉘(Thyssen Henschel)〔기관차〕, 엠덴(Emden)에 있는 튀센 노르트제베르케(Thyssen Nordseewerke)〔조선〕, 휠러 힐레(Hüller Hille)〔공작기계〕 같은 기업들을 포괄한다.

철강 콘쩨른의 재가공을 포함하는 것은 원칙적인 이유 때문만으로 보여지지 않는다. 내부적 이익 및 고용을 보상하기 때문에 재가공 기업들은 포기될 수 없다. 포기된다면, 그것은 또 일관되지도 못할 것이다. 한편에서는 위기로 타격 받은 철강산업의 사회화가 주목되는데, 다른 한편에서는 비교적 잘 버티고 부분적으로는 팽창도 하는, 콘쩨른의 재가공을 그대로 내버려 둔다. 그것은 정말, '손실은 사회화되고 이익은 사유화된다!'라는 모토에 따르는 것이리라. 그런 모델에서 심지어 몇몇 철강 기업가들은 철강부분을 넘겨주는 것에 스스로 이해를 갖는다. 그들은 손실을 가져오는 업체에서 벗어나 있을 것이다.

재가공은 대체일자리들의 창출이란 관점에서도 고려되어야 한다. 많은 재가공 공장들에서 새로운 기술의 투입으로 매우 많은 일자리가 사라지고 있기는 하다. 그러나 재가공은 철강산업과는 달리 일자리 증대가 가능한 영역이다. 물론 그것은 경제정책의 근본적인 변화를 필요로 한다. 이때 시장의 자기회복력에 대한 믿음은 거의 도움이 되지 않는다. 연방과 주 정부들은 마침내 실업에 대한 대안을 조직할 것을 재차 요구받았다. 독일노동조합동맹의 고용 프로그램은 그에 대한 많은 시안들과 구체적인 제안들을 내놓는다. 어느 기업이 이에 속한다 하더라도, 철강 콘쩨른에서 철강부분을 분리하는 것으로 사회화에 대한 경계가 그어진 것은 결코 아니다.

5. 헌법(Grundgesetz)에 따른 사회화의 가능성들

철강산업의 사회화는 이론상으로 여러 가지 방식을 통해 가능하다. 자발적인 토대 위에 세워진 새로운 질서를 생각해 볼 수 있다. 국가가 하나의 철강회사, 즉 지주회사를 세운다. 계속 투입될 연방과 연방주의 공적 자금이 이 지주회사에 보장된다. 그러나 공짜가 아니라 이 회사의 지분 즉 주식을 대가로 이루어지는 것이다. 철강기업들의 자기자본은 장부가치로 이 지주회사에 가져와진다. 그 반대급부로 기존의 소유자들은 마찬가지로 지분을, 즉 이 지주회사의 주식을 얻는다. 물론 그런 모델의 시작단계에서는 철강지주회사의 사적 주주들이 지분(주식)의 다수를 보유할 위험이 크다. 그럼에도 불구하고 기업정책을 사회적 목표에 맞추기 위해서는 사적 주주들의 표결권 제한이 합의되어야 한다. 어떤 경우든 국가가 지주회사에서 '결정권을 행사할 지위'를 보유해야 한다.

금속산업노조는 그런 모델을 대단히 현실적이라고 생각하지는 않는다. 그러나 금속산업노조가 '자발성'에서 나오는 그런 길을 처음부터 봉쇄하려는 것은 아니다. 그 길을 갈 수 있다면, 그것은 물론 최종적인 해결에 이를 때까지의 중간 해법에 불과할 것이다. 금속산업노조는 오히려 철강기업들의 사적 주주들을 강제수용하는 방식을 고려하고 있는 것이다. 헌법 제15조는 그 가능성을 제공한다.

헌법 제15조(사회화): 토지와 천연자원 그리고 생산수단은 보상의 종류와 범위를 규정하는 법률에 의해 사회화의 목적을 위해 공동소유나 공동경제의 다른 형태로 넘겨질 수 있다. 보상에 대해서는 제14조 제3항 제3번과 4번에 준한다.

제14조 (제3항) 제3번과 4번은 이러하다: "강제수용은 공익을 위해서만 허용된다. 강제수용은 법률들에 의하거나 또는 보상의 종류와 범위를 규정하고 있는 법률에 근거해서만 이루어질 수 있다. 보상은 공공의 이해와 당사자들의 이해를 공정하게 고려하는 가운데 결정되어야 한다. 보상의 정도 때문에 논란이 생긴 경우, 정식 재판소에서 법률적으로 다투는 길이 열려 있다."

따라서 헌법에 따른 강제수용 때 보상의 문제가 나타난다. 금속산업노조는 헌법 제15조에 따라 규정된 주주들의 보상에 대해 하나의 해결책을 구했다. 여기서의 주된 생각은 다음과 같다.

1. 납세자에게 가능한 한 부담을 주지 않을 것.
2. 자본을 수익에 따르는 모든 위험에서 면제시키지 않을 것.
3. 법률상의 논쟁을 일으킬 수 있는 어떤 계기도 가능한 한 제공하지 않을 것.

여기서도 금속산업노조의 생각은 철강기업들의 자기자본을 장부가치로 철강지주회사로 가져오는 것이다. 연방과, 철강기업이 소재한 연방주들이 유일한 주주이다. 이전의 소유자들은 지주회사에 대한 청구로 보상을 받는다. 따라서 현금을 통한 보상이 아니라 유가증권에 의한 보상이다. 유가증권 및 그 시가로부터 생기는 수익은 참여 기업들의 수익상태에 따른다. 즉 기업들이 수익을 올리는 정도에 따라 유가증권은 이자를 받는다. '유가증권 소유자'는 기업에서 더 이상 발언권이 없다.

6. 철강위원회―포괄적인 공동결정의 한 요소

금속산업노조는 자신의 강령에서 철강산업의 사회화와 병행하여 또 그것

과 별도로 철강위원회의 구성을 요구한다. 연방차원의 이 위원회는 조정기
능을 가지고 있어야 한다. 이 위원회는 초기업적 계획, 조정 및 통제 심급
같은 것이어야 한다. 여기에서는 연방, 연방주, 기업, 금속산업노조가 협
상해야 한다. 그러나 '노사정협약'의 신판이라는 의미가 아니다. 철강위원
회는 오히려, 노동조합이 경제민주화라는 자신의 구상에서 요구하는 바의
경제사회평의회 같은 방향에서 이해될 수 있다. 철강산업의 사회화를 위해
철강위원회가 중요한 역할을 맡을 수 있다. 철강위원회는 심지어 사회화를
준비하고 정돈된 길로 유도하는 데 적합한 기관일 것이다. 철강위원회에서
는 그밖에 다음과 같은 문제들이 중요할 것이다.

- 연방과 연방주의 기업 참여
- 기업들 자체의 새 질서(예를 들면 자회사들의 지역적 경계 설정이나
  생산에 따른 경계 설정)
- 기업조직들에서 공동결정의 보장
- 생산의 중심인 산업입지의 보장
- 고용에 미치는 효과

금속산업노조가 이 위원회에서 실패하지 않기 위해, 노조는 "철강위원회
에서의 여론형성"을 위해 "모든 참가자 사이의 합의"를 요구한다. 이것은 일
종의 거부권이다. 합의가 이루어지지 않으면 해당 문제에 대해 위원회가 어
떤 입장이나 권고를 외부로 표명할 수 없다. 이것이 어느 정도까지 계속될
수 있는 봉쇄일지 또는 모든 참가자가 이것으로 어느 정도까지 타협으로 나
아가게 될지는 실천에 달려있다.

그러나 철강위원회는 결코 시한부 위원회이어서는 안 된다. 그 위원회의
임무는 예컨대 철강산업의 사회화나 여타 제기된 문제들의 처리와 함께 끝
나지 않는다. 위원회는 조절 기능을 보유해야 한다. 특히 대체일자리의 창
출을 고려할 때 그러하다. 기업들의 구조개편은 필연적으로 철강위원회 과
제의 한 부분이 될 것이다. 그래서 중복되는 일이 있을 것이다. 철강위원회
는 철강지주회사의 위원회들에서도 협상될 수 있는 특정한 문제에 대해 자
문할 것이다. 이것은 피할 수 없다. 그래서 투자와 자금조달이 철강회사에
서만 다루어질 수는 없을 것이다. 철강위원회는 오직 고용효과라는 관점 하

에서만 이것을 다루어야 한다. 그러나 공적인 자금지원 때에는 성공적인 관리를 위해서 그렇게 관여해야 한다. 특정한 문제를 우선 철강위원회의 의사일정에 올리는 것은 다른 시각에서 볼 때 대단히 의미있는 일일 수 있다. 그래서 철강위원회는 지주회사 조직 내에서의 표결을 위한 일종의 준비기관일 수 있다.

7. 우리는 사람들의 머리를 변화시켜야 한다

금속산업노조에 있어서 철강산업의 사회화 요구는 일자리의 보장과 노동자들의 여타 사회적 이해의 보장을 위한 실용적인 길이다. 이 강령으로써 금속산업노조는 노동운동의 오랜 전통과 연결된다. 경제의 포괄적인 민주화라는 이념과 목표들은 이미 바이마르 공화국에서 전개되었었다. 1945년 이후 논쟁이 다시 불붙었다. 경제의 새 질서가 기다리고 있었고 적어도 많은 사람들이 희망에 차서 공장으로 갔다. 히틀러 파시즘의 경험이 압도적으로 많은 시민들에게 모든 삶의 영역에서 포괄적인 민주화에 대한 소망과 동경을 불러일으켰다. 정치적 민주화뿐만 아니라 경제의 민주화도 마찬가지로 논쟁 대상에 올라 있었다. 많은 사람들은 경제적 하부구조가 낡은 구조 속에 보존되어 그 상태 그대로 계속될 때 정치적 민주화가 불완전하게 머문다는 것을 파악했다.

금속산업노조의 철강산업 사회화에 대한 구체적 요구는 우선 철강부문에 국한되어 있다. 가령 예를 들어 은행과 같은 경제생활의 여타 영역들은 고려되지 않고 있다. 은행은 우리의 경제생활에서 가장 중요한 것은 아닐지라도 의심의 여지없이 중요한 요소들 중 하나다. 은행은 '화폐'만 마음대로 처리하는 것이 아니다. 은행은 특히 철강산업에서 그 동안 결정적인 요소가 되었다. 거의 모든 철강기업들이 은행에 잔뜩 부채를 지고 있다. 은행이 없으면 아무 것도 이루어지지 않는다.

철강산업의 사회화에 대한 현실적인 요구 때문에 기간산업과, 시장을 지배하는 다른 기업들을 공동소유로 전환해야 한다는 일반적인 요구가 축소되지는 않는다. 그 반대이다! 오히려 그 필요성이 여전히 강조된다.

철강산업의 사회화에 대한 요구는 노동자들이 한 분야에서 오래 지속되는 위기를 직접 경험한 것에서 생겨났다고 할 수 있다. 그것은 위기의 부담을 계속 짊어져야 한다는 것에 대한 노동자들의 답변이다.

철강산업의 사회화는 강령의 부분이며 중요한 핵심이다. 금속산업노조에 있어서는 강령 전체를 실현하는 것이 중요하다. 노동자 지향적인 철강정책을 위해 강령의 모든 요소가 중요하다.

이 강령이 결국 입법자에 의해서만 실현되어질 수 있다는 것은 분명하다. 그 때문에 금속산업노조에게 있어서 이 이념과 사회적 목표를 함께 짊어질 동맹자를 찾는 것이 중요하다.

어디에서나 철강정책 강령의 필요성을 분명히 제시하는 것은 금속산업노조의 과제, 즉 노조 간부들의 과제이다. 그렇게 할 수 있는 여러 가지 가능성이 있다. 그것이 현장의 논쟁에서든, 공장의 회합에서든, 훈련 및 교육사업에서든, 공식적 행사들에서든, 어디에서나 금속산업노조의 철강정책 강령을 강조하는 것이 확산되어야 한다. 사람들이 그 요구의 필요성과 정당성을 확신할 수 있어야 한다. 그러기 위해서는 긴 호흡이 필요하다.

소유와 통제 그리고 시장[*]

로빈 머레이

장석준 옮김

　오랫동안 자본주의는 두 가지 핵심 요소로 정의되었다. 생산수단의 사적 소유와 임금 노동의 존재. 이러한 조건들로부터 잉여가치가 생겨났고 이는 자본가의 손아귀에서 자본이 되었다. 이것으로부터 사회주의의 정의도 비롯된다. 즉, 사회주의는 자본가에 대한 수탈이며 생산수단을 공동 소유로 이전하는 것이다. 그렇게 된다면 잉여가치는 더 이상 자본에 의해 이윤으로 전유되지 않을 것이다. 이제 이는 공동의 필요를 충족시키는 사회적 기금으로 존재하게 될 것이다. 노동당의 1918년 당헌이 제4조[1]를 통해 당의 목적으로 규정하고 있는 것은 바로 이점이다. "생산수단의 공동소유 원칙과, 개별 산업과 서비스에 대한 최적의 민중적 경영 및 통제 제도에 기반하여, 육체 노동자에게든 정신 노동자에게든 산업의 모든 과실(果實)과 가능한 한 최고로 그것의 공정한 분배를 보장한다." 여기서 강조는 분배에 놓여 있다. 다른 사람들은 이윤주도형 투자가 아니라 필요주도형 투자에 잉여를 사용하는 데 보다 강조점을 두기도 한다. 그러나 기본 접근방식은 같다. 항상 따라다니는 두통거리는 공동소유라는 관념에 대한 것이다. 가령 토니는 이

---

* Robin Murray, "Ownership, Control and the Market," *New Left Review* no. 164, 1987, pp. 87-112. 원문에 따르면, 이 글은 *Breaking with Bureaucracy: Ownership, Control and Nationalization*이라는 제목 하에 CLES 팜플렛으로 간행될 것이라 하였다.
1) 노동당 당헌 제4조는 영국 노동당이 사회주의를 지향함을 보여주는 대표적 규정이었다. 그러나 토니 블레어에 의해 현재의 노동당 당헌에서는 삭제되었다. -역주

문제에 대해 다음과 같이 말했다. "소유의 문제가 해결되었더라도 경영이라는 문제가 해결되지 않은 채 남는다."[2] 항상 모든 민중이 직접 통제를 수행할 수는 없다. 노동당 당헌에 표현된 "개별 산업과 서비스에 대한 최적의 민중적 경영 및 통제 제도"는 의의를 지니고 있지만 그 내용이 모호하다. 이는 사적자본가 통제라는 일상적 현실에 비해 확실히 불명확한 게 사실이다. 이런 경우 주류 맑스주의 전통은 노동자 정당이라는 개념을 통해 문제를 풀었다. 만약 노동계급 이해의 대변자들과 노동자 자신으로 구성된 정당이 존재한다면, 바로 이 정당이 생산자의 이해에 따라 생산수단을 경영할 수 있으리라는 것이다.

엎치락뒤치락 끝에 사회주의는 하나의 단순한 공식으로 정리됐다. 즉, 국유화＋노동계급정당. 이 공식은 오늘날도 지배적인 위치를 점하고 있다. 나는 한 동료가 남예멘의 한 활동가와 가진 토론을 기억한다. 당시 그 나라에서는 혁명 정당이 집권하고 있었다. 정부는 주요 생산수단을 국유화했다. 즉, 그 활동가의 말을 따르면, 그 나라는 사회주의 국가였다. 에티오피아의 좌익 군사정부도 비슷한 논리를 구사했다. 우선 그들은 상위 150개 기업을 국유화했다. 다음으로 그들은 멩기스투(Mengistu) 정부 아래서 '포스트-혁명' 정당이라 부를 수 있는 정당을 결성했다. 사회주의의 두 핵심 구조물을 마련한 것이었다.

사회주의에 대한 위의 공식에 실질적 힘을 부여하는 것은 바로 그것의 단순성과 명확성이다. 하지만 두 가지 형태의 불명확성이 다시 엄습했다. 첫 번째 문제는—이는 상당히 자주 논쟁되어온 것인데—레닌주의 정당이 과연 생산자의 이해를 충분히 대변하는가 하는 것이다. 두 번째 문제는 민중적 경영의 대안적 제도가 존재할 수 있다고 인정한다 하더라도, 과연 생산수단을 형식적으로 소유한다고 해서 곧바로 국가와 직접 생산자가 경제를 지배하는 힘을 확보할 수 있는가 하는 것이다. 그 동안 상대적으로 경시돼온 문제가 바로 이 두 번째 문제다. 내가 논의의 실마리로 다루려는 것도 바로 이 문제다.

---

2) R. H. Tawney, *Acquisitive Society*, London, 1921, p. 149.

1. 관제고지인가 아니면 기능적 하청계약인가?

에티오피아로 돌아가보자. 상위 50대 기업이 이 나라 산업 생산의 약 8%를 차지했다. 국유화 이후 즉각적인 경영 조사에 착수한 결과, 이 중 1/3이 항상적인 적자에 시달리는 것으로 나타났다. 이들 적자 기업은 두 종류였다. 첫 번째 종류는 1차상품 수출기업이었다. 이 중 일부는 지난 20년간 적자 상태임이 알려져 있었지만, 적자 규모는 늘어가고만 있었다. 조사 결과 이들 기업 중 대부분이 수출 계약자들에게, 그리고 어떤 경우는 자신들의 계열사에까지 실제 매매보다 적은 액수만을 청구하는 것으로 드러났다. 국유화와 함께 새로운 판로를 찾는 게 긴박한 문제로 다가왔다. 잠비아에서 구리가 발견되었기 때문에 에티오피아 구리산업의 국유화는 국제 사슬—해외 시장—의 핵심 부분에 대한 통제로 연결되지 못했다.

두 번째 종류의 적자 기업은 해외로부터 기술과 기계를 공급받는 국영기업들이었고, 이들 기업의 적자는 만성적인 문제였다. 실행성 조사를 거친 기업들 중 세 회사의 경우는 외국 부품 공급업체들과 연관을 맺고 있는 것으로 나타났다. 어떤 경우, 이들 기업이 공급받는 기계류는 완성품 이전단계의 부품별 조합 수준이었다. 예를 들어 에티오피아 해운사(Ethiopian Shipping Lines)는 느린 선박 하나와 빠른 선박 하나를 보유하고 있었는데, 빠른 선박이 항상 느린 쪽을 추월해 운항했기 때문에 일정에 따른 정기적 서비스는 불가능했다. 또 어떤 경우는 간혹 새로 생산된 기계류가 공급되기도 했지만, 대개는 중고품이거나 지속적인 고장을 일으켰다. 어떤 경우는 공장이 에티오피아 시장에 비해 지나치게 컸고 과잉설비 상태에 있었다. 모든 경우에 이윤—일단 이윤이 존재할 경우에는—은 공장이 설비를 가동하기 이전부터 해외의 기술 공급자들에게 전유됐다. 마치 마술에라도 걸린 듯이 미처 눈치 챌 틈도 없이 이런 일이 벌어졌다. 이 경우 생산수단의 공적 소유는 해외 기술공급자들이 자본을 실현할 수단에 불과했다. 차관은 항상 보증되었고 손실분은 에티오피아 재무부가 벌충해 주었다.

세 번째 종류의 기업은 사적소유 기업들이었는데, 장부상으로는 일정한 이윤을 거두고 있었다. 대개는 에티오피아인이 주식을 소유하고 있었고 때로는 지배지분을 확보하는 경우도 있었다. 하지만 모두 해외의 기술공급자들에 결박돼 있었다. 청량음료 기업들의 경우 핵심 품목은 원액의 공급이었다. (코카콜라, 펩시콜라, 캐나다 드라이) 다른 경우 이는 합성섬유나 특허약물 혹은 예비부품을 생산하는 기업들이었다. 이 중 다수는 해외의 모회사나 계열사와 경영 계약을 맺었다. 에티오피아인—대개 하일레 살라시에(Haile Salassie) 황제3)의 각료들—의 소유지분은 의미있는 정치적 영향력을 행사했고 이에 따라 국내 주주들은 상당한 이윤을 챙겼다. 그러나 대개의 경우 실제 이윤은 국내주주 배당몫보다 훨씬 컸고 투입분의 가격이나 하청계약 지불률에 따라 다르게 추출됐다. 예를 들어 코카콜라와의 계약은 이윤수준에 따라 원액의 가격을 다르게 책정했다. 이들 회사의 경우에 국유화는 기업의 기술적 종속상태를 전혀 바꿔내지 못했다. 오직 종속의 조건을 재협상하는 것 정도만 가능했다.

이러한 경험들로부터 제기되는 요점은 어떠한 회사도 보다 광범한 자본순환의 한 부분일 수밖에 없다는 것이다. 이 순환에는 항상 지배적 지점이 존재한다. 독점적 산업의 경우 통제자는 바로 이 지배적 지점을 통해 전체순환으로부터 이윤을 빨아들인다. 이들이 바로 이 부문의 관제고지다. 영화산업의 경우 이는 배급업자들이다. 식품산업의 경우 이는 유통업자들이다. 자동차 산업의 경우는 완성차 업체들이다. 화학산업의 경우는 특허권소유업체들이다. 소프트웨어 산업의 경우는 국제 마케팅 회사들이다. 자본주의가 발전하면서 권력은 직접적 공장생산으로부터 신기술과 배급/마케팅시스템의 통제 쪽으로 이동하는 경향을 보이는 게 일반적이다.

어떤 경우 지배적 회사들은 제품 질의 통제, 공급의 안정성 혹은 경쟁상의 우위 확보 등을 위해 자본순환 전체에 걸쳐 수직적 소유권을 확보할 필요가 있을 수도 있다. 하지만 소유권은 문제를 야기한다. 정치적 반발이나 노동력 통제, 경영 인센티브의 문제 등이 그것이다. 이에 따라 결국 '소유를 통한 통제'에서 '하청계약을 통한 통제'로 뚜렷한 방향전환이 이뤄져왔다. 많은 다국적 1차상품 생산업체들은 그들 자신이 주장하는 것처럼 땅 위에서

---

3) 멩기스투의 좌익 군사정부가 들어서기 전까지 집권하고 있었던 에티오피아의 전 황제. 역주

사라졌다. 이들 중 일부는 플랜테이션 농업 대신에 소농 생산자들과 하청계약을 맺고 있다. 다른 일부는 자신들의 기초자산의 국유화(몰수는 아니라 하더라도)를 환영하거나 이를 지역 업체들에게 매각하기까지 했다. 그 대신 이들 다국적기업들은 1차산업 생산기술, 선진 경영시스템, 그리고 국제 마케팅 등의 공급을 중심으로 통합되어 있다. 그리고 또는 이들 기업들은 제3세계의 토지보다는 제1세계의 공장에서 생산될 수 있는 합성 대체재를 개발해왔다.

유통업의 경우에는 부분적으로는 핵심영역(체인형 술집, 대형 마트, TV 채널)을 통제함으로써, 부분적으로는 컴퓨터화된 배급·판매 시스템을 생산적으로 제어함으로써 전체 순환의 지배가 이뤄진다. 막스 앤 스펜서(Marks and Spencer) 같은 의류 유통업체들은 영국의 독립적 의류 공장으로부터 막대한 물량을 확보한다. 이들 공장 중 대부분은 막스 앤 스펜서의 하청계약에 크게 의존하고 있고 막스 앤 스펜서의 엄격한 감독절차 및 검열에 종속돼 있으며, 에티오피아의 대다수 회사들과 마찬가지로 수익 중 막대한 부분은 아닐지라도 일정한 부분을 지불받는다. 세인즈베리즈(Sainsbury's)는 식품공급업에서 비슷한 시스템을 운영한다. 이 회사의 직접생산공장은 서포크(Suffolk)의 하버힐(Haverhill)에 위치한 육류 가공공장뿐이다. 이 공장이 직접 운영되는 이유는 세인즈베리즈의 위생 및 품질 기준에 부합하는 생산업체를 발견하지 못했기 때문이다. 다른 업체들의 경우를 보면, 세인즈베리즈의 구매력이 워낙 엄청나기 때문에 다수의 독립적 공급업자들이 장기적 하청계약도 아니라 주 단위 혹은 일 단위로 주문에 응하는 형편이다. 일부 유통업 체인의 경우는 아예 자기 소유의 상점조차 갖고 있지 않다. 보디 숍(Body Shop)은 보디 숍 제품들과 연관된 각각의 프랜차이즈 계약 업소들과의 관계, 디자인 및 설계 능력 등에 기반해 성장해왔다. 이탈리아의 의류 연쇄업체인 베네통(Benneton)도 비슷한 방식으로 움직인다.

이 경우 통제의 핵심은 시스템의 통제와 브랜드 명칭의 통제에 있다. 한때 시장이 담당했던 것—다수의 노동자, 소비자, 판매자들을 전체적으로 조정하는 것—은 이제 컴퓨터를 사용해 직접 이뤄진다. 세인즈베리즈는 점포별·구역별로 12,000여 생산업체들의 매매 정보를 코드화했다. 세부 정보는 매일 폐점시간 후에 본점으로 피드백되며 이를 바탕으로 다음날의 배달과 주문에 응한다. 북이탈리아에 본점을 두고 있는 베네통도 비슷한 방식으로 유럽의 3,000개 프랜차이즈 계약업체들로부터 제품 판매에 대한 세부 정보를 취합해 하청계약을 맺은 다수의 소규모 의류 생산업체들에 발주한다. 현재 급부상 중인 하청계약과 프랜차이징은 '유연 전문화'라는 자본주의의 새로운 시대를 잘 표현해준다.

이러한 논의로부터 우리는 어떠한 결론을 얻어낼 수 있을까? 첫째, 국유화를 통해 정부가 얻을 수 있는 것은 관제고지가 아니라 〔전략적으로 부차적 중요성만을 지닌〕 저지 평원지대일 수도 있다는 점이다. 둘째, 만약 자본순환의 핵심 요소에 대한 독점적 통제를 확보할 수 있다면, 통제력은 소유권을 동반하든 그렇지 않든 전체순환의 나머지 영역으로까지 확대될 수 있다. 실제로 사적자본은 소유로부터 철수해왔다. 사적자본은 형식적 소유를 하청계약, 검열 시스템, 디자인의 특성화 등등으로 대체해왔다. 프랜차이즈 계약 업체들, 하청계약 업체들은 바로 자기 자신이 소유한 자산의 노예가 되고 있다. 셋째, 오늘날 대부분의 산업에서 자본의 직접순환은 국제적 성격을 띠고 있으며, 따라서 통제의 문제도 국제적 차원의 문제로 등장한다. 이는 다음에 논할 보다 광범한 문제들을 제기한다.

2. 자본의 국제화와 자산의 국유화

국제적으로 확장하려는 자본의 경향과 지리학적 경계에 머물려는 국민국가 사이에는 늘 긴장이 존재해왔다. 국민국가들은 때때로 합병과 식민화를 통해 확장을 추구했다. 그렇지 않은 경우 이들은 19세기에 이탈리아와 독일의 연방국가들이 그랬던 것처럼, 또는 오늘날 EEC 등의 방식을 통해 서유럽 국가들이 하는 것처럼 통합을 추진했다. 그러나 일반적으로 주요 사적자본과 그 국민국가 사이에는 우리가 '지리적 불일치'라고 부를 수 있는 현상이 계속돼왔고, 이는 전후에 다국적 기업의 수와 범위가 확장되면서 급격히 증대되었다.

　정부가 자국에 기반을 둔 다국적기업을 국유화할 경우, 다국적기업 전체에 대한 효과적인 공적통제가 가능해진다. 즉, 국민기업위원회(National Enterprise Board, NEB)[4]가 브리티쉬 레일랜드(British Leyland)의 모기업을 장악하게 되면, 이 회사의 해외 자회사들은 영국정부의 통제 아래 놓이게 된다. 그러나 국유화의 대상이 모회사가 아닌 자회사일 경우, 상황은 더 이상 이와 같지 않다. 외국계 회사의 생산설비가 주로 국내시장에 반응해 움직이고 그 투입물이 국내에서 조달된다면, 국유화는 여전히 실질적인 경제통제로 연결될 수 있다. 예를 들어, 1960년대 후반까지 포드-UK는 자체의 엔진 생산설비, 차체 조립공장, 주물공장 등을 갖춘 완결적 생산네트워크였다. 포드-UK는 포드-Europe에 디젤엔진을 공급했고, 발렌시아(Valencia)로부터 휘발유엔진을 수입했다. 다겐햄(Dagenham) 공장에서는 보르도산 변속기, 겡크산 타이어, 스페인산 차체판, 서독산 서스펜션 등을 사용해 피에스타(Fiesta)를 조립했다. 오늘날 만약 포드-UK가 국유화된다면 공장건물에 대한 공적통제는 가능하겠지만, 그 조립라인은 포드-Europe에서 생산되는 투입자재의 결여로 고통받을 것이고 포드-Europe의 생산 및 마케팅 활동이 없으면 모두 쓸모 없는 설비에 불과하다는 게 드러날 것이다. 영국 산업의 중요한 부분들이 이렇게 다국적 생산사슬에 종속돼 있기 때문에 국유화를 통해 사회적 통제를 확장한다는 가능성은 그만큼 약화되고 있다.

　이 점은 임페리얼 타이프라이터즈(Imperial Typewriters)의 사례에서도 제기됐다. 이 회사는 미국계 그룹인 리튼 인더스트리즈(Litton Industries)에 인수된 뒤 문을 닫았다. 노동조합은 열렬한 회사살리기 캠페인을 벌였고, 당시 산업부 장관이었던 토니 벤(Tony Benn)[5]에게 공장인수와 운영을 호소했다. 그러나 리튼측이 독일에서 생산될 예정인 신형 전자타이프라이

---

4) 1974년 영국 노동당이 선거공약으로 채택한 국유화의 한 방식으로서 NEB라는 국가지주회사를 설립해서 이 국가지주회사가 기업에 투자해 주식을 소유하고 개별기업과 기업계획을 체결함으로써 진보적 경제정책을 관철시키자는 것이었다. 그러나 정작 집권한 노동당은 이 애초의 구상을 포기해버렸다. 실제 설립된 NEB는 부실기업의 구조조정을 실행하는 금융기관 정도로 왜소화되었다. -역주
5) 토니 벤은 1970년대 후반 노동당 정부에서 산업부 장관을 맡으면서 NEB를 원안대로 추진하려 했다. 그러나 이 노력이 좌절되자 노동당 좌파 지도자로서 우파 지도부에 대해 반란을 일으켰다. 그 이후로 토니 벤은 노동당 좌파의 역사적 상징으로 추앙받고 있다. -역주

터를 개발하고 이것이 구형인 임페리얼 모델보다 더 싼값에 팔려나가면서 캠페인은 무력화됐다. 신모델을 만들 기술과 리튼사가 보유한 국제적 마케팅 네트워크가 없다면 아무리 국가가 임페리얼을 인수한다 하더라도 이는 산업쓰레기 하치장에 대한 통제를 의미할 따름이다. 여기서 우리가 얻는 결론은 결코 다국적 생산사슬 안에 자리잡은 공장에 대해서는 더 이상 공적통제를 주장할 수 없다는 게 아니다. 우리의 결론은 다국적 생산사슬의 한 고리를 국유화한다는 단락(short-circuit)만으로는 공적통제가 불가능하다는 것이다. 어쩌면 영국에 기반을 둔 회사(포드의 경우에는 브리티쉬 레일랜드)를 확장하는 것을 지지하거나 이러한 회사를 재건하는 전략을 수용하는 게 해답일지도 모르겠다.

포드 방식의 전 유럽적 국제분업 전략을 수립하고 영국에서 지배적 필름 공급업체로 자리잡은 코닥(Kodak)의 사례는 좀더 복잡한 경우다. 하로우(Harrow), 커크비(Kirkby), 안너슬리(Annersley)의 코닥 공장을 국유화한다는 것은 생산범위의 일부와 유럽 마케팅시스템의 단편만을 통제한다는 것을 의미한다. 코닥 스스로가, 일부 유럽수출 물량의 생산뿐만 아니라 미래 컴퓨터산업과 긴밀히 연관된 새로운 전자 이미지기술을 미국공장들에 집중시킴으로써, 일종의 '재국유화'(이 말은 '다시 국민국가화'한다는 의미도 내포한다-역자)에 착수했다. 이스트먼 코닥(Eastman Kodak)은 코닥-UK와 코닥-Pathé(프랑스)의 독자적인 연구개발 역량을 축소해버렸고 공장 폐쇄와 정리해고를 단행하였다. 이에 대항해 프랑스 노동조합들은 사회당 정부에게 코닥과 경쟁하는 프랑스 국내산업을 지원하라고 요구했다. 그러나 영국과 마찬가지로 프랑스에는 국내에 기반을 둔 경쟁업체가 더 이상 존재하지 않았다. 코닥과 경쟁할 전자 이미지기술을 개발하는 데는 엄청난 재정이 필요했다. (이스트먼 코닥은 매년 8억 달러 이상을 연구예산에 사용한다.) 결국 노조는 (유럽 코닥노동자상임회의를 통해) 유럽차원에서 연대하여 그 단결력으로 코닥이 유럽의 오래된 공장들에 새로운 기술과 연구·개발 역량을 투입하도록 강제하는 전략을 택했다.

이런 종류의 단체협상은 사회적 통제의 한 형태라 할 수 있다. 여기에는 국민정부의 지원이 필요하다. 정부는 공공구매력과 임금협상력을 이용해서 이를 지원할 수 있다. 그런 다음에야 이에 병행하여 독자적인 대안이 얼마나 발전 가능한지를 평가할 수 있다. 그러나 코닥 같은 기업에 대한 사회적 통제를 확대하려고 시도하는 와중에서도 노조측은 코닥-UK의 국유화를 요구안의 하나로 고려해본 적이 없다.

이와는 정반대의 지점도 존재한다. 공공부문 전략을 추진하면서 해외 확장과 외국기업의 인수도 고려할 수 있다. 중소기업 규모에서이지만, 이 문제는 런던광역시기업위원회(Greater London Enterprise Board, GLEB)[6] 가 지원한 투자 중의 하나에서 제기된 바 있다. GLEB는 전기자전거의 설계를 재정적으로 지원했다. 모형이 시험을 통과했고 독립 평가기관에 의해 시장 전망이 좋은 상품으로 인정받았다. 하지만 제품이 생산에 들어가자 영국에는 더 이상 발동기부착자전거의 골조를 생산하는 회사가 존재하지 않는다는 게 드러났다. 2년간 골조를 생산하고 런던 노동자들에게 기술을 가르쳐 사우스와크(Southwark)에 새 공장이 출발하도록 이탈리아의 공장과 계약을 맺었다. 재정은 GLEB가 맡기로 했다. 하지만 런던 시민의 혈세를 이탈리아 산업을 지원하는 데 쓴다는 것에 대해 의문이 제기되었고 결국 이 프로젝트는 중단되고 말았다. 국민기업위원회는 대기업 규모에서 비슷한 문제에 봉착했다. NEB가 어떤 엔지니어링부문을 영국에서 회복하는 전략을 추진했으나 그렇게 하려면 미국에 소재한 미국계 회사를 인수해야만 한다는 것 때문에 중단된 적이 있었다. 이는 지나친 단견이었다. 만약 공적통제가 해외투자를 내포한다면 이 목적을 위해 공적 자금을 써야 한다. 오늘날 대부분의 산업부문에서 국유화(nationalization)는 국제화(internationalization)의 필요를 내포한다.

3. 국유화, 축적 그리고 시장

지금까지 나는 통제의 핵심요소는 어디에나 편재한다는 사실로부터 공적

---

6) 1980년대 초반 영국 곳곳에서 등장한 노동당 지방자치단체들은 대개 노동당 좌파가 주도했다. 이들은 전국적 수준에서 실패한 NEB를 지역적 수준에서 제한된 규모로나마 다시 추진했다. GLEB는 켄 리빙스턴이 이끌던 노동당 런던광역시정부(GLC)가 설립한 런던시 차원의 기업위원회(공적 지주회사)다. -역주

소유 산업의 전망에 던져지는 한계들을 다루었다. 어떠한 기업도 고립된 섬일 수는 없다. 공적 기업들은 사적 독점으로부터 강력한 통제를 받을 수도 있다. 그러나 우리는 외적 독점력 이전에 시장 자체가 어느 정도나 속박으로 작용하는지 질문을 제기해야 한다. 자본주의와 시장에 대한 맑스의 언급을 되새기는 데서 논의를 출발해보자. 자본가가 노동을 통제하려 하고 생산 속도를 채근하며 임금을 낮추려 드는 것은 이들이 태어나면서부터 억압적이기 때문은 아니다. 경쟁과 축적의 법칙이 이들에게 다른 어떤 방식을 허용하지 않기 때문이다. 공기업이 시장 내에서 작동하는 한, 그 역시 동일한 압력에 종속될 수밖에 없다. 자본주의 시장 내에서 공기업은 국가자본주의로 나아가는 경향이 있다.

이것이 말해주는 것은, 위와 같은 커다란 그림이 시장과 자본축적의 작동방식에서 나타나는 모순을 해결해주지는 않는다는 점이다. 대부분의 국유화 논쟁이 진행되는 것은 바로 이러한 모순을 배경으로 해서다. 자본주의의 태동에서부터 우리는 한편에서 시장과, 다른 한편에서 계획적 자본주의 조직 사이의 모순을 발견할 수 있다. 과거에는 자본주의는 시장이고 사회주의는 계획이라는 식의 낡은 전통이 존재했다. 그러나 실제로는 자본주의 내에 계획과 시장이 모두 존재하며 둘이 서로 모순을 빚고 있다는 점을 인정하지 않고서 자본주의의 진보를 이해한다는 것은 불가능하다. 기업의 규모가 커가고 노동의 직접적 계획 영역이 확대될수록 자본주의 자체뿐만 아니라 시장의 적실성도 점점 더 의문의 대상이 되었다.

위의 지점이 갖는 중요성은 다음과 같다. 시장은 자본축적을 촉진하는 힘들의 담지자다. 그 핵심 기능 중 하나는—전통적 경제학 교과서에서는 언급되는 적이 별로 없지만—노동을 규율하는 것이다. 만약 한 기업의 노동력이 경쟁에서 뒤쳐진다면 이는 노동력의 실패이면서 동시에 기업의 실패다. 영국에서 통화주의 정책이 노골적으로 의도했던 것 중 하나는 시장을 활용해 노동을 약화시키는 것이었다. 동일한 의도가 지방자치단체의 사유화(privatization) 뒤에도 도사리고 있다. 그러나 시장은 노동자들뿐만 아니라 개별 자본가들을 규율하기도 한다. 시장은 생산성향상을 촉진한다. 시장은 구조조정을 독려한다. 시장은 생산의 실질가치에 부합되지 못하는 가공의 요구들을 평가절하한다. 이 모든 것들은 자본축적이 진전될 수 있도록 만드는 바로 그 요소들이다.

반면 시장은 축적에 역기능적일 수도 있다. 시장은 오직 장기적으로만 경쟁력 확보가 가능한 프로젝트들에게 단기적 규율을 강제할 수도 있다. 그렇게 되면 시장은 산업자본보다도, 또 산업자본을 거슬러서 화폐자본을 선호하게 될 것이고, 결국 화폐자본이 계속 움직일 수 있도록 하는 바로 그 원리를 침해하게 될 것이다. 시장은 총자본에게 실질적인 비용으로 다가오는 사회적 비용(예를 들면 특정한 형태의 공해나 도시의 과밀)이나 노동력의 훈련 같은 집단적 편익을 고려하는 데 실패할 수도 있다. 이러한 역기능적 요소들 중 다수는 정부의 자유화·사유화 정책의 결과로 현재 공공부문 자체에서 재등장하고 있다. 자본스톡의 조건이 현재의 회계에 적절하게 반영되지 않기 때문에 장기적 투자는 폄하된다. (예를 들면 철도와 런던 지하철.) 수선과 보수에 대한 투자도 마찬가지다.

영국에서 국가개입과 국유화의 전통적 논거로 이야기되던 것 중의 다수는 자본축적의 관점에서 시장의 실패를 교정하려는 것으로 이해되어야 한다. 이러한 사고방식에 따르면, 국유화의 기본 목표는 다음과 같다. (1) 구조조정의 실행, (2) 단 하나의 기업만이 가장 효율적인 생산단위로 간주될 경우 독점력의 사적 오용에 대한 방지, (3) 핵심산업 지출에의 직접적 통제를 통한 거시경제적 안정성의 보장, (4) 사회적 비용-편익 관점에서는 효율적이지만 대차대조표상으로는 적자로 나타나는 서비스들의 제공(특히 교통). 이러한 논거들은 1930년대와 1940년대에 국유화에 대한 노동당 내 합의의 기반을 이루었다. 이는 예를 들어 달튼(Dalton)의 저작(*Practical Socialism in Britain*, 1935), 페이비언 케인즈주의자인 더빈 제이와 더글러스 제이(Durbin & Douglas Jay)의 저작들에 나타나 있다. 경제영역에서뿐만 아니라 정치영역에서도 자유주의자였던 케인즈 자신도 만약 사적경제가 자신이 제안하는 통화·재정 조치에 적절히 반응하지 못할 경우 국가통제가 필수적일 수 있다고 보았다. 1945-1951년 사이의 노동당 국유화 강령이 비노동당 정부 시절에 설립된 조사위원회들—맥고완(McGowan) 전력위원회, 헤이워드(Heyworth) 가스위원회, 레이드(Reid) 석탄위원회—의 보고서에 기반하였다는 사실도 상기되어야 한다.

이러한 이유에서 국유화가 추진될 경우, 이는 단기적으로는 시장과 갈등을 빚을 수 있지만 장기적으로는 아니다. 1960년대에 산업재편공사(Industrial Reorganization Corporation)를 통해 이뤄진 산업구조조정은 기업들의 경쟁력을 향상시키려는 것이었다. 공공소유 산업을 통해 추진되는 케인즈주의적 조처들도 어쨌든 해외의 경쟁자에 대해 산업의 경쟁력을 높이려는 것이었다. 지속적으로 보조금 지원이 필요한 공공교통을 제외한다면, 시장의 교정을 주목적으로 하는 국영화된 산업들에게 시장은 장기적으로는 결코 속박이 아니었다.

공적소유가 자본축적과 대립되는 목적을 달성하기 위해 사용되는 경우에는 잠재적 갈등이 보다 심각하게 나타난다. 노동당의 당헌 제4조의 공식에 따르면, 공적소유의 핵심은 자본가들이 아니라 직접적 생산자들이 이윤을 전유하도록 바꾸는 데 있다. 국영화된 산업에서 이윤을 희생하여 임금을 올린다면 이는 비슷한 재분배 효과를 낳을 것이고, 노동조건을 개선할 경우에도 이는 마찬가지일 것이다. 사회주의자들이 공적소유의 근본목적 중 하나로 간주해온 노동과 노동시장의 개선에는 실제로 아주 다양한 목표들이 존재한다. 기업차원의 계획과 산업민주주의로부터 기회균등, 노동시간 유연성의 〔질적〕 증대, 그리고 인간중심적 기술까지 말이다. 예를 들어 런던광역시정부(Greater London Council, GLC)[7]의 공적소유 전략의 중심에 놓여 있었던 이른바 사회적 목표들이 바로 이러한 것들이었다. 사실 그보다는 반(反)시장적인 경제적 목표들이라고 부르는 게 더 적절하겠지만 말이다.

공적소유에는 또한 소비자 측면에서의 강력한 이유가 존재한다. 가령 주류(酒類) 과잉판매 금지〔로이드 조지(Lloyd George)[8]가 1919년 칼라일

---

7) 1980년대 초반 런던광역시정부는 켄 리빙스턴이 이끄는 노동당 좌파가 장악했다. 노동당 좌파는 공공교통요금 인하, GLEB, 민중계획 등 다양한 급진적 개혁을 단행했다. 이 글의 필자인 로빈 머레이도 이 실험에 참여한 장본인이다. 1986년 대처의 우파 중앙정부는 아예 광역지방자치제를 없애버림으로써 좌파 지방자치단체의 저항을 봉쇄해버렸다. 이에 대해서는 장석준, 「'도시 사회주의'의 실험과 좌절: 1981-1986년 영국 런던광역시정부의 경험」, 『이론과 실천』, 2002년 1월호 참조. -역주
8) 1차대전 기간의 영국 수상. 자유당의 마지막 대중적 지도자였다. -역주

(Carlisle) 주의 주점들을 국유화한 이유], 제품의 다양성(방송의 경우처럼)이나 제품 질의 보장, 공공부문이 아니라면 제공되지 않았을 서비스들의 보장 등이 그것이다. 나이 베번(Nye Bevan)[9]의 〔의료사회화〕 프로젝트와 공공재의 국유화 사이에 차별점이 있다면, 그것은 국영보건서비스(National Health Service)의 사상적 중핵을 이루는 바로 이 마지막 동기다. 하지만 공공재들—전화박스, 시외버스 서비스, 무료 상수도, 무료 우유공급, 무료 학교급식—의 경우에서도 역시 소비자 원리가 작동하는 것을 발견할 수 있다. 최근 정부의 자유화·사유화 정책으로 인해 이들의 존재와 취약성이 두드러지게 드러나기 전까지 우리는 이러한 형태의 보조금 지급을 당연시하는 경향이 있었다.

노동조건을 개선하기 위한 이유에서든 소비자 복지를 증진하기 위한 이유에서든 이러한 정책들은 시장 및 축적여건과 갈등을 빚는다. 장기적으로는 이러한 '사회적' 조처들이 축적을 도와주는 게 사실이라는 주장들—이것들은 〈표 1〉에 반영되어 있다—이 있다. 즉, 훈련의 제고, 노동조건의 향상, 임금상승, 여성 및 흑인노동의 평등 증대, 보다 인간중심적인 일자리, 산업민주주의의 발전 등이 모두 노동자 지위의 향상뿐만 아니라 생산성제고에 기여한다는 것이다. 나는 〈표 1〉에서 이러한 가능성에 의문부호를 달아놓았다. 하지만 어떠한 장기 효과를 노리든 이러한 수단들은, 특히 이들이 작업장 내의 경영의 권위에 도전할 경우, 이데올로기적 이유에서 자본으로부터 격렬한 공격을 받게 되어있다. 내가 반복해서 언급하는 GLC의 경험에서 바로 그러했다. GLC의 경제정책 중 사기업과 가장 불편한 관계를 낳았던 것은 여성 및 흑인노동자의 평등을 제고하기 위해 지방정부의 구매활동을 활용한 것과 GLEB 대부의 조건으로 기업계획을 도입한 것이었다.

중요한 점은 시장이 GLEB의 사회정책 시도들뿐만 아니라 장기적 구조조정프로젝트에 대해서도 지속적인 속박으로 작용했다는 점이다. 만약 사회

---

9) 1940-50년대에 주로 활동한 노동당 좌파지도자. 전후 애틀리 정부에서 보건의료를 국유화한 국영보건서비스(National Health Service, NHS)를 구축하는 역할을 맡았다. 50년대에는 국·공유화의 확대와 핵무기 철폐를 주장하며 노동당 우파와 대립했다. -역주

<표 1>

사회적 소유의 동기	시장경쟁의 향상		시장경쟁의 악화·부실화	
	단기	장기	단기	장기
합리화와 구조조정		x	x	
독점력의 통제	적용 불가능			
거시경제계획과 안정화	일국적으로는 중립적			
사회적 비용－편익			x	x
장기 투자		x		
소득, 노동조건, 노동과정, 유연한 노동시간, 훈련 등의 개선		?	x	?
작업장 내 민주적 통제의 확대		?	x	?
평등 확대	?	x	?	
국민의 필요에 따른 서비스 제공			x	x
다양성과 소수자의 필요를 위한 생산 보장			x	x
시장의존적이기보다는 사회적 혹은 전략적 이유에 따른 공장 및 산업의 유지			x	x

적 소유 기업이 시장의 회계적 맥락에서 적자를 보인다면, 이 기업은 공격 대상이 될 것이다. 이 공격은 시장경쟁을 통한 경제적 공격으로 나타날 것이고 이 경우 회계상의 적자를 메우기 위해 공적자금이 투입될 것이다. 그러나 이에 따라 〔공적자금 투입에 대한〕 정치적 공격은 더욱 드세질 것이고, 그 결과 장기적 자본축적의 맥락에서 이러한 적자를 정당화하는 것도 더욱 어려워질 것이다.

사회적 소유 기업과 시장 사이의 관계는 공공부문에 대한 전략적 사고의 중심에 놓여야 한다. 이는 직접적으로 사기업들과 경쟁하는 공공소유 산업의 경우에 가장 두드러진다. 이 경우에 적자와 보조금은 더욱 선명히 드러나고 확인된다. 직접적 노동공급업체들의 경우에 사기업들의 입찰비용과의 불균형은 과도한 부담으로 보이게 된다. 이 경우 공기업의 목표는 무조건 비용삭감을 추구하는 다른 사기업들과는 달리 하청계약을 맺은 사기업에도 공기업과 비슷한 노동조건이 보장되도록 만드는 것이어야 한다. 실제로 다수의 지방자치단체들은 공정임금 조항을 통해 이런 역할을 해왔다. 일부 산업의 경우—교육이나 전력 등—에는 시장으로부터 상대적으로 격리되어 있지만, 여기에서도 자신들의 경영실적에 대한 시장가격 중심의 회계평가 측면에서 공세가 가해질 수 있다. 세계시장으로부터 자신을 격리시켜온 사회주의 경제권에서도 비교평가를 피할 수는 없다. 사회주의 나라들 내부의 정치세력들은 국내자원이 보다 생산적으로 사용될 수 있게 하기 위해서는 해외의 보다 저렴한 상품들이 수입되어야 한다는 주장을 전개하고 있다. 모든 사회주의 나라들은 세계시장의 지속적인 문호개방 요구에 직면해왔다. 시장과 계획 사이의 모순이 자본주의 동학에 대한 이해의 중심에 있는 것처럼, 포스트-혁명 경제권을 이해하는 중심에는 자본주의 시장과 사회주의 계획 사이의 모순이 있다.

내가 주장하고자 하는 것은, 시장이 공공부문이 받아들여야 할 기준에 압력을 가함으로써 공공부문에 지속적인 속박으로 작용한다는 점이다. 만약 해당산업이 사기업들과 경쟁해야 한다면, 압력은 직접적이다. 만약 해당산업이 경쟁으로부터 격리돼 있다면, 압력은 이데올로기적·정치적 성격을 띤다. 공공소유 기업들은—그것이 아무리 장기적 축적의 향상이라는 협소한 목표에 맞춰져 있다 하더라도—자신이 '시장 안에서 시장에 대항해' 활동하고 있음을 발견하게 된다. 이러한 압력들이 국영화된 산업의 핵심까지도 건드릴 수 있다는 게 오늘날보다 더 분명해진 적은 없었다. 공공소유 기업의 사유화는 더욱 더 많은 주목을 받고 있다. 그러나 가장 지대한 효과를 낳는 것은 사유화가 아니라 공공부문 자유화 정책, 즉 시장기준의 강화이다. 자유화가 실체고 사유화는 형식일 따름이다.

4. 소유와 통제: 정책과 실천

전통적 공식에 따르면, 국유화는 국가라는 배의 주인을 바꾸고 당이 그 항로를 연다. 그러나 만약 국유화가 제공하는 권력이 제한된 것이라면, 항로의 결정과 배의 운항 모두 문제에 봉착하게 된다. 이 문제의 한 가지 측면은 당이 어느 정도나 적절하게 생산자들의 이해를 대변하는가 하는 것이다. 이것은 사회주의적 민주주의의 문제이며 나는 여기서 이 문제를 깊이 다루지는 않을 것이다. 그러나 문제의 또 다른 측면이 존재한다. 공공부문을 위해 광범한 전략을 입안할 민주적 당 구조가 갖춰졌다고 치자. 그럼 그 다음은 어떤가? 지도부는 장부를 읽고 항로를 결정할 것이다. 하지만 실천에 나서는 자는 누구인가?

똑같은 문제가 사적자본에도 제기되어 왔다는 사실이 흥미롭다. 현대 대기업에서 사적소유와 경영자 통제 사이에서 벌어지는 갈등에 대해서는 지금까지 50년이나 논쟁이 계속됐다. 이 논쟁에 따르면, 경영자는 이윤 극대화 외의 다른 많은 동기들, 예를 들어 성장, 신상품, 안락한 삶, 권력, 골프장과 인접한 본사 사무실 등을 갖는다. 경영자들은 또한 주주들에 비해 상대적으로 보다 실질적인 권력을 갖는다. 그러나 경영자 자본주의의 주창자들이 간과했던 것은, 이들 경영자들이 맑스가 묘사한 자본가들과 마찬가지로 자본축적의 법칙에 종속되어 있다는 사실이었다. 1970년대에 이윤율이 떨어지고 위기가 심화되자 대기업들은 회계장부의 실적에 따라, 그동안 당장의 이윤보다는 성장을 더욱 지향했던 최고 이사들을 하나 둘 갈아치우기 시작했다. 이사회 회의장에서 가치 법칙은 더할 나위 없이 잘 대변되었다.

만약 사적자본의 경우에 소유와 통제 사이의 긴장이 시장에 의해 제어된다면, 공공부문에서 이 문제는 다른 방식으로 제기된다. 공공부문에는 시장의 움직임 속에서 자신들의 이해를 좇는 사적주주들 대신에, 시장경향을 거스르며 작동하는 국가정책이 존재한다. 그렇다면 진보적 정부는 과연 어떻게 국영기업 경영자들이 국가의 진보적 정책을 확실히 실천할 수 있도록 만들 수 있을까? 이 문제를 다루는 데 흔히 다음과 같은 진부한 개념들이 등장하곤 한다. ⑴ 전략과 실행 사이의 구별, ⑵ 중립적 행정이라는 전통, ⑶ 책임성을 요구하고 측정하는 방법—그것이 마치 시장인 것처럼 그렇게 작동하는—의 개발. 그러나 이것들만으로는 부족하다. 이것들은 사회적 소유의 목표들과 시장의 기준들 사이의 갈등을 더욱 조장할 뿐이다.

첫째로 전략과 실행이라는 문제를 보자. 이 구별은 세계에 대한 기계적 관점을 함축한다. 여기서는 누군가 상세히 계획을 입안하면 그 다음에는 단지 실행과정상의 기술적 문제만 해결하면 된다고 전제된다. 장관이 런던 중심가에 도로를 건설해야 한다고 결정하면, 계획가가 노선을 설계하고 민간 전문가가 도로를 신설하며, 이제 장관은 정치적 문제들만 다루면 된다는 것이다. 실제의 경제적 계획은 이런 그림과는 전혀 다르다. 경제계획은 현재의 지평을 넘어서는 차원을 추측해야 하고 실천의 관점에서 전략을 재조정해야 하며, 프로젝트가 진전될수록 그 모습을 드러낼 새로운 상황에 대해 단지 그 경제적 가능성뿐만 아니라 정치적 가능성까지도 평가해야 한다. 헨리 포드(Henry Ford)가 말한 것처럼, 긍정적 지식은 오직 부정적 지식을 통해서만, 즉 오류의 교훈을 통해서만 획득될 수 있다. 처음부터 새로운 프로젝트에 대해 상세한 전략을 짤 수 있다는 생각은 완전히 비현실적이다. 사회주의적 공기업의 발전은 바로 이런 측면에서 항상 '새로운 프로젝트'였다.

이것이 사실이라면, 전략과 실천 사이에는 항상 상호관계가 있어야만 하고 관련 주체들은 정치가의 상상력과 목표들을 함께 공유해야만 한다. 그렇지 않을 경우 실행 주체들은, 이들의 정치적 충성 여부와는 상관없이, 정치가들이 제안한 행동노선이 실행 불가능하다고 말하거나 정책의 전반적 의도를 놓친 잘못된 세부 실행계획만을 내놓게 될 것이다. 이는 세계를 해석하는 것이 아니라 변혁하는 문제이며, 창조성과 혁신의 문제이고, 물질 세계가 과연 어느 정도의 가능성을 열지를 실천을 통해 검증하는 문제다. 비록 일단 민주적으로 선출된 정치가들이라 할지라도 이 과정의 일부로 참여함으로써 다시 검증되어야만 한다. 또한 이것은 결코 정치가들의 노고로만 성취될 수 있는 게 아니다. 이는 보다 광범한 집단의 참여를 요구한다.

여기서 우리는 중립적 행정이라는 문제에 도달하게 된다. 나는 전문 행정가들이 사회주의적 상상력을 공유하지 않을 것이라 주장해왔다. 전문 행정가들은 사회주의적 상상력에 강력히 저항하는 게 다반사다. 계급적 맥락에서 행정은 결코 중립적일 수 없다. 국가 내부에는 계급관계가 존재하며, 이는 관료들의 봉급수준, 서열, 노동과정, 자질평가, 사적자본 진영의 자산 및 이윤에 대한 관계 등등에 따라 대변된다. 국가정책의 목적이 시장과 자본축적의 작동을 원활히 하는 것인 한, 고위 행정가들과 광범한 정책논쟁 사이에는 별다른 긴장이 없을 것이다. 그러나 사회적 소유의 목적이 사회관계를 바꾸는 것인 한, 국가 내부에는 모순이 생기기 마련이다.

GLC의 경험은 이에 대한 일상적 증거를 보여준다. 상당수의 고위 행정가들은 노동당 시정부의 경제정책을 실현 불가능하고 부적절하며 바람직하지 않은 것으로 치부했다. 이들은 진보적 경제정책의 실행을 막고 그 대신 자신들이 런던 시민의 이해에 보다 부합한다고 판단한 정책대안을 관철시키기 위해 그들이 할 수 있는 모든 것을 다했다. GLEB의 한 최고 이사는 GLEB를 노동당 선거공약의 정책들이 아니라 자신이 기업자산 증대와 중소기업 지원을 위해 보다 현실적인 선택이라고 판단한 바에 따라 움직이도록 만들려 했다. 런던교통공사(London Transport)의 고위 경영진은, 시정부 정책에 정반대되는 것임에도 불구하고, 노동력을 삭감하고 정비작업장을 폐쇄하며 노동조합의 단체행동을 막으려 들었다. 이들은 새 이사 지명이라는 정치적 문제를 놓고 노동당 정치가들과 싸웠고 버스와 지하철에 기관사 1인 운행제를 관철하려 압력을 넣었다. 위와 같은 경우들에서 문제는 단순히 중립적 행정이 사회주의적 상상력과 조응하지 못했다는 것이 아니었다. 고위 행정가들은 시장중심적 비전을 갖고 사회주의적 상상력과 대결했고 이 투쟁은 항상 실현가능성이라는 이름 아래 이루어졌던 것이다.

5. 사회주의적 경영

여기서 사회주의적 경영이라는 문제가 제기된다. 우리는 장부에서 시장의 신호를 읽어내거나 전략을 개발·실행하거나 조직을 활성화하는 등의 경영기술이 필요하다는 것을 과소평가해서는 안 된다. 이러한 기술들이 전문경영인들에게만 있는 것은 아니다. 일부 정치가들과 많은 노동조합 활동가들도 이런 기술을 일정하게 체득하고 있다. 그러나 대개는 제한된 수준에 머물러 있는 게 사실이다. 대규모 국영산업이나 국가개입적 산업기관의 운영에서 사회주의경제의 확장에 가장 심각한 속박 중 하나로 등장하는 것이 바로 전문경영인의 부족이다. 이는 제3세계 포스트-혁명 사회들의 약점 중 하나였고 지금도 그렇다. 이들은 주요 산업을 가동하기 위해 자신들에게 정치적으로 적대적인 경영자들과 다국적 기업들에 의존해야 했다.

고위 행정가들의 역량과 정치가 갖는 중요성을 감소시키고 대신 마치 시장이 산업경영자들을 규율하는 것처럼 행정가들을 규율하는 책임성의 방법을 개발하려는 또 다른 접근법이 존재한다. 이러한 규율 중 한 가지 형태는 재정적인 것이다. 비시장적 서비스 영역에서 이는 비용평가에 기반한 규율로 나타난다. 이것은 관료들로 하여금 산출보다는 투입에 관심을 기울이게 하는 데 목적이 있다. 대차대조표는 비용과 수익 사이의 비교가 아니라 예산기획상의 비용과 실제비용 사이의 비교로 작성된다. 이러한 평가방식은 소비자들로부터 격리된 조직형태를 낳고 국가경영과 노동력 사이에 자본주의적 형태의 사회관계를 재생산하며 위험회피적 경영을 조장한다. 왜냐하면 본래 위험은 비용의 절감이 아니라 소득의 증대를 통해서 정당화되는 것이기 때문이다. 비용평가에 기반을 둔 관료제는 혁신에 대한 회피를 동반하지 않을 수 없다. 경영진은 주어진 목표를 달성하고 실패를 회피함으로써 성공적 경력을 다져간다. 위험부담과 목표의 초과달성은 회계장부에 쉽게 기입될 수 없고 따라서 높은 평가를 얻지 못한다.

물론 산출에 초점을 맞추고 실적평가보다는 수행평가를 추진하려는 시도들도 있다. 이러한 평가방식을 위한 물리적 지표들을 추출할 수도 있다. 연착열차의 수, 매표구에 늘어선 사람들이 소요하는 시간, 공공주택의 보수건수 등등이 그것이다. 그러나 이런 지표들 자체도 협상과 내부정치에 종속된다. 정치적으로 보다 우호적인 부서에는 보다 쉬운 목표가 부과되고 산출지표는 제한적 성격을 지니며 목표달성 실패에 대해서는 변명으로 때운다. 이러한 지표들 중 어느 것도 공사(公社)의 명확한 흑자장부만큼의 중요성을 부여받지는 못한다.

이 문제는 이미 국영산업 내에서 사회주의와는 상관없이 토론된 바 있다. 어떻게 이들 산업과 서비스들을 감시할 수 있을까? 최근 해리슨(A. J. Harrison)은 이 주제에 대해 흥미로운 논의를 책으로 펴냈다. 해리슨은 전직 환경부 고위 경제자문역이었고 지금은『공공 재정』(*Public Money*)지의 편집자로 있다. 이 책에서 그는 또 다른 공공부문 경제학자인 크리스토퍼 포스터(Christopher Foster)의 주장에 동의했다. 포스터는 1960년대 말에 교통부에서 일하고 그 뒤에는 사기업의 컨설턴트로 활동하면서 외부로부터의 감시는 필연적으로 제한적일 수밖에 없다는 확신에 이르렀다. 해리슨 역시도 자신의 경험을 바탕으로 정부부처들이 보유한 기술로는 국영산업을 제대로 감시할 수 없다고 지적한다. 이는 다른 외부 감시자들의 경우에도 마찬가지다. '여론은, 비록 그것이 전문가들의 여론이라 할지라도, 필요한 정보를 제대로 갖고 있지 못하다. 이는 의회의 경우도 마찬가지다. 소비자 평의회는 무능하다. 감사위원회는 유용하긴 하지만 산발적으로만 활동하며 아무런 제재권도 없다.' 감시활동을 위해 더 많은 재원을 투자하고 전문인력을 배치하는 것이 하나의 해결책이 될 수 있다. 해리슨과 포스터는 정부나 각 부처보다 훨씬 상세하게 감시의 표적과 정보를 제공하는 공공기구를 통해 내부로부터 감시할 것을 권장한다. 해리슨은 이를 위해 공공정보를 더 많이 공개해야 한다고 주장한다. 그리고 이 공공기구가 상임위원회와 장관의 명령에 따라 움직여야 하며 예측의 기반이 되는 전제들을 보다 정확하게 고지해야 한다고 제안한다.[10]

이 논의에서 주목할만한 점은, 인습적 방식으로 운영되는 국영산업에 대해서는 아무런 해결책도 없다는 것이다. 해리슨은 비판을 꺼려하는 공공기관의 이해에 따라 내부표적 설정이 좌지우지되리라는 것을 인정한다. 그러나 그는 그럼에도 불구하고 국영산업 외부가 아니라 내부에 공공 감시기구가 수립되어야 한다고 주장한다. 왜냐하면 국영기업들은 정부부처들과는 달리 적절한 표적에 대한 정보를 지니고 있기 때문이다. 정부는 형식적 권한을 지니고 있고 상세한 지식과 집행력은 경영진이 쥐고 있는 이러한 현실

---

10) A. J. Harrison, "Monitoring Performance," J. Grieve Smith, ed., *Strategic Planning in Nationalized Industries*, London 1984.

은 결국 소유와 통제의 문제를 다시 제기하는 것이다. 철도를 보다 효율적으로 운영하고 열차를 제 시간에 맞추는 데도 문제가 이 정도인데, 국영산업에 사회주의적 목표가 요구될 경우에는 오죽 하겠는가?

내 결론은, 어떻게 하면 사회주의 정책을 실현시킬 수 있을 것인지에 대한 전통적 설명으로는 이 문제의 핵심을 건드릴 수 없다는 것이다. 공공부문 경영자들과 최근 이들에게 제기되는 경영지침은 국영산업들로 하여금 국가자본주의의 방향으로 나아가게 하는 내적 동력으로 작용하고 있다. 사회적 소유형태의 이면에서 우리는 너무도 자주 전혀 다른 실체—한편에서는 사적독점의 `힘에 끌려 다니고 다른 한편에서는 시장에 끌려 다니는—를 발견하곤 한다. 그렇다고 이것이 국영기업들을 국가자본주의의 방향으로 이끄는 내외의 동력에 저항하거나 이를 극복·지양할 수 없다는 것을 의미하지는 않는다. 다만 이제는 형식보다는 실체에 주목해야 한다는 의미다. 남예멘의 사회주의경제를 확신하던 그 활동가에게 우리는 국영산업들에서 어떤 일이 벌어졌는지를 물어야만 한다. 이들 기업은 과연 사적자본이 장악한 동종 기업들과 얼마나 중대한 차이를 지녔던가?

6. 위기에 처한 공적 소유

영국의 공공부문은 현재 심각한 위기에 처해 있다. 영국의 공공부문은 지속적이고 급진적인 사유화정책의 공세 속에서 갈가리 찢겨졌다. 1970년대 후반까지는 공공부문의 불가역성에 대해 광범한 신념이 존재했다. 한 번 공유화된 국민적 공공재는 공공부문으로 남아 있으리라는 것이었다. 애초에 이들이 공유화되었던 이유, 즉 국가적 조정을 필요로 하는 경제라는 점, 독점 효과에 대한 공적통제의 필요 등이 지속적인 공유화 필요성의 이유이기도 했다. 그러나 지금 이들은 분할·해체·매각되고 있다.

부분적으로 이러한 사유화 흐름은 공공부문의 결점보다는 민간경제의 전반적 위기를 반영하고 있다. 이윤율이 하락하고 투자처가 줄어들게 되자 공공부문의 개방이 화폐자본의 안락한 천국으로 등장하고 있다. 청소와 외식업 같이 위기에 빠진 산업들에게도 이는 새로운 가능성을 열어주고 있다.

사유화는 또한 노동의 희생을 대가로 수익성을 회복하려는 보다 일반적인 통화주의전략의 일부이기도 하다. 경제학자들과 고위경영자연구원(Institute of Directors) 등의 기업가조직들은 공공부문 노동조합의 힘을 깨버릴 수단으로 공공부문을 파편화하고 이를 시장의 규율에 종속시킬 것을 노골적으로 주장해왔다.

그러나 사유화 공세의 결과 공공부문 자체의 내적 위기도 노출됐다. 보건서비스 부문을 예외로 하면, 그리고 노동조합의 방어시도에도 불구하고, 대부분의 사유화에 대해 폭넓은 대중적 저항이 별로 없었다. 실제로 보수당 정부는 국민주라는 책략을 통해서 소위 '대중자본주의'(popular capitalism) 프로그램에 대한 지지를 넓혔다. 이제 확신에 찬 고위 장관들은 국유화를 정치의제에서 제거하고 국가의 영역을 영원히 축소하자고 주장하고 있다.

이러한 사유화 경향의 힘을 과대평가해서는 안 된다. 본래 공적소유를 추진했던 그 물질적 이유는 사라지지 않았고 해당산업에서 벌써 다시 쟁점이 되고 있다. 공공교통이 축소되자마자 교통정체가 심각해지고 있다. 수도산업에 대한 투자가 줄면서 하수도 보급률이 급락하고 있다. 청소업 사유화의 결과로 사업계약에 어긋나는 쓰레기더미 누적현상이 나타나고 있다. 버스노선의 비용삭감 경쟁 때문에 벌써 공적독점을 대신하는 사적독점이 등장했다.

동시에 우리는 공공부문에 대한 전통적인 사회주의개념이 처한 위기도 과소평가해서는 안 된다. 나는 이 글의 첫 단락에서 이러한 전통적 개념이 봉착한 문제를 간략히 언급한 바 있지만, 이는 영국 노동운동 내에 우파에서부터 좌파까지 여전히 뿌리깊게 박혀 있다. 그것의 가장 분명한 형태는 모리슨주의적 공사(公社)다. 허버트 모리슨(Herbert Morrison)은 1929-1931년 노동당 정부의 교통장관으로 일하면서 런던교통공사에 다음과 같은 사고를 도입했다. 경영자는 경영만 하고 지침은 정치가들이 설정한다. 어네스트 베빈(Ernest Bevin)[11]은 공사의 이사회에 최소한 노동자대표 이사는 있어야 한다고 주장했지만, 모리슨은 이에 반대했다. 1935년 무렵에는

---

11) 1930-1940년대 영국 노동조합운동을 이끈 지도자. -역주

모리슨의 생각이 노동당과 TUC 전체에 받아들여졌다. 전후 애틀리 정부는 모리슨주의적 공사형태를 국영산업의 모델로 삼았다. 그러나 1980년대 현재 이는 위기에 빠져 있다. 모리슨주의적 공사는 협소한 자본주의적 견지에서는 경영이 비효율적이라고 비판받아 왔다. 반면, 노동자와 소비자들은 이들 기업이 철저히 자본주의적이라고 느꼈다. 모리슨주의적 공사의 실제 결과를 경험하면서 1940년대에 형성된 광범한 공적소유 지지연합은 소진되어버렸다.

혹자는 좌파가 공적소유 프로젝트의 실패를 받아들여야 한다고 주장하기도 한다. 그 비대중적인 면이 여실히 드러났다는 것이다. 그러나 비록 내가 국유화를 통해 정부가 획득할 수 있는 개입능력이 극히 제한적이라고 주장하긴 했지만, 이것이 이제는 공적소유가 사회적 경제로 나아가는 필수적 단계가 아니라는 것을 의미하지는 않는다. 공적소유의 근거는 오히려 과거보다 더 강력해졌다. 각각의 산업부문에서 사적자본은 스스로는 결코 구조조정을 이룰 수 없음을 보여주었다. 경제전체 차원에서는 다양한 산업부문 사이에 커다란 장벽이 있고 그 결과 시장은 더욱 나빠지기만 한다. 나는 여기서 금융과 산업 사이의 관계, 군사기술과 그 민간 확산 사이의 관계, 혹은 생산사슬 속의 공장들과 전체경제 사이의 관계 등을 염두에 두고 있다. 이것들은 바로, 50년 전 국유화의 핵심 근거를 이루었던 바로 그 문제들, 즉 산업구조조정 및 거시경제 계획과 관련되어 있다.

7. 사회주의의 사회적 관계들

그러나 훨씬 더 강력한 근거도 제기되었다. 오늘날 사회주의 사상에서 나타나는 변화의 정도는 1930년대 사회주의 경제학자들—맑스주의자든 페이비언 사회주의자든—의 저작 몇 쪽만 읽어보면 알 수 있다. 게릴라운동의 경험, 다양한 포스트-혁명 사회의 경험, 여성운동과 흑인운동의 경험, 다수의 진보적 공동체운동들, 이 모든 것들은 사회주의의 사회적 관계들에 대한 강조점이 바뀌는 데 기여해왔다. 경제학에서 이는 노동의 본질에 대한 관심, 육체노동과 정신노동의 분업에 대한 관심, 노동시간 그리고 자본의 시간과 노동의 시간(아이를 갖고 학교에 보내며 모임이나 성인교육의 시간을 갖고 라인속도에 맞추는 것이 아니라 스스로 작업시간을 결정하는 것 등등) 사이의 갈등에 대한 관심 등으로 나타났다. 이는, 숙련노동자든 미숙련노동자든, 백인 남성노동자나 화이트칼라 노동자든 여성·흑인 노동자든, 노동계급의 다양한 부분들에 대한 관심사를 의미한다. 이는 또한 생산의 사용가치 측면 및 필요의 다양성—예를 들어 핵 산업보다는 에너지절약을 선호한다든지 표준화된 대중소비보다는 문화적 다양성과 손수 만드는 것을 선호하는 등—에 대한 관심도 포함한다.

이제 이론적 차원에서는 생산력이 중립적이 아니라는 사실, 그리고 기술개발이 노동에 대한 자본의 통제력을 증대하는 방향으로 이뤄진다는 사실이 분명히 드러났다. 상품 역시 결코 중립적이 아니다. 상품은 그 내용 안에 그리고 심지어는 그 디자인 안에 자본의 특수한 생산관계를 반영한다(토마토의 모양에서부터 〈가격은 올바르다〉(*The Price Is Right*)라는 TV프로그램까지). 공장이나 사무실은 한 쪽 끝에 노동력 가치를 투입하면 다른 한 쪽 끝으로 잉여가치가 나오는 블랙 박스만은 아니다. 가정이 재생산의 정치(와 경제)의 무대인 것과 마찬가지로 공장과 사무실도 생산의 정치 전반의 무대이다.

요즘에야 이 모든 게 일반적 상식처럼 보이지만, 이는 1930년대의 사회주의 공식과는 엄청나게 다른 것이다. 사회주의는 상태가 아니라 과정이다. 이 과정은 마치 치열한 레슬링 경기 같은 만인의 일상적 투쟁 속에 가로놓인 삶의 모순된 얼굴들을 포함한다. 이러한 관점을 통해서 우리는 사회적 소유의 의의와 목적에 대해 이제까지와는 무척 다른 전망을 갖게 된다. 만약 사회주의 경제의 목표가 산업구조조정과 생산성향상 이상의 무엇을 추구하는 것이라면, 즉 생산과정 속의 생산관계들을 변혁하는 것이라면, 사회적 소유의 확장은 반드시 필요하다. 왜냐하면 사회적 기업들이 비록 독점과 시장에 포위되어 있고 기업경영을 위해 자본주의 경영진에 의존해야 한다 하더라도, 사적자본의 경우에는 문제가 더 심각한 것이 현실이기 때문이다.

국유화와 사회적 소유가 여전히 모든 사회주의전략의 핵심에 놓여야 하는 이유는 오직 이를 통해서만 소위 '생산의 정치'에서 진보를 이루어낼 수 있기 때문이다. 만약 런던광역시기업위원회의 경험에서 중대한 하나의 교훈을 이끌어낸다면, 그것은 바로 주식지분 없이 공적소유의 사회적 목표들을 추구하려 한다는 것은 바늘구멍 통과하기와 다를 바 없다는 사실이다. 사적자본가들은 필요한 경우 기업계획과 기회균등프로그램을 실행하는 데 동의했지만, 결국에는 이러한 성취를 좌절시키기 위해 갖은 수를 다 썼다. 기업계획을 지원하는 공무원들은 사내 방문을 불허 당하곤 했다. 노동자들은 기업계획 활동에 필요한 유급(有給) 회의시간을 제공받지 못했다. 기업계획의 협약 내용이 적용되지 않는 유령 회사가 설립되었다. 반면에 GLEB가 지분을 확보한 경우에는 생산의 정치를 충분히 바꾸어낼 수 있었다. 그렇지 않은 경우에 이는 사실상 불가능했다.

따라서 우리는 1930년대의 활발한 논의의 연장선에서 사회적 소유의 목표들을 재확인하면서 동시에 여기에 생산의 사회적 관계들을 바꾼다는 다양한 목표들을 더해야 한다. 이럴 경우 모리슨주의적 모델이 얼마나 부적합한지가 분명해질 것이다. 왜냐하면 공기업을 압박하는 자본주의적 압력에 대항해 소비자와 노동자의 이해를 통일하는 것이 우리의 과제라면, 모리슨주의적 공사는 정반대의 방향, 즉 경영자들의 힘을 강화하고 노동자, 소비자, 정치가들의 힘을 약화하는 방향으로 설계되어 있다는 것이 분명해지기 때문이다. 모리슨주의적 공사는 자신이 마땅히 포괄해야 할 것들을 배제하고 통합해야 할 것들을 분리시킨다. 필요한 것은 이러한 과정을 역전시키는 새로운 모델이다. 내가 보기에 이 과제는 게릴라운동이 직면한 과제와 흡사하다. 게릴라전략의 핵심은 대안적 행정체계를 수립할 해방구를 건설하는 것이다. 대중의 지지를 유지하기 위해서는 낡은 질서에 대해 새로운 질서의 혁신성이 명백해져야 한다. 왜냐하면 게릴라들의 생존뿐만 아니라 운동 자체의 발전도 이러한 대중적 지지에 달려 있기 때문이다. 이것이 바로 게릴라투쟁을 특징짓는 일상적 민주주의다. 이러한 해방구는 우선 구체제가 가장 약한 곳에서 건설되지만, 대중의 지지가 굳건해지고 경험이 무르익으면서 결국 구체제의 심장부까지도 포위하게 된다.

영국경제 내에 존재하는 사회적 소유의 해방구에서는 일상적으로 새로운

질서의 우월성을 일깨워주는 요소가 없었다. 대다수 민중에게 새로운 질서
는 일종의 소외된 형태, 즉 낡은 얼굴 위에 덮어쓴 새 모자의 문제로 다가
왔다. 사유화의 결과 벌써 이러한 분위기는 바뀌고 있다. 낡은 질서가 그
가면을 벗기 시작했다. 즉, 공공부문에는 위기가 등장했다. 그러나 이는 또
한—위기라는 한자어가 우리에게 가르쳐주는 것처럼—'기회'를 의미하기도
한다.

그러나 모든 대안은 항상 실질적 과제에 직면하기 마련이다. 공기업은
생산실적이라는 면에서 자본을 따라잡아야 하며, 동시에 생산의 사회적 성
격을 바꾸어 대중의 지지를 획득해야 한다. 실천보다 더 강력한 선전은 없
기에 공기업은 실제 실천으로 이를 보여주어야만 한다. 바로 이 때문에라도
국유화는 정치적 의제로 재등장해야 한다. 사회주의의 문제들에 대한 해답
그 자체는 아니지만 그 산파역으로서 말이다.

8. 새로운 모델을 향해

새로운 모델들은 추상적 사색보다는 사회주의 실천의 성공과 실패에 대
한 긴밀한 관찰로부터 등장하고 있다. 1980년대의 새로운 지방자치사회주
의의 커다란 가치는 이것이 부정적 지식의 수단〔실패의 교훈〕뿐만 아니라
긍정적 지식의 수단〔성공의 교훈〕도 제공한다는 데 있다. 12) 사우스 요크셔
(South Yorkshire)와 런던의 교통캠페인은 사회주의적 소유전략의 모델이
될 수 있다. 할로우(Harlow)의 난방캠페인, 포드, 유니레버, 그리고 필립
스에 대한 지방자치단체와 노동조합의 공동행동뿐만 아니라 지역 기업위원
회들이 발전시킨 다수의 경험들도 마찬가지다. 협동조합운동은 한때 유통
업계의 선두주자였으나 지금은 새로운 대형업체들에 의해 주변화되어 있
다. 그러나 협동조합운동은 여전히 새로운 질서의 단초들을 보여준다. 생
산협동조합의 새로운 물결이 그 예다. 이하에서 나는 모든 새로운 모델에
공통으로 적용되어야 할 일곱 가지 쟁점들을 다루고자 한다.

---

12) 1980년대 런던의 지방차지 경험에 대한 설명으로는 H. Wainwright and M. McIntosh,
eds., *A Taste of Power*, London, Verso, 1987을 참고할 것.

1) 전략

현대자본주의에서 기업간 경쟁력의 핵심은 단기적 최적화가 아니라 장기적 전략으로 변화했다. 기업의 핵심문제는 어떻게 구조조정할 것인가이다. 그리고 이는 공공부문에도 마찬가지로 문제거리다. 지금까지 구조조정의 기술은 자본주의적 경영에 제한되어 왔다. 사회주의적 기업이 가장 먼저 돌파해야 할 것은 바로 이러한 독점이다. 사회주의적 기업은 노동자와 소비자를 전략적 계획 안에 결집해내야 하며 형식적 권력을 지닌 선출직 정치가들도 마찬가지로 이에 포함시켜야 한다. 자본 자체도 노동자와 소비자를 계획 안에 통합해야만 할 필요를 인정해왔다. 실제로 일본 기업들은 노동자들의 머리 속의 지혜를 빨아낼 필요에 주목한다. 그러나 자본이 사용하는 방법은 일면적 형태를 취한다. 정보를 뽑아내고 난 뒤에 그것을 자신의 입장에서 종합하는 역할은 경영진에 맡겨진다. 사회주의적 전략계획은 그 목표에서나, 전략적 종합과정을 민주화시키는 방식이라는 점에서나, 다양해야만 한다. 이는 관료적 경영자들의 몫으로 남겨져선 안 된다. 왜냐하면 우리가 포스트-혁명 국가들로부터 배운 교훈은 바로 비시장적 중앙집중계획은 현실에 무감각할 뿐만 아니라 폭압적이기까지 한 수단이라는 사실이기 때문이다. 탈집중화된 민주적 계획이야말로 이 시대의 사상이다.

우리가 계획에 대해 알고 있는 또 다른 사실은, 옷 한 벌을 만드는 것과 마찬가지로 계획 역시도 기술, 시간, 조직을 요구하는 물질적 생산과정이라는 점이다. 노동운동 역사상 민주적 계획을 주장하는 목소리는 많았지만, 그에 필요한 시간과 기술에 대해서는 충분한 인식이 없었다. 우리는 이와 관련된 사실들을 살펴보기 위해서 다시 한 번 자본에 주목할 필요가 있다. 런던시 한 곳에서만도 자본의 계획활동의 다양한 측면들에 고용되어 일하는 사람들—경제학자, 회계사, 투자분석가, 건축가, 디자이너, 기업계획가, 정책분석가 등등—이 37만5천명에 이른다고 추정된다. 그들을 지원하는 역할을 맡은 비서, 개인상담사, 사서, 데이터처리전문가, 통계전문가, 배달부 등 후방배치인력의 수도 막대하다. 런던시에서는 주당 총 3천5백만 시간 상당의 노동시간이 자본의 계획활동에 쓰인다. 반면에 나는 1982년 월워스 로드(Walworth Road)에서 산업조사전문가 자리가 단 하나 밖에 마련되어 있지 않고 그조차도 10달 동안이나 공석으로 남겨졌던 것을 기억한다. 노동당 지방자치단체는 항상 소도시의 최대고용주 중 하나이지만, 토지사용계획국을 제외하고는 경제계획전문가를 채용하고 있는 경우가 거의 없다. 경제정책그룹을 조직했다는 점에서 GLC는 예외적이었다. 이 경제정책그룹은 15명 가량의 사람들을 보유했다. 뒤에 가서 정책 및 민중계획 부서들은 백 명 가량의 사람들을 보유했고 이들은 주당 3천5백 시간 동안 일했다. 물론 이는 자본의 경우에 비하면 여전히 작은 규모였지만 말이다.

하지만 이 경험은, 마치 어린아이의 뒤뚱거리는 첫 번째 걸음마처럼, 풍부한 교훈을 던져준다. 대부분의 전략부서 간부들은 각자 한 개의 산업부문에 집중했다. 이들은 공공임대주택 임차인조직, 지역 및 전국수준의 노동조합, 다른 지방자치단체들, 그리고 현장의 공공보건의들과 협력했다. 회의와 청문회가 열렸고 작업그룹이 소집되었으며, 공개 조사, 국제회의, 행동의 날이 개최되었고 지역민중계획 사무실을 개소했으며, 특별한 신문을 발간했다. 어떠한 경우든 작업목표는 지역 및 공장수준뿐만 아니라 보다 전반적인 수준에서 친노동자적 방향을 설정하는 행동계획을 설계하는 데 있었다. 어떤 경우에는 GLEB가 활동의 주체가 되었다. 어떤 경우에는 GLC가 전략수행을 위해 직접적 권한을 사용했다. 케이블 텔레비전, 원격통신, 에너지, 보건서비스, 유통업, 가구산업, 코닥, 문화산업(방송, 출판 및 레코드 생산), 화물운송, 독스(Docks) 구역, 웨스트 런던 구역, 그리고 무엇보다도 런던교통공사 등 참으로 다양한 영역에서 이런 종류의 행동계획이 마련되었다. 이러한 계획들은 학술연구(비록 그것이 좌파적 학술연구라 할지라도)와는 전혀 다른 포괄범위와 전망을 보여 주었을 뿐만 아니라 지방자치단체와 노동조합 사이의 상호지원에 초점을 맞추었다는 점에서도 독특했다.

다른 지방자치단체들도 같은 방식으로 활동했다. 세필드(Scheffield) 시와 철강노동조합 사이의 협력은 잘 알려진 예다. 현재 자동차 생산업체들은 웨스트 미들랜즈(West Midlands)에 밀집해 있다. 그리고 자동차 생산업체들을 보유한 이 지역의 지방자치단체들은 서로 단결하고 있다. 맨체스터에도 비슷하게 섬유산업이 밀집해 있으며 지방자치단체들 사이의 연계가 존재한다. 이 곳에는 노동조합 연구기구도 존재한다. 공공부문을 위한 새로운 정책이라면 반드시 이러한 민중계획활동에 더 많은 재원을 투입해야만 한다. 상근연구직 채용을 위한 기금, 노동자들의 유급 회의시간을 위한 기금, 각종 공개회의를 위한 기금, 숙련된 집필자를 통해 리플렛과 신문에 쟁점을 요약해 보다 광범한 토론이 가능하게 만들기 위한 기금 등등.

2) 책임성과 일상적 규율

전략수립이 민주화될 필요가 있다면, 실행상의 통제도 마찬가지다. 상품생산 부문에서 일상적 규율의 한 형태는 시장에서 소비자에 의해 이뤄진다. 원리상으로 모든 구매자는 자신의 지출대상을 바꿈으로써 상품과 서비스에 대해 평가할 수 있다. 그러나 이는 공공부문에서는 그 의미가 최소화된다. 여기서는 주된 훈육수단이 주기적인 선거, 즉 서로 다른 서비스 패키지를 제공하는 정당들 사이의 선택이다. 이는 마치 필수재의 영역에서 5년마다 테스코(Tesco)와 파인 페어(Fine Fare) 중 한 회사에 투표하고 나머지 기간 중에는 우리가 매주 무엇을 얻어야 할지를 이들에게 맡겨두는 것과 같다.

시장주의 경제학자들과 현 정부는 공공부문에 더욱 많은 선택이 도입되어야 한다고 주장해왔다. 버스의 규제완화, 학교 바우처제도, 머큐리(Mercury)사의 면허부여, 케이블TV와 위성TV, 상업 라디오방송 혹은 민간 보건서비스의 권장 등은 모두 이러한 목적에 맞춰져 있다. 그러나 이러한 서비스들의 경제학은 백화점 상품들의 그것과는 같지 않다. 통신부문에서의 경쟁은 가장 많이 사용되는 전파경로의 혼잡과 그렇지 못한 주변적 경로의 무시를 야기했다. 좋은 학교와 나쁜 학교가 있는 경우 누군가는 나쁜 쪽에 가야 했고, 따라서 선택은 아무 것도 해결해주지 못했다. 공공부문 **내부에** 보다 많은 선택을 도입해야 한다는 주장, 그리고 경쟁이 아니라 할지라도 공적인 경쟁자관계라는 수단은 필요하다는 주장에는 근거가 있다. 시·군·구 안에 하나가 아니라 네 개의 보다 소규모화된 주택국을 두어 각각 서로 다른 공공부동산을 관리하게 하고 그 실적을 비교해서 필요한 경우 가장 나쁜 실적을 낸 쪽을 희생시켜 가장 좋은 실적을 거둔 쪽의 책임을 증대시키는 것은 어떤가? 이런 종류의 수많은 실험의 가능성들이 존재한다. 물론 그렇다고 해서 이것 자체만으로 공공부문의 운영에 대한 민중의 통제라는 문제를 해결할 수는 없다.

두 번째로 생각해볼 수 있는 접근법은 소비자들에게 서비스운영에 대한 보다 강력한 직접적 통제권을 부여하는 것이다. 학교운영위원회에서 학부모의 권한을 강화하려는 현 정부의 움직임은 이것의 한 예다. 우리는 이보다 더 나아가, 1890년대에 좌파가 도시지역 선거를 장악하기 시작하자 보수당이 폐지해버린 제도인 학교이사회 직선제를 재도입하자고 주장할 수 있다. 최소한 ITV의 프랜차이즈의 예에 따라 대안적 행정책임자그룹이 선택권을 쥐는 경쟁입찰제도를 고려해볼 만하다. 이러한 경쟁입찰제도를 실시한다면, 단순한 가격이 아니라 주어진 예산 범위 안에서 설계된 전반적 학교운영전략이 평가의 근거가 될 것이다. 또한 입찰가가 소비자, 교사, 학교노동자를 얼마나 적절히 대변하고 있는지도 평가의 근거가 될 것이다. 보다 일반적인 맥락에서는 국영산업의 이사회가 개방되어야 한다. 1930년대에 T&GWU(운수일반노조)가 처음 요구했던 노동조합대표의 참가뿐만 아니라 소비자대표의 참가도 이뤄져야 한다.

소비자들의 집합적 조직에 관한 한, 현재 국영산업의 소비자평의회는 상대적으로 무력하다. 보다 많은 연구재원을 배정하고 지역적 수준에서뿐만 아니라 전국적 수준에서 초점을 제공함으로써 이들 기구의 능력을 신장할 필요가 있다. 이들 기구는 지방자치단체에 직접 보고하고 이에 노동조합과 해당지역 그룹들을 참여시켜야 한다. 또한 ITV의 프랜차이즈 모델에 따른 대안적 입찰제도를 통해 지방자치단체와 중앙정부의 대표들을 모두 이사로 지명해야 한다. 이와 함께 국영산업 내에서 단체협상을 확장할 필요가 있다. 이 중의 일부는 전략수립에 관계되는 문제이지만, 일상적 실행과 관계되는 것이기도 한다. 세부계획이 주어져 있는 한, 노동조합이야말로 기업의 실적을 감시할 핵심기구 중의 하나라 할 수 있다.

3) 탈집중화와 다양성

민중적 책임성과 통제를 확대한다고 해서 그것만으로 생산의 문제를 해결할 수 있을 것 같지는 않다. 핸들의 문제점을 고친다고 해서 엔진의 문제가 풀리는 것은 아니다. 모리슨은 국영산업에서 직접민주주의를 확대하면 기업활동에 곤란이 닥칠 것이라고 주장했다. 국영산업이 잘못된 방향에서 자주관리될 경우에도 이는 마찬가지일 것이다. 하지만 인센티브의 문제는 그대로 남는다. 거대한 공공부문 산업 내에서 노동자와 경영자의 창조적 활동은 어떤 방식으로 독려될 수 있을까?

사적자본의 최근의 발전이 특별한 주목을 끄는 것은 바로 이 대목이다. 나는 위에서 자본의 통제가 점점 더 시스템의 독점을 통해 이루어지고 있다고 주장한 바 있다. 이러한 시스템의 독점 아래서 사적자본은 더욱더 탈집중화에 적응할 수 있게 된다. 시스템이 더욱 강력하게 특화되고 강화될수록 그 하부 단위도 더욱 더 많은 자율성을 누릴 수 있게 된다. 공공부문에서 그 한 예는 우체국이다. 우체국은 독립적 소매상들로 하여금 다수의 우체국 지점을 운영케 하고 있다. 하지만 우체국 프랜차이즈의 계약조건이 까다롭게 규정되어 있어서 전체 네트워크는 마치 직접 소유된 것처럼 작동한다. 두 번째 사례는 지역 버스서비스다. 이는 수년간 공공버스회사들이나 지방자치단체 소유로, 혹은 전국적 규모의 공공버스회사의 보조금으로 운영되었다. 현재의 규제완화 덕분에 네트워크의 통제가 원리상 중앙시스템의 통제자에 의해 이루어질 수 있다는 것이 밝혀졌다. 만약 지방자치단체가 통제자로서 전체시스템이 따라야 할 주요 계약조건—노선, 노조 설립, 임금, 최대요금수준, 차량디자인—을 특화하고 나선다면, 이는 원리상 새로운 입찰제도를 확대시켜 사회적 소유 부문 내에 일정한 경쟁의 요소가 도입될 수 있게 할 것이다.

유통업부문에는 이미 이런 방식으로 운영되는 사회적 소유 기업이 존재한다. 그것은 바로 협동조합이다. 과거에 협동조합은 농장으로부터 공장, 도매업자, 소매업자에 이르기까지 수직적으로 통합되어 있었다. 현재 대부분의 유통협동조합은 생산에는 손을 대지 않고 있으며, 다른 연쇄점들과 마찬가지로 외주시스템으로 운영되고 있다. 협동조합의 문제점은 혁신, 디자인, 시스템개발 면에서 사적 경쟁자들을 따라잡는 능력을 보여주지 못했다는 데 있다. 그러나 협동조합에 가해지는 상업적 압박에도 불구하고 유통부문에서 이는 노조설립, 훈련, 임금수준, 승진구조 등과 관련하여 사적자본과는 확실히 다른 운영방식을 보여주고 있다. 유통업부문에서 탈숙련이 일반화되어있음에도 불구하고 말이다. 지금 단계에서 노동운동은 협동조합이 1950년대 초반에 누렸던 주도적 지위를 회복하는 데 우선 앞장서야 한다.

영국의 공공부문은 여전히 많은 부분 포드주의적이다. 영국 공공부문은 특별한 목적에만 맞추어 설계된 자재, 1930년대 자동차산업과 여전히 유사한 경영 및 산업관계들 등등 표준화된 서비스들을 제공한다. 자본의 최선진 부분은 현재 여기에서 탈피해 내가 위에서 '유연전문화'라고 말한 것을 향해 나아가고 있다. 단기화, 다양성, 수요변화에 대한 신속한 대응, 대기기간의 단축 등을 가능케 하는 기계 및 시스템의 활용이 그것이다. 공공교통의 과제—최소의 시간과 비용으로 사람들을 실어 나르는 것—는 일본의 '칸반'(*kan ban*, 적기생산) 시스템이 풀려 했던 바로 그 과정들을 해결하는 것이다. 그러나 우리의 공공버스서비스는 여전히 유연화 이전단계에 있다. 현재 영국의 교통은 생산부품의 운송에서는 유례없이 효율적인 경제성을 보이고 있지만, 사람들의 수송에서는 점점 더 그렇지 못하다. 지금은 사적 자본이야말로 공공부문의 낡고 기괴한 군단에 대항해 기동적인 게릴라부대를 운용하고 있다. 공공경제는 여기에서 배워야만 한다. 현대 컴퓨터테크놀로지를 활용하는 것은 그 한 예다. 그러나 노동의 파편화와 약화 같은 유연전문화의 또 다른 주요 측면은 결코 받아들여선 안 된다.

4) 혁신

위의 논의는 현대자본주의 경쟁의 또 하나의 핵심측면과 관계가 있다. 혁신이 바로 그것이다. 공공부문은 상당부분 혁신에 있어서는 황무지나 다를 바 없었다. 보건서비스를 예로 들어보자. 이 부문에서 혁신은 대부분 사적이고 자발적인 휴양업, 호스피스운동, 안마술, 동종요법, AIDS 환자들을 위한 자원봉사시스템 등으로부터 나왔다. 마찬가지로 방송부문에서는 노동계급 문화를 위한 다수의 혁신이 BBC가 아니라 라디오 해적방송과 독립 텔레비전방송으로부터 나왔다. 이런 지적이 사적 보건이나 방송을 옹호하자는 게 아니다. 두 영역 모두에서 현재 주요 다국적기업들이 지배적 위치를 점하려 하고 있을 뿐만 아니라 시장경제의 최악의 측면들이 분명히 드러나고 있다. 그러나 BBC, 국영보건서비스 같은 거대공공기관의 비유연성과 이들을 혁신의 가능성에 열어둘 필요성은 인정해야 한다.

이 문제를 해결하는 하나의 수단은, 공공부문 내에서 그리고 자발적 제3부문이나 협동조합 부문의 혁신에 제공될 실질적 지원기금을 만드는 것이다. 성공적 결과를 낳은 혁신은 전체 공공서비스로 일반화될 수 있다. 또 다른 수단은 우리가 ITV 프랜차이즈나 학교운영위원회와 관련해서 논의했던 것처럼 경쟁입찰제도를 채택하는 것이다. 채널4[13] 의 모델은 또 다른 대안을 보여준다. 즉, 기간서비스(mainline services) 로부터 추출한 기금에 바탕을 두고 독립적 프로그램제작자들과 외주계약을 맺는 것이다. 이 모델은 광고에 대한 과세를 바탕으로 신문산업에도 적용될 수 있다. *Today*나 *Daily Star* 같은 사적자본의 실험들뿐만 아니라 *News on Sunday* 같은 진보적 혁신사례도 기금으로부터 지원을 받을 수 있을 것이다.

5) 공적 권력

나는 소유가 반드시 권력을 의미하는 것은 아니며 권력 역시 반드시 소유를 필요로 하는 것은 아니라고 주장한 바 있다. 그러나 소유 없이 권력을 행사하려면, 활용할 수 있는 모든 권력수단을 전략적으로 활용하는 데 특별한 주의력이 요구된다. 현재 국가는 사적부문에 대한 자신의 칼자루를 사실상 놓아버렸다. 산업에 대한 공적자금 지원은 생산의 사회적 측면의 특정한 고리와 관련해서든, 보다 광범한 전략 내에서의 그 지위와 관련해서든, 전혀 제공되고 있지 않다. 군사기술 개발을 사적기업들의 재원에 의존하다보니 결국 그 부산물인 테크놀로지를 민간으로 확장하는 데 실패하고 말았다. (영국핵연료〔British Nuclear Fuels〕가 로봇기술의 가장 선진적인 개발자이고 사용자임에도 불구하고 보다 광범한 민간활용방안을 개발하려고는 시도조차 않는다는 것을 생각해보기만 하면 된다.) 국가의 구매활동은 전혀 조정되지 못하고 있다. 게다가 지방자치단체들이 전략적 목표를 위해 국

---

13) 영국의 방송채널인 '채널4'는 주로 독립적 프로그램제작자들의 작품들을 방송한다. 이 중에는 독립영화의 지원도 포함돼 있다. 유명한 영국 영화 중 많은 것은 채널4의 지원을 받았다. -역주

가기구의 구매력을 활용하는 데 법적 제한이 존재한다. 다국적기업들이 관련되는 한, 관세 및 외환거래에 대한 국가권력은 여전히 무차별원칙의 지배를 받고 있어서 관세나 환율수준을 개별기업들에 대한 협상력 확보수단으로 활용하는 것은 불가능하다.

이 문제에 대한 하나의 대응은 조직차원의 것이다. 즉, 중앙전략계획 내에서 정부의 구매력과 재정력을 활용하고 통합할 책임을 맡는 중앙계획부처 산하의 새로운 재무·조달국을 설립하는 것이다. 특히 구매활동 측면에서 그 과제는 장기적인 것이 될 테지만, 현대 컴퓨터테크놀로지를 활용한다면 불가능한 것도 아니다. 구매활동에 대한 지방자치단체의 통제력은 차치하고라도 공공산업, 국영보건서비스, 지방자치단체, 군대, 학교, 대학 그 어디에서도 공공구매활동에 대한 정확한 정보를 얻기란 무척 힘들다. 그럼에도 불구하고 우리는 이를, 공공부문을 사회적 통제 아래 두는 데 중요한 한 수단으로 채택해야 한다.

중요한 것은 공공부문으로 들어가는 입구를 뚫으면서 동시에 그 출구를 여는 것이다. 거대 다국적기업의 활동들을 둘러싼 민중계획은 대안적 전략을 지원할 국가의 활동을 요구하게 되어있다. 포드를 예로 들어보자. 포드는 1980년과 1981년 사이에 다겐햄 공장의 노동력을 1/3까지 줄였고 이와 동시에 영국으로부터 5억 파운드를 빼내갔다. 이 회사는 영국시장의 30%를 점하고 있으며 이 중 단지 15%만이 영국에서 생산된다. 영국 국내에서 생산되는 가치의 양을 시장점유율 수준으로까지 확대하기 위해 우리는 포드사에 대해 어떤 권력수단을 사용할 수 있을까?

노동조합의 힘이 그 첫째 자원이다. 영국시장에 대한 접근권이 그 두 번째다. (EEC의 규제에도 불구하고.) 세 번째는 공공부문 구매력이다. 현재로서는 공공부문 구매활동의 파편화 때문에 세 번째 힘의 규모를 알고 있는 것은 포드사 경영진뿐이다. 네 번째 힘은 공공재정이다. 포드의 브리지엔드(Bridgend) 공장은 1억8천만 달러 상당의 투자지원을 받고 있는데, 이 중 80%는 캘러헌(Callaghan) 정부14)의 공적자금에서 비롯된 것이다. 포드는

---

14) 캘러헌은 1970년대 후반 영국 노동당정부를 이끌었다. 캘러헌 노동당정부는 애초의 급진적인 노동당 선거공약을 대부분 포기했고 외환위기 때문에 IMF가 요구하는 긴축재정정

각국 중앙정부와 영국 내 지방자치단체들을 서로 경쟁시킴으로써 이러한 자금을 따낼 수 있었다. 공공 구매활동과 외환거래에 대해 보다 강력한 통제를 가한다면 공적자금에 대한 요구를 약화시켜 이들 자금을 특정한 사회적 목적들(훈련, 지방의 부품생산업체 개발 등등)에 직접 투자할 수 있을 것이다. 새로운 조달국의 첫 번째 과제는 포드사와 공공부문에 대해 필요한 정보를 확보하고 그 힘을 바탕으로 협상에 임하는 것이 될 것이다.

6) 공공경제의 내포적 확장

현재 공공부문은 기본적으로 자본축적을 강화하는 데 활용되고 있다. 산업체에 제공되는 공공재 가격은 낮게 책정되고 혁신은 재정지원을 받으며 투자에 대해서는 조세를 경감시켜주고 있다. 공공경제의 내적 성장·강화는 별다른 주목을 받지 못해왔다. 예를 들어, 어떻게 하면 영국텔레콤(British Telecom)의 연구·개발을 공공소유기업의 강화에 활용할 수 있을까? 어떻게 하면 전력위원회(Electricity Board)의 건설수주를 직접 노동력을 고용하는 부처의 확장에 활용할 수 있을까? 국영보건서비스의 약품수요를 공공부문의 신약생산을 촉진하는 데 활용할 수는 없을까? 공공부문 소비자와 민간소비자 사이에 서로 다른 에너지요금을 부과하는 것은 어떨까?

전통적인 시장주의 경제학자들은 이러한 제안들에 커다란 우려를 표시할 것이다. 자원의 효과적 할당을 방해할 것이다, 성장을 늦출 것이다, 소득을 하락시킬 것이다, 경제를 왜곡할 것이다 등등의 이유를 댈 것이다. 그러나 각국의 자본주의가 오직 보호장벽 안에서만 성장할 수 있었던 것과 마찬가지로, 새로운 사회주의 공공경제도 내적연계를 의식적으로 구축할 필요가 있다. 이러한 조치들의 목표는 사적부문에 대해 공공부문의 혁신·경쟁능력을 강화하는 것이 될 것이다. 이는 생산의 사회적 관계들을 바꾸기 위한 하나의 토대로서 필요할 뿐만 아니라 완전고용을 이룰 유일한 길이기도 하다. 현재 고용수준은 사적부문의 축적률에 의해 제한된다. 국가고용의 재정부담은 직접적으로든 간접적으로든 사적자본으로부터의 공제로 충당해야

책을 받아들였다. 긴축재정으로 인한 공공부문 예산삭감정책은 바로 대처 보수당정권의 예고편이었다. -역주

한다. 반면, 공공경제가 자급자족적이 될수록, 그리고 생산요소의 투입을 공공경제의 다른 부분들에 의존할 가능성이 높아질수록, 공공경제는 사적부문에 대한 과세에 의존하지 않고 보다 많은 일자리를 확장할 수 있을 것이다. 1인당 100파운드 이상의 임금에서 2/3 가량이 직접 국가에 돌아온다고 감안한다면(공공임대주택 임차료, 공공요금, 조세, 버스 및 지하철요금, 전력·가스·상수도·전화요금, 국민보험 등), 공공부문에 실업자들을 고용한다고 하더라도 사적부문으로부터 '수입하는'〔거둬들이는〕액수는 크지 않을 것이며, 점점 더 사적부문에 의존하지 않게 될 것이다.

전통적으로 사회주의자들은 국민경제에 대해 보호정책을 써야 하는지 아닌지를 놓고 논쟁을 벌여왔다. 나는 사회적 경제(국영 부문, 지방자치단체 소유부문, 협동조합부문, 자발적 제3부문)의 자급자족성을 높이기 위해 보호정책을 펴는 것을 고려해야만 한다고 주장하려 한다. 이를 적절히 실행하기 위해서는 1930년대에 오스트리아의 지방자치단체들이 사용한 통화와 같은 제2의 공공부문통화를 개발할 필요가 있다. 이는 사회적 경제를 통합하고 사회적 경제와 사적부문 사이의 관계를 조절하는 데 기여할 것이다. 여기서 우리는 호치민이 베트남 해방구에서 사용한 베트민 통화와 제국주의 통화 사이의 전쟁이 무장투쟁만큼이나 중요하다고 말했다는 것을 상기해야만 한다.

7) 후방 기지

공공부문에 대한 사회주의의 논의는 다음의 두 가지를 전제하는 경향이 있었다. 첫째, 공공부문은 불가역적이기 때문에 일단 국·공유화를 통해 합리화된 독점산업들은 다시 사유화되지 않을 것이다. 둘째, 경제계획은 항상, 진보세력이 국가기구를 장악한다는 전제 아래서만 기초될 수 있다. 대처 정부는 이 두 전제 모두를 그 뿌리부터 뒤흔들어놓았다. 대신 사회적 부문에 대해 이와는 다른 전망이 대두하고 있다. 즉, 사회주의 정당이 권좌에 있는 동안 공공경제를 강화하고 상황을 재편하여 새로 보수정권이 들어서서 공세를 가하더라도 강력하게 저항할 수 있어야 한다는 것이다. 여기서 후방기지라는 게릴라전술이 적실성을 갖게 된다. 후방기지전술이란 적군의 총력 공격시에 아군이 후퇴할 수 있는 요새화된 진지, 종종 지하 기지형태를 띠는 진지를 세우는 것이다. 전략과 통제의 전 과정을 민주화하고 공공산업과 사유화 조치들의 평가지표들과 사회적 목표들을 분명하게 설정하는 것이 방어의 한 형태가 될 것이다. 보다 광범한 집단적 소비자이해의 반영, 노동조합과 민중참여 등을 통해 공공부문의 운영을 향상시키고 혁신함으로써 진보세력의 강화가 이루어질 것이다.

우리가 검토해야 할 두 번째 쟁점은 주식소유다. 이는 대처 정부에 의해서 사유화의 대중적 토대를 구축하는 수단으로 쓰였다. 마치 유권자들의 투표용지 하나 하나에 파운드 지폐를 붙여놓기라도 하는 것처럼 국민주 방식을 통해 거대한 투기적 이익이 대중에게 제공되었다. 좌파로서는 공공산업에 대한 투기적 지분소유를 모방해서는 안 된다. 이는 대중의 관심을 시장의 기준으로 향하게 만든다. 반면 협동조합운동은 민중적 주식소유 원리에 기반해 성장했다. 여기서 수익은 이윤을 소비자에게 재분배하는 것으로 간주되었다. 협동조합은 또한 민중적 통제의 형식적 기제를 제공했다. 이러한 사례를 일정하게 변용한다면 공공부문에 적용될 수 있는 게 많을 것이다. 지방자치단체들이 지역의 고용을 촉진하는 채권을 발행하지 못할 이유가 뭔가? 이자율은 낮지만 집단적 저축의 조성에 초점을 맞추고 투기적 이윤을 거부하는 칼라일주가 발행한 완전고용채권을 생각해볼 수는 없을까? 이 채권의 보유자들에게는 일반 친목회들과 같은 방식으로 특별보너스(65세 이상에게는 일요일 전화사용을 무상으로 한다든지)를 제공하는 것이 어떨까? 여기서 목표는 사유화를 추진하려는 시도에 대항해 사회적 산업에 대한 핵심적 지지층을 구축하는 것이다.

세 번째 길은 직접적인 공공소유산업처럼 쉽게 해체될 수 있는 것과는 다른 방식으로 사회적 소유를 구축하는 것이다. 국가, 노동조합 그리고 소비자통제기업 등의 지속적인 참여에 의존하는 지방합작벤처, 신탁회사(trusts), 협동조합, 합작벤처(joint ventures) 등의 기업 형태가 이점을 과시하는 것은 바로 이 대목이다. 좌파는 이러한 반(半)국가부문, 협동조합부문 혹은 자발적 제3부문에 대한 관심에 대해서 직접적 국가 소유부문에 비해 2차적인 중요성만을 부여해왔다. 그러나 이러한 기업형태들은 국가권력이 공공경제에 대해 적대적으로 행사되는 시기에 상대적으로 덜 위험에 노출되어 있다. 주택조합만 생각해봐도 된다. 이는 한때 공공주택에 대한 자유주의적 대안으로 간주되었지만, 지금은 공공임대주택 매각프로그램의 역풍으로부터 한참 벗어나 있다.

위와 같은 일곱 가지 요인들은 교육·훈련에 대해서도, 정보의 새로운 원천과 그 공개에 대해서도, 공공레저산업에서 진보적 논평가들이 주창하고 있는 현대 마케팅조사기술의 활용에 대해서도 풍부한 전략적 함의를 던져준다. 세계 각국, 특히 제3세계의 공공경제 간에 국제적 협력을 추진할 여지도 풍부하다. 최근 공기업과 사기업 사이의 경쟁에서 공기업의 활동을 제약하고 있는 법적인 족쇄도 제거할 필요가 있다. 각 산업부문의 전략은 공공경제가 통제해야 할 해당부문의 관제고지를 분명히 할 것이다. 이에 따라 특정한 공통의 패턴이 등장할 것이다. 무엇보다도 원격통신과 정보처리 인프라스트럭춰가 집중적으로 국·공유화될 것이다. 그러나 굳이 각각의 경우를 자세히 설명하지 않는다 하더라도 이제까지의 지적으로, 사회적 경제의 새로운 모델이 나아가야 할 방향이 분명히 제시되었길 바란다.

9. 노동운동의 현재 입장

노동조합과 노동당 모두 새로운 모델의 필요성을 인식해가고 있다는 분명한 조짐이 보인다. 1986년 TUC 대의원대회는, 공공 소유 산업에 소비자들이 보다 강력하게 개입할 수 있도록 하고 소비자들에게 불만족스러운 운영에 대한 교정권을 부여하며 공공부문 노동자들이 경영상의 결정에 참여하도록 하고 공공서비스가격책정이 과세의 수단이 되지 않도록 보장한다는 입장을 통과시켰다. 이 대회에서는 또한 지역경제를 강화하기 위해 지방자치단체, 지역 기업위원회 그리고 공기업들을 서로 연계시킬 필요성도 강조했다.

노동당도 사회적 소유에 대한 문서를 제출했고 이를 압도적 다수로 통과시켰다. 이 문서의 내용은 낡은 공사(公社) 모델과는 분명한 선을 긋는 것이었다. 15) '모리슨주의적 모델은 전후 폐허에 뒤덮인 영국사회의 요구에는 적합했을지 모르나 책임성 없는 독점기업을 유산으로 남긴 채 지금은 시대에 뒤떨어진 것이 되어버렸다.' 이 문서는 공공소유의 실패를 지적한다. 이러한 실패는 '너무 급진적인 데 원인이 있었던 게 아니라 충분히 급진적이지 못했던 데 원인이 있었다. 이것이 바로 이 문서가 인식하고 있는 공공소유의 실패다. 이 문제가 적절히 다루어진 것은 1945년 이후 이 문서가 처음이다.' 이 문서의 주요 접근법은 네 가지 측면을 담고 있다. 첫째, 공공산업에 대한 소비자통제와 권리의 신장. 이 문서는 지역적 수준에서 소비자상담센터의 강화와, 전국소비자평의회의 신장, 서비스의 질이 일정한 수준(예를 들어, 어떤 공중전화박스도 하루 이상 고장상태로 방치되어선 안 된다 등등) 아래로 떨어질 경우 소비자에게 교정의 권한을 부여한다는 시민권보장 등을 주장한다. 둘째, 이 문서는 단체협상의 범위를 확대하는 것뿐만 아니라 창조적 경영과 비투기적 형태의 종업원 지주제를 고취함으로써 노동자 참여를 확장시키길 추구한다. 셋째, 이 문서는 협동조합부문의 확장을 우선시한다. 넷째, 이 문서는 공공통제의 확대를 위한 보다 광범한 전략을 예시한다. 기술네트워크로부터, 현존하는 다양한 공기업을 거쳐 그리고 지역별 기업위원회 및 국민기업위원회까지, 그리고 핵심부문의 주식취득, 공공통제의 압력장치로서 정부재정의 활용, 특정한 자산부문의 직접적 재국유화 등등을 열거하고 있는 것이다. 이 문서는 기업실적에 대한 새로운 유형의 지표, 사회적 위원회나 지역 옴부즈맨이 수행할 경제·사회적 감사 등등도 제안한다.

내가 이 글의 처음에서 다룬 논의에 입각해 본다면, 이 문서가 민주적 계획의 물질적 측면에 대해 내용 있는 접근을 보여주는 것은 아니다. 공적권력의 조정과 공공경제의 내적 통합도, 다국적기업들에 대한 공적통제라는 쟁점도 마찬가지다. 이 문서의 주장들이 선호하는 국유화는 보다 전통적인 형태의 것이며 생산과정상의 사회적 관계들을 바꿔내기 위해 필요한 공적통제도 간과한다. 이 문서의 많은 단락들은 합작벤처, 공공서비스의 내부

---

15) 노동당, '사회적 소유'(*Social Ownership*), 전국집행위원회 성명서, 1986년 9월.

경영, 프로젝트 기준과 감시 형태 사이에서 발생하는 긴장들과 같은, 시장과 대안적인 사회적 경제 사이의 심각한 정치적 갈등도 상당히 경시하는 것처럼 보인다. 이 문서의 한 부분에서 만족스럽게 인용되고 있는 스코틀랜드 개발국(Scottish Development Agency)은 실제로는 결코 새로운 모델 기관의 좋은 사례가 아니다. 이런 오류들에도 불구하고 이 문서의 중요성은 부인할 수 없다. 왜냐하면 이 문서는 모리슨주의적 공사와 분명히 단절하고 있고 열린 방식으로 새로운 지향점을 사고하려는 의지를 담고 있기 때문이다.

10. 결론

현 정부는 공공부문에 위기를 불러일으켰을 뿐만 아니라 공공부문에 대한 사회주의자들의 전통적 관념에도 위기를 초래했다. 우리가 경제적 해방구로 사고하고자 하는 것들이 지금은 전선의 후퇴와 지휘의 혼란, 대중적 지지부족으로 고통받고 있다. 우익 정치가들과 이론가들은 이것이 사회주의 경제정책의 주축을 돌이킬 수 없이 무너뜨리리라 확신한다. 이들은 자신들의 일시적 성공을 영원한 것으로 믿고 있다. 이런 방식으로 이들은 자신들의 지나친 낙관주의를 유지한다. 그러나 많은 지방자치단체들은 자신들의 공공서비스를 보다 개방적이고 보다 투명한 정치적 방식으로 운영함으로써 애틀리 정부가 전쟁 직후에 획득했던 것과 같은 공공산업에 대한 광범한 지지기반을 다시 획득하고 있다. 런던 시민의 다수는 GLC의 공공 통제와 교통 및 예술정책을 지지하게 되었고, 셰필드와 사우스 요크셔 주민들에서도 비슷한 성과가 나타났다. 현재 많은 지방자치단체들은 공공서비스의 정책결정과 실행에 노동조합과 주민단체들을 확실히 참여시키기 위해 노력하고 있다. 그 결과, 공공부문에서는 벌써 공공부문의 잠재력과 특별한 난점들에 대한 새로운 접근법이 나타나고 있고 이는 미래의 작업을 위한 토대가 되고 있다.

새로운 형태의 사회적 경제에 대한 요구는 갑자기 충족될 수 없다. 소유로부터 사회관계로의 강조점의 이동은 풍부한 함의를 갖는다. 왜냐하면 이제 소유상의 변화는 변혁과정의 끝이라기보다는 시작이기 때문이다. 새로운 기술, 경영, 전략적 계획 그리고 열린 토론의 개발, 새로운 유형의 사회적 회계, 사회적 창조적 문화의 수립, 이 모든 것들에는 시간이 걸리고 수많은 시행착오가 요구된다. 이런 이유에서라도 우리는 청사진만을 요구하고 앉아 있어서는 안 된다. 우리는 다양한 방식으로 새로운 접근법을 향해 나아가야만 한다. 후기봉건제 내에 존재했던 다수의 자본주의적 구멍들과 같은 방식으로, 혹은 게릴라 운동, 협동조합들이 보여주는 예시(豫示)적 경제와 같은 방식으로, 그리고 포스트-혁명 국가들이 보여주는 최소한의 일부 진보적 측면들과 같은 방식으로 우리의 새로운 모델은 등장할 것이다.

사회주의적 스타일의 혼합경제[*]

랄프 밀리반드

황선웅 옮김

1. 돌아갈 수 없는 산, 국가의 경제개입

사회주의적 민주주의(socialist democracy)는 자본주의적 민주주의의 확장일 뿐 아니라 그것을 넘어서는 대안을 의미한다. 이는 다른 모든 영역에서와 마찬가지로 경제의 영역에서도 그러하다.

국가의 경제개입이 가장 좋은 예이다. 최근 몇 년간 불어닥쳤던 국가개입에 대한 거센 비방과 시장의 미덕에 대한 열띤 선전에도 불구하고, 자본주의가 국가에 의존하고 의지할 수밖에 없다는 것은 처음부터 오늘날에 이르는 자본주의 전 역사의 가장 두드러진 특징 중의 하나다.

국가는 재정정책과 조세정책을 통해 '경제생활'에 필연적으로 개입하게 된다. 왜냐하면 이러한 정책을 공표하고 집행할 수 있는 이는 오직 국가뿐이기 때문이다. 하지만 국가의 개입은 여기서 멈추지 않는다. 심지어 '자유기업'의 원칙이 가장 충실하게 지켜진 시기에도 국가는 단지 정치적, 법적, 군사적인 면에서뿐만 아니라 보조금, 공제, 관세, 특허, 도급, 파산

---

[*] R. Miliband, *Socialism for a Sceptical Age*, Oxford, Polity Press, 1994, ch. 4 ("The Mixed Economy, Socialist Style"), pp. 98-125. 밀리반드의 이 책은 최근(2003년) 변증법 출판사에 의해 『회의하는 세대를 위한 사회주의』라는 제목으로 국역되었는데, 여기서는 번역본에 의거하지 않고 독자적으로 번역하였다. 제4장 각 절의 제목은 역자가 붙였고 원 저서의 다음 장들에서 논의될 문제를 제기하는 마지막 페이지는 생략하였다.

"

한 은행과 기업에 대한 구제, 해외경쟁으로부터의 보호, 그리고 자본주의 기업을 지원하기 위해 기획된 많은 조처들을 통해 순전히 경제적인 면에서도 자본주의 체제를 보호하고 지원하였다. 또한 체제의 논리에 의해 야기된 개인적, 사회적 비용을 자본주의 경제가 스스로의 힘으로는 도저히 적절하게 처리할 수 없게 되었을 때에도, 국가는 무분별한 약탈행위로부터 사회를 보호하기 위해 경제생활에 개입해야 했다. 정부는 혼자라도 이성을 수습해 자본주의 경제를 구원하는 데 몰두해야 했기 때문에 정작 자기 자신을 보호하고 강화할 여유는 갖지 못했다. 요컨대, 자본주의체제의 사활은 언제나 정부의 경제개입에 의존해왔다. 지배와 착취의 체제인 자본주의 체제가 얼마나 강압적인 국가권력에 의존해 왔던가는 더 이상 강조할 필요가 없다.

탈규제와 민영화를 통한 국가개입의 최소화, 공적부문의 축소, 그리고 사적부문의 확장은 최근 몇 년간 외부의 이데올로그들로부터 자극 받은 정부 내 시장주의자들이 강하게 추진해온 정책이다. 하지만 그들이 실제로 한 것이라곤 고작 '자유기업'의 공백으로 정부에게 맡겨진 책무마저도 방기토록 한 것이었다. 보수주의 정부들은 점점 더, 그들 자신의 교리적인 신념과는 상반되게, 규제로부터 벗어난 자본주의가 가져온 실패를 완화하고 치유할 것을 강요받았다. 그들은 마지못해 이를 수행했다. 이렇게 미적거린 결과, 그 정부들과 대중들은 경기침체, 사회적 무관심, 그리고 개인적 고통이라는 값비싼 대가를 치루어야 했다. 80년대 영국의 대처정부와 미국의 레이건 정부는 시장만능주의가 낳은 극악한 효과를 단적으로 보여주었다.

사회주의 정부의 중요한 의무는 경제생활에 개입하는 것이다. 그리고 사회주의 정부의 개입은 반(反)사회주의 정부의 경우와는 근본적으로 다른 목적과 형태를 가져야 한다. 사회주의 정부는 단지 어떻게 자본주의 경제의 성과를 증진시키고 공백을 메울 것인가에 대한 고민을 넘어, 이를 어떻게 (다른 체제로) 전환할 것인가에 대해서도 고민해야 한다. 물론 국가 개입이 언제나 바람직한 형태로 추진되어 유익한 목적을 달성하는 것은 아니다. 민주주의의 제약을 받는 사회주의 정부 또한 과오를 범할 수 있다.

하지만, 이때의 과오는 사회적으로 납득될 수 있는 목표를 추구하는 과정에서 발생한 적용상의 실수이지, 보수주의 정부들의 경우처럼 목적 자체가 사회적으로 유해하기 때문에 발생하는 것이 아니다.

2. 공적소유의 역사

영향력이 가장 광범위한 개입주의 형태는 기업을 사적영역에서 공적영역으로 이전시키는 것이다. 우파의 보수주의 정부, 자유주의 정부, 그리고 권위주의적 정부도 과거에 기초공익사업에서 뿐만 아니라 여타 다른 부문에서도 공적소유(public ownership)의 방식에 의존하곤 했다. 온건한 사민주의 정부들이 공적소유의 프로그램에 착수한 사례는 20세기 전반에 걸쳐 무수히 많이 존재한다. 공적소유를 거의 모든 경제영역으로 확장하는 것이, 적어도 이론 지형에서라도, 좌파의 강령상의 합의사항이었던 시기도 실제 존재한다.[1] 이는, 거대한 경제권력이 사적 자본가에 의해 좌우되어서는 안 되고 정부가 경제권력들을 조정할 필요가 있으며, 사적이윤이 경제활동의 규준으로 받아들여져서는 안 되고 기업 내의 경제적 민주주의는 오로지 공적소유에 의해서만 달성될 수 있다는 점에 대해 동의했기 때문에, 가능한 일이었다. 한마디로 당시에는 사회적 소유가 곧 사회주의의 정의(definition)를 구성하는 본질적인 부분이라는 점에 광범위한 동의가 존재했다.

따라서 당시 다양한 사민주의 분파들 사이에서 전개된 논쟁의 초점도 '공적소유의 확장이 바람직한 것인가'라는 문제가 아니라 '어떤 형태로, 어

---

[1] 1930년대 매우 온건한 영국 사민주의자 에반 더빈(Evan Durbin)과 휴 게이트스켈(Hugh Gaitskell)은 영란은행뿐 아니라 주식회사형태의 은행들도 국유화되어야 한다고 주장했다. 더욱 급진적인 페이비안주의자들은 여기서 더 나아가 보험회사와 건설회사의 국유화도 요구했다. Elizabeth Durbin, *New Jerusalems: the Labour Party and the economics of democratic socialism*, London, Routledge and Kegan Paul, 1985, p. 168을 보라. 1932년 클리먼트 애틀리(Clement Attlee), 애뉴린 비번(Aneurin Bevan), R. H. 토니(R. H. Tawney), 해롤드 라스키(Harold Laski) 등 다양한 부류의 사람들이 모여 노동당 내 사회주의 압력단체로 설립한 사회주의자 동맹(Socialist League)은 은행, 토지, 광산, 전력, 수송, 철강, 방직 산업의 즉각적인 국유화와 해외무역에 대한 통제를 요구했다.

느 정도로 추진되어야 하는가'라는 점에 맞춰졌다. 영국 노동당의 경우만 하더라도 생산, 분배, 유통부문에서 궁극적으로 공적소유를 실현할 것을 명시한 당규약 제4조에 대해 1950년대 후반까지는 노골적인 당내 반발이 존재하지 않았다. 2) 1918년 시드니 웹(Sidney Webb)이 기초를 마련한 이 조항은 대중운동의 급진성이 크게 고양되던 시기에 당내 급진파의 요구에 의해 규약 개정 시 포함되었지만, 실제로는 정책에 별다른 영향을 미치지 못했다. 어쨌든 50년대 후반까지는 공적소유에 대한 공약이 사회주의의 목표를 성취하는 데 진부하고 무의미하다고 주장하는 사람은 매우 드물었다. 70년대까지도 사민주의 정부들은 스웨덴에서는 마이드너 플랜(Meidner Plan)을, 3) 프랑스에서는 한 발 더 나아가 공적소유의 확장에 최우선적인 지위를 부여한 사회당과 공산당의 공동강령(Common Program of the Socialist and Communist Parties)을 추진하였고, 1981년 정권을 획득한 프랑스 사회당은 실제로 국유화 프로그램을 추진하기도 했다.

그러나 1980년대 이후 신자유주의 이데올로기의 공세와 좌파의 퇴조가 시작되면서 공적소유의 문제는 사민주의의 의제에서 사라지게 된다. 그리고 현재 공적소유의 문제는, 한두 가지 특정한 조처는 필요할 수 있다는 식으로, 극히 조심스럽고 예외적인 인식 말고는 완전히 외면당하고 있다. 보수주의 정부에 의해 민영화된 공익사업, 서비스 부문, 여타 기업들을 다시 공적소유로 되돌리기 위한 진지한 고민은 더 이상 존재하지 않는다. 공적소유는 이제 사회주의의 목표로 받아들이기에 적합하지 않고 선거에 악영향만 끼친다고 선언되고 있다. 보험회사와 연기금 등 다양한 기관들이 상당한 비중의 주식을 보유하게 되면서 소유형태가 급격히 변하고 있고 그에 따라 공적소유에 대한 기존 명제들의 상당수가 이제는 현실의 근거를

---

2) 그 이후에는 당내 우파로 돌아섰지만, 로이 젠킨스는 1952년 출간된 책에서 '공적 소유의 실질적 확장'을 강하게 요구했다. Roy Jenkins, "Equality," in R. H. S. Corssman, J. M. Dent, eds., *New Fabian Essays*, London, 1970, p. 83.
3) 마이드너 플랜은 민간기업으로부터 '임노동자기금'(wage-earner fund)으로 지분을 점진적으로 이전시켜 장기적으로 스웨덴 경제의 통제권을 근본적으로 바꾸고자 하였다. 하지만 이는 결국 실패로 끝나고 말았다.

상실했다는 주장도 제기되고 있다. 더욱이 사적으로 소유하는 주식의 비중이 크게 하락했음에도 불구하고 주식을 보유하는 사람의 수는 이전에 비해 크게 늘었고, 수년간 미국에서 열띠게 선전되던 '인민자본주의' (people's capitalism)가 그간의 민영화 과정을 통해 전세계 모든 선진 자본주의 국가들로 확산되었다는 주장도 제기되고 있다.

그러나 이러한 주장은 주식보유의 상당부분이 소수에게 고도로 집중되어 있다는 사실을 무시하고 있다. 4) 이러한 주장은 또한 소유가 아무리 분산된다고 할지라도 '기업통제권'은 여전히 주주의 이해관계에만 종속되어 있는 소수의 사람들에게 귀속된다는 사실도 놓치고 있다. 소수의 동일한 사람들이 엄청난 규모의 연기금을 관리하고 있다는 사실 앞에서도 이들의 주장은 굽힐 줄 모른다. 민영화는 기업활동에 대한 정부의 개입 여지를 더욱더 줄이고 있다. 사적 독점기업에 대한 규제는 의도적으로 약화되고 제한되었다. 민영화와 함께 정부가 자신의 책무를 포기한 최근의 중요한 사례로는 1992년 10월 영국의 무역 및 산업부 장관 마이클 헤즐틴(Michael Heseltine)이 내린 탄광폐쇄 결정을 들 수 있다. 그는 이 날 31개의 탄광에 대한 폐쇄결정을 내렸는데, 이는 30,000여 명의 광부들을 하루아침에 실업자로 내모는 것이었다. 비록 이 결정이 야기한 엄청난 반발로 인해 정부는 어쩔 수 없이 일부 탄광에 대한 처형집행을 잠시 유예해야 했다. 그러나 이 시기 헤즐틴은 '자유로운 사회'(free society)에서 민영화된 전기산업으로 하여금 '비경제적인' 석탄산업과 계약을 체결하도록 강제할 수 없다고 반복해서 강조하였다. 사실 헤즐틴이 무의식적으로 강조한 내용은, 기업들의 주요 의사결정행위에 결정적인 통제력을 갖지 못하면 민주적 정부가 사회적 목표에 합당한 정책이라도 이에 동의하지 않고 오히려 그것에

---

4) "민영화 이전에 비해 주식보유자의 수가 크게 늘었다. 1981년에는 단지 7%의 영국인만이 주식을 보유하고 있었다. 1992년에는 22%로 증가했다. 하지만 신규참여자의 몫은 미미했다. 심지어 1993년 7월 BT(영국통신)의 마지막 주식 매각 이전에도 BT 전체 주식의 54%는 400주 이하 규모로 보유되고 있었다… 민영화 주식을 앞다퉈 획득한 사람들의 절반 이상은 단지 한 기업의 주식을 소유하고 있다." *The Economist*, 1993. 11, pp. 6-12. 같은 기사에서는 개별 소유자들이 뉴욕 외환시장에서는 총 가치의 절반을, 프랑스에서는 1/3을 차지하지만, 영국에서는 전체 주식가치의 20%만을 차지한다고 지적하고 있다.

반대하는 기업의 관리자에게 강요하기가 무척 어렵다는 점이다.

이러한 문제는 은행시스템과 금융기관들의 경우 더욱 심각해진다. 아무런 민주적 신임도 위임받지 못했고 단지 그들이 관리하는 기관의 이윤획득에만 관심을 가지며 정부의 간섭으로부터 크게 벗어나 있는 소수의 사람들에 의해 매우 중요한 금융결정이 이루어지는 사회는 결코 민주적이라 부를 수 없다.[5] 은행업과 금융은 은행가와 금융자본가의 자비에만 맡겨지기에는 너무나 중요한 경제활동들이다. 사회주의 정부는 민주적인 절차에 의해 제정된 사회적 목표가 그들 소수에 의해 방해받는 상황을 결코 받아들여선 안 된다. 그들은 공익의 관리인이 아니며 또 관리인이 될 수도 없다. 이 점은 은행과 금융기관의 경영에 끝없이 따라 다니는 추문과 비행뿐 아니라 악성부채의 축적을 통한 이윤추구과정에서 그들이 저지르는 수많은 잘못들을 통해 끊임없이 확인된다.

공기업은 본래 악(vice)으로부터 벗어날 수 없다는 흑색선전은 반사회주의 이데올로그들과 정치인들, 그리고 비평가들이 다른 문제에서와 달리 굳게 뭉쳐 강조해온 주요한 이데올로기적, 정치적 공세 중의 하나이다. 그리고 과거 공산주의 진영의 경험은 이들의 공세에 힘을 실어 주었다. 공산주의 진영에서 계획경제와 권위주의 시스템에 구속당한 공기업의 지난 활동들이 현재 공기업이 갖고 있는 부정적인 면모를 구성하는 데 크게 기여했다는 점은 부인할 수 없다. 이는 사민주의 정권에 의해 추진된 공적소유의 경험을 살펴보더라도 크게 바뀌지 않는다. 왜냐하면 사민주의 정부의 지도자들 또한 공기업을 자본주의 기업의 부속물 이상으로 생각하지 않았고 이를 넘어서 민주적 통제를 통해 사회주의로의 첫발을 내딛기 위한 어떤 시도도 하지 않았기 때문이다.[6] 사적영역으로 하여금 사회의 하부구

---

5) 이러한 자유를 통해 1980년대 영국의 기업들은 순 직접기업투자의 65.6%에 이르는 부분을 해외직접투자로 돌릴 수 있었다. 그 뒤를 잇는 것은 독일 기업들로서 그 비중은 16.1%이었다. A. Glyn and B. Sutcliffe, "Global but leaderless? The new capitalist order," in R. Milliband and L. Panitch, eds., *The Socialist Register 1992*, London, Merlin Press, 1992, and Monthly Review Press, New York, 1992, p. 85.
6) 1945년 이후 영국의 국유기업들이 직면했던 다양한 제약들에 대해서는 R. Saville, "Nationalization," in J. Fyrth, ed., *The Labour Government 1945-51*, Lawrence and Wishart, London, 1993을 보라. 새빌이 지적하듯이 국유기업의 이사회는 주로 사회주의자

조 투자자금을 지원할 것을 요구한 영국 노동당의 제안은 이러한 접근방식에 속하는 드문 경우이다.

경제의 사회화(socialization)라는 장기적인 프로젝트와 관련해 좌파 내부에서 발생한 이데올로기적인 변화를 주목할 필요가 있다. 특히 사람들이 다국적 기업의 성장을 보고 국유화가 더 이상 힘들 것이라고 생각하기 훨씬 이전에 이러한 변화가 발생했다는 점이 중요하다. 국유화를 대신해 제기된 것은 기업활동에 대한 보다 폭넓은 규제였다. 그러나 이는, 기업이 강하게 반발하는 영역에서 기업을 규제하는 것은 매우 어려운 일이며 이러한 어려움은 오직 거대한 관료기구와 불복종에 대한 엄중한 처벌을 통해서만 극복될 수 있다는 사실을 간과하고 있다. 사기업들에 대한 민주적 규제의 범위는 제한되고 불확실할 수밖에 없다. 반면, 공적소유는 이러한 문제의 대부분을 피할 수 있다. 규제가 공적소유의 대체물이 될 수는 없는 것이다.

대부분의 사민주의 정당들이 명백히 국유화를 포기했다는 것은 경제와 사회구조의 근본적인 전환을 위한 모든 시도가 중단되었다는 것을 의미했다. 그러나 자본주의의 본성에는 이런 변화를 정당화할 어떤 것도 존재하지 않았기 때문에 이에 더욱 주목하게 된다. 이하에서 보다 자세히 논의할 것이지만, 그간의 경험에서 나타난 공적소유의 부정적 면모는 공적소유에 내재적인 것이 아니었다. 그것은 단지 공적소유를 통해 자본주의의 논리에서 벗어나려는 목표와 그 시도에 매우 적대적이었던 특정한 정세의 산물이었다. 7)

3. 공적소유의 진실

공기업 비판의 주요 논지는 공기업이 기업가 정신과 혁신을 치명적으로

들이 국유화에 거는 원대한 포부에는 아무런 관심도 없는 기업가와 군인출신으로 구성되었다는 점도 중요하다.

7) 로빈 머레이는 〔이 책에 번역하여 실린 글에서-역자〕 영국의 국유화의 형태와 관련해서 "경영을 강화하고 노동자와 사용자, 정치인들을 약화시키기 위해 모리슨주의 기업구조가 고안되었다"고 설명한다. Robin Murray, "Ownership, control and the market," *New Left Review*, 164, July-Aug. 1987, p. 103.

약화시켜 정체와 낙후, 그리고 비효율을 야기한다는 것이다. 좌파의 스펙트럼 내에서 글을 쓰는 브루스와 라스키 또한 공기업의 효율성과 관련해서 "그 자신이 직접 경영을 하기에는 부적합한 공적기관이 고용한 피고용인, 즉 자기자신의 위험과 책임 위에서 행동하는 주인(principal)이 아닌 단지 대리인(agent)에 불과한 경제주체가 기업가정신을 가질 수 있겠는가"라는 질문을 던지고 있다. 8)

답변은 매우 많을 수 있다. 우선 그 중 하나로 이 저자들 역시 과거의 공산주의 경험에 부당하게 영향받고 있다는 점을 지적할 수 있다. 과거의 공산주의 진영의 정치시스템이 생산과정의 모든 단계에서 개인의 창발성과 용기를 마비시켰고 대부분의 관리자들이 상부의 명령에 대한 무조건적인 복종을 생존의 최소조건으로 받아들임으로써 부정적인 경제적 결과가 야기되었다는 사실을 그들 역시 지적하고 있다. 9) 그러나 사회주의적 민주주의 사회에서 공기업은 결코 그러한 기반 위에서 활동하지 않을 것이다.

브루스와 라스키가 제기한 질문에 대한 또 다른 대답도 있다. 즉 자본주의 법인기업에서 대부분의 경제행위자들은 자신의 위험 위에서 활동하는 '주인'이 아니며 기껏해야 주식과 배당의 일부만을 소유하는 법인의 '대리인'에 불과하다는 것이다. 물론 이들 관리자들 또한 낮은 성과를 낼 경우 해고되거나 강등될 위험에 노출되어 있다고 볼 수 있다. 그러나 이는 공기업의 관리자들에게도 동일하게 적용되는 위험이다. 더구나 최상층의 경영자들이 보호장치를 미리 만들어 놓고 이쪽 꼭대기에서 저쪽 꼭대기로 쉽게 옮겨 다닐 수 있는 사적부문의 경우보다 그것이 상대적으로 어려운 공기업의 경우에 이러한 위험이 더욱 크다고 볼 수 있다.

'공적소유가 효율적이고 혁신적인 경제를 육성할 수 있겠는가'라는 질문에 대한 또 다른 답변은, 역설적이지만, 족쇄 풀린 자본주의의 빛나는 사례로 칭송받는 태평양연안 아시아 국가들의 경험으로부터 제공된다. 제프리 핸더슨과 리차드 아펠바움은 "동아시아 경제기적의 가장 중요한 결정요

---

8) W. Brus and K. Laski, *From Marx to Market: socialism in search of an economic system*, Oxford, Oxford University Press, 1989, p. 59.
9) Ibid., p. 47.

인은 국가의 정책과 그 영향력이었다"고 지적한다. 10) 주목할 것은, 개입의 범위와 특징에 따라 정부개입이 다양한 형태를 취했음에도 불구하고, 이들 국가들은, 특히 남한과 대만의 경우, 공통적으로 매우 광범위하고 강력한 국가부문을 유지하고 있었다는 점이다. 11) 국가에 의한 보조금 지급과 기업활동에 대한 감독, 해외수입품으로부터의 보호, 정부지원 연구기관의 설립, 교육의 저변화 등은 새로운 민간산업도 개척해 나갔다. 예를 들어, 남한의 경우 국가는 대규모의 토지정비사업을 추진하여 "지주계급을 소멸시키고 정부의 지원을 받는 대규모 소농 인구를 만들어냄으로써 농업생산력을 비약적으로 개선할 수 있었다."12)

그 중에서도 가장 놀랄만한 국가개입의 성공사례는 바로 일본이다. 일본의 '경제기적'은 상당부분 개입의 성공에 기인한다. 존슨은 일본이 국가주도 시장시스템의 가장 좋은 예라고 지적한다. 그에 의하면, 일본의 국제무역산업부(Ministry of International Trade and Industry, MITI)는 '전략산업들'의 운명을 낳았을 뿐 아니라 이를 자신의 힘으로 개척해 나갔다. 13) 또한 일본은 발전목표에 의해 추동되는 공적부분과 이윤극대화의 동기에 의해 추동되는 사적부분으로 구성된 두 개 하부체제(sub-system) 간의 상호작용에 대해서도 가장 좋은 예를 제공한다. 그 속에서 일본 정부는 거시적인 차원에서뿐 아니라 미시적인 차원에서도 경제에 개입해 들어

---

10) R. P. Appelbaum and J. Henderson, eds., *States and Development in the Asian Pacific Rim*, Sage, Newbury Park, Calif., London and New Delhi, 1992, p. 23.
11) 대만의 경우 "1952년 전체 산업생산의 57%와 총 제조업산출의 56. 7%가 공기업들에 의해 생산되었다." "1980년대 초 공적부문이 차지하는 부분은 20% 이하로 감소하였다. 그러나 정부는 여전히 중장비, 강철, 알루미늄, 조선, 석유, 화학, 비료, 토목, 그리고 최근에는 반도체 부분에서도 주도적인 역할을 하고 있다." A. H. Amsden, "The state and Taiwan's economic development," in P. B. Evans, D. Rueschmeyer and T. Skocpol, eds., *Bringing the State Back In*, Cambridge University Press, Cambridge, 1985, p. 91. 또한, "대만의 거의 대부분 은행들은 완전히 또는 상당한 정도로 정부소유로 되어있다. (외국은행의 영업활동은 1969년에야 허용되었다.) 정부는 모든 금융기관들의 대출행위를 강하게 규제한다." ibid., p. 91.
12) M. Castells, "Four Asian tigers with a dragon head: a comparative analysis of the state, economy and society in the Asian Pacific Rim," in Appelbaum and Henderson, *States and Development in the Asian Pacific Rim*, p. 42.
13) C. Johnson, *MITI and the Japanese Miracle*, Stanford University Press, Stanford, Calif., 1982.

갈 수 있었고, 모든 경제영역과 산업부문, 그리고 개별 기업의 활동에까지 영향력을 행사할 수 있었다. 14)

그러나 이상의 국가들을 사회주의적 민주주의의 모델로 받아들일 수는 없을 것이다. 다시 존슨의 설명에 의거하면, 일본의 국가개입은 무소불위의 권력을 지닌 한 정당과 상당한 자율과 권력을 부여받은 행정관료들이 주축이 된 '유연한 권위주의 체제'(soft authoritarianism) 의 기반 위에서 성공할 수 있었다. 더구나 '네 마리 호랑이들', 즉 남한, 대만, 싱가포르, 홍콩의 경제성장은 '전혀 유연하지 않은' 권위주의 정권의 지원을 통해 이루어졌다. 물론 이러한 정치체제는 효과적인 개입을 더욱 수월케 했다. 이 지점에서 다음과 같은 결정적인 질문이 제기될 수 있다. 즉, "자신에 대한 반대를 허용하는 민주적인 형식 속에서 활동하는 사회주의 정부가 과연 사기업들에게 자신의 의지를 얼마나 관철시킬 수 있을 것인가?" 아마도 사회주의적 민주주의 정부는 권위주의 정권만큼 성공적인 개입을 할 수 없을지 모른다. 이 점이 바로 경제활동의 주요부분에 대한 효과적인 통제와 규제를 위해 공적소유가 반드시 필요한 이유이다. 여하튼 국가개입과 공기업은 본래적으로 비효율적이고 경영자의 유인을 해친다는 우파 이데올로그들의 선전은 태평양 연안 아시아 국가들의 경험을 통해 전적으로 근거가 없는 것임이 분명해졌다.

자본주의적 민주주의 국가의 공적소유의 경험에서도 동일한 결론이 도출된다. 이들 국가에서 공적으로 소유된 기업들은 순전히 효율성만 놓고 보더라도 적어도 사기업들 이상의 활동능력을 충분히 지니고 있었다. "대기업만을 고려할 때 이론적으로 공기업이 사기업보다 효율적이지 못할 사업이란 존재하지 않는다"는 밥 로손과 장하준의 매우 온건한 주장은 현실의 증거들을 통해 강력하게 입증되고 있다. 15) 서유럽의 공기업을 분석한

---

14) Ibid.
15) R. Rownthorn and Ha-Joon Chang, "The political economy of privatization," in T. Clarke and C. Ritelis, eds., *The International Theory and Practice of Privatization*, London and New York, Routledge, 1993, p. 59. 프랑스의 공적소유 실험에 대한 긍정적인 평가에 대해서는 P. Dreyfus, "The efficiency of public enterprise: lessons of the French experience," in W. J. Baumol, ed., *Public and Private Enterprise in a Mixed Economy*,

또 다른 저자들도 "1981년 이후 프랑스에서 일었던 국유화의 물결과 현재 많은 국가들에서 진행되고 있는 민영화의 추세는 모두 경제적 합리성만큼이나 정치적인 고려의 결과다"라는 말로 공적영역의 경제적 성과에 대한 장을 끝맺는다. 16)

결국 민영화로의 질주는 사적영역의 범위를 확장하려는 욕망에 기반한 '정치적 기획' 그 자체로 보아야 한다. 이 정치적 기획은 민주적으로 결정된 기준에 따라 경제생활을 관리하려는 정부의 능력을 약화시키고자 하며, '인민자본주의'라는 허상을 유포하여 새로운 주식소유자들 사이에 보수적인 경향을 강화시키고자 한다. 이는 또한 좌파 정부가 공적부문을 확장하는 것을 더욱 어렵게 하고 해롤드 맥밀런(Harold Macmillan)과 스톡턴 경(Lord Stockton)이 말한 '패밀리 실버'(family silver)의 판매 수입을 증가시키고자 한다. 민영화는, 정부가 지원해야 하는 최소한의 부분—이에 대해서는 정부개입이 건전한 경제정책으로 둔갑해버린다—을 제외하고는 기업활동이 정부의 '간섭'으로부터 전적으로 자유로워야 한다는 낡은 요구를 현대적으로 그리고 극단적으로 적용한 것이다.

정세만 우호적이라면, 사적영역이 달성할 수 있는 것은 공적영역 또한 충분히 달성할 수 있다. 더욱이 공기업은 사기업의 미시적 합리성으로 인한 실패를 피할 수 있다. 그리고 공기업은 자본주의가 달성할 수 있는 최대한의 수준을 훨씬 넘어서 경제활동의 민주화를 가능케 한다.

4. 세계화 시대의 사회화 전략

자본의 세계화(internationalization)는 공적소유를 확장하려는 사회주의 정부에 어떠한 문제를 제기하는가?

이에 대한 답은 논의 대상이 되는 기업들과 산업, 공공사업들과 서비스

London and Basngstoke, Macmillan, 1980을 보라. 1970년대 영국의 공기업들에 대한 부정적 평가에 대해서는 같은 책에 실린 R. Pryke, "Public enterprise in practice: the British experience of nationalization during the past decade"를 보라.
16) H. Parris, P. Pestieau and P. Saynor, *Public Enterprise in Western Europe*, Beckenham, Croom Helm, 1987, p. 150.

가 무엇이냐에 달려있다. 해외의 초국적 자본에 의해 소유된 기업들과 여타의 다른 기업들 간에는 커다란 차이가 존재한다. 따라서 로빈 머레이는 "오늘날 영국 포드(Ford UK)를 국유화한다면, 그것은 공장건물과, 유럽 포드(Ford Europe)로부터 핵심 인풋을 그렇게 갈망할 작업라인, 그리고 유럽 포드의 생산과 유통과정 외부에서는 거의 쓸모가 없는 여타 요소들에 대한 공적통제를 제공할 것이다"라고 적고 있다. 17)

그는 계속 다음과 같이 제안한다. "해답은 영국에 기반한 기업들의 확장을 지원하는 것일지 모른다. 혹은 국내생산이 더 이상 존재하지 않는 부분에 대해서는 재구축(rebuilding) 전략이 채택될 수도 있다."18) 이는 분명 정부의 주요 의제가 될 것이다. 그러나 이는 다른 한편으로는 사회주의 정부의 주요 의제에서 외국인 소유 자회사에 대한 공적통제를 배제시키는 것일 수도 있다.

그러나 해답은 국가경제의 자원 중 얼마나 많은 부분이 외국인 기업에게 소유되어 있느냐에 달려있다. 머레이는 "영국산업의 주요부분이 외국인이 소유한 지사 공장들로 구성되어 있다"고 지적한다. 19) 그러나 중소기업은 말할 것도 없고 사실 영국 법인기업의 대부분도 여전히 영국인 소유로 남아있다. 그리고 비록 미국과 일본 기업을 위시한 외국기업들이 산업과 상업, 금융부문에 침투해 있더라도 대부분의 선진 자본주의 국가들에서는 여전히 자국인 소유가 압도적으로 우세하다. 20) 이에 반해 '제3세계' 국가들에서 나타나는 가장 중요한 특징은, 외국기업들이 이들 부문을 실제로 '지배'하고 있다는 것이다. 이는 이들 국가의 급진적인 국유화 기획을 경제적인 측면에서뿐 아니라 정치적인 측면에서도 매우 어렵게 하고 있다. 이러한 상황에서 사회주의 정부가 바랄 수 있는 최선은, 외국기업의 활동조건에 대한 협상을 새롭게 추진하면서 동시에 국가소유를 점진적으로 늘려

---

17) Murray, "Ownership, control and the market," p. 91.
18) Ibid.
19) Ibid.
20) 글린과 서트클리프는 "선진자본주의 국가들의 자본스톡 중 외국인 소유가 차지하는 비중은 대개 5-10% 정도이다. 이것은 중요하긴 하지만 그렇다고 그렇게 불가항력적이진 않은, 생산의 국제화 상황을 보여준다"고 지적한다. Glyn and Sutcliffe, "Global but leaderless?", p. 84.

나가는 것이다.

한 기업 내에서 외국인 소유가 일부분에 국한되어 있는 경우에는 나머지 자국인 소유권을 공적영역으로 이전해 공적 통제자가 명확하게 우위를 점하는 조건 하에서 외국인 소유와의 결합소유권(joint ownership)을 구성할 수 있다.

이상에서 살펴본 바와 같이, 선진 자본주의 국가들에서 경제생활의 중요한 부분들을 사회화하고자 할 때 자본의 세계화는, 비록 다른 문제들은 발생시킬 수 있다 하더라도, 아무런 기술상의 장애물도 제기하지 않는다. 어쩌면 외국기업들은 그들의 자회사들을 폐쇄시킬지도 모른다. 그러나 이는, 그들이 자신의 자회사들이 실제로 공적소유의 위협 아래 있다고 판단했기 때문이 아니라, 단지 정부의 정책집행 자체를 좋아하지 않았고 정책집행 후 발생할 결과를 두려워했기 때문일 것이다. 자국인 소유 기업들도 해외로의 이전을 도모할 수 있다. 그러한 행동을 막아야 할지를 결정해야 할 시간이 사회주의 정부에게 다가올 것이다.

사회화가 기술적으로 가능하다고 해서 그것의 속도가 쉽게 결정되는 것은 아니다. 왜냐하면 목표는 분명 경제활동의 주요 부분을 사회화하는 것이지만 그 속도는 다양한 상황변수들에 의존하기 때문이다. 사회화를 약속하며 대중의 전폭적인 지지 속에 들어선 사회주의 정부가 사회화를 향한 첫 발을 내딛고자 함은 너무나 당연하다. 그러나 실제의 사회화(또는 탈사유화, de-privatization) 과정에는 많은 문제가 나타날 수 있다. 사회주의 정부는 장기적인 안목을 가지고 사회화를 기초가 잘 된 융통성 있는 계획에 근거해 수년에 걸쳐 진행되는 하나의 과정으로 보아야 할 것이다.

사회주의 정부는 공적소유로 편입된 기업의 기존 주식보유자들에 대한 보상문제를 어떻게 다뤄야 할지도 결정해야 할 것이다. 민주적으로 선출된 정부가 무조건적인 몰수정책을 취하는 것은 불가능하다. 왜냐하면 이는 임금소득자들이 다수인 소액 투자자들에게 부당한 조치이기 때문이다. 그러나 다른 한편으로는 여타 부분에도 자금이 절실히 필요한 시점에서 주식소유자들에 대한 즉각적인 완전보상은 정부에게 엄청난 부담을 안길 수 있다. 이 경우 장기에 걸쳐 상환되는 정부채권을 통한 보상이 해답이 될 수 있다.

그리고 이 과정에서 소액 투자자들에 대해서는 보다 빠른 시일 내에 상환하는 등 소액 투자자와 거대 투자자간의 차별화 조치도 필요할 수 있다.

아무리 조심스럽게 전진한다고 하더라도 사회주의 정부의 조치들은 격렬한 내부저항뿐 아니라 신자유주의 정책을 고수하는 정부들, IMF, 세계은행, 유럽집행위원회 등의 국제 기관들—이들은 모두 경제개입과 사회화를 엄청난 죄악으로 여긴다—로부터의 한층 더 강력한 공격을 야기할 수밖에 없다. 사회주의 정부가 이러한 반발에 어떻게 대처해야 하는가는 다른 지면[원 저서의 제6장-역자]에서 자세히 검토될 것이다.

5. 사회화된 경제의 구성원리에 대하여

사회화된 경제(socialized economy)는 세 개의 상이한 부문으로 구성될 것이다. 첫째, 지배적인 다양한 공적부문이 존재할 것이다. 둘째, 상당한 규모로 확장하는 협동조합부문이 존재할 것이다. 셋째, 주로 중소기업들로 구성되는 상당한 규모의 사적소유 부문이 용인될 것인데, 이는 재화와 서비스, 그리고 편의시설의 공급에서 중요한 역할을 할 것이다.

사회주의 국가에서 공적부문은 다양한 형태를 취할 수 있다. 경제단위들은 중앙정부, 지방정부, 자치시 당국에 의해 소유되고 관리되며 활동의 성격에 따라 다양한 민주적 조절방식이 적용된다. 이들은 재화와 서비스의 공급과정에서 다른 공적부문의 기업들이나 사기업들과 경쟁해야 할 것이다.

공적부문의 기업들은 상당한 정도의 자율성을 보장받을 것이다. 그렇다고 이것이 완전한 자율성이 될 수는 없다. 그런 상황은 심지어 비개입주의 자본주의 체제의 자본가적 기업들에도 적용되지 않는다. 사회주의 정부는 자신의 거시경제정책과 목표에 대한 동의를 확인하고 건강과 안전, 고용, 그리고 노동권을 보호하기 위해 여러 지점에서 결정적인 발언권을 유지하고자 할 것이다. 정부는 개별기업의 관심사를 넘어서는 투자, 가격결정, 입지선정 등의 문제에 개입할 수 있는 궁극의 힘—비록 절제하면서 적용하지만—을 가질 것이다. 비록 기업들이 공적으로 소유된다고 할지라도,

경영자와 피고용자가 감지하는 기업의 이해와 정부의 정책 사이에 발생할 수 있는 차이에 입각하여 그들간에 밀고 당기는 세력다툼이 벌어질 수 있다. 앙드레 고르즈(André Gorz)는 다음과 같이 지적한다.

> 지금까지는 단지 자본주의적 경영학만이 존재했을 뿐이다. 여기서 질문은 오로지 경제적 합리성의 기준이 기업 내 또는 기업간에 존재하는 다른 유형의 합리성에 얼마나 양보해야 하는가에 대한 것이었다. …사회주의는 민주적으로 계획된 틀 내에서 자본주의적 합리성을 제한하는 것을 의미한다. 이러한 원칙은 민주적으로 결정된 사회적 목표를 달성하는 데 기여해야 하며, 물론 기업내부의 경제적 합리성을 제한하는 데도 적용되어야 한다. [21]

이러한 원칙들은 분명 공기업들에게 적절한 것이지만 동시에 잠재적인 갈등요인이 될 수 있다는 것도 분명하다.

공기업의 통제자와 경영자는 노조, 노동자평의회, 의회위원회, 소비자위원회, 언론 등 다양한 부분으로부터의 조사에 종속되어야 한다. 이는 민주적인 사회에서 자율성이 갖춰야 할 최소한의 자격요건이다. 사회주의의 관점에서는 '경영'이 민주적 통제로부터 벗어난 기업 상층부 소수의 의사결정을 의미하지 않는다. 사회주의적 공기업들은 피고용자 중 원하는 이들 모두가 정책결정에 참여할 수 있는 최고의 여건을 조성해야 하며, 피고용자들에게 실질적인 권한을 부여하여 그들이 자신에게 직접적인 영향을 주는 모든 문제들, 예컨대, 건강, 안전, 생산과정, 작업환경 등을 스스로 결정할 수 있게 해야 한다. 왜냐하면 사기업에서 공기업으로의 전환을 통해 얻고자 하는 주요목표 중 하나는 '생산관계'를 결정적으로 변화시켜 맑스가 말한 '생산자들의 자유로운 연합'에 최대한으로 근접한 조건을 만들어 가는 것이기 때문이다.

그러나 여기에서도 역시 힘의 대립 때문에 긴장의 가능성이 존재한다. 왜냐하면 경영자와 피고용자의 구분이 존속되는 한, 한편에서 경영의 특

---

21) A. Gorz, "The new agenda," in R. Blackburn, ed., *After the Fall: the failure of Communism*, London and New York, Verso, 1992, p. 296.

권과, 다른 한편에서 피고용자들의 참여권이 충돌하는 영역이 있을 것이기 때문이다. 중요한 점은, 사회주의적 민주주의에서 공기업의 정신은 제기된 갈등을 심각한 대립 없이 해결할 수 있다는 것이다. 경영의 특권은 언제나 격렬한 논쟁의 대상이었다. 경영자들의 이해는 피고용자들의 이해와 근본적으로 대립되었기 때문에, 경영자들이 자신의 권한을 피고용자들에게 가능한 한 안 넘기려 했던 것도 당연했다. 그러나 사회화된 경제에서는 그러한 근본적인 이해대립이 존재하지 않는다. 사회화된 경제에서는 생산에서의 지위와 상관없이 기업활동에 참가한 모든 사람들 사이에 참된 의미의 이해공동체가 존재하게 될 것이다. 그리고 이는 자본주의 기업에서와는 전적으로 상이한 새로운 정신을 기업 내에 불어넣을 것이다. 물론 그렇다고 사회화된 기업이 영원한 축복의 햇살 속에서 행복만 누릴 거라고 주장하는 것은 아니다. 단지 실질적인 의미를 갖는 목적공동체가 만들어질 수 있는 유일한 기업형태는 오로지 사회화된 기업뿐이라는 것을 말하고자 함이다.

앞서 지적했듯이, 중앙정부가 소유 또는 관리하는 기업들은 공적부문의 일부만을 차지한다. 다른 많은 부분들은 지방정부, 자치시 당국의 활동들로 구성된다. 물론 이는 별반 새로운 것이 아니다. 이미 많은 나라들에서 극장, 오페라 하우스, 레스토랑, 빈민구호소, 여름 캠프, 수영장, 레저시설 등이 지방과 시의 자치단체에 의해 운영되고 있다. 이는 법적 의무에 의해 제공되는 서비스들과는 매우 다른 것이다. 사회주의적 민주주의는 그러한 활동들의 범위를 확장하고 가능한 많은 시민들이 참여할 수 있도록 할 것이다.

지방과 시의 자치단체는 '유연전문화'(flexible specialization)에 입각하여 자기 지역에 위치한 수많은 중소기업들의 활동에도 개입할 것이다. 1980년대 지방과 시의 자치단체들은 중소기업들에게 다양한 서비스를 제공했고, 이는 이 시기 경제성장의 주요 원동력 중 하나였다. 자이틀링은 "지방정부, 은행, 고용인 연합, 노조가 지역경제의 조절을 위해 함께 행동했고 소기업들에게 공장부지, 대부자금, 시장개척, 연구개발, 기술교육 등 핵심적인 서비스들에 대한 집합적 접근기회를 제공했다"고 말한다. [22]

사회주의적 정권에서도 이와 같은 지방단체와 기업간 분권화된 협력이 장려될 것이다. 23)

사회주의적 정권은 생산과 분배, 서비스 제공에서 경제의 또 다른 부문, 즉 협동조합부문이 차지하는 역할을 강화시킬 것이다. 협동조합은 현대 자본주의경제에서 매우 부수적인 역할만을 수행하고 있다. 24) 사회주의적 정권은 자신의 모든 노력을 기울여 조합기업들이 부르주아 정권이 주도했던 그 어떤 시기보다 훨씬 더 중요한 역할을 수행할 수 있도록 지원할 것이다. 25)

앞서 지적한 바처럼, 상당한 정도로 사회화된 경제에서도 사적으로 소유되고 통제되는 중소기업들이 광범위하게 산재해 있을 것이다. 교조주의자들은 언제까지일지도 모른 채―아마도 실로 영구적으로―이들 사적기업의 존재를 용인해야 한다는 것에 분명 반감을 가질 것이다. 그러나 이러한 유형의 사적부문이 많은 장점을 갖고 있다는 점을 인식해야 한다. 이는 재화와 서비스, 그리고 편의시설의 공급에 추가적인 경쟁요소를 도입한다. 또한 이는 새로운 재화와 서비스에 대한 실험을 하고자 하고 자기 스스로 독립적인 벤처투자를 추진하고자 하는 개인들에게 기회를 제공한다. 이러한 것들이 사회주의적 정권에게 반드시 바람직한 것만은 아니지만 그래도 개인들의 창발성은 적극적으로 독려되어야 한다. 물론 사적부문은 경제전체적으로는 단지 부수적인 부분에 그쳐야 할 것이다.

---

22) J. Zeitlin, "Local industrial strategies: introduction," *Economy and Society, Special Issue: Local Industrial Strategies*, 18, 4, November 1989, p. 369.

23) 이와 관련하여 1980년대 노동당 지배하의 런던광역시의회(Greater London Council)가 행한 것들에 대해서는 M. Mackintosh and H. Wainwright, *A Taste of Power: The Politics of local economics*, London and New York, Verso, 1987을 참조.

24) 심지어 바스크 지역의 전설적인 몬드라곤 협동조합단지 또한 전체 스페인 경제에서 매우 부수적인 역할만을 했을 뿐이다. 토마스와 로건은 "1970년대 말 경 그 지역에는 하나의 현대적인 기술교육 협동시스템, 15,000명 이상의 조합원으로 구성된 70여 개의 협동조합 공장, 그리고 93개의 지점과 300,000개의 예금계정을 갖고 있는 신용협동은행 하나가 존재했다"고 지적한다. H. Thomas and C. Logan, *Mondragon: an economic analysis*, London, Allen and Unwin, 1982, p. 1.

25) 협동조합기업에 영향을 미치는 문제들에 대해서는 다음을 참조. J. Elster, "From here to there; or if cooperative ownership is so desirable, why are there so few cooperatives?", in E. F. Paul et al., *Socialism*.

6. 계획과 시장에 대하여

사회주의 경제(socialist economy)에서 계획과 시장의 지위는 무엇인가?

우선적으로 말할 수 있는 것은, 사회주의적 민주주의의 계획은 모든 기업들이 시장에 대한 고려 없이 단지 주어진 계획에만 복종해야 했던 스탈린주의 모델—전체주의적이고 포괄적이며 매우 세부적인 부분까지 계획을 세웠던—에서의 그것과는 전적으로 다를 것이라는 점이다. 사실 볼셰비키 혁명 직후 당시 계획의 모습은 이런 것이 아니었다. 알렉 노브(Alec Nove)는 트로츠키가 1922년 '이행의 시기'에 대해 말하면서 다음과 같이 한 말을 인용하고 있다. "기술관리자를 보유한 모든 국가소유 공장은 정부기관에 의한 위로부터의 통제뿐 아니라 시장에 의한 아래로부터의 통제도 받아야 한다. 시장은 다가올 오랜 시간 동안 국가경제의 조절자로 남아있을 것이다."26) 데이비스 또한 "1928년 이전까지만 해도 계획이 시장균형과 양립할 수 있어야 하고 농민계급을 경제적으로 억압하지 말아야 한다는 점에 모두가 동의했다"라고 지적한다. 27)

스탈린주의 계획은 이상의 제한조건들을 모두 무시해버렸다. 현재는 그것을 하나의 총체적 재앙으로 보는 견해가 유행처럼 퍼져 있고, 이는 단지 그것이 앗아간 엄청난 인간적, 물질적 비용의 관점에서만 설명되고 있다.

---

26) A. Nove, *Socialism, Economics and Development*, London, Unwin Hyman, 1986, p. 33. 1923년 트로츠키는 또한 "다음 시기에…우리는 점점 더 소농 시장과 동맹을 강화하고 이를 성장의 한 축으로 포함하는 국가계획경제를 마련해야 한다"고 주장한다. 그러나 그는 다음과 같은 말도 덧붙인다. "비록 이 시장이 현재 자생적으로 성장하고 있음에도 불구하고 국가산업은 그것에 자발적으로 적응해서는 안 된다. 그와는 반대로 경제 조직화의 성공여부는, 시장조건에 대한 정확한 지식과 올바른 경제예측을 통해 우리의 특정한 계획에 따라 국가산업을 농업부문과 얼마나 조화시키는가에 상당 정도 의존한다." L. Trotsky, "The new course," in *The Challenge of the Left Opposition (1923-5)*, New York, Pathfinder Press, 1975, p. 119.
27) R. W. Davies, "Gorbachev's socialism in historical perspective," *New Left Review* 179, Jan. -Feb. 1990, p. 9. 그러나 데이비스는 다음과 같은 말을 덧붙인다. "모든 공산주의 경제학자는 이를 이행단계로 간주한다. 궁극적으로 계획은 시장의 자리를 뺏을 것이고 생산물 교환이 상업을 대체할 것이다."(Ibid)

그러나 스탈린주의 계획은 급속한 산업화의 노정에 있었던 당시의 소비에
트 연합과 이후 공산주의 국가들을 건설하는 데 일반적으로 알려진 것보다
훨씬 더 효과적인 것이었다. 폴 케네디(Paul Kennedy)도 지적하듯이,
단지 양적인 측면만을 고려하면, 그것의 성과는 조금도 지체되지 않았다
고 볼 수 있다. 당시 러시아는 "철, 선철, 코크스, 석유, 공작도구, 디젤,
전기기관차, 시멘트, 무기비료, 트랙터, 신발, 조립식 콘크리트 건물의
생산"을 매우 급속히 증대시켰고, "훌륭한 교육시스템"을 통해 "세계에서
가장 뛰어난 물리학자"들을 배출하고 있었다. [28] 이 같은 소비에트 경제계
획의 성공은 그것에 수반된 비용과 낭비를 겉으로 드러나지 않게 했고
1930년대에 경제계획에 대한 생각이 널리 퍼지게 했다. 2차 세계대전과
전후의 복구기간 동안 (각국의) 정부들이 추진한 경제계획의 내용들 또한
그러하였다. 스튜어트 홀랜드(Stuart Holland)는 "1960년대 서독을 제외
한 대부분의 주요 유럽국가들은 지시적 목표와 지원, 그리고 유인의 결합
이라는 특정 유형의 경제계획에 몰두하고 있었다"고 말한다. [29] 그러나 유
행은 곧 변화하기 시작했다. 홀랜드가 지적하듯이, "1970년대에 접어들면
계획으로부터의 이탈이 매우 극적으로 진행"되기 시작했고, [30] 이 과정은
1980년대에 들어 보다 가속화되었다.

그렇다고 사실을 오도해서는 안 된다. 어떠한 현란한 수사에도 불구하
고 변함없는 사실은, 어떻게 스스로를 '자유기업'과 시장경제, 그리고 경
제생활에 대한 비개입주의의 신봉자라 천명하든지, 선진 자본주의 국가들
의 모든 정부가 경제계획의 특정조처들을 사용하고 있다는 점이다. 자신
의 색채가 어떠하든 모든 정부는 회피할 수 없는 여러 프로젝트들의 목표
를 정해야 하고 그에 맞춰 자원을 배치해야 한다. 국방이 가장 단적인 예
이다. 화기, 탱크, 전투기, 전투함 등의 생산과 개발은 최소한 몇 년, 때
로는 수 십 년에 걸쳐 세심하게 계획되어야 한다. 도로, 공항, 학교, 병

---

28) P. Kennedy, *Preparing for the Twenty-First Century*, London, HarperCollins, 1993,
p. 229.
29) S. Holland, ed., *Beyond Capitalist Planning*, Oxford, Blackwell, 1978, p. 1.
30) Ibid.

원, 감옥건설 등도 마찬가지이다. 이를 위해 정부가 사적기업과 공적기업 중 무엇을 이용하느냐는 별로 중요하지 않다. (단, 공적으로 소유된 기업들이 더욱 책임감 있고 따라서 정부사업에 참여한 기업들의 활동에서 흔히 발견되는 폭리의 유인이 적다는 점을 제외하면.) 비록 전반적인 조절시스템이 취약하긴 하지만, 모든 자본주의 정부는 비용, 산출, 수송 등의 문제에 깊이 관여하고 있다. 우선순위를 결정하고 그 실현을 위해 계획하는 것도 바로 정부다. 정부가 이러한 의무를 방기할 때 결과는 매우 심각해진다. 1991년 로버트 하일브로너(Robert Heilbroner)는 미국경제와 관련해서 "지난 20여 년간 적합한 투자가 이루어지지 않음으로써 도로, 고속도로, 다리, 터널, 공항, 항만시설, 수도, 하수시설 등 우리의 하부구조가 계속 악화되고 있다"고 경고했다. 31) 그렇다고 정부의 의무 태만을 '시장'이 보완할 것이라고 기대할 수는 없다. 본래적으로 정부의 의무에 속하는 프로젝트의 착수는 시장이 관여할 바가 아니며, 사실 시장은 그럴 능력도 없다. 왜냐하면 기업들로 하여금 사회후생의 관점에서는 반드시 필요하지만 그들 자신에게는 이윤을 보장하지 못하는 프로젝트들에 투자하지 않도록 하는 것이 바로 시장의 힘이기 때문이다.

사회주의 정부의 계획은 경제의 핵심부문—하부구조, 공익사업, 생산과정의 여타 주요요소, 그리고 훈련과 교육 및 다양한 서비스의 제공을 포괄하는—에 대한 목표 설정을 포함할 것이다. 목표들은 상황의 변화에 따라 법적으로 재검토되고 수정될 수 있으며, 궁극적으로 '지시적 계획'(indicative planning)과 '강제적 계획'(imperative planning)의 조합을 통해 달성될 수 있을 것이다. 사회주의 정부는 민주적으로 결정된 목표들을 달성하기 위해 다양한 설득과 강제 그리고 교육 수단들을 사용해야 한다.

일본과 프랑스의 경험은 정부가 경제개입 시 사용할 수 있는 무기들에 대한 풍부한 예를 보여준다. 마틴 케이브(Martin Cave)와 폴 해어(Paul Hare)는 "프랑스와 같은 혼합경제의 경우 정부의 계획추진능력은 제한될 수밖에 없다"고 지적한다. 32) 그럼에도 불구하고 '지시적 계획'은 상대적으

---

31) R. Heilbroner, "Lifting the silent depression," *New York Review of Books*, XXXVIII, 17, 1991. 10. 24, p. 6.

로 열세에 있던 제4공화국에서조차 상당히 만족할 만한 성과를 거뒀었다. 그러나 1960년대 중반 제5공화국이 들어서면서 경제계획은 주요 경제정책 수단에서 제외되게 되었고, 이러한 추세는 미테랑 정권 하에서도 반전되지 않았다. 1983-88년 제9차 계획에서는 산업, 교육, 훈련의 현대화와 통신산업발전, 고용정책 등을 포함한 '최우선 프로그램'이 추진되었으나 실제로는 '긴축'과 '삭감'에 경도되어 있던 정부정책에 별다른 영향을 미치지 못했다. 다른 종류의 사회주의 정부도 자신의 '최우선 프로그램'을 가질 것이다. 그러나 이는 이전과는 매우 상이한 정신에서 추구될 것이다.

시장은 지배적으로 사회화된 경제 내에서 특정한 지위를 가질 것이다. 그러나 시장의 힘이 경제생활의 궁극적인 결정요인이 되진 않을 것이다. 조절되지 않는 시장의 힘에 경제를 맡긴다는 것은, 재화의 필요를 평가하고 사회정의 실현을 위한 조처를 강구할 책임이 있는 정부와 사회가 자신의 의무를 포기하는 것을 의미한다. 이는 실제로 '보이지 않는 손'의 재림을 의미하며, 그와 함께 시장이 가리키는 것이 곧 재화시장의 균형이라는, 수많은 증거들과 모순되는 해로운 가정을 부활시킬 것이다. 사회주의 경제는 그러한 시장물신성에 지배되지 않을 것이다.

상당 정도 사회화된 경제에서 활동하는 사회주의 정부의 주요 목표 중 하나는 시장의 힘이 축출된 '탈상품화된 영역'을 확장하는 것이다. '탈상품화된 영역'은 이미 자본주의 경제에도 존재한다. 이는 건강, 교육, 그리고 여타의 서비스들의 이용이 지불능력과 관계없이 시민의 본래적인 권리임을 관철시키고자 한 아래로부터의 압력이 전후 수 십 년 동안 행사된 결과이다. 애스핑 앤더슨에 따르면, "사회권의 탁월한 기준은, 사람들로 하여금 자신의 생활수준이 시장의 힘과 무관하게 결정되도록 하는 것을 어느 정도로 허용하는가에 있다."[33] 이러한 시민권 개념은 사회주의와 보수주의 사이에 존재하는 결정적인 차이를 부각시킨다. 보수주의자들은 '탈상품

---

32) M. Cave and P. Hare, *Alternative Approaches to Economic Planning*, London, Macmillan, 1981.

33) G. Esping Andersen, *The Three Worlds of Welfare Capitalism*, Cambridge, Polity Press, 1990, p. 3.

화된 영역'을 줄여나가 지불능력과 무관한 서비스와 편익의 공급을 사회의 구성원 중 가장 헐벗고 굶주린 사람들에게로 국한시켜야 한다고 주장해 왔다. 서비스의 민영화는 보수주의자들의 이러한 시도가 맺은 결실 중 하나이다.

알렉 노브는 "건강, 교육, (공공) 주택, 체신업무, 도심 대중교통, 환경보호, 수도공급, 도심조명, 청소, 주차장 등은 돈을 벌고자 하는 욕구에 의해서는 제공되지 않고 또한 그래서도 안 된다"고 강조한다. [34] "(별로 혁명적일 것까지도 없는) 이런 것들이 어느 정도로 또 얼마나 빨리 확장되어야 하는가"라는 질문에는 사전적 답변이 존재하지 않는다. 에르네스트 만델(Ernest Mandel)은 이상의 목록에 "문화 및 정보통신 서비스와 기본적 식료, 그리고 의복" 또한 포함시킨다. 그는 "이것들이 대부분의 산업화된 국가들에서 시민지출의 70-80%를 차지하고 있다"고 지적한다. [35] 어쩌면 이는 가까운 시일 내에 실현될 수 있는 것에 비해 너무 멀리 나아간 주장일 수 있겠으나, "삶의 보다 확장된 영역이 탈상품화되어야 한다"는 원칙이 사회주의의 핵심을 구성한다는 것은 분명하다. 그렇다고 이것이 소비의 획일화와 선택의 제거를 의미하는 것은 아니다. 탈상품화는 '필요에 대한 독재'를 의도하지 않는다. 사회주의적 민주주의 경제에서는 여전히 시장에 종속된 다양한 재화 및 서비스의 공급과 탈상품화가 양립할 수 있다.

기본적인 필요가 더 이상 지불능력에 종속되지 않는 사회에서는 공동체 의식이 사회전체로 널리 퍼져나갈 것이고 경제의 번영과 함께 개인적, 사회적 삶 모두가 풍요로워질 것이다. '기본적 필요'라는 개념은 종종 반사회주의자들에 의해 허구적 사실주의라는 죄명으로 거부되고 있다. 그 중 하나인 존 그레이(John Gray)는 "다양한 전통과 생활방식을 유지하는 현대 사회에서의 선호들과 가치들이 하나의 잣대로 평가될 수 없다"고 말하는데, 단정컨대 "기본적인 필요와 기초 재화가 민주적 통제를 받는 기관들에

---

34) A. Nove, "Markets and socialism," *New Left Review*, 161, Jan. -Feb. 1987, p. 102.
35) E. Mandel, "The myth of market socialism," *New Left Review*, 169, May-June 1988, p. 112.

의해 공적공급의 대상이 될 수 있다고 가정하는 이론들은 이 문제를 회피하고 있다"는 것이다. 그리고 "기본적인 필요들 사이의 순위를 매기는 것은 이성으로는 해결불가능한 다루기 힘든 문제이고" 또 "필요라는 것의 정의와 내용 자체도 전통과 생활방식에 따라 변화할 것"이라는 이유로 그것은 기각된다. 36) 사실, 저자 또한 다른 책에서 언급하고 있듯이37) 기본적인 필요를 정의하는 데는 아무런 실질적인 문제가 없다. 그리고 '그러한 필요의 목록이 어디까지 확장되어야 하는가'라는 것도, 앞서 언급했듯이 논쟁의 여지가 있을 수 있지만, 이성을 통해 완전히 해결할 수 있는 문제이다. 38)

완전히 또는 상당히 탈상품화된 재화와 서비스, 편익, 편의시설에 대해서도 분명 대가가 지불되어야 할 것이다. 사민주의 경제에서는 이를 다양한 형태의 직·간접세를 통해 지급할 것이다. 신고전학파의 교의는 직접세를 최고의 해악 중 하나로 바꿔 놓았다. 하지만 프랑크푸르트의 한 법관이 말했던 바와 같이 "조세는 문명을 산다." 그럼에도 불구하고 이러한 주장이 대중적이 되기 위해서는 우선 조세 부담이 공평하게 지워져야 한다. 사회주의 정부가 자신의 주요 목표로 삼아야 하는 것도 바로 이것이다. 사회주의 정부는, 엄청난 소득과 거대한 부가 아직 완전히 제거되지 않은 이행의 시기에 가장 무거운 조세 부담을 바로 여기에 부과할 것이며 기업들의 세금포탈 도피처들을 차단할 것이다. 중요한 것은, 그 과정에서 자본주의 사회에서는 일반적인 현상 중 하나였던 소득과 부의 심각한 불평등이 꾸준히 제거되어야 한다는 점이다. 이런 변화는 대부분의 사람들로 하여금 자신들이 지불하는 직·간접세를 자신들과 사회가 누리는 만족에 대한 정당한 가격으로 기꺼이 생각하도록 유도할 것이다.

노조가 상대적으로 강했고 노조원들의 전투성에 영향받던 1960-70년대

---

36) J. Gray, "Marxian freedom, individual liberty, and the end of alienation," in E. F. Paul, F. Miller and J. Paul, eds., *Marxism and Liberalism*, Oxford, Blackwell, 1986, p. 181.
37) J. Gray, *Beyond the New Right*, London, Routledge, 1993, *passim.*
38) 이 주제에 대해서는 L. Doyal and I. Gough, *A Theory of Human Needs*, London, Macmillan, 1991을 참조.

에는 많은 자본주의 국가들에서 (사민주의 정부에 의해서도 적지 않게) 임금상승요구를 억누르기 위한 다양한 소득정책들이 추진되었다. 적어도 이 영역에서는 시장의 힘이 '국가의 이해'에 해로운 것으로 생각되었다. 시도의 성과는 나라마다 달랐다. 39) 그러나 모든 나라에서 공통적인 것은, 오직 정책수행에 따른 대부분의 부담을 임금소득자에게 효과적으로 넘겼을 때에만 정책의 성공이 가능했다는 점이다. 자본주의 경제에서는 소득정책을 통해 실제로 가장 불리한 영향을 받는 자는 언제나 고용주도, 다른 고소득 그룹도 아닌 바로 임금소득자들이었다. 1980년대와 90년대 초에는 보다 다양한 임금억제방식이 작동하기 시작했다. 영국과 여타 국가들에서는 대규모 실업이 발생했고 노조의 권리에 대한 공격이 시작되었다. 그와 함께 임금소득자의 전투성이 약화되었다.

평등주의적 목표를 추구하고 강한 물가상승압력도 시급히 억제해야 할 사회주의 정부는 낡은 방식의 소득정책에 의존하지 않을 것이다. 따라서 수요관리의 차원에서 임금과 여타 요구들이 어느 정도 억제될 필요가 있다는 점에 (특히 강한 협상력을 갖고 있는) 노조와 임금소득자들의 이해와 동의가 필요할 것이다. 어쩌면 이는 상당히 비현실적으로 들릴 지도 모르겠다. 그렇지만 사회주의 정부가 공정한 사회를 추구하고 있다는 점이 확인되고 이 조치가 상층 관리자와 권력을 가진 자들의 급여와 금융이득에 훨씬 더 강하게 적용되고 있다는 점이 확인된다면, 이러한 구상이 그리 비현실적인 것만도 아니다. 사회주의 정부는 분명히, 국가서비스 부문에 종사하는 사람들은 타당한 대가를 받아야 하지만 전체적인 수준에서 그들의 급여와 여타 혜택이 다른 시민들의 소득에서 그리 벗어나진 않아야 한다는 원칙을 세우려 할 것이다. 이러한 제약이 최고의 능력을 가진 사람들을 국가서비스 부문에서 내몰고, 더 나아가 (보다 많은 급여를 받을 수 있는 국가로의) '두뇌유출'을 야기할 것이라는 주장도 제기될 수 있다. 하지만 사실 훌륭한 인재들의 상당수는 고국에 남아 새로운 사회의 건설을 돕고자

---

39) 이에 대해서는 R. J. Flanagan, D. W. Soskice and L. Ulman, *Unionsim, Economic Stabilisation and Incomes Policies: European experience*, Washington, D.C., Brookings Institute, 1983을 참조.

할 것이다. 또는 해외도피가 발생한다 하더라도 단지 높은 급여만 보고 국가서비스 부문이나 공기업에서 일하고자 하는 인간들은 사회주의 사회가 원하는 인간상이 아닐 것이다. 현실적으로 대부분의 사람들은 적어도 새로운 환경이 그들을 빈곤으로 몰아넣지만 않는다면 자의건 타의건 새로운 상황을 받아들인다. 이렇게 기대하는 것이 합당하다.

7. 사회주의 경제에서는 무엇이 달라지는가?

사회화된 경제로부터 근본적으로 무엇이 달라지는가? 이 질문에 대답하기에 앞서 변화가 자동적으로 구시대의 모든 악으로부터 벗어난 새로운 세계의 도래를 알리는 것은 아니라는 점을 짚고 넘어갈 필요가 있다. 이러한 '승리주의'(triumphalism)는 전적으로 잘못된 것이다. 구시대의 문제들은 오랜 기간 지속될 것이고 새로운 문제들도 발생할 것이다. 중요한 것은, 이를 어떻게 받아들이냐는 것이다. 여기에는 두 가지 서로 상반된 입장이 존재한다. 첫 번째 입장에서는 이러한 문제가 인간조건에 본래적인, 어쩔 수 없는 문제이므로 실질적이고 효과적인 해답이 존재하지 않는다고 본다. 이는 전형적인 보수주의자들의 견해에 해당하는 것으로서 생활방식의 급진적인 개선을 위한 모든 시도를 위험한 '유토피아적' 희망으로 간주한다. 이러한 견해는 자연스럽게 구조개혁을 위한 어떠한 시도도 사태를 끝없이 악화시킬 뿐이라는 주장으로 이어진다.

반면, 두 번째 입장에서는 해결이 불가능한 문제란 존재하지 않고 보다 나은 사회를 위한 급진적인 변화의 가능성이 무궁하다고 본다. 인류는 그동안 자신의 가능성 중 극히 일부만을 실현했을 뿐이다. 가능성의 실현이 곧 지상의 낙원을 건설하는 것은 아니다. 그러나 이는 다수의 사람들이 자신의 최선을 발휘할 수 있는 매우 유리한 환경을 조성할 것이다.

자본주의 경제와 사회화된 경제의 차이는 분명 '경제적'인 것만이 아니다. 둘 간의 차이는 경제적, 사회적, 정치적, 윤리적 차이이며, 사회의 조직형태와 존재양식에 영향을 미친다.

두 체제간의 첫 번째 차이는 물론, 경제의 주요부문에서 사적소유와 사적통제가 더 이상 경제를 조직하는 지배적인 형태가 되지 않는다는 점이다. 그 결과 권력과 사회적 지위의 불평등을 낳는 원천들이 점진적으로 소멸될 것이다. 이는, 중요한 경제활동의 수단들을 사적으로 소유하고 통제하는 자본주의 계급의 주요 분파가 궁극적으로 소멸되는, 사회구조의 근본적인 변화를 의미한다. 이러한 변화는 20세기 초반 서유럽의 대지주 계급에게 일어났던 사건과 일견 유사한 면이 있다. 그들은 비록 완전히 사라지진 않았지만 토지소유권이 그들에게 제공했던 권력의 대부분을 잃게 되었다. 이후 그들이 그런 대로 권력을 유지할 수 있었던 것은 국가서비스 부문에서 자신의 지위를 보호할 수 있었기 때문이다. 사회화된 경제에서는 법인권력(corporate power)의 관리자들도 그 권력을 잃게 될 것이다. 물론 그들의 상당부분은 사회화된 기업의 주요 부서에서 일하게 되겠지만, 그들의 권력은 더 이상 주요한 사적 자원의 통제에 기초하지는 않을 것이다.

이와 같은 주장에 대해 그러한 변화는 단지 국가와 공기업 상층에 위치하는 사람들로 구성되는 '국가 부르주아지'라는 '새로운 계급'의 강화를 의미하는 것이라는 반박이 제기된다. 또 동일한 맥락에서, 이 새로운 계급은 자본주의적 민주주의에서 권력을 갖고 있던 사람들이 향유하던 것과 별반 다름없는, 또는 심지어 그보다 더 큰 정도로 권력과 특권을 누리는, (모든 것을 포괄하는) '국가주의'의 수혜자가 될 거라고 주장할 수 있다.

그런 가능성은 존재하며 이는 가볍게 다뤄질 문제가 아니다. 반대로 이는, 한편에서 권력을 확장하고 이를 종종 남용하는 권력자들의 경향과 다른 한편에서 민주주의적 열망이 맞부딪치는 긴장의 지점으로 진지하게 고려되어야 한다. 이러한 긴장을 해소하고 권력남용의 위험을 줄이기 위해서는 첫째, 제도적 장치를 고안해야 하고, 둘째, 다수 여론기관의 철저한 경계활동과, 권력을 가진 자에게 요구되는 것이 무엇인가에 대한 각성된 시민의식이 필요하다.

주요 경제활동수단에 대한 법인권력이 사라진다는 것은 경제활동의 동력이 급격히 변한다는 것을 의미한다. 경제활동의 주목적은 더 이상 법인권력의 소유자와 관리자의 이득을 위한 이윤극대화가 되지 않을 것이다.

사회화된 경제의 조직구성원리는 개인과 집단의 필요의 충족이 될 것이고, 이는 그에 대한 민주적 결정을 전제로 한다. 공적부문과 협동조합부문에서 착취는 더 이상 존재하지 않을 것이다. 사적부문에서는 착취가 존속할 수 있지만 이 또한 강력하게 통제될 것이다. 이러한 변화들은 사회구조의 근본적인 전환을 의미할 것이며, 사람들이 사회구조를 바라보고 그 속에서 자신에게 요구되는 것에 반응하는 방식에 엄청난 영향을 미칠 것이다.

생산활동의 수준과 목표는 모두 민주적 절차를 거쳐 결정되고 생산자가 그 과정에서 커다란, 그러나 배타적이진 않은 목소리를 낼 수 있을 것이다. 노동일의 길이, 노동주의 길이, 작업패턴의 변화, 자원배분 등 논의될 주제는 무수히 많을 것이다. 특정 사안들은 국가적 차원에서 논의될 것이고 또 다른 사안들은 세계적 차원에서 논의될 것이다. 물론 지역적 차원에서 논의되는 사안들도 있을 것이다. 중요한 것은, 이러한 논의들이 자본주의적 지상명령의 그림자 속에서 전개되지 않을 것이라는 점이다.

나는 이미 다른 곳〔원 저서의 제3장 - 역자〕에서 작업장에서의 민주주의에 대해 언급한 바 있다. 따라서 여기서는 단지 몇 가지 주요 명제만 다시 확인하고자 한다. 사회화된 경제에서는 전적으로 새로운 '생산관계'가 가능할 것이다. 그리고 참된 의미의 자발적 협동이 생산활동의 규준이 될 것이다. 마지막으로 이러한 변화 속에서 사람들은 자신의 능력을 최대로 발전시킬 기회를 가질 것이다.

'일할 권리'는 2차 세계대전 시기에 부르주아 정부들이 대중들에게 그들의 희생이 정당한 대가를 받을 것이라는 점을 확신시킬 필요와 당시의 급진적 기대 때문에 어쩔 수 없이 동의했던 것이다. 일할 권리에 대한 립 서비스는 그 후에도 한동안 계속되었다. 이는 1946년 프랑스 제4공화국 헌법 전문과 1958년 제5공화국 헌법 전문에 포함되어 있었다. 그러나 오래지 않아 자본주의 정부들은 정책 실천에서 이를 주요 목표의 하나로 설정하지 않았고 지금은 비현실적일 뿐 아니라 바람직하지도 않은 목표로 여기고 있다. 권력자들은 대규모 실업에 대해 겉으로는 애도를 표하지만, 속으로는 그것이 경제의 영구적인 특징이고 임금소득자들의 전투성을 약화시키는 데 대단한 도움을 주기 때문에 그리 불쾌한 것만도 아니라고 생각한다. 만약 실업자들이 투쟁적인 압력그룹으로 조직되고 실제로 문제를 일으킨다면, 정부의 이런 자기만족은 깨질 수밖에 없을 것이다. 그러나 실업은 사람의 정신을 황폐하게 할 뿐 아니라 사람들을 고립시키고 집단행동의 용기를 꺾는다. 심지어 1930년대도 영국에서 있었던 '굶주린 자들의 행진'(Hunger March)에 참가한 실업자들은 상대적으로 극히 소수에 불과했으며, 그 또한 공산당에 의해 조직되었기 때문에 가능했었다.

사회주의 정부는 완전고용의 달성에 매우 높은 정책적 우선순위를 부여해야 하고 일할 권리를 실현시키기 위해 노력해야 할 것이다. 특히 기술이 매우 빠른 속도로 향상되고 첨단기계들이 인간노동의 자리를 대체해 가는 시대에 이러한 발전을 수용할 방법들, 즉 노동시간과 퇴직연령의 단축, 서비스의 확산, 케어링 서비스(caring services)에 관계하는 국가와 자치단체 그리고 자발적 단체들의 강화 등이 강구되어야 할 것이다. 기존 기술의 재교육과 새로운 기술의 습득을 위한 시설들도 충분히 공급되어야 할 것이다. 이 영역에서 지금은 매우 불충분하게 이루어지는 것들이 생산과정의 핵심적인 부분으로 다뤄질 필요가 있다. 사회주의 사회에서는 완전고용이 추구되는 동시에 '생계를 위해' 쓰는 시간은 줄어들 것이고 그럼으로써 '삶' 자체를 위한, 각자가 가장 원하는 것들을 추구하기 위한 시간이 늘어날 것이다. 이러한 것들이 자본주의 사회에서 그러했듯이 일종의 상품화나 여가의 착취에 종속되지 않을 것은 분명하다. 사회주의 사회에서는 또한 다양한 공적기관, 협동조합기관, 사적기관들이 지역적, 전국적 수준에서 각종 시설과 서비스를 제공하기 위해 경쟁할 것이며, 사적부문을 제외하곤, 이러한 경쟁이 이윤극대화의 동기에 의해 왜곡되고 무분별하게 전개되지는 않을 것이다.

효과적인 사회주의적 통제하에 있는 경제는 또한 생산과정의 사회적 비용에 매우 민감할 것이며 엄격한 생태적 통제를 받을 것이다. 이것 또한 자본주의 경제에선 마지못해 그리고 불충분하게 이루어졌던 것들로서 정부가 더 이상 자본의 요구에 짓눌리지 않는 사회주의 경제에서야 비로소 본격적으로 이루어질 수 있을 것이다.

사회화된 경제에서는 현재 광고라는 미명 아래 진행되고 있는 막대한 상품의 범람이 중단될 것이다. 자본주의에서는 솜씨와 재능을 가진 많은 사람들이 그들의 고객의 이해에만 치우친 똑같은 광고를 몇 편이나 생산하기 위해 자신의 솜씨와 재능을 바치고 있다. 특히 이러한 광고들의 특징 중 하나는 암묵적으로 때로는 명시적으로 자유기업과 그것의 축복을 찬양한다는 것이다. 사회주의 사회에서도 분명 광고 자체는 사라지지 않을 것이다. 그러나 그 수는 크게 줄어들 것이고 그 낭비적, 편향적 성격은 제거될 것이다. 이는 사회적 비용을 상당히 감소시킬 것이고, 현재 저급한 상업선전에 깊이 찌들어 있는 문화에 커다란 편익을 제공할 것이다.

이상을 요약한다면, 사회화된 경제는 자본주의의 합리성이 사회의 전 영역에 부과한 '족쇄'를 제거할 것이며, 이에 대신해서 인간의 필요에 귀를 기울이고 가능한 최소의 부담 하에서 이를 충족시키고자 하는, 전적으로 다른 유형의 합리성을 심을 것이다. 사회는 우선 자본의 지배로부터 벗어나야 한다. 그래야만 자본주의에서는 불가능했던 협력과 조화가 비로소 가능해지는, 새로운 사회구조를 건설할 수 있기 때문이다.

무엇을 위한 국유화인가: 프랑스 미테랑 정부 하 자본가적 권력과 공기업[*]

W. 랜드 스미스

양정석 옮김

프랑수아 미테랑과 사회당(PS)이 프랑스의 두 쌍둥이 권력인 대통령과 국회를 장악했을 때, 특히 1981년에서 1986년 사이에 "미테랑의 의미"를 둘러싼 논쟁이 소용돌이쳤다.[1] 미테랑 임기의 성격에 대한 논쟁은, 이것이 1958년에 시작된 5공화국 출범 이래 최초로 좌파가 권력을 장악한 것 때문만이 아니라, 좌파가 그렇게 많은 것을―적어도 사람들이 사는 방식을 변화시키는 것 이상으로―실행하겠다고 약속했기 때문이다. 좌파는 경제진작 프로그램과 소득 재분배 그리고 국유화나 행정적 탈중앙화 같은 **구조개혁** 등을 통해 자주관리에 기반한 사회주의의 목표를 달성할 것이다. 관찰자들

---

[*] W. Rand Smith, "Nationalizations for What? Capitalist Power and Public Enterprise in Mitterrand's France," *Politics & Society* 18, no. 1, March 1990, pp. 75-99.

[1] Daniel Singer, *Is Socialism Doomed? The Meaning of Mitterrand*, New York, Oxford University Press, 1988. 최근의 정치사를 요약한다면, 미테랑과 그의 사회당은 1981년 5-6월의 선거에서 대통령 권력과 의회 다수파를 장악하였다. 새로운 사회당 총리(입법부의 지도자) 모로아(Pierre Mauroy)는 자신의 내각에 4명의 공산당(PCF) 각료를 포함시켜 그 영향력을 제한하면서도 당의 충성을 보증하였다. 공산당은 1984년 7월 철수할 때까지 이 "좌파정부"에 남아있었고, 그후 사회당은 단독으로 통치하였다. 1986년 의회선거에서 우파가 다시 다수파를 획득하였고 그럼으로써 미테랑으로 하여금 드골주의 지도자 시락을 총리로 지명하여 우파와 **동거**하도록 하였다. 1988년 미테랑은 재선에 성공함으로써 훌륭하게 컴백하였다. 그러나 새로운 의회선거에서 사회당은 다수파를 얻는 데 실패하였고 통치를 위해서는 공산당의 용인과 중도파의 **이반**에 의존해야만 했다.

은 이 정부가 20년 이상 보수파 통치를 경험했던 사회를 전환하고자 했기 때문에 재빨리 이 정부에게 **실험적**이라는 딱지를 붙여주었다.

미테랑이 무난하게 두 번째 임기로 들어섬에 따라 좌파통치의 이 초기시기에 대해 관찰자가 합의할 수 있는 무언가가 나타났다. 틀에 박힌 설명에 따르면, 자랑했던 실험은 대체로 흐지부지되었다는 것이다. 인상적인 법안 목록에도 불구하고 대다수 분석가들은 이 정부가 변화보다는 연속성을, 그리고 (1981-1982년의 몇몇 초기 조처들 후에) 지속적인 개혁보다는 후퇴를 담고 있었던 것으로 본다.[2] 분석가들은 책임 있는 현대화주의자와 시장옹호자로서의 사회당의 새로운 이미지라든가, 1986-1988년 미테랑이 우파와 쉽게 **동거했던** 것, 그리고 1988년 미테랑의 재선과 사회당의 권력 복귀를 둘러싼 공중의 무관심을 사회당이 개혁적 열정을 상실한 증거로서 종종 인용한다.

경제관리의 기본라인에 대한 우파와의 명백한 수렴은 사회당이 정치적으로 원숙해졌다는 것에 대한 증명이었다. 국제적인 금융강제와 충돌한 거의 2년간의 경제진작정책 후 1983년 긴축정책으로의 좌파정부의 이동은 임금-물가 연동제의 해체(deindexation), 재정긴축, 금융 탈조절, 법인세 감축 등 자본주의적 정통파의 많은 요소를 포함하였다. 1986년경 몇몇 보수파 지도자들은 사회당의 경제정책이 신중하다고 사회당을 칭찬하고 있었다. 사회당이 "위기의 자본주의와 결별"[3]할 것을 맹세했던 그 시절은 멀어진 상태다.

---

2) 이는 앞에서 언급한 Singer의 책에 덧붙여서 다음과 같은 저작들의 핵심적인 메시지다. John S. Ambler, ed., *The French Socialist Experiment*, Philadelphia, Institute for the Study of Human Issues, 1985; Patrick McCarthy, ed., *The French Socialists in Power, 1981-1986*, Westport, Conn., Greenwood Press, 1987; George Ross, Stanley Hoffman, and Sylvia Malzacher, eds., *The Mitterrand Experiment: Continuity and Change in Modern France*, Oxford, U.K., Polity Press, 1987; Peter A. Hall, *Governing the Economy: The Politics of State Intervention in Britain and France*, Oxford, U.K., Polity Press, 1986, 제8장; Howard Machin and Vincent Wright, eds., *Economic Policy and Policy-Making Under the Mitterrand Presidency, 1981-1984*, New York, St. Martin's Press, 1985.
3) Parti Socialiste, *Projet Socialiste pour la France des années 80*, Paris, Club Socialiste du Livre, 1980, p. 172.

그러나 경제정책의 이러한 **접근**은 하나의 핵심문제에서 불완전하였다. 왜냐하면 공기업 문제에 있어서 사회당과 우파는 여전히 화해하지 못하고 있기 때문이다. 미테랑과 사회당으로서는 공공부문의 확장은 초기 산업전략의 핵심목표이었고 정권인수 9개월도 안되어서 그들은 몇몇 대기업과 은행들을 국유화하겠다는 공약을 이행하였다. 오늘날 사회당 지도자들은 여전히 이 조치를 자랑스럽게 변호한다. 반면 1986년 좌파를 대체한 '신자유주의' 정부는 이 국유화가 기업가의 창의성과 시장의 역동성을 질식시킨다고 비난하였다. 국가의 손을 덜어주기 위해 드골주의자 시락 총리는 민간투자자들에게 공기업을 전면적으로 팔아치움으로써 공적 소유권을 원상태로 되돌려놓았는데, 이는 1987년 10월 주식시장이 붕괴했을 때까지 매우 인기 있는 것이었다. 그래서 프랑스 공공부문의 지위, 목적, 그리고 운영은 생산과 경제자원의 배분에 있어 국가의 역할이 자본주의경제와 국가통제경제 모두에서 광범위한 공격 하에 처했던 시기에 논쟁적인 것으로 남아있다.

좌파의 국유화 프로그램의 영향은 어떠했는가? 좌파의 거시경제정책을 상술하는 많은 연구에도 불구하고 이 중요한 개혁에 대한 문헌은 비교적 적다.[4] 해결되지 않은 하나의 문제는 거시경제정책과 국유화간의 연관관계 (articulation)이다. 즉, 1982-1983년 경기진작으로부터 **긴축**으로의 선회가 새로 국유화된 기업들에 영향을 미쳤는지 아닌지, 그리고 만약 그렇다면 어떻게 미쳤는지 하는 것이다. 이런 역사적 질문을 넘어서 국유화의 영향을 평가하는 또 다른 이유가 있다. 왜냐하면 이 중심적 개혁의 운명은, 논의의 여지가 있기는 하지만 전후 서유럽에서 권력을 장악한 정부 중 이념적으로

---

4) 거시경제정책에 관한 대표적인 저작들은 다음과 같다. David R. Cameron, "The Colors of a Rose: On the Ambiguous Record of French Socialism," Cambridge, Mass., Center for European Studies, Harvard University, 1987; Volkmar Lauber, "Economic Policy," in McCarthy, ed., *The French Socialists in Power*, pp. 23-44; Alain Fonteneau and Pierre-Alain Muet, *La Gauche face à la crise*, Paris, Presses de la FNSP, 1985. 국유화에 대해서는 다음을 참조하라. Christian Stoffaës, "The Nationalizations, 1981-1984: An Initial Assessment," in Machin and Wright, eds., *Economic Policy and Policy-Making*, pp. 144-169; Richard Holton, "Indusrial Politics in France: Nationalization Under Mitterrand," *West European Politics* 9, no. 1, January 1986, pp. 67-80; Lionel Zinsou, *Le fer de lance: Essai sur les nationalisations*, Paris, Olivier Orban, 1985.

가장 급진적이라 할 제1차 미테랑 정부의 **의미**를 밝혀줄 것이기 때문이다.
이 정부에 대한 핵심적인 수수께끼는 왜 그 이념적 급진주의가 그렇게도 신
속하게 사회민주주의의 온건하고 단호한 친자본가적 버전으로 변질되었는
가 하는 것이다.

1. 무엇을 위한 국유화인가?—논증

> 국유화될 회사와 은행들은 우리 경제의, 심지어는 우리 사회의 기관차이다. 그것들은 우
> 리나라의 구조를 변화시키는 데 사용되어야 한다. …국유화는 사회주의가 아니고 인간에
> 의한 인간의 착취 시스템을 깨뜨리기 위한 수단이다.
>
> —프랑수아 미테랑[5]

1982년 12개 산업그룹, 36개 은행, 그리고 2개 금융회사의 국유화는 산
업소유권 패턴을 재형성하였고 프랑스로 하여금 서유럽에서 오스트리아 다
음으로 가장 커다란 공공부문을 갖는 국가가 되게 하였다.[6] 그러나 문제는
그것이 어떻게 작동할 것인가 하는 점이다. 새로운 국가소유주는 기업전략
과 실천을 변경시킬 것인가? 이 공기업들은, 미테랑이 약속했듯이, "인간에
의한 인간의 착취의 시스템을 깨뜨리기 위한 수단"이 될 것인가, 아니면 그
민간상대자들을 모방할 것인가? 마지막으로, 국유화된 기업들은 산업성과

---

5) J. Paul Home, "European Report," Paris, Smith Barney Harris Upham & Co., 1981.
10. 28, p. 6에서 재인용.
6) 산업의 기업은 다음을 포함하였다. (1) 5개 국제그룹: Thomson-Brandt, Compagnie
Générale d'Electricité(CGE), Péchiney-Ugine-Kuhlmann, Saint-Gobain-Point-à-Mousson,
Rhône-Poulenc Industries; (2) 과도한 부채를 안고 있는 2개의 철강기업: Usinor, Sacilor;
(3) 51%의 지분으로 국유화되고 사적으로 유지되는 방위산업 관련 2개 기업: Dassault-
Breguet, Matra; (4) 완전히 또는 부분적으로 외국 다국적기업에 의해 통제되는 3개의 산
업그룹: CII-Honeywell Bull, Compagnie Générale des Constructions Téléphoniques
(CGCT), Roussel-Uclaf. 이 마지막 그룹을 고려하여 정부는 그 모기업들과 청산을 협상하
였다.
다음 지표들은 국유화의 범위를 보여준다. (1) 판매액: (에너지관련기업을 포함하여) 공기
업은 산업 총매출액의 29.4%를 차지한다. (1982년 전에는 17.2%) (2) 고용: 전체 고용자
중 국유화된 기업들의 비중은 22.2%다. (1982년 전에는 11%) (3) 투자: 산업 총투자 중 공
공부문의 투자는 51.9%다. (1982년 전에는 43.5%) *OECD Economic Surveys: France*,
Paris, OECD, 1983, p. 50을 참조.

를 전반적으로 끌어올릴 **기관차**가 될 것인가, 아니면 비판가들이 경고하듯이, 기차를 질질 끌어내릴 것인가?

나는 국유화가 이 기업들의 행동에 중요한 변화를 가져왔다고 주장할 것이다. 더욱이 산업성과에 대한 국유화의 영향은 단연 긍정적이었다. 그러나 이 업적들은 공공부문의 확장을 위한 원래의 동기와는 별로 관련을 갖지 못했다. 왜냐하면 새 공기업들은 투자전략이나 고용정책, 그리고 노사관계에서 **사회주의적인** 어떤 것이라기보다도 외국의 자본가적 경쟁자들을 보다 근접하게 닮았기 때문이다. 결국 좌파의 국유화는, 국가의 후원 하에 열악한 자본주의적 기업들이 재구조화되고 합리화되는 **국가자본주의** 형태를 강화하였다. 이런 점에서 공기업은 사적 자본가적 권력을 잠식하기보다는 이를 지탱해주는 데 기여하였다.

이 논증을 전개함에 있어 나는 네 단계로 나아갈 것이다. 첫째, 나는 좌파가 국유화에 결부시킨 의미와 동기를 검토할 것이다. 나는, 공산당(PCF)이 1970년대 동안 계속 국유화를 "국가독점자본주의"의 토대를 침식할 수단으로 간주한 반면, 사회당은 점점 국유화를 프랑스 산업을 위한 구조 및 복구활동으로 생각했다고 단정한다. 이렇게 사회당의 사고는 국가방위의 무기로서 국가의 산업개입이라는 전통적인 콜베르-중상주의적 또는 심지어 드골주의적 관념과 많은 것을 공유하였다.

둘째, 나는 새로 국유화된 기업들의 본성과 조건을 측정할 것인데, 이것들 중 많은 것은 1960년대와 70년대 드골주의 산업정책 하에서 **국가 최고 기업**으로서 육성되었던 기업들이다. 이하의 분석이 가리키는 바처럼, 전체적으로 이들 기업의 저조한 대차대조표, 1970년대의 우연한 다각화, 국제적 노출로 인해 정부가 그것들에 대해 설정한 어떤 다른 가능한 **사회적 목표들**—특히 고용의 확대—을 수행할 수 있는 그 능력은 제한되었다.

셋째, 나는 1982년 이래 국유화 부문의 운영(operations), 특히 국유화된 기업과 국가의 감독자간의 관계를 검토한다. 여기서 우리는 1981년부터 1986년까지 정부가 채택한 두개의 상이한 **공급측면의** 운영에 조응하여 두개의 시기를 구별할 수 있다. 이 분석은, 1983년 3월 미테랑의 촉망을 받는 파비우스(Laurent Fabius)를 산업부장관으로 임명한 것이 국가와 국유기업간의 관계에 중대한 변화를 가져왔다는 결론에 다다른다. 자본주의와 결별하는 것이 아니라 손익분기점에 이르는 것이 국유화 부문에 대한 국가의 최우선순위가 되었다.

마지막으로, 나는 왜 좌파의 국유화가 민주적 사회주의를 신장시키기기보다는 자본주의를 합리화하는 데 복무했는가를 설명하고자 한다. 이런 결론에 세 가지 요인이 기여한 것으로 보인다. 즉, 경제정책 결정시스템, 경제구조, 그리고 미테랑의 통치연합의 본성이 그것이다.

2. 이론상에서의 국유화: 근거와 모순

1972년 좌파의 공동강령(Common Program)—사회당, 공산당, 그리고 기타 급진 좌파에 의해 합의된 선거연합과 강령—에 대한 서명으로부터 1981년 선거까지 좌파가 제안한 국유화의 목적은 모호함으로 싸여있었다. 대부분의 좌파들이 국유화의 중요성에 동의했지만, 왜 그런가에 대해서는 별로 컨센서스가 없었다. 노동자 자주관리(autogestion)처럼 1970년대 좌파에게는 국유화가 정치 변화에 관심 있는 다양한 선거구민들을 사로잡는 강력한 개념이었다. 많은 좌파들에게 국유화는 자본주의적 권력을 강타하고 투자를 부양하며, 완전고용을 제공하고 심지어 자주관리 자체를 착수할 수 있는 시금석이었다. 그러나 좌파는 1981년 이전에는 이 다양한 목표들을 결합하거나 조정하는 문제를 거의 무시하였다. 1977년 공동강령 업데이트 논쟁에서 드러난 바와 같이 유일한 논쟁은 국유화가 어느 정도 확대되어야 하는가이었다. [7]

1981년까지는 국유화에 대한 가장 마음에 와 닿는 정당화는 경제적이라기보다는 정치적인 것이었다. 노동자 자주관리는 감동적인 수사학에나 어울리는 그런 공허한 것으로 판명된 반면, 국유화는 좌파가 거의 10년 전에

---

7) 1972년의 합의를 업데이트하려 했을 때 세 당은 약속했던 국유화의 범위를 놓고 의견의 일치를 보지 못했다. 공산당은 사회당이 지배하는 정부에서 하위파트너가 되는 것을 우려하여 엄청난 규모의 국유화 확대를 요구하였고, 그에 반해 사회당과 급진좌파는 공산당이 노동총연맹(CGT)을 통해 국유화된 부문을 통제하게 될 거라고 우려하여 이를 거부하였다.

약속했던 구체적 행위이었고 좌파 지도자들은 그 약속을 존중해야 한다는 의무를 느꼈다. 더욱이 국유화는 여전히 많은 당원들과 대중들의 상당부분에 인기가 있었다.[8] 마지막으로 국유화는 PCF와 그 동맹 노조인 노동총동맹(CGT)을 매혹시키지만 그러나 입을 다물게 하는 방법을 제공하였다. 왜냐하면 PCF와 CGT는 자신들의 최우선 프로젝트 중의 하나를 수행하는 정부에 거의 항의할 수 없을 것이었기 때문이다. 사회당 지도자들은 이를 인정하기 싫어했지만, 국유화에 대한 정치적 논거는 잘못된 것이 하나도 없었다.

그러나 경제적 논쟁은 다른 문제였다. 그것은 논쟁과 모순적인 동기들에 지배되었다. 물론 원래의 정당화 논리는 자본주의적 권력을 약화시킨다는 것이었다. 공동강령은 다음과 같이 말하고 있다.

> 거대자본의 지배를 깨고 또 거대자본의 정책에서 벗어나는 새로운 경제사회 정책을 확립하기 위해 정부는 현재 지배적 자본가그룹의 수중에 있는 가장 중요한 생산수단과 금융기관을 점차적으로 집단적 소유로 가져갈 것이다.[9]

1970년대 초 좌파의 주류 사상은 공산당의 "국가독점자본주의"이론에 의해 영향을 받았는데, 이 이론은 거대 사적기업들이 이윤율저하를 상쇄시키고 자본축적을 유지하기 위해 점점 더 국가를 장악해왔다고 생각하였다.[10] 그 과정에서 사회적 불평등은 증가하였고 공공서비스는 악화하였다. PCF는, 이들 독점기업을 국유화하면 두 가지 차원에서 집단적 경제통제를 가능하게 할 것이라고 주장하였다. 첫째는 거시적 차원에서 공공당국으로 하여

---

8) 1980년 4월의 한 여론조사에서 표본의 40%는 국유화에 찬성하였고 38%는 반대하였으며 22%는 미정이었다. Elisabeth Dupoirier and Muriel Humbertjean, *"Privatisations,"* in SOFRES, *L'Etat de l'opinion: Clés pour 1988*, Paris, Seuil, 1988, p. 30. 대중들의 열광은 많은 부분 새로운 공기업이 안정적이고 많은 일자리를 제공해줄 것이라는 기대로부터 유래하였다. Jack Hayward, *The State and the Market Economy: Industrial Patriotism and Economic Intervention in France*, London, Wheatsheaf, 1986, p. 228 참조.
9) *Programme Commun de gouvernement du Parti Communiste et du Parti Socialiste*, Paris, Editions Sociales, 1972, p. 113.
10) Parti Communiste Français, *Traité d'économie politique, Le capitalisme monopoliste d'Etat*, 2 volumes, Paris, Editions Sociales, 1971, 1972.

금 기본적인 산업 및 금융전략을 이끌어가게 한다는 것이고, 둘째는 미시적 차원에서 피고용인들이 행정위원회나 노동조직 그리고 인사관리 같은 측면을 결정하는 데 거들 수 있는, 그런 **신경영구조**를 제도화한다는 것이다. 명확한 좌파의 정체성을 만들어내고 PCF와 선거협정을 맺고자 하는 열망에서 사회당은 이러한 견해를 거리낌없이 받아들였다.

그러나 1970년대 말 두 당은 공공부문의 개념에서 점차 서로 갈라져갔다. 공산당은 여전히 자본주의 요새에 대항하는 전차로서 국유화를 받아들였다. 공공부문을 충분히 확장함으로써 좌파 정부가 사적자본에 대한 통제력을 발휘하고 그럼으로써 사적자본의 권력을 감소시키고 궁극적으로는 제거할 수 있다고 PCF는 주장하였다.

그러나 사회당에 있어 국유화는, 사적부문과 공적부문이 서로 보완하는 **혼합경제**의 한 요소이었다. 사적기업은 투자와 산출에서 여전히 경제의 추진력일 것이지만, 그러나 활동적인 국가의 존재는 자본주의의 실패를 완화시킬 것이다. 미테랑 정부의 초대 총리였던 삐에르 모로아(Pierre Mauroy)는 회고적으로 사회당의 개념을 다음과 같이 설명하였다.

> 하나, 우리는 최종적으로 시장경제의 이념을 수용하였다. 둘, 이 시장경제는 문제를 야기한다. 그것은 때때로 나쁘게 또는 멍청하게 작동해서 당신은 대항력(counterweights)을 원할 것이다. 이는 당신이 두 가지를 원할 것임을 의미한다. 첫째, 경제적 영역에서 공공부문과 어느 정도의 계획. 둘째, 사회적 영역에서, 경제성장의 과실과 성과가 공평하게 재분배되어야 한다는 것을 의미하는 연대의 정책. 이것이 우리가 말하는 '혼합경제사회'다. 이는 시장경제와 내가 언급한 대항력이 결혼한 것이다. 11)

이 혼합경제 안에서 국유화는 공산당이 상정한 것과는 상당히 다른 역할을 할 것이다. 왜냐하면 사회당의 견해는 뒤로 소급해서 전통적인 중상주의에 매달렸기 때문이다. 경제학자 알랭 부릴의 책에서 매우 영향력 있게 표현된 바와 같이, 12) 이 견해에 따르면 국유화는 프랑스 자본주의의 권력을

---

11) Pierre Mauroy, Interview with author, 1987. 12. 3.
12) Alain Boublil, *Le Socialisme Industriel*, Paris, Presses Universitaires de France, 1977.

축소시키기 위해서가 아니라 프랑스 자본주의의 **약점**을 보충하기 위해 요구되었다. 기업의 경영자들이 투자를 하지 못하였고 이는 국내시장의 큰 부분을 외국자본이 장악하도록 허용했다고 사회당은 주장하였다. 국유화는 국가의 산업재산을 방어하기 위해 요구되었다. 이것이 미테랑 대통령이 첫 번째 기자회견에서 언급한 핵심사항이었다.

> 나는 이 국유화가 우리에게 다음 세기의 도구를 줄 것이라 생각한다. …이것을 하지 못한다면, 국유화는커녕 이 기업들은 급속하게 국제화될 것이다. 나는, 우리의 이해가 아닌 것을 따르는, 우리와 상관없이 결정된 노동과 생산의 국제적 분업을 거부한다. 우리는 우리보다 더 강력한 자들이 하는 장기판 위의 졸(卒)이 아니다. 국유화는 우리에게 있어 프랑스의 생산을 방어하는 무기이다. 이점은 명확해야 한다. 13)

사회당은 시장에 대한 프랑스 정치지도자들의 전통적 반성, 즉 프랑스 자본주의의 권력에 대한 불신이 아니라 그 동력의 결여에 대한 불신으로 되돌아갔다. 파비우스의 한 고문이 후에 말한 바처럼, "우리는 자본주의와 결별한다는 사고로부터, 자본주의의 실패와 결별한다는 매우 다른 사고로 옮겨갔다."14)

그러나 그러한 기업들이 어떻게 프랑스의 생산을 방어할 **무기**로서 복무할 것인가? 좌파의 초기시절의 호의적인 용어로 표현하면, 어떻게 이 기업들이 "국내시장을 재정복"할 수 있을 것인가? 전면적인 개혁을 입법화하고 프랑스 경제를 재정비하려는 좌파의 결의의 상징으로서, 국유화는 빠르게, 야심적이지만 종종 모순적인 많은 목표들의 초점이 되었다. 정부의 초기계획의 징후는 1982년 2월 산업부장관 삐에르 드레퓌스(Pierre Dreyfuss)가 이 기업들의 경영진에 보낸 편지에서 나타났는데, 이 편지는 고용창출, 투자증대를 통한 산업현대화, 그리고 국내 및 국제시장에서 프랑스 산업의 팽창이라는 기업의 세 개 목표를 개관하였다. 15)

---

13) *Le Monde*, 1981. 9. 26.
14) Zinsou, *Le fer de lance*, p. 61.
15) "Nationalisations industrielles et bancaires," *Les cahiers français* 214, January-

드레퓌스에 따라 공공부문의 신규 기업들은 새로 노동자를 고용하고 실업과의 싸움을 선도하는 **한편** 산업투자를 자극시킬 것으로 기대되었다. 이 기업들은 의사결정에 있어 노동자참여의 새로운 형태를 도입하는 **한편** 기업구조를 재조직화하고 합리화할 예정이었다. 또 이 기업들은 연구개발을 높이는 **한편** 그 회계를 다시 흑자로 만들기로 되어있었다.[16] 이 다양한 목표들이 일관된 정책을 구성하는 것인지 아니면 단지 **처음 100일간의** 희망목록일 뿐이었는지 여하는 많은 사회당 지도자들이 시간을 갖고 숙고할 문제가 아니었다.

이 지도자들은 사회당의 공기업 개념에서 다소 명백하지만 그러나 인정하지 않은 하나의 모순과 맞서지 않았다. 즉 이 기업들은 추측컨대 **사회전체**에 복무할 것이고 따라서 정부가 산업정책의 목표들을 실행하는 것을 거들 것으로 기대되었던 반면, 이 기업들은 또한, 드레퓌스에 따르면, "완전한 자율"[17]을 행사할 것이었다. 그러나 이 기업들이 "국가에 의해 확정된 일반적 지침을 존중"[18]하도록 강제되면서 어떻게 동시에 완전히 자율적일 수 있을까? 이 기업들이 시장에서 대체로 자율적인 기업으로 기능하면서 동시에 정부의 산업정책 목표들—특히 고용과 투자에 관한—을 달성하도록 조력하는 게 정말 가능한 것이었는가?

3. 새로운 공기업: 국가 최고기업인가 아니면 병든 적자기업인가?

좌파는 어떤 종류의 기업을 국유화하였는가? 이 회사들 중 많은 것은 상당정도로 드골주의 산업정책, 즉 국가의 경제적 안전을 위해 결정적이라고 지정된 부문에서 한 두개의 **국가 최고기업**을 창설하는 전략의 산물이었다. 드골주의 지도자들은 합병을 장려함으로써 국제적으로 경쟁하거나 또는 적

February 1984, p. 12.

16) Bernard Soulage, "Un épisode du Colbertisme," *Esprit* 203, January-February 1987, pp. 83-92.

17) "Nationalisations industrielles et bancaires," p. 12.

18) Ibid., p. 12.

어도 미국과 서독의 프랑스 투자에 대항하기에 충분한 규모와 자본을 갖는 기업을 만들고자 하였다. 산업의 집중을 촉진하였지만, 이윤성 있고 경쟁적인 기업을 만들어내는 데 있어 국가 최고기업 전략의 성공은 불안정하였다.

이들 신규 공기업 그룹은 4개의 특성, 즉 경제적 중요성, 국가에 대한 이전의 의존관계, 국제적 노출, 그리고 취약한 재정조건에 의해 특징지워졌다. 첫째, 규모의 면에서 이 기업들은 국가로 하여금 많은 산업부문에서 중요한 비중을 갖게 하였다.[19] 예를 들어 Rhône-Poulenc은 합성섬유, 기초화학, 그리고 제약부문의 중요한 생산자이었고, Thomson은 소비재 전자제품과 전문 전자제품에 특화하였다. CGE는 전기설비와 전자제품의 주요 생산자였고, Thomson과 CGE는 모두 통신부문에 커다란 투자를 하였다. Saint-Gobain의 주요활동은 유리제품이었지만, CII-Honeywell Bull과 Olivetti의 지분을 통해 컴퓨터부문에도 이해관계를 갖고 있었다. Péchiney는 알루미늄, 화학정제, 그리고 제약을 포함하여 다양한 야금과 화학부문에서 활동하였다. Dassult과 Matra가 공기업으로 추가되어 국가는 각각 항공건설

---

19) 1982년 국유화의 전과 후에 해당부문에서 공기업이 차지하는 판매액 비율(%)을 나타내는 아래의 표는 국유화의 영향 정도를 보여준다.

부문	전	후
항공건설	50	84
철강	1	79
합성섬유	0	75
군비	58	75
야금(비철금속)	13	63
기초화학	23	54
전자소비재	1	44
사무자동화 및 컴퓨터	0	36
유리	0	35
제약	9	28
전기장비	0	26
가정용 기구	0	25
전산업부문	18	32

출처: André G. Delion and Michel Durupty, *Les nationalisations 1982*, Paris, Economica, 1982, p. 191(부분적으로 수정).

과 군수부문에서 지배적 지분을 갖게 되었다. 마지막으로, Usinor와 Sacilor
의 국유화는 이제 철강생산의 80%를 국가가 통제함을 의미하였다.

신규 국유기업의 두 번째 특성은, 이들 중 많은 기업은 왕년의 국가 최고
기업으로서 국가에 대한 이중적인 의존으로 이미 그전에 사실상의 **공기업**
으로 되어있었다는 점이었다. 즉, 첫째로 몇몇 기업은 국가와의 계약에 크
게 의존하였다. 예를 들어, CGE의 사업의 1/3은 Dierction Générale des
Télécommunications(DGT), Electricité de France, 국영철도(SNCF), 파리
지하철(RATP) 같은 국가법인으로부터 나왔다. Thomson 또한 군사 유도장
비와 통신시스템뿐만 아니라 DGT를 위한 통신장비를 생산하였다. [20] 둘째
로, 자본확충을 위해 국가대부나 신용에 의존함으로써 이 기업들은 국가가
소수파 주주가 되도록 허용하였다. 한 추정치에 의하면, 국가는 은행과 보
험회사들을 통해 이미 이 기업들의 약 8% 주식을 소유하였다. [21]

셋째, 신규 국유기업들은 국제적으로 활동하였고, 외국과의 경쟁에 노출
되어 있었다. 산업부의 한 관료에 따르면, 1982년의 국유화는 "확장된 공공
부문의 성격에 있어 근본적 변화"를 나타내었다. "이제부터 국제경쟁은 공
기업의 경제적 맥락을 이룬다."[22] 예를 들어, 핵심 '5대기업'(각주 6을 보
라)에 있어 1980년 해외판매는 총판매의 평균 47%를 나타냈다. 해외사업
과 자회사들은 전체 고용의 평균 29%를 차지하였다. 이 기업들을 포함해서
공공부문은 이제 프랑스 대외무역의 주요한 구성요소가 되었다. 1982년의
국유화 전에는 공공부문이 전체 수출의 12%를 차지한 반면, 현재는 전체
수출의 31%를 차지한다. 더 중요한 것이지만, 무역수지에 대한 공공부문
의 기여도는 매우 긍정적이었다. 1982년 그것은 700억 프랑(120억 달러)을
넘는 흑자를 기록하였다. 이 중에서, 5대기업(과 Renault)은 370억 프랑을
기여하였다. [23]

---

20) Ibid., p. 44.
21) Hayward, *The State and the Market Economy*, p. 226.
22) Stoffaës, "The Nationalizations," p. 146.
23) *French Company Handbook 1982*, Paris, International Business Development, 1982;
Philippe Barret, "Une voie de passage obligée: Les nationalisations," *Politique Aujourd'hui*
5, July-August 1984, pp. 33-41; Stoffaës, "The Nationalizations," p. 147.

마지막으로, 그 규모와 중요성에도 불구하고 이들 중 많은 기업들은 빈약한 성과를 내고 있었고 전략적 무기라기보다는 오히려 알바트로스(albatrosses)를 닮아갔다. 사실 새로 국유화된 기업들이 모두 적자는 아니었다. 예를 들어, Dassault, Matra, CGE, 그리고 Saint-Gobain은 1981-1982년에 모두 이윤을 기록했다. 그러나 적자기업의 리스트는 상당히 더 길다. 즉, 프랑화를 유출하는 철강회사인 Usinor와 Sacilor는 물론이고 Péchiney, Thomson, Bull, Rhône-Poulenc, CGCT 등. 산업의 신규 공기업들에 대한 1981년과 1982년의 대차대조표는 누적 순손실 262억 프랑(40억 달러 이상)이었다. 24)

왜 이 기업들은 그렇게도 많은 손실을 입고 있었나? 완전한 대답을 위해서는 개별 기업에 대한 심층적인 연구가 필요하겠지만, 상당한 정도로 우파의 산업정책에 비난을 돌릴 수 있을 것이다. 예를 들어, 가장 적자가 컸던 두 철강회사의 그 빈약한 성과는 상당부분, 통합을 위임하였지만 과잉생산능력을 허용하고 현대화를 좌절시켰던 몇몇 국가적 지원**계획** 때문이었다. 25) 더욱이 5대기업 중 몇 개는 1970년대 정부의 장려로 다각화하였으

---

24) 아래 표는 이들 기업의 재정적 결과를 나타낸다.

	1981	1982
이윤을 보고한 기업		
Dassault	295	321
Saint-Gobain	450	250
CGE	238	638
Matra	157	154
손실을 보고한 기업		
Usinor	-3,900	-5,000
Sacilor	-4,700	-3,700
Péchiney	-2,500	-3,000
Thomson	-168	-2,200
Bull	-449	-1,351
Rhône-Poulenc	-573	-844
CGCT	-15	-298
총 계	-11,165	-15,030

출처: "Nationalisations industrielles et bancaires," pp. 23-24(부분적으로 수정).
25) 철강산업에 관해서는 특히 다음을 참조하라. Jean Padioleau, *Quand la France*

나, 이제는 잘못 착상된 취득물로 인해 어려움에 처해 있다. CGE와 Saint-Gobain은 고급 철도수송장비나 통신과 컴퓨터 같은 이윤성 있는 사업에 투자했었지만, 다른 세 기업은 이윤이 나지 않는 벤처기업을 시작했었다. 즉, Péchiney는 화학과 철강을, Thomson은 통신과 의료장비, 그리고 Rhône-Poulenc은 비료에 착수했다.

신규 국유기업들의 경제적 비중, 국가와의 동거관계, 국제적 연루, 그리고 의심스러운 재정상태, 이 특징들은 공공부문의 경제적 역할 변화에 대한 세 개의 결론을 시사하였다. 첫째, 거대기업들은 과거처럼 전기나 공공수송 같은 공공서비스를 제공하는 것이 아니라, 이제부터는 주로 국제적인 상업적 생존능력을 획득하는 것에 관계할 것이다. 더욱이, 이들 기업은 이제 프랑스 무역수지의 결정적 구성요소를 포함하기 때문에, 국가는 국제경쟁의 모험을 떠맡을 것이다.

둘째, 이들 기업의 전반적인 재정상태가 취약하다는 것은 곧 국가의 최우선순위가 이 재정상태를 개선하는 것임을 의미한다. 그러나 신규자본의 주입요구는, 필수적인 구조작업으로 국가에 대한 이들 기업의 의존도가 심화되고 그에 따라 비용이 많이 드는 새로운 항구적 복지수령자 계층이 만들어지는 것은 아닌가라는 어려운 문제를 야기한다.

끝으로, 이 질문에 대한 답이 어떠하든, 신규 기업들에 대해 한때 상정되었던 사회개혁은 제한되어져야 할 것이다. 1970년대 좌파는, 일자리를 창출하는 것으로부터 새로운 형태의 노동자참여를 위한 사회적 실험실이라는 것에 이르는, 이들 기업에 주어진 다양한 목표들이 서로 양립할 수 있는지 또는 심지어 가능하기나 한 건지에 대해 거의 사고하지 않았다. 그러나 이제 우선순위가 설정되어야 할 것이다. 국제경쟁과 불안정한 대차대조표에 의해 부과되는 제약조건 하에서, 재정성과만 좇는 실리주의가 사회개혁에 대해 우선할 것 같다.

---

s'enferre, Paris, Presses Universitaires de France, 1981; Hayward, *The State and the Market Economy*, 제5장; Philippe Zarifian, "La politique industrielle dans la sidérurgie française de 1977 à 1983: Le jeu de l'échec," *Cahiers du CRMSI* 9, August-September 1984, p. 107.

4. 국유화의 실제: 대차대조표

국유화된 기업은 어떻게 업무를 수행하는가? 이 절은 노동과 경영의 관계, 국가와 경영의 관계, 그리고 재정적 결과라는 세 개의 관점으로부터 이 질문을 제기한다.

1) 노동과 경영의 관계: "신경영구조"인가 아니면 가면을 쓴 낡은 위계구조인가?

1982년 2월의 국유화 법안의 문구에 따르면, 정부는 공기업 내의 노동과 경영의 관계를 정의하는 두 가지 행동을 취했다. 하나는 신규 공기업의 이사들 임명이었고, 둘째는 이들 기업에 약속했던 "신경영구조"를 18개월 후에 확립한 것이었다. 각각의 조처를 간략하게 검토해보자.

첫째, 새로운 이사들을 선임하는 데 있어 정부는 전통적으로 대기업의 경영진을 공급했던 그 동일한 풀, 즉 그랑데꼴-그랑꼬르(grande école-grands corps) 네트워크에 의존하였다.[26] 공공부문 전반에 걸쳐 미테랑 정부는 이런 잘 밟아진 경로를 따라 이미 최고경영진까지 오른 사람들을 이사로 임명했기 때문에, 이 선별패턴은 규칙이 되었다. 학업성취와 고위행정에서의 기동성 있는 재능으로 정의되는 그런 고전적인 능력이 여전히 새로운 공기업 경영자를 선발하는 주요기준이 되었다. 이러한 임명으로 정부는

---

26) 프랑스는 오랫동안 특유의 행정엘리트들로 많이 알려져 있었는데, 이들은 선별적인 전문대학(technical school, grande école)에 다니고 그 다음에는 중앙행정부내의 중요기관(grands corps)—그 구성원들이 핵심부서들을 통제한다—에 들어가는 고전적인 일련의 코스를 통해 형성된다. 공공부문에서 10년 또는 그 이상 복무한 후, 이 엘리트들은 종종 "신발을 갈아 신고" 사적부문으로 옮아간다.
5대기업의 첫 이사진 구성은 이 패턴에 꼭 들어맞는다. Rhône-Poulenc의 강두아(J. Gandois)는 Polytechnique를 졸업했고 Corps des Ponts et Chaussées의 멤버이었다. Saint-Gobain의 포루(R. Fauroux)는 Ecole Nationale d'Administration(ENA)을 졸업했고 Inspection des Finances의 멤버이었다. CGE의 브뤼네(J. P. Brunet)는 외교관 경력 후에 공기업 Air France와 ERAP의 이사회 멤버이었고 Banque de France의 총 법률고문이었다. Péchiney의 베쓰(G. Besse)는 Polytechnique를 졸업했고 Corps des Mines의 멤버이었다. Thomson의 고메즈(A. Gomez)는 Harvard Business School과 ENA를 졸업했고 Inspection des Finances의 멤버이었다.

전통적인 엘리트 충원 및 선발패턴을 유지하겠다는 의도를 보여주었다.

　노동과 경영의 관계를 정의하는 두 번째 조처는 1983년 7월의 '공공부문 민주화에 관한 법'이었다. 1972년의 공동강령도, 사회당의 1980년 선언인 사회주의 프로젝트(Projet Socialiste)도 약속했던 신경영구조에 대한 청사진을 제공하지 못했었다. 최종적 법제화는 정부의 여러 부처와 국유기업의 노조 및 경영진 대표자들 간의 협의로부터 나타났다. 그것에서 결정된 공식은, 노동자가 대체로 이사들의 1/3을 선출하는, 삼자 혹은 양자구성의 이사회였다. 27)

　이 새로운 이사회에 대한 미테랑 정부의 접근은 **사적**부문에서의 노동자 참여에 관한 그 이전의 정책이었던 1982년의 오루 법(Auroux laws)에 필적한 것이었다. 28) 두 경우 모두에서 노조의 법적-제도적 참여의 강화, 경영진과 노조대표자간 협상의 장려, 그리고 경영의 자율성 보호라는 세 개의 원칙이 새로운 제도의 디자인을 이끌었다. 첫째로, 주요 노조들은 이사회에서의 발언권을 보장받았다. 일반적으로, 직원대표자들에게 할당된 이사회의 1/3 자리는 "가장 대표적인" 연맹들에 의해 제시되는 리스트의 노동자들에 의해서만 경합될 수 있을 것이다. 둘째, 정부는 노조의 권리와 노동-경영 관계의 많은 측면들을 이사회 자체 내에서의 협상과 노조와 경영진 간의 직접적인 지구단위 협상에 맡겼다. 예컨대, 협상으로 넘겨진 핵심 이슈의 하나는 이른바 공장위원회나 사무직위원회의 형태와 기능이었는데, 이것들은 이사회에 대한 자문기관으로서 기능하도록 의도되었다. 기업별로 협상되어야 할 다른 문제로는 노조의 권리, "노동자의 표현의 자유"의 행사, 그리고 이사회 구성원 스스로의 권리와 특권이 포함된다. 29) 이 처음 두 개

---

27) 법률에는 200명 이상을 고용하는 국유화된 기업들과 그 자회사들(국가가 50-90%의 소유지분을 갖고 있는)에서 노동자는 이사회에 자신의 대표자를 선출해 보내야 한다고 규정되어 있다. 국가, 노동자, 일반시민 그리고 주주 등 상이한 범주들의 대표자의 수와 비율은, 첫째 기업의 크기와, 둘째 국가소유의 정도에 따라 결정된다. 상세한 서술에 대해서는 Holton, "Industrial Politics in France," pp. 77-78 참조.
28) W. Rand Smith, "Towards Autogestion in Socialist France? The Impact of Industrial Relations Reform," *West European Politics* 10, no. 1, January 1987, pp. 38-54.
29) Jean-François Amadieu, "Le developpement du syndicalisme d'entreprise," Thèse de doctorat, Université de Paris IX-Dauphine, 1986, pp. 140-143.

의 원칙은 회사의 규칙과 규정을 정의하는데 있어 **사회적 파트너**로서의 노조와 노동자들의 역할을 제도화하고자 하였다.

그러나 세 번째 원칙은 그 역할을 날카롭게 한정하였다. 왜냐하면 기업의 전략을 결정하는 경영진의 권력은 침해하지 않고 그대로 남겨두었기 때문이었다. 이사회는 고용과 투자 같은 전략적 영역에서 경영진의 결정에 대한 어떤 거부권도 갖지 못하고 엄격하게 자문역으로서 기능하도록 되어있었다. 국유부문을 책임지고 있는 한 산업부 관료는, CGT의 압력에도 불구하고 정부는 이사회의 의무와 권한을 성문화하려는 공식적인 '선언'을 거부했다고 주장한다. 그 대신 정부는 총리가 관련 감독부처들에 두 쪽 짜리 덜 공식적인 '회람'을 보내는 것으로 결정했는데, 이 회람문은 이사회가 어떤 역할을 해야 하는가를 개관하고 있었다.[30] 이사회의 권한을 정하는 데 있어서 이 의도된 모호함으로 인해 특정 이사회에 대한 경영진의 입지는 강화되었다.

2) 국가와 경영의 관계: 국가의 통제인가 아니면 경영의 자율인가?

모든 공기업은 18개 정부부처 장관 중 어느 하나의 감독에 종속되어 있는데, 그것은 기업이 **공적 목적**을 수행하도록 보장하기 위해서이다. 그러한 목적은 철도수송이나 전기 같은 공공사업에 대해서는 간단하지만, 경쟁에 직면하고 있는 기업들에게 있어서는 논쟁적이다. 왜냐하면 시장의 명령과 **공적** 목표는 충돌할 수 있기 때문이다. 그러한 경우에 전후의 고전적인 해법은, 국가가 최적의 시장성과를 촉진하기 위해 기업에게 폭넓은 자율권을 허용하는, 르노 모델(Renault model)이었다.

야당으로 있을 때 좌파도 또한 이 자율원칙을 수용했지만, 그러나 모호한 조건으로 그것을 제한하였다. 공동강령에서 말하고 있듯이, 공기업은 또한 "그 활동에서 국가계획의 방향을 존중"[31] 해야만 할 것이다. 이러한 모호성은 좌파가 권력을 장악했을 때에도 계속되었다. 한편에서 미테랑은 르

---

30) Chef du Service des Entreprises Nationales(1982-1984). Interview with author, 1987. 6. 25.
31) *Programme commun de gouvernement*, p. 113.

노 모델의 창안자인 CEO 출신 삐에르 드레퓌스를 산업부장관으로 임명함으로써 자율원칙을 수용했음을 명백히 보여주었다. 더욱이 1982년에 국유화된 모든 기업들은 매우 경쟁적인 시장환경에 직면하였다. 이 두 요인은 자율감독 모델이 지배적일 것임을 의미하였다.

다른 한편, 이들 중 몇몇 기업은 엄청난 경영손실을 입고 있었기 때문에, 긴급금융지원이나 부문구조조정 같은 국가의 구조활동이 필수적이었다. 실로 그 생산활동을 합리화하기 위한 기업의 구조조정은 처음 2년 동안 정부 에너지의 많은 부분을 흡수해갔다.[32] 더욱이 미테랑 자신의 선언은 공기업이 전략적 역할을 할 것임을 의미하였다. 예컨대, 한 공개적인 선언에서, 미테랑은 "국유화된 기업들의 결정과 행동의 자율성은 완전해야 한다"고 재확인한 후, "나는 산업의 공기업들이 프랑스의 국제적 위상뿐만 아니라 고용, 투자, 연구의 측면에서 국가경제의 재생이라는 목표에 기여하기를 바란다"고 말했다.[33] 산업의 지도(dirigisme)에 대한 정부의 처음 입장과 결부하면, 이 요인들은 정부가 국유화된 기업에 직접적으로 개입할 것임을 의미하였다.

사회당의 감독은 어떻게 작동했는가? 공기업을 감독하는 정부의 주요 방법인 계획협약(contrats de plan)을 분석함으로써 이 질문을 제기해 보자. 이것은 기업의 목표와 전략에 관한 (경쟁부문과 비경쟁부문의) 11개 국유화된 기업과 그들의 감독기관간에 협의된 공식적인 협약이다. 그러한 협약

---

32) 4개의 주요한 구조조정이 있었다. (1) 화학. 정부는 국유화된 화학산업에서 CDF-Chimie(비료와 유기화학에 특화), Elf(석유화학) 그리고 Rhône-Poulenc(정제화학)을 중심으로 3개의 기둥을 창출하기로 결정하였다. 이는 두 가지 타입의 사업실행을 포함하였다. 첫째, 생산활동은 이들 3개 기업간에 재할당되었다. 예컨대 Rhône-Poulenc의 비료사업은 CDF-Chimie로 갔고, 반면 그 석유화학은 Elf로 가져갔다. 둘째, Péchiney는 그 상당한 규모의 화학부문을 이 3개 기업에 분할해주었고 자신의 활동을 다시 비철금속으로 집중하였다. (2) 철강. Sacilor와 Usinor는 Péchiney, Creusot-Loire 그리고 몇몇 다른 적은 규모의 생산자들로부터 철강사업을 흡수하여 양대 철강생산자가 되었다. (3) 컴퓨터. Bull은 지배적인 생산자가 되었다. Saint-Gobain은 Olivetti의 33% 지분을 매각하도록 강제되었다. (4) 텔레콤. CGE가 주요생산자로 지정되었는데, 이는 Thomson으로 하여금 텔레콤 부문을 CGE에게 양도할 것을 요구하는 것이었다.

33) Elisabeth Vessillier, "Aspects financiers des nationalisations," *Revue Economique* 34, no. 3, May 1983, p. 481.

은 우파정권 하에서 산발적으로 실행되었지만, 그것은 주로 재정문제에 한
정되었다. 사회당은 재정활동뿐 아니라 산업전략과 **국가적 이해관계가 있**
는 목표까지 포괄하도록 이 협약을 확대하고 그럼으로써 공기업의 성과를
국가계획과정에 연결시키고자 하였다. 34) 사회당으로서는 그러한 협약이
최상의 것을 제공하였다. 즉 경영의 자율과, 기업의 노동자와 노조가 협상
을 만들어가도록 조력할 수 있는 협조적 행동(concertation)의 장려, 그리고
국유기업들의 활동이 정부의 전반적인 경제적 사회적 목표와 일치하도록
하는 일종의 보장을 제공하였다.

계획협약의 토대는 드레퓌스가 산업부장관으로 재직하던 기간(1981년 6
월-1982년 6월)에 놓여졌지만, 협약의 협상은 1982년 7월 그 후임자인 슈벤
느망(Chevenement) 아래에서 시작되었다. 이 협상의 역사를 보면, 공기업
감독에 대한 사회당의 접근방식이 정부의 새로운 거시경제전략을 보완하기
위하여 1983년 3월 급격하게 이동했음이 드러난다. 이 시점 전후의 정부의
감독정책을 간략하게 검토해보자.

슈벤느망은 감독을 하나의 교환으로서 생각했다. 즉, 국가는 운영자본을
풍부하게 주입해줄 것이고, 반면 공기업은 고용을 유지하거나 심지어 증대
시키고 연구개발에 관여하며 노조와 협의하고 무역수지 흑자에 기여함으로
써 정부가 경제 사회적 목표를 달성하도록 도와줄 것으로 기대되었다. 그러
나 이 개념은 곧 몇몇 공기업 회장을 놀라게 하였고, 특히 Rhône-Poulenc
의 장 강두아(Jean Gandois)는 국제경쟁에 노출된 공기업이 또한 정부의 산
업정책의 수단으로서 복무할 수는 없다고 주장하며 사임하였다. 35)

1982년 8월부터 1983년 3월까지 정부는 기업의 대표자와 국가간, 이 경
우에는 산업부 내에 국영기업위원회(Service des Entreprises Nationales)라
고 하는 새로 만들어진 10인 위원회에서의 정교한 토의에서 계획협약의 첫

---

34) 좌파는 1981년과 1986년 사이 두 개의 계획, 즉 1982-1983년의 잠정적인 계획(이는 전
임 정부에 의해 승인된 기존의 계획을 대체하였다)과 제9차 계획(1984-1988)을 주관하였
다. 전반적으로 좌파는 계획에 대해 정치적 지원은 별로 하지 않고 상당히 립 서비스만 했
다고 말할 수 있다. 미테랑의 내부 적수인 미셸 로까르(Michel Rocard)를 초대 계획부장관
으로 임명한 것은 이를 시사하는 하나의 사례이었다.
35) Gandois의 인터뷰, *Le Monde*, 1982. 8. 7.

라운드를 수행하였다. 36) 이 토의는 원만하게 진행되었으나, 기업의 전략적 결정에 간섭한다는 이유로 슈벤느망은 점차 공격받게 되었다. 슈벤느망과 공기업 회장들간의 긴장은 1983년 1월 엘리제궁에서의 오찬에서 절정에 달하였다. 거기서 6개 기업의 수뇌들은 슈벤느망의 심한 간섭에 대해 미테랑 대통령에게 신랄하게 불평을 토로하였다. 이 모임은 공공부문에 대한 정부의 감독정책에 있어 전환점이었다. 3주 후 각료회의에서 미테랑은 "일관된 산업정책의 긴급한 조처는 관료주의적 간섭을 피해야 한다"37) 고 말함으로써 산업부장관을 질책하였다. 거부된 슈벤느망은 사퇴서를 제출하였고 덜 개입주의적인 감독에 대한 대통령의 의도를 명확하게 이해하였던 파비우스가 후임 산업부장관이 되었다.

산업부장관의 교체가 이 시기의 주요한 정치적 경제적 위기와 일치해서 일어났던 것은 결코 우연이 아니다. 기초자치단체 선거에서 사회당의 수많은 패배와 며칠간의 명백한 정부의 마비 후에 미테랑은, 소비자지출을 약화하고 재정적자를 줄이며 사적투자를 촉진할 지속적인 긴축정책을 선택했다. 이러한 이동은 또한 일반적으로는 국가와 공기업 관계의 변화를, 그리고 특수하게는 계획협약의 성격 변화를 나타냈는데, 왜냐하면 파비우스의 접근방식은 긴축정책의 재정적 제약에 의해 직접적으로 영향을 받았기 때문이었다. 이제부터는 국유화된 기업들이 자신의 수지계산을 맞추기 시작해야 할 것이다. 후에 파비우스는 이렇게 설명하였다.

> 공공부문을 가져야만 한다고 나처럼 당신이 생각한다면, 성과를 잘 내야 한다. 다시 말해 그것은 명확한 게임의 법칙, 즉 당신의 유일한 목표로서 이윤을 갖는 것이 아니라 이윤의 요소를 무시하지 않을 것을 요구한다. 만약 우리가 동일한 방식으로 계속한다면 모든 것이 엄청난 적자에 의해 가라앉을 것이므로 국유화를 둘러싼 실천적, 이데올로기적 전투에서 패배할 것이라는 점, 이 점을 나는 1983년에 공기업에서 보았던 것이다. 38)

---

36) Chef du Service des Entreprises Nationales (1982-1984). Interview with author, 1987. 6. 25.
37) *Le Monde*, 1983. 2. 4에서 재인용.
38) Laurent Fabius. Interview with author, 1987. 12. 9.

　요점을 말한다면, 파비우스는 경쟁부문에 있는 모든 국유화된 기업(철강 기업들과 CDF-Chimie를 제외하고)에게 3년 내에 수지타산을 맞추라고 명령했다. 그 대가로 그는 불필요한 노동자를 해고할 자유를 포함하여 폭넓은 자율성을 기업에 약속하였다. 파비우스는 다음과 같이 설명하였다.

> '게임의 법칙'이란 무엇이었나? 그것은 자율이었다…. 즉, 산업부장관은 국유화된 기업의 이사들 뒤에 언제나 있고자 하지 않는다. 그것은, 우리가 토의를 한 후 목표를 확정하고 업적에 따라 사람들을 평가하지만 그들이 자유롭게 경영하도록 허용한 그런 계획협약의 형태를 취하였다…. 장관에게 전화한다든지 하는 등등의 필요는 없었다. 39)

　파비우스 하에서 계획협약은 새로운 목표를 떠맡았다. 계획협약은 더 이상 국유화된 기업이 정부의 경제 사회적 목표들을 달성하는 데 도와줄 것을 보장하도록 규정되어 있지 않았다. 이제 이 협약은 "중기적인 재정통제를 위한 도구"40) 즉 기업을 다시 이윤성으로 돌아가게 할 그런 성과기준을 설정하기 위한 도구가 되었다. 따라서 파비우스는 협약에 대해 보다 유연한 접근방식을 채택하였다. 슈벤느망이 1983년 가을 새로운 국가계획(1984-1988년)에 상응하는 광범위한 5년 단위 협약의 새로운 라운드를 협상하려고 계획했었던 반면, 파비우스는 기업 이사들에게 정부가 이제부터는 기존의 협약을 일년 단위로 단지 "업데이트"할 것임을 통보하였다. 41)

　이 새로운 접근의 하나의 결과는 국유화된 기업이 국가로부터 상당한 **재정적** 독립을 발전시켰다는 점이다. 실로 1983년에 시작해서, 은밀한 사유화가 공공부문 내에서 일어났다. 이 탈예산(débudgetisation)의 경향 또는 국가예산 외부로부터의 운영자금 조달은 두개의 주요 형태를 취하였다. 첫째로, 1983년 1월의 이른바 들로르 법(Delors Law)에 따라 공기업은 투표권이 없는 전환사채(titres participatifs)와 우선주(certificats d´investisse-

---

39) Ibid.
40) Saul Estrin and Peter Holmes, "How Far is Mitterrand from Barre?", *Challenge*, November-December 1983, p. 49.
41) Barret, "Une voie de passage obligée," p. 38.

ment)를 발행함으로써 사적자본을 모집할 수 있도록 허용되었다. (전자에서는 부분적으로 현행 채권수익율에 근거하여 수익이 주어졌고, 후자에서 배당은 기업의 재정성과에 기초하였다.) 이러한 기제를 통해서 산업의 주요 공기업들은 1983년과 1985년 사이에 110억 프랑 이상의 주식을 발행하였다.[42]

둘째로, 국유화된 기업들은 사적자본을 끌어오기 위해, 주식거래소에 상장되어 있었던 자회사로부터 직접 재정조달을 획득하거나(예컨대 Thomson의 경우 Thomson-CSF, CGE의 경우 Alsthom과 Alcatel) 또는 완전소유의 자회사를 주식거래소에 상장함으로써(예컨대 Saint-Gabain의 경우 Saint-Gabain-Emballage, CGE의 경우 Gidadix) 점차 자회사들을 이용하였다. 사실상 자회사를 매각해버리는 후자의 방법은, 공식적으로는 불법이었지만, 정부에 의해 허용되었는데, 정부는 이 방안에 찬성하였지만, 그것이 선거 전 시기에 의회에서 토론과 논쟁의 주제가 되는 것을 피하고 싶었다. 1986년 3월 선거까지 약 70개의 자회사가 이런 방식으로 매각되었다.[43]

3) 재정적 결과: Saint-Gabain에 좋은 것이 프랑스에도 좋은가?

국유화의 경제적 효과에 대한 평가로 끝을 맺도록 하자. 우리는 세 개의 질문을 던질 것이다. 첫째, 국유화된 기업들은 재정적으로 어떻게 성과를 내었는가? 둘째, 국유화는 해당기업에 순이익이었는가 아니면 장애이었는가? 마지막으로 국유화는 국가경제 전체에 이익을 주었는가? 첫 번째 질문을 살펴본다면, 〈표 1〉은 신규 국유기업들의 재정성과가 1982년에서 1985년 사이에 개선되었음을 보여준다. 1985년에 5대기업 모두 이익을 남겼는데, 이들 중 세 개 기업은 국유화되었을 당시 그때까지 손실을 내고 있었다. **완전히** 국유화된 다른 네 개의 기업 중(따라서 Dassault, Matra, 그리고 Roussel-Uclaf를 제외하고) Bull은 거의 파산상태로부터 흑자로 전환한

---

42) Maurice Blin, "Nationalisations: La fin d´une idéologie?", *Politique Industrielle* 3, Spring 1986, p. 73.

43) Amadieu, "Le developpement du syndicalisme d´entreprise," p. 124; Vivien Schmidt, "Industrial Management Under the Socialists in France: Decentralized Dirigisme at the National and Local Levels," *Comparative Politics* 21, no. 1, October 1988, p. 61.

기업	1981	1982	1983	1984	1985
(1) 5대기업					
CGE	586	638	662	797	1,185
Péchiney	-1,636	-3,008	-295	681	809
Rhône-Poulenc	-286	-787	129	2,026	2,429
Saint-Gobain	578	369	724	1,201	1,524
Thomson	-168	-2,208	-1,251	-35	583
소 계	-926	-4,996	-31	4,670	6,530
(2) 1982년에 국유화된 기타 기업					
Bull	-449	-1,351	-625	-489	110
CGCT	-29	-345	-555	-997	-382
Sacilor	-2,897	-3,737	-5,610	-8,141	-5,386
Usinor	-4,241	-4,604	-5,456	-7,399	-3,487
합 계[(1)+(2)]	-8,542	-15,033	-12,277	-12,356	-2,615
(3) 그 이전에 국유화된 기업					
CDF-Chimie	-1,213	-834	-2,855	-930	-965
EMC	-120	-207	-160	25	87
Renault	-690	-1,281	-1,576	-12,555	-10,925
총 계[(1)+(2)+(3)]	-10,565	-17,355	-16,868	-25,816	-14,418

출처: *Le Secteur Public Industriel en 1985*, Paris, Observatoire des Entreprises Nationales, Ministère de l'Industrie, des P. et T., et du Tourisme, 1986(부분적으로 수정).

반면, 다른 세 개 기업(CGCT와 두 개 철강기업)은 여전히 심한 적자에 놓여있었다. (그러나 세 개 기업 모두 1985년에 그 전년도와 비교하여 손실은 크게 줄었다.) 전반적으로, 이 9개 기업 중 6개는 국유화 후 재정상태를 개선시킨 반면, 나머지 세 개 기업은 (1985년에 재반등의 징후를 보여주고는 있었지만) 심각한 적자기업으로 남아있었다. 그 이전에 국유화되었던 이 산업부문의 다른 3개 기업 중 오직 EMC(Entreprise Minière et Chimique) 만이 대차대조표를 개선하였다. 한때 공공부문의 자랑이었던 Renault는 진정으로 병든 적자기업이 되었는데, 이는 부분적으로 American Motors와의 조인트 벤처가 실패한 때문이었다. CDF-Chimie 또한, 1983년의 화학산업 구조조정 때 Péchiney와 Rhône-Poulenc의 적자사업을 떠맡도록 지정되었다는 특별한 상황에 놓여있었던 관계로 적자를 보았다.

둘째, 이 결과들은 국유화가 해당기업들에게 순이익이었음을 가리킨다. 여기에는 특히 다음 두 개의 사항이 기여하였다. 하나는 1982-83년에 일어난 구조조정이 해당기업들로 하여금 상당히 더 자신의 전통적인 핵심사업에 집중하고 통합하도록 하였다는 점이다. 혹자는 그러한 산업합리화가 이미 진행 중이었고 이와 관계없이 일어났을 거라고 주장할 수 있다. 그러나 국유화가 이러한 과정을 촉진시켰다. 심지어 경영자조직인 CNPF의 수석 경제전문가조차도 구조조정이 시장과정을 통해 이루어졌을 것보다도 더 신속하고 효율적으로 수행되었음을 기꺼이 인정하였다. 44)

국유화가 기여한 또 하나는, 기업들이 국유화가 아닌 다른 방식으로 받았을 것보다도 훨씬 더 많은 자본을 국가가 주주로서 이들 기업에 주입했다는 점이다. 예컨대 1982년과 1985년 사이 공공산업부문의 12개 기업은 총 510억 프랑의 국가보조금을 받았고, 그 중 205억 프랑을 5대기업이 가져갔다. 45) 한 추정치에 따르면, 신규 국유기업들에 주어진 총 400억 프랑(철강회사에 주어진 200억 프랑을 포함하여)은 그 이전 20년간 사적 주주들에 의해 이들 기업에 투자된 금액의 20배를 나타내는 수치이었다. 46) 더욱이 신규 국유기업들에 대한 투자는 산업전체에서의 투자보다 더 높았다. (1981년과 1984년 사이 각각 44%와 26%까지 높았다.) 47) 재정적인 면에서 보면, 1982년의 국유화는 기존의 수익성 있는 기업들에 손상을 입히지 않았고 병든 기업들에게는 커다란 도움을 주었다.

그러나 하나의 측면에서 국유화는 열성지지자들을 실망시켰는데, 왜냐하면 이 기업들이 실업에 대항하는 전선을 지키는 데 실패했기 때문이다. 실로, 1985년까지 수지타산을 맞추라는 파비우스의 명령에 따라 1983년에 자율정책으로 전환한 것은, 산업의 공기업들이 사기업들처럼 노동자를 짜를 것이라는 점을 사실상 보장하는 것이었다. 1981년과 1985년 사이 이들 12개 기업에서 국내 총고용은 11.4%만큼 하락하였는데, 이에 비해 산업부문의 나머지 전체에서는 10.2%가 하락하였다. 48)

---

44) Interview with author, 1987. 3. 17.
45) Blin, "Nationalisations," p. 70.
46) Cameron, "The Colors of a Rose," p. 29.
47) *OECD Economic Surveys: France*, Paris, OECD, 1987, p. 33.

국유화가 경제전체에 이익이 되었는가라는 세 번째 질문에 대한 답은 뉘앙스가 다르다. 산업부의 총책임자는 국유화가 많은 신규 공기업의 파산을 방지함으로써 "가구를 절감하였다"고 주장하지만, 49) 다른 사람들은, 예컨대 5대기업의 실패 사업을 영원한 적자기업(CDF-Chimie, Sacilor, 그리고 Usinor)나 흑자기업(국영석유회사 Elf)에 재할당함으로써 국유화가 단지 가구를 재배치했을 뿐이라고 주장한다. 혹자는 납세자들이 손실을 입었다고 정당하게 주장할 수 있다. 즉, 12개 공기업은 1982-1985년에, 심지어 500억 프랑 이상의 국가보조금(이 수치는 450억 프랑의 초기 구매가격은 계산하지 않은 것이다)을 받고도 745억 프랑의 누적경영적자를 고시하였다. 신고전학파의 관점에서 보면, 미테랑 정부는 기업손실을 단지 사회화하였고 그럼으로써 경제자원을 낭비하였다.

혹자는 또한 정부의 처음 의도의 관점에서 국유화를 비판할 수 있다. 국가경제를 방어하는 무기로서 이들 기업 중 많은 것은 고무칼이었다. 처음에 상정한 것 같은 투자와 재정복이라기보다는 몇몇 공기업은 구조와 복구를 하느라 정신이 없었다. 그래서 공기업의 전위적 역할이라는 사회당이론은 심각하게 쇠퇴하는 사적산업부문과 예산긴축을 강제하는 경제국면에는 적당치 않은 것으로 판명되었다.

그러나 이런 비판들은, 정부의 처음 의도가 어떠했든 국유화가 훨씬 더 큰 손실을 막았고 몇몇 경우에는 파산을 저지했다는 점을 놓치고 있다. 국유화만이 가능하게 한 규모로의 공적 개입, 특히 부문구조조정과 자본투입이 없었다면, Thomson, Péchiney, Rhône-Poulenc 그리고 Bull 같은 기업들은 실제로 입었던 것보다 훨씬 더 큰 손실을 입었을 것이고 아마 파산에 직면했을지도 모른다. 프랑스에 있어 크라이슬러 타입의 실패에 100배를 곱한 것과 같은 그러한 결과는 정치적으로, 경제적으로 감당할 수 없었을 것이다.

---

48) 공기업의 수치들은 *Le Secteur Public Industriel en 1985*, Paris, Observatoire des Entreprises Nationales, Ministère de l'Industrie, des P. et T., et du Tourisme, 1986으로부터 계산하였다. 산업의 나머지 부분에서의 고용하락에 대한 자료는 *Labor Force Statistics, 1966-1986*, Paris, OECD, 1988, p. 223을 참조하라.
49) Interview with author, 1987. 5. 11.

5. 전환에 대한 설명

1982년의 국유화는 프랑스의 가장 중요한 몇몇 기업의 금융적 생존능력과 자본축적 조건을 회복하는 데 도움을 줌으로써 프랑스 자본주의를 강화시켰다. 이렇게 축적된 자본이 사기업에 대립하는 **공**기업으로 갔다는 것은, (정부예산에 미친 사소한 효과를 제외하면) 경제 전체에 미친 영향이라는 측면에서 볼 때, 별로 중요치 않다. 왜냐하면 모든 다른 측면에서 이들 기업은 경쟁시장에 직면해 있는 사기업처럼 행동하였기 때문이다. 사회당 정부 하 산업부의 한 최고관료는, 신규 국유기업들과 다른 사기업을 차별해 달라고 요청받았을 때, 다음과 같이 대답하였다. "나는 말할 수 없다. 나는 어떤 차이도 보지 못한다."[50] 처음에 자본주의 경제권력을 공격하는 도구로 생각되었던 것이, 좌파정부 하에서 그 권력을 강화하는 도구가 되었다.

이러한 역설적인 결과, 특히 1982년 국유화의 목표와 효과의 전환을 우리는 어떻게 설명할 수 있는가? 그것은, 한편에서 좌파가 물려받은 제도 및 시장 환경과 다른 한편에서 좌파 자신의 조직적 자원 사이의 힘의 불균형에서 설명된다.[51]

첫 번째 요인은 경제정책의 입안과 실행에 책임있는 일련의 정부기관들, 또는 내가 경제정책 결정시스템이라 부르고자 하는 것이다. 이 시스템은 오랫동안 성문화되지 않은 규칙, 즉 경쟁산업의 공기업은 국가로부터 완전하지는 않지만 상당한 자율성을 발휘해야 한다는 규칙을 실행하였다. 사회당은, 기업의 자율을 계획에 연동시키는 모호한 자격조건으로 이 원칙을 제한하기는 했지만, 이 원칙에 결코 도전하지는 않았다. 이러한 연동을 가져올 장치인 계획협약은 이 원칙을 위협하지 않았다. 실로 협약의 감독을 책임지고 있는 산업부 관료들은, 협약이 **게임의 법칙**을 명확히 함으로써 사실상 기업의 자율을 **보장하였다**고 강조한다. 처음의 기업구조조정을 제외하면, 이들 기업의 운영자율에 대한 유일한 예외는 슈벤느망이 산업부를 맡고있

---

50) Interview with author, 1987. 5. 15.
51) 이런 주장은 다음 글에서 보다 충분하게 전개되었다. W. Rand Smith, *The End of Illusions: French Socialism and Industrial Crisis in the 1980's*(근간).

던 시기였다. 그러나 그의 재임기간은 이 규칙을 증명하는 예외이었다. 왜냐하면 그의 개입은 기업 수뇌들의 공동의 저항과, 결국에는 미테랑으로부터 질책을 불러일으켰기 때문이다.

공기업의 자율에 대한 자신들의 믿음을 선언함으로써, 사회당은 마지못해 한 것을 자발적으로 한 것처럼 꾸몄다. 왜냐하면 이 정부는 앞선 정부들과 마찬가지로 운영의 자율에 대한 기업의 주장에 대항할 힘을 결여하고 있었기 때문이다. Feigenbaum, 그리고 Bauer와 Cohen이 주장하듯이, 프랑스의 다국적기업들은, 공기업이든 사기업이든, 그 신분적 안정성과 개인적 교제관계로 인해 기술적 전문지식과 시장지식을 독점하고 있는 국가기관 (grands corps) 엘리트들의 내부 **정부**(internal government)에 의해 운영된다. 더욱이 이 엘리트들의 정상적인 경력은 종종 국유부문에 대한 감독 책임을 지는 행정서비스로부터 공기업 (또는 사기업) 의 경영자 지위로 향하는 행로를 따른다. 후자는 경력의 절정으로 간주되기 때문에, 정부부처의 야심 있는 공무원들은 일찍부터 공기업 경영자들에 대한 **협력적** 태도가 승진과 진급을 촉진할 수 있다는 것을 배운다.52) 미테랑 정부는, 판에 박힌 방식의 공기업이사 임명으로 시작하여, 이 기본구조를 건드리지 않은 채 그대로 두었다.

혹자는, 사회당이 결코 이 구조를 변화시키고자 하지 않았고 처음부터 공기업들이 이윤극대화를 추구하는 사적부문 기업들처럼 그렇게 행동할 것이라는 확신 속에서 공기업의 자율을 받아들였다고 주장할 수 있다. 그러나 프랑스 정부는 단지 특별한 조건 하에서만, 즉 (1) 국가가 산업활동을 주도할 때, (2) 국가가 국방관련 산업이나 또는 항공, 통신 같은 **전략**산업에서처럼 기업의 시장환경을 통제하고 보호할 수 있을 때에만 국유기업에 대한 운영통제를 강제할 힘을 소유하였다. 이런 예외적 조건 하에서조차도 국가의 권위는 결국에는 줄어드는데, 왜냐하면 기업이 점차 국가기관 엘리트에 의해 통제되고 외부의 영향이 통하지 않는 그 자신의 내부 **정부**를 발전시키

---

52) Harvey B. Feigenbaum, *The Politics of Public Enterprise: Oil and the French State*, Princeton, N.J., Princeton University Press, 1985; Michel Bauer and Elie Cohen, *Qui gouverne les grands groupes industriels?*, Paris, Editions du Seuil, 1981.

기 때문이다. 이런 조건은 국제경쟁에 매우 노출되어 있는 신규 국유기업에
는 분명 적용되지 않았다. 53)

국유화를 자본축적을 회복하기 위한 도구로 만드는 데 기여한 두 번째 요
인은 기업들 자체의 시장상황이었다. 우리가 주목한 바와 같이, 이들 기업
중 많은 것은 드골 정부 하에서 국가최고기업으로 지정되었지만, 그러나
1980년 대 초반 몇몇 기업은 빈약한 성과를 내고 있었고 구조조정과 금융지
원을 요구하였다. 그러나 이들 기업은 또한 세계시장에서 활동하고 있었으
므로, 정부는 정통적인 자본주의적 기준, 즉 기술적 효율성과 이윤성에 따
라 이 기업들을 합리화해야 하는 압력에 직면하였다. 이 압력은 좌파의 초
기 경기진작정책이 전개됨에 따라 특히 심화되었는데, 왜냐하면, 치솟는
예산적자와 무역적자가 정부로 하여금 계정을 균형시키도록 압박했기 때문
이다. 이 공기업들을 이윤성 기준으로 되돌려놓는 것은 두 개의 적자와 싸
우는 한 수단이었다.

이런 제도적 및 시장적 제약조건에 덧붙여서 마지막으로 세 번째 요소,
곧 미테랑 연립정부의 성격이 국유화의 운명에 영향을 미쳤다. 나는 위와
같은 환경적 압력이 주어졌다 하더라도 선택의 여지는 남아있었다고 주장
하고자 한다. 국유화의 운명은 정부와 시장의 물려받은 구조에 의해 완전히
결정되지는 않았다. 충분한 자원과 의지가 있었다면, 정부는 국유화된 기
업을 민주적인 경제통제의 도구로 전화하는 과정을 시작할 수 있었을 것이
다. 왜냐하면 민주적 경영형태와 경제적 효율성의 규범 사이에는 어떤 필연
적인 양립불가능성도 존재하지 않기 때문이다. 예컨대 정부는 이사회에서
노동자 대표에게 보다 많은 힘과, 심지어 다수파의 발언권을 부여할 수 있
었을 것이고, 이사회에 경영진의 결정에 대한 거부권을 제공할 수 있었을
것이다. 더욱이 권력의 민주화는, 사회당의 1980년 선거강령인 사회주의
프로젝트에서 약속했던 공장위원회와 작업장위원회로 확장될 수 있었을 것
이다.

그러나 미테랑 정부는 그런 선택을 거부하였고 약간의 수정이 있다고는

---

53) Michel Bauer and Elie Cohen, *Les grandes manoeuvres industrielles*, Paris, Belfond,
1985.

해도 전통적인 경영구조를 유지하기로 결정하였다. 이 결정은 공장위원회와 작업장위원회 같은 일층 진전된 민주화를 사실상 배제하는 것이었다. 이들 위원회는 지부단위의 노조와 경영진간에 **협상**되도록 예정되었기 때문에, 또 양자 어느 쪽에도 이 위원회를 구성하려는 제도적 자원이나 동기가 제공되지 않았기 때문에, 이것들은 단지 선거용 수사법의 영역에 머물렀다. 정부가 왜 경제민주주의의 확장을 거부했는가, 그 주요한 이유는 좌파를 지지했던 정당, 노조, 그리고 기타 그룹들의 성격에서 비롯된다.

역설적으로 좌파는 조직적으로 쇠퇴하는 시기에 선거권력을 획득했다. 권력의 취약함, 엘리트주의, 그리고 분열, 이것이 이 연정의 세 개의 관련 특징이었다. 첫째, 관찰자들은 종종 사회당이 전형적인 **사민주의적** 토대, 특히 주요 노조들과의 긴밀한 결합을 결여하고 있음에 주목하였다.[54] 대부분의 사회당원들은 노조에도 가입하고 있지만, 당은 어떤 산업노조와의 조직적이고 믿을만한 결합을 갖고 있지 않다. 이들 중 최대노조인 CGT는 여전히 충실하게 공산당과 제휴하고 있었는데, 공산당은 1984년 7월 미테랑 및 사회당과 결별하였다.[55] 초기에 동조적이었던 또 다른 노동조직인 프랑스민주노동연맹(CFDT)는 점차 정부의 전반적 경제정책에 비판적으로 되어갔다. 기타 주요 연맹들, 즉 정치적으로 독립적이고 반공산주의적인 노동자의 힘(FO), 가톨릭지향적인 프랑스기독노동자연맹(CFTC), 그리고 사무전문직노동자총연맹(CGC)은 모두 이념적으로 미테랑 정부에 비동조적이었다. 더욱이 프랑스 노동운동은 조합원 조직율에서 볼 때 단연 유럽에서 가장 취약한데, 대상 노동자들의 단지 약 10%만이 이들 전국산업연맹의 어떤 하나에 참여하고 있고, 1970년대 말 이래로 조합원 수와 그 전투성은 수직 하락하였다.[56] 권력을 장악한 좌파는 이 역사적 퇴조를 역전시키기 위

---

54) David S. Bell and Byron Criddle, *The French Socialist Party: Resurgence and Victory*, Oxford, U.K., Clarendon Press, 1984, 제9장; Hugues Portelli, *Le Socialisme français tel qu'il est*, Paris, Presses Universitaires de France, 1980.
55) 각주 1)을 보라.
56) René Mouriaux, *Les syndicats dans la société française*, Paris, Presses de la FNSP, 1983; W. Rand Smith, *Crisis in the French Labour Movement: A Grassroots Perspective*, New York, St. Martin's, 1987 참조.

해 아무 것도 하지 않았다. 이러한 경향은, 1936년의 인민전선과는 대조적으로 노동과 경영의 권한관계를 개조하려는 노동계급의 압력이 미미했음을 의미하였다.

둘째, 이러한 취약함은 엘리트주의로의 경향, 특히 미테랑 수중으로의 권력의 집중을 강화하였다. 조직화된 분파들간의 끊임없는 조정과 때로는 심지어 지도자에 대한 도전에도 불구하고, 사회당 내의 권력은 언제나 미테랑에게 집중되었고 권력장악은 이 패턴을 단지 강화했을 뿐이었다.[57] 이와 같은 조직적 엘리트주의는, 미테랑의 타고난 신중함과 개인권력의 추구와 결부되어, 국유화를 급진화시킬 수 있었을 그 대중적 압력으로부터 더욱 연립정부를 격리시켰다.

셋째, 공산당과 사회당간 **경쟁적 다원주의**의 분열적인 동학에서 사회당이 신규 국유기업의 개혁을 제한하려 할 것이라는 점이 확인되었다.[58] 사회당의 계산은 명백하였다. 공기업 내에서 생산관계의 개조는 아마도 노조, 특히 공산당에 의해 지도되는 CGT를 강화시킬 것이다. 미테랑은 동맹자로 돌아선 적수에게 그렇게 쉬운 그리고 잠재적으로 안정을 해칠 승리를 넘겨주려 하지 않았다. 모든 경제문제에 대해서처럼 국유화 문제에 있어서도 미테랑은 공산당을 억제하고 주변화하고자 하였다. 이는 1972년의 국유화 약속을 지키는 것을 의미하였지만, 그러나 공산당의 영향으로부터 그 기업들을 안전하게 지키는 것을 의미하였다.[59]

이러한 이유들 때문에 미테랑 정부는 국유화를 통해 자본가적 권력에 대한 도전을 추진할 수 있었을 아래로부터의 어떤 중요한 추동력 (poussée)도 갖고 있지 못했다. 정부는 그러한 도전을 동원할 능력도, 의지도 갖지 않았다. 그러한 조직적 진공상태에서 미테랑과 사회당은 가까이 있는 가장 긴급한 과제, 즉 드골주의 산업정책의 파멸을 회복할 것에 응했던 것이다.

---

57) William R. Schonfeld, "French Socialism in Power: Change and Continuity," *Tocqueville Review* 6, no. 2, Fall 1984, pp. 343-359.
58) George Ross and Jane Jenson, "Pluralism and the Decline of Left Hegemony: The French Left in Power," *Politics & Society* 14, no. 2, 1985, pp. 147-183.
59) Hall, *Governing the Economy*, p. 219.

6. 결론: 무엇을 위한 국유화인가?

1981년과 1986년 사이의 좌파의 경험은 사회주의적 전화 전략으로서 국유화의 한계를 명확히 보여준다. 인수대상이었던 기업들 대부분이 국제경쟁에 노출되어 있었지만 재정적으로는 허약했기 때문에, 정부는 개혁하기보다는 복원해야 하고 공기업의 생산관계를 개조하기보다는 그 경쟁력을 회복해야 할 압력에 직면하였다. 그러나 이것이 이야기의 전부는 아니다. 왜냐하면 프랑스의 사례에서는 국유화의 목적과 성격에 대한 좌파의 비전이 기껏해야 불명확했다는 점이 또한 드러나기 때문이다. 사적소유가 아니라 국가소유가 사회주의로 이끌 것이라는 주장을 견지하던 PCF는 이들 기업이 지구적으로 노출되어 있는 것의 함축하는 의미를 이해하지 못하였다. 특히 PCF는 기업들의 시장상황이 기업들로 하여금 어느 정도 국가통제에 버틸 수 있게 만든다는 점을 거의 인정하지 않았음을 보여주었다. 또한 공산당은, 특히 EEC와 세계자유무역에 프랑스가 구속되어 있는 상황에서 이 나라가 얼마나 이 기업들의 경제적 건전성에 의존하게 되었는가를 모르는 것 같았다.

이와 대조적으로, 사회당은 이런 점들을 파악하였지만 시장숙명론에 굴복하였다. 공기업을 감독하는 국가엘리트에 의해 오래 전에 받아들여진 이념인 운영의 **자율성**은 미테랑 정부에 의해 국가로부터의 경영의 자율만이 아니라 노동자 참여와 통제로부터의 경영의 자율도 포용하는 것으로서 정의되었다. 비즈니스는 여느 때처럼 기업과 시장환경 사이뿐만 아니라 경영진과 노동자 사이에서 계속되었다. 우리가 보았듯이, 그러한 숙명론은 정치적 편의주의와 부합되었고, 따라서 사회당은 이념적 목적보다 조직의 이익을 우선했다고 비판될 수 있다. 그러한 행동이 사민주의 정부들의 역사에서 원초적인 죄를 구성하지는 않지만, 생산관계를 소유권의 문제로 축소시키는 전략에 대해 의문을 제기한다. 궁극적으로, 공기업의 경우에 있어 누가 기업을 소유하느냐의 문제는 누가 그것을 지배하고 어떻게 그것이 지배되는가의 문제보다 덜 중요하다. 프랑스의 사례는, 사민주의 정부가 지배의 문제를 제기하지 않는 한, 국유화는 자본주의를 전화시키는 전략이라기

보다는 비록 국가자본주의라 하더라도 자본주의를 지탱하기 위한 탁월한
전략으로 남을 것이라는 점을 시사한다.

'사회화'의 관점에서 본 공공부문과
공공부문 투쟁

장석준

지금 벌어지는 공공부문 투쟁은 대개 '방어적인' 투쟁이었다. 실제로 그동안 국가주도의 발전자본주의 시기에 형성된 우리 사회의 최소한의 공공부문을 정부와 자본의 '민영화(사유화)' 공세로부터 지켜내려는 것이었기 때문이다. 한국전력, 한국통신 등의 민영화 반대 투쟁이 그러했고, 사보험 도입 반대 투쟁이 그러했으며, 자립형 사립고 및 7차 교육과정 반대 투쟁이 그러하였다.

그러나 최선의 방어는 공격이라고 한다. 자본가 세력의 근본 이념이며 운동인 '신자유주의'에 대항해 싸우기 위해서는 노동운동도 자신의 근본 이념과 운동으로 싸워야 한다. 진검에는 진검으로 승부해야 한다. 오직 그런 공세적 자세만이 최소한의 방어라도 가능케 한다.

그렇다면 공공부문 방어 투쟁에서 우리가 제시해야 할 우리의 진검은 무엇인가? 이를 밝히는 것이 이 글의 목적이다.

1. '공공부문'이란 무엇인가?

도대체 우리가 방어하려는 '공공부문'이란 무엇인가? 자본주의 사회에서는 대개의 기업이 사적 자본가들(직접 경영자이든 대주주이든)의 소유로

되어 있고 그래서 이들 사적 자본가가 경영을 좌지우지한다. 그런데 예외적으로 공적인 주체가 소유와 경영을 책임지는 기업들이 있다. 이러한 기업들로 이루어지는 경제영역과 활동을 바로 공공부문이라고 부른다. '공적인 주체'라고 하지만, 이는 대개 (국민) 국가다. 그리고 이 국가는 또한 대개 관료기구로 나타난다.

그렇다면 자본주의의 초기부터 이러한 공공부문이 존재했는가? 법원, 경찰, 군대 같이 전통적으로 관료기구가 전담해온 영역을 공공부문의 중요한 일부라고 하면 그렇다고 할 수 있다. 그러나 중요한 경제적 가치를 갖는 재화와 서비스를 직접 생산하는 기업들에서 공공부문이라고 부를 수 있는 게 나타난 것은 자본주의가 어느 정도 농익은 다음부터였다.

그 전까지만 해도 자본주의에서는 정부나 여타의 공적인 주체가 시장이나 혹은 경제활동 전반에 참여한다는 것은 금기시되어 왔다. 이것이 '자유주의'라는 이념과 운동의 주된 원칙 중 하나였다. 이 원칙을 철저히 지킨 자본주의 국가는 20세기 벽두까지 자본주의 세계의 중심에 있었던 영국이었다.

그러나 영국에 비해 뒤늦게 자본주의의 경쟁판에 뛰어든 나라들에서는 사정이 달랐다. 예를 들어 1차 대전 중의 독일에서는 정부가 생산영역을 비롯한 전체 경제활동에 적극 개입했다. 그 과정에서 사적 자본가들이 아니라 국가가 직접 경제활동의 중요한 부분을 소유하고 운영하는 사례가 나타났다.

독일처럼 뒤늦게 세계 자본주의에 뛰어든 대부분의 나라들은 이렇게 국가가 직접 나서서 자국 자본주의 경제의 발전을 꾀하는 경향을 보였다. 그리고 그 과정에서 대규모 국가소유 기업들이 나타났다. 특히 철도, 통신 등과 같이, 당시의 기술로는 사적 자본가들이 엄청난 자본투자량을 감당하기 힘들고 쉽게 이윤을 뽑아 올릴 수 없었지만 그럼에도 불구하고 막 성장하고 있던 중화학공업을 지탱해주기 위해서는 꼭 필요했던 사회간접자본 분야에서 이러한 현상이 나타났다.

1929년 대공황이 일어나자 미국과 영국처럼 자유주의 교리가 지배하던 나라들에서도 경제에 대한 국가의 적극적인 개입의 필요성이 대두됐다. 유명한 J. M. 케인즈가 이러한 입장을 앞장서서 주장했기에 이러한 흐름은 '케인즈주의'라고도 불린다. 여하튼 2차 세계대전이 끝나고 나서는 대부분의 자본주의 나라에서 국가가 소유하고 운영하는 방대한 규모의 공공부문이 등장했다.

여기서 이러한 명제가 나온다. 즉, 자본주의 사회에서는 사적 자본가들의 모순을 해결해주기 위해 국가가 자본주의 사회의 기본원리인 사적 소유에 어긋나는 예외적인 활동을 벌이지 않을 수 없는데, 이것이 자본주의 사회에서 '공공부문'을 형성하는 핵심 원리다.

그러나 이와는 전혀 다른 맥락에서 공공부문에 대해 주목한 사람들이 있다. 바로 어떻게 하면 자본주의를 넘어설 수 있을까를 고민하던 노동운동과 사회주의 세력이다. 사회주의의 핵심 강령은 초기부터 '사회화'라는 말로 요약되어 왔다. 이는 사적 자본가들이 소유하고 운영하는 자본주의의 경제활동을 '사회적 소유'와 '사회적 통제'로 바꾼다는 것이다.

그렇다면 여기서 '사회'는 구체적으로 무엇으로 나타날까? 사적 자본가들 대신에 경제활동의 소유와 운영 주체로 나타나는 것은 누구일까? 물론 그것은 노동계급이고 다수 민중이다. 그러나 노동계급과 다수 민중의 의사를 구현할 어떤 구체적인 조직체가 필요하다. 맑스와 엥겔스는 그 대안으로 두 가지를 내세웠다.

하나는 '국가'다. 단, 부르주아 계급의 계급독재가 펼쳐지는 자본주의 국가가 아니라 노동계급이 장악한 국가다. 이러한 노동계급의 국가가 경제활동의 중요한 부분에서 소유와 운영의 주체가 되어야 한다. 왜냐하면, 노동계급이 권력을 장악하는 한, '민주공화국'은 가능한 한 최대한의 민중을 형식적으로 대변할 수 있는 조직형태이기 때문이다. 노동계급은 자신의 민주공화국이 다수 민중의 의사를 민주적으로 반영할 수 있도록 지속적인 노력을 경주해야 한다. 말년의 맑스는, 국가를 사멸시켰다고 말할 수 있을 정도로 일체의 관료기구를 다수 민중의 자치 민주주의에 용해시켜야 한다는 점을 더욱 강조하였다.

다른 하나는 '협동조합'이다. 협동조합은 국가에 비해 노동자 개개인의 의사가 보다 직접적으로 반영될 수 있는 조직형태다. 그러나 협동조합 기업은, 맑스 시대에나 지금이나, 대개 경제의 주변적인 부분에서 제한된 역할만을 수행한다. 사회주의자들은 협동조합기업의 확산을 바랬지만, 이를 위해서도 우선 국가권력의 장악이 중요하다고 생각하였다. 그리고 국가 권력을 장악한 뒤에도, 협동조합기업들이 버텨나가려면 대규모 생산과 서비스 영역에서 국가소유 기업이 중요한 역할을 해야 한다.

말하자면 사회주의자들은 자기들 나름대로 '공공부문'을 사고했던 것이다. 그들의 중요한 실천적 명제는 이런 것이었다. 즉, 자본주의 사회를 극복하기 위해서는 우선 노동계급이 국가권력을 장악하고 이러한 노동계급 국가가 중요한 경제활동 영역의 소유와 운영 주체로 나서야 한다. 이러한 '사회주의 공공부문'을 핵심 기반으로 하여 전 사회는 의식적으로 "한 사람 한 사람이 참된 발전을 이룸으로써 비로소 모든 사람의 참된 발전이 이뤄지는 연합사회"(맑스와 엥겔스, 『공산당 선언』)로 나아갈 수 있다.

여기서 다음 문제가 제기된다. 그럼 자본주의 사회에 이미 존재하는 '공공부문'에 대해서, 자본주의를 넘어설 거점으로서 '공공부문'을 생각하는 사회주의자들은 어떻게 바라보아야 하고 어떻게 바라보아 왔는가?

물론 사회주의자들에게는 중요한 전제가 있었다. 공공부문의 소유와 운영 주체인 '국가'가 '자본가계급의 국가'가 아니라 '노동자계급의 국가'여야 한다는 것이다. 이러한 강력한 전제 아래서 사회주의자들은 자본주의 사회 내에 이미 존재해 있는 공공부문을 중요시했고 일정하게 긍정적으로 바라보았다. 그 대표적인 사람이 V. I. 레닌이다.

그는 전쟁물자를 대느라 국가가 경제활동에서 더욱 더 중요한 역할을 하게 된 당시의 독일 자본주의에 주목하였다. 독일 자본주의는 자본주의의 미래의 모습을 미리 보여주었다. 우리가 잘 아는 것처럼 소위 '케인즈주의'는 실제로 그러한 길을 걸어갔다. 자본주의가 그런 경향을 보여줄수록 자본주의 사회를 극복하고자 하는 세력들의 과업은 수월해진다. 노동자 국가가 기존의 공공부문을 접수해서 노동자 주도의 통제를 실시하기만 하면 경제는 사회주의적인 것으로 바뀐다. 그러한 생각이 가장 잘 표현된 레닌의 저작은 10월혁명 직전에 씌어진 소책자, 『임박한 파국, 그것에 어떻게 대응할 것인가?』(이창휘 옮김, 새길, 1990) 이다.

그런데 여기서 잊지 말아야 할 것은, 레닌이 비슷한 시기에 또 다른 중요한 책자를 저술했다는 점이다. 그것은 바로『국가와 혁명』(문성원·안규남 옮김, 돌베개, 1995) 이다. 이 책에서 레닌은, 노동자 국가는 '스스로 사멸해가는 국가'가 되어야 한다고 말하였다. 군대와 경찰 같은 억압적 관료기구를 철저히 파괴하고 행정적 관료기구 역시 노동자와 민중의 자치로 바꿔가야 한다. 그렇다면 노동자 국가로 넘어간 기존의 공공부문도 그 내부 운영원리는 크게 바뀌어야만 할 것이다. '노동자 통제'는 단지 노동자 출신의 사장이 임명된다는 것보다는 훨씬 심각한 변화를 동반해야 할 것이다.

그런데 레닌 같은 혁명적 사회주의자들과는 다른 생각을 하는 사회주의자들이 있었다. 서유럽에서는 오히려 그들이 다수였다. 우리가 흔히 '개량주의자', '사회민주주의자'라고 불리는 개혁적 사회주의자들이 그들이었다. 이들은 노동자정당이 선거에 의한 평화적인 집권을 통해서도 노동자 권력을 이뤄나갈 수 있다고 보았다. 이들은 또한 기존의 국가관료기구를 그대로 놔둔 채 이들과 잘 협력해나갈 수 있다고 보았다. 단지, 노동자 정치세력이 기존의 국가관료기구 위에 눌러앉아 사회의 곳곳에 사회주의 정책을 도입하면 된다는 것이었다.

2차대전 전까지만 해도 사회주의 정책을 '도입'할 수 있을 정도로 자신 있게 집권한 노동자 정당은 서유럽에서도 흔치 않았다. 2차대전 이후에야 그런 경우가 나타났다. 대표적인 사례가 1945년에 집권한 영국 노동당이었다. 노동당은 우선 의료영역을 공공부문으로 만들었다. 말하자면 의사들을 대부분 국가공무원으로 만들고, 병 고치고 예방하는 데 쓰는 모든 자금흐름을 국가가 통제하였다. 이것을 '국영보건서비스'(NHS) 라고 부른다. 그리고 더 나아가 중요한 제조업 영역인 철강산업까지 국유화하려 했다. NHS 도입만 해도 의사들 외에는 다른 자본가세력의 저항이 적었지만, 철강산업 국유화에 대해서는 강력한 저항이 있었다. 그 결과, 당시 노동당의 공공부문 확대는 대체로 여기서 그쳤다. 다른 서유럽 나라들에서도 비슷한 양상이 나타났다.

그러나, 어쨌든 많은 서방 선진자본주의 나라들에서는 특히 복지분야를 중심으로 공공부문이 확대됐다. 이것은 자본주의의 모순을 자본주의의 근본교리(고전적 자유주의)와는 다소 모순되는 방식으로 해결하려 한 자본가들의 고육지책이기도 했지만, 개혁적 사회주의자들과의 합작품이기도 했다. 말하자면 개혁적 사회주의자들은 2차대전 이후 자본주의적 공공부문의 형성과 확대에 한 몫을 하였다. 즉, 여기에 주도적으로 '개입'했다. 그러면서 이것이 일정하게는 사회주의의 '도입'이라고 생각하였다.

이쯤에서 마지막으로 사회주의의 두 조류에서 각각의 방식으로 전개된 공공부문의 성과에 대해 간략히 평가하고 넘어가야겠다. 이론대로라면 둘 모두 어느 정도 괄목한 성취를 이뤄냈어야 한다. 실제 그렇기도 했지만, 그렇지 않은 점도 많았다.

우선 혁명 러시아를 보자. 혁명정부는 러시아 자본주의의의 공공부문을 접수했을 뿐만 아니라 사적 자본가들이 지배하던 영역까지 수용하였다. 자본주의를 일정하게 도입한 NEP 시기에도 '국가자본주의'라는 이름 아래 국가가 소유하고 운영하는 부문은 중요시되었다. 그리고 이러한 사회주의 공공부문을 기반으로 5개년 계획의 놀라운 성취가 이루어졌다. 이것이 아니었더라면, 도대체 어떻게 러시아 민중이 나치의 군대를 격퇴시키고 인류를 야만으로부터 구해낼 수 있었겠는가?

그러나 혁명 러시아는, 그리고 그것이 동유럽 등에 퍼뜨린 체제는 지금으로부터 10여년 전에 무너졌다. 사실 이들 나라의 경제가 침체한 것은 그보다 훨씬 전이었다. 대부분의 관찰자들이 그 근본원인을 관료주의적 병폐에서 찾는다. 사회주의 공공부문에 문제가 있었던 것이다.

그런데 문제는 그 다음부터다. 그러한 일이 벌어진 이유를 따지는 데 크게 두 가지 입장이 나눠지는 것이다. 한편은 국가가 소유하고 운영하는 공공부문은 애당초 관료화될 수밖에 없다고 본다. 사회주의를 반대하는 사람들뿐만 아니라 사회주의자들 내에서도 이런 입장이 있다. 다른 한편은 현실 사회주의 '국가'가 레닌이 주장한 '스스로 사멸하는 국가'가 아니었다는 점에서 이유를 찾는다. 공공부문이었기 때문에 관료화될 수밖에 없었던 것이 아니라, 소련과 동유럽의 국가가 민주화되지 않고 관료화되었기 때문에 그런 국가에 속한 공공부문도 그렇게 될 수밖에 없었다는 것이다. 앞의 입장에서 대안은 공공부문이 중요한 역할을 하지 않는 경제를 만드는 것이다. 그것이

자본주의라 여겨지든 사회주의라 여겨지든 말이다. 뒤의 입장에서는 공공부문을 중요시하는 사회주의의 전통 자체는 계속 고수해야 하며, 다만 '국가의 민주화'에 대한 보다 철저한 이해와 실천이 필요하다고 본다.

다음에는 서구의 개혁적 사회주의자들이 이루어놓은 공공부문을 평가해 보자. 여기에서도 관료주의적 행정은 지탄의 대상이었다. 특히, 민중의 삶과 직결된 사회복지 분야, 공공서비스 분야에서 이에 대한 불만이 점증하였다. 1960년대 말 이후 선진자본주의 나라의 민중들이 전투적 대중운동을 벌이면서 이는 중요한 쟁점이 되었다. 그렇다고는 해도, 사람들의 불만은 공공부문을 해체하자는 것은 아니었다. 그것의 어떤 부족함을 규탄하는 것이었다.

그러나 이런 상황을 적극 활용한 것은 자본주의를 고전적 자유주의 시대의 그것으로 되돌려 놓으려는 자본가 세력이었다. 이들은 사회민주주의적 공공부문에 대한 대중의 불만을, 이러한 공공부문을 사적 자본가들의 것으로 되돌려 놓는 호기로 활용하였다. 1979년 영국 보수당의 대처 정권을 필두로 해서 그 동안 엄청난 규모로 성장한 공기업들과 공공부문의 주요 영역들을 민영화(사유화)하는 게 세계적인 유행이 되었다. 그 유행은 20년이 훨씬 넘은 오늘날까지도 계속되고 있다.

사회민주주의적 공공부문 역시 심각한 문제를 지니고 있었다. 그러나 이에 대한 진단 역시 두 입장으로 갈린다. 하나는 현실사회주의 국가에 대한 진단과 마찬가지로 공공부문이라는 것 자체에서 문제를 찾는 입장이다. 이들로부터 나오는 해결방안은 하나밖에 없다. 민영화다. 다른 입장에서는 개혁적 사회주의 세력이 공공부문을 확장하면서 자본주의 공공부문의 목표와 방식을 그대로 온존시킨 것이 문제의 원인이라 본다. 좌파 주도로 공공부문을 확장했지만, 그것은 여전히 사적 자본가들이 해결하지 못하는 모순을 해결시켜주는 데 일차적 목표를 두었고 비민주적이고 노동자 및 민중배제적인 관료적 방식으로 운영되었다는 것이다. 여기서 과제는 껍데기만 '공공'부문인 현재의 공공부문을 사회주의자들이 생각한 애초의 변혁 거점으로, 즉 실제로 '공공성'을 꽃피우는 새로운 공공부문으로 변화시키는 것이다.

2. '지금' '여기의' 우리에게 공공부문은 무엇인가?

그렇다면, '지금' '여기의' 우리에게 공공부문은 무엇인가?

우선, '지금'이라는 맥락에서 보자. 지금, 즉 21세기 초의 세계라는 점에서 말이다. 우리가 서 있는 세계에서는 1970년대 말에 시작된 신우파의 민영화 바람이 아직도 거세게 불어대고 있다. 민영화 바람은 현실사회주의가 몰락하면서 더욱 힘이 붙었다. 공공부문은 으레 비민주성, 비효율성의 대명사로 여겨지면서, 이제 세계 노동운동은 공공부문의 확대를 통해 자본주의를 넘어서는 것을 주장하는 것이 아니라 자본가들의 공세로부터 기존의 공공부문을 지켜내는 데도 힘에 벅차 하는 형편이다. 지금 우리의 형편은 더욱 그렇다.

20년 넘게 계속되는 **민영화 바람의 원인**은 무엇일까? 그것은 한 마디로 1970년대 초부터 본격화된 세계자본주의의 구조적 위기를 자본가적 방식, 즉 자본가계급에게 이로운 방식으로 돌파하려는 한 방안이라고 할 수 있다. 세계자본주의의 구조적 위기란 무엇인가? 생산을 하고 판매를 해도 이윤을 제대로 뽑아내기 힘들다는 것이다. 이런 상황에서, 초국적 자본으로까지 성장한 선진국의 독점자본은 새롭게 막대한 이윤을 뽑아낼 수 있는 장사거리를 찾아 세상 곳곳을 들쑤시고 다니게 된다. 이 중에서도 기존에 공공부문으로 묶여 있던 영역을 새로운 장사거리로 만들려는 게 바로 민영화라고 할 수 있다.

그 양상을 보다 자세히 보면, 첫째, 이전에는 사적 자본이 쉽게 이윤을 뽑아낼 수 없었으나 이제는 기술발전 등으로 인해 그것이 가능하게 된 사회간접자본 영역들이 민영화의 중요한 먹이가 된다. 통신, 전력이 그 대표적인 예다. 특히 통신부문에서 독점자본은 자본축적의 새로운 활로를 찾으려 한다. 그래서 어느 나라나 통신산업이 민영화의 핵심대상이 되는 것이다.

둘째, 대부분의 선진국 자본이 금융자본화된 상황에서 이제는 민영화가 장기투자를 통한 이윤확보의 수단일 뿐만 아니라 주식시장 부양을 통한 투기도박의 수단이 된다. 대규모 공기업들의 주식이 주식시장에 상장되면서 주식시장은 급격히 팽창하였다. 특히 제3세계에서 이는 신흥 금융시장을 만들어내는 좋은 방법이다. 영국에서도 대처 정부 아래서 BE(영국전력)와 BT(영국통신)의 주식이 '국민주' 형태로 매각되면서 주식시장 투자 문화가 사회전반에 확산되었다. (소위 '대중자본주의')

셋째, 이러한 자본측의 민영화 이유는 이제 하나의 이데올로기가 되고 교조(敎條)가 된다. IMF, 세계은행 같은 국제기구는 이러한 이데올로기의 물질적 담당자다. 제3세계 나라에서 재정 및 금융위기가 닥칠 때마다 제시되는 IMF의 구조조정안과, 이보다는 좀더 점잖은 모습을 띠는 세계은행의 '학술적' 권고안은 민영화를 경제를 살리기 위한 절대적 요구사항으로 못박는다. 그리고 미국 대학에서 경제학을 공부한 각국의 경제 엘리트는 이런 요구에 맞장구를 친다. 그들이 쓴 경제학 교과서로 뒤덮인 서점의 경제학 코너에서는 민영화에 대한 '다른' 목소리는 찾아보기 힘들고, 그래서 이는 '진리'로 여겨진다. 민영화가 실제로 몰고오는 경제의 더 큰 불안이 눈앞에 훤히 보임에도 불구하고 사람들은 이제 그것을 추진'해야만' 한다.

그러나 최근 들어 양상은 서서히 바뀌어가고 있다. 앞서서 민영화가 추진된 나라들(영국, 뉴질랜드 등)에서 그것의 장기적 결과(실패!)가 분명히 나타나기 시작하면서, 더 이상 민영화를 '진리'로 내세우기는 힘든 상황이 전개되고 있다. 미국의 캘리포니아 전력사태나 영국의 열차충돌 사고 등은 가장 충격적인 예일 뿐이다.

이에 따라 이들 나라에서는 단지 잔존한 공공부문을 방어하는 수준을 넘어서서 민영화된 공공부문을 다시 재국유화하자는 움직임이 대중적으로 나타나고 있다. 뉴질랜드의 좌파연립정부는 철도의 재국유화를 추진하고 있다. 영국 노동당 정부도, 지난 5년간 철도의 재국유화를 필사적으로 반대하다가 결국 이것 외에는 다른 대안이 없음을 인정하였다. (그러면서도 다른 한편으로는 런던 지하철의 민영화를 강행하려 하고 있다.)

그러나 이런 움직임이 현실사회주의의 패배와 사회민주주의의 실패 모두에 대한 나름대로의 적극적 대안이 활발히 제기되는 가운데 나타나고 있는 것은 아니다. 자본주의를 넘어서서 나아갈 방도에 대해, 그리고 그 길에서 공공부문은 이제 어떠한 의미를 지니며 어떠한 역할을 해야 하는 것인지에 대해 좌파 측의, 노동자·민중운동 측의 합의할 수 있는 분명한 대안이 등장하는 상황은 '아직' 아닌 것이다. 단지, 민영화의 부인할 수 없는 부정적 결과가 대중정서의 미묘한 반전을 낳고 있을 뿐이다.

우리는 '지금' 바로 이런 와중에 있다. 민영화의 선진국에서는 다시 재국유화의 요구들이 나타나고 있지만, 우리 자신은 마치 영국의 20년 전과 같은 민영화 바람 속에 있는 상황. 서서히 정세의 급격한 반전의 조짐이 나타나고 있지만, 아직 눈앞에서는 수세기가 계속되는 상황, 이것이 우리의 현재다.

그렇다면 '여기'라는 맥락에서는 어떨까? 여기, 즉 한국 사회라는 맥락 말이다. 한국의 공공부문은 전적으로 자본주의 국가에 의해 한국 자본주의의 급속한 발전을 이루려는 의도로 만들어지고 운영되어 왔다. 그 대표적인 예가 포항제철이다. 이는 1970년대 이후 중화학공업 중심의 자본축적을 추진하면서 독점자본(민간재벌)의 성장을 지탱하고 촉진하기 위한 거점 역할을 했다. 이렇게 해서 형성된 한국의 공공부문은 민영화 바람이 불기 전까지 GDP의 8-9%를 차지했던 것으로 추산된다.

이러한 한국의 공공부문은 서구, 특히 서유럽 나라들의 공공부문과는 커다란 차이를 보인다. 우선 형성과정을 보면, 서유럽의 공공부문은 노동운동과 사회주의자들의 일정한 개입을 통해 만들어진 데 반해, 한국의 공공부문 형성과정에는 이러한 노동자·민중운동의 역할이 없었다. 이는 오히려 노동자·민중운동을 억압하고 노동자들과 민중에 대해 가장 빠른 속도로 최대한의 착취와 수탈을 감행하려는 '발전자본주의 국가'의 손발로 탄생하였다.

그리고 그 목적을 보아도, 한국의 공공부문에서는 사적 자본가들을 대신해 자본주의 발전상의 문제점들을 해결해준다는 자본주의 공공부문의 일반적 특성이 서유럽의 그것에 비해 훨씬 더 노골적으로 드러난다. 한국의 공공부문이 결코 작은 규모는 아니었음에도 불구하고, 교육, 의료 등의 기본적 사회복지 영역이 많은 부분 민간부문으로 남아 있다는 사실은 이를 잘 보여준다. 그만큼 사회복지와 관련되지 않은 공공부문만이 비대하게 성장해 있었다는 것이다. 반면, 사회복지 분야를 중심으로 발전한 서구 공공부문에는 자본축적을 도와준다는 특성 외에 노동자운동의 역사적 성취라는 특성, 공공복지를 위해 복무한다는 특성이 혼재해 있다. 그래서 진보세력이 공공부문 운영원리로 드는 '공공성'이라는 말이 서유럽 사회에서는 결코 추상적으로만 와닿지 않는 것이다.

또한 운영 실태를 보아도, 한국의 공공부문은 관료주의의 양태가 보다 심각한 수준으로 나타난다. 단순히 복지서비스가 관료적으로 이루어진다는 게 문제가 아니다. 애당초 국가 권력층의 주도 아래 공기업이 만들어지고 이것이 재벌의 축적을 보조해주는 역할을 담당해왔기 때문에 항시적이고 구조적인 부패 현상이 나타났다. 공기업이 국가 권력층의 사금고로 전락하거나 지하자금 양성소로 활용되고 심지어는 유휴인력 방출 통로(집권 보수 정당으로부터 낙하산 발령을 받은 숱한 공기업 사장들) 역할을 하게 된 것이다. 이는 공공부문에 대해 민중들이 전반적으로 극히 부정적인 시각을 갖는 이유가 되었다.

이런 상황이기 때문에 우리의 경우 민영화 반대투쟁은 그리 낙관적이지만은 않다. 물론 지하철, 철도 요금이나 전기, 수도 요금 등이 선진국보다 훨씬 싸다는 점 등 공공부문 방어를 위해 우리가 활용할 수 있는 한국 공공부문 나름의 장점이 없는 것은 아니다. 그러나 막연히 국가관료주의에 대한 반감으로 나타나는 일반 정서('官 대 民' 정서)를 극복하기란 쉬운 일이 아니다. 공공부문 노동운동이 이러한 정서를 오히려 역으로 활용하는 방안을 모색해야 했지만, 이제까지는 이 때문에 발목 잡히는 경우가 더 많았다.

정작 이러한 정서를 효과적으로 이용하고 있는 것은 신자유주의 정책을 추진하는 정부측이다. 정부는 이제까지의 공공부문의 문제점, 대개는 '발전 자본주의 국가' 자신으로부터 비롯된 것인 그 문제점들을 '나쁜 것'으로 규정한 뒤에 민영화, 시장화를 그 대안으로 제시한다. 광의의 공공부문인 교육부문에서 이는 극명하게 나타난다. 이제까지의 공교육체계를 학생들의 창의성, 자율성을 무시하는 '나쁜 것'으로 규정하고서는 자립형 사립고나 7차 교육과정('교육의 시장화')을 그 대안으로 제시한다. 기존 공교육체계의 문제가 바로 공교육영역에서 공공성보다는 자본주의 경쟁원리를 부채질해온 국가관료주의에 있다는 것은 쉽게 무시된다.

이에 대해 공공부문을 방어하려는 노동자·민중운동 측의 논리는 신자유

주의 정책이 제시하는 대안은 '더 나쁜 것'이라는 데 바탕을 두어왔다. 실제
그렇다. 그것은 외국의 앞선 사례를 보면 확연히 드러난다. 그러나 외국 사
례는 어쨌든 '강 건너' 이야기다. 그리고 광범한 대중은 '더 나쁜 것'을 막기
위해 '나쁜 것'을 옹호하는 데 적극적으로 나서지는 않는다. 오직 '좋은 것'
에 대한 나름의 비전만이 운동을 만들어낼 수 있다. 그러기 위해서는 우리
가 생각하는 공공부문의 운영원리인 '공공성'을 강조해야 한다. 그러나 한국
의 맥락에서 '공공부문'과 '공공성'은 서로 쉽게 맞닿지 않는다. 서유럽과 같
은 사회민주주의 100년의 역사가 우리에게는 없다. 이러한 논리의 악순환
에서 우리는 아직 헤어 나오지 못하고 있다.

그러나 다른 각도에서 보면, 우리 역사의 특성은 우리에게 또 다른 가능
성을 암시하는 것이기도 하다. 의료, 교육, 주택 등에서 사회복지의 근간이
될 공공부문이 제대로 형성되어 있지 못하다는 것은, '바로 지금부터' 그러
한 공공부문을 만들고 확장하는 투쟁이 필요하고 그것이 대중적인 운동으
로 발전할 가능성이 있다는 걸 의미한다. 서유럽에서 2차대전 전후하여 생
기있게 추진되었던 그 개혁이 우리에게는 '당면' 과제인 것이다. 실제로 의
약분업-의사파업-건강보험 재정파탄 사태는 그 가능성을 잘 보여주었다.
물론 운동주체의 무능으로 이를 놓쳐 버렸지만 말이다.

사회복지도 이루어지지 않은 나라에서 공공부문 민영화를 말하는 현실은
우리편의 수세를 말해주는 것이지만, 사회복지 확대투쟁을 공세적으로 벌
임으로써 민영화 논리와 정면으로 맞붙을 수 있다는 점은 우리편의 공세의
가능성을 말해주는 것이다. 지금은 수세의 요인이 공세의 요인을 압도하
고 있지만, 이는 상황의 변화와 주체의 준비 정도에 따라 뒤바뀔 수 있는
것이다.

3. 공공부문 투쟁에서 우리의 전략과 전술에 대하여

1) 지구전이 필요하다

'지금' '여기'의 정세는, 한 마디로, 과도한 비관도 어렴풋한 낙관도 허용
하지 않는 국면이라고 할 수 있다. 영국의 사회주의 경제학자인 로빈 머레

이(Robin Murray)는 마오쩌둥의 사상을 동원해서 자본주의 사회의 공공부문을 '자본주의에 대항하는 게릴라전의 해방구'라고 표현한 적이 있다. (이 책에 실린 머레이의 글 참조.) 전혀 다른 맥락에서이긴 하지만, 필자도 여기서 마오의 저작, 『지구전론』(이등연 옮김, 두레, 1989)을 언급하고 싶다. 그것은 항일전쟁이 벌어지던 1938년에 마오가 바라본 정세가 우리의 공공부문 투쟁 정세와 비슷한 데가 있기 때문이다. 여기서 마오는 우선 과도한 비관주의, '망국론'(亡國論)을 비판한다.

> 망국론자는 적군과 아군 간 군사력의 강약이라는 상반된 한 가지 현상만을 중시하고 그로부터 모든 문제점을 확대 해석하려는 반면, 다른 상반된 현상은 무시하고 있다. 그들은 단지 군사력의 강약이라는 측면만 비교하고 있는 바, 이것은 그들의 관점이 일면적이란 사실을 증명해준다. (같은 책, 48쪽)

지금 우리 공공부문 노동조합운동은 바로 이 '군사력'이라는 측면에서 민영화 공세에 대해 압도적으로 불리한 것으로 보인다. 그러나 그게 전부가 아니라는 것이다.

한편, 마오는 어렴풋한 낙관, '속승론'(速勝論)도 똑같이 비판한다.

> 속승론자들은 적·아간 군사력의 강약이란 상반된 특징을 근본적으로 무시하고 다른 특징만을 염두에 두고 있거나, 중국의 장점을 실제 형편과는 괴리된 상황으로 과대평가하고 있다. 또한 그들은 일시적이고도 국부적인 군사력의 강약현상을 전체적인 강약현상으로 착각하고 있고 우물 안 개구리 식으로 자기 망상에 빠져 있다. 한 마디로 말해서, 그들은 적이 강하고 우리가 약하다는 현실을 인정할 용기가 없는 것이다. (같은 책, 49쪽)

마오가 보기에 당시의 항일전쟁 상황은 이렇게 표현할 수 있다. 중국 민중은 다수의 강점을 갖고 있고, 일본 제국주의자들은 군사력이라는 단 하나의 강점만을 갖고 있다. 하지만, 일본의 강점은 막강한 반면, 중국의 강점은 아직 잠재적이다. 그래서 지금은 비록 일본이 우세에 놓여 있는 교착국면이지만, 장래에 중국이 우위에 설 가능성은 충분히 존재한다.

적의 강점은 단 한 가지뿐이고 나머지는 모두 약점이다. 우리의 약점은 단 한 가지이고 나머지는 모두 강점에 속한다. 그런데 어째서 균형상태도 아니고, 도리어 적이 우세한 현상이 나타나는가?

그러나 이 문제를 이러한 식으로 보아서는 안 된다. 왜냐하면 적의 군사력이 강하고 우리의 군사력은 약하다는 특징은 현재까지는 현저한 차이를 보이고 있으며, 적의 약점은 일시적으로는 그 강점을 상쇄시킬 정도로 발전된 상태가 아니기 때문이다. 마찬가지로 우리의 강점은 아직 약점을 보충시킬 수 있을 정도로 발전된 상태가 아니기 때문에, 적·아간의 대치가 균형을 이루지 못하고 있는 것이다. (같은 책, 53-54쪽)

이런 상황에서는 쉽게 비관하는 것도 문제고, 일거에 승리를 쟁취하겠다고 호언장담하는 것도 문제다. 중국 민중에게 필요한 전략, 그것은 '지구전'(持久戰)이다. 적의 강점이 약화되고 우리의 강점이 보다 강화되도록, 그리고 우리의 약점이 약화되고 적의 약점이 보다 강화되도록, 대치상태를 유지하면서 전세를 유동시키기 위해 끊임없이 기동전과 진지전을 되풀이하는 것이다. 이러한 지구전에서 가장 중요한 것은 중국 민중의 능동성을 최대한 고양시키는 올바른 실천노선, 즉 항일운동세력의 '자각적(自覺的) 능동성'이다.

마오는 위의 저작에서 지구전을 세 단계로 나눈다. "첫 번째 단계는 적의 침공전략과 우리의 방어전략 시기"이고, "두 번째 단계는 적의 수비전략과 우리의 반격준비 시기"이며, "세 번째 단계는 우리의 반격전략과 적의 후퇴전략 시기"이다. (같은 책, 58쪽) 현재 우리 공공부문 투쟁상황은 첫 번째 단계에서 두 번째 단계로 나아가는 어디쯤이라고 생각된다. 민영화 공세가 여전히 상황을 주도하고 있고 노동자·민중운동이 아직은 방어 투쟁에 머물고 있지만, 우리측의 반격의 조건이 서서히 무르익어 가는 그러한 시점이라는 것이다.

여기서 가장 중요한 것은 우리의 강점과 약점이 무엇이고 상대방의 강점과 약점이 무엇인지를 분별하는 것이다. 우선, 상대방의 최대의 강점은 역시 '군사력', 즉 물리력이다. 신자유주의 공세는 국가기구를 통해 지난 5년 동안 지속적인 구조조정 작업을 벌였고 그 결과 공공부문 노동자들의 주체

역량은 극도로 약화되었다. 따라서 이는 우리의 최대의 약점이다. 그러나 주체역량은 충분히 복구될 수 있다. 다만, 그 복구과정에 시간이 걸린다. 이는 지구전이 요구되는 최대의 이유이기도 하다.

그러면 상대방의 그 밖의 강점은 무엇인가?

첫째, 경제, 정치, 이데올로기 모든 차원에서 아직은 신자유주의 우파에 우호적인 세계정세다. 위에서 말했듯이, 자본주의의 구조적 위기에 대한 자본가계급의 전세계적 대응방안으로서 민영화가 추진되고 있다. ('자본가 계급의 국제연대') 그리고 미국을 중심으로 한 국제 자본가세력은 각종 국제기구를 통해 또 직접적 압력을 통해 이를 강요하고 있다. 이데올로기 차원에서도 민영화 외에는 '다른 대안이 없다'(There Is No Alternative, 소위 TINA) 는 태도가 지배적이다.

둘째, 한국 공공부문의 특징이라고 할 수 있는 관료주의와 부패다. 이는 바로 한국 자본가들의 과거 역사의 결과임에도 불구하고 이들은 자신의 우세를 유지하기 위해 이러한 자신들의 과오마저도 이용한다. IMF 위기의 원인이 국가주도의 발전전략에 있고, 다시 그 핵심에 공공부문이 있다는 것이다. 따라서 이러한 공공부문은 해체되고 축소되어야 한다.

셋째, 대중으로 하여금 공공부문 방어를 지지하고 이에 결합하게 하는 '공공성' 관념이 적다는 것이다. 공공부문을 통해서 질 높은 복지 환경을 경험해보지 못한 우리의 노동자·민중은 '공공성'을 지키기 위해 공공부문을 방어해야 한다는 생각을 다소 낯설어 한다. 국가가 우리 삶의 많은 부분을 책임져야 하고 이를 위해서는 자본가 입장에서의 효율성이 손상되어도 좋다는 생각에까지 미치지 못하는 것이다.

그러나 이러한 상대방의 강점들, 즉 우리의 약점들은 동시에 우리의 강점, 즉 상대방의 약점들로 바뀔 수도 있는 것들이란 점이 중요하다. 다만, 각각의 요인들은 아직은 신자유주의 우파에게 유리한 형세를 더 많이 띠고 있고, 우리의 가능성은 상당 정도 잠재적으로만 존재한다. 다시 보도록 하자.

첫째, 세계정세는 서서히 바뀌어가고 있다. 민영화가 가장 앞서서 실시된 나라들(영국, 뉴질랜드 등)에서 반격이 시작되고 있다. 민영화를 중요한 핵심으로 하는 구조조정 작업이 수십 년간 계속됨에도 불구하고 세계경제의 구조불황이 치유되지 않는 상황은 민영화의 정당성을 더욱 깎아 내리고 있다. 만일 미국발 세계대공황이라도 벌어진다면 정당성의 붕괴는 더욱 급격하게 나타날 것이다. 흔히 이데올로기 영역에서는 변화가 가장 더디게 나타나지만, 현실의 변화를 이데올로기가 쫓아가지 않을 수는 없다.

둘째, 관료주의와 부패는 자본가들의 강점이 될 수도 있지만, 우리의 강점이 될 수도 있다. 우리가 '자각적 능동성'을 발휘하여 공공부문의 관료주의와 부패에 정면으로 도전한다면, 상대방은 자신의 무기를 빼앗기게 될 뿐만 아니라, 더 나아가 궁지에 몰리게 된다. 왜냐하면 관료주의와 부패를 만들고 그로부터 이득을 얻었던 것은 바로 그들이기 때문이다. 이 경우, 우리의 '자각적 능동성'은 무엇으로 나타나야 하는가? 기존 공공부문에 대한 대안은 '민영화'라는 신자유주의 논리에 대해, '공공부문의 유지'+'공공부문의 민주화'가 대안이라는 우리의 논리를 실천으로 보여주는 것이 그것이다.

셋째, 우리에게 '공공성' 관념이 적다는 것은, 이를 처음부터 새로 형성해가는 운동이 젊은 활기로 추진될 수 있다는 가능성을 의미하기도 한다. 의료, 교육, 주택 등에서 공공복지를 획기적으로 늘리는 운동이 마치 2차대전 직후 서유럽의 사회민주주의와 같은 생명력으로 추진될 수 있다. 더 나아가, 서유럽의 경우 2차대전 직후라는 특수한 환경 속에서 자본가계급과 개혁적 사회주의 세력 사이의 타협의 산물로 공공복지제도가 확립된 데 반해, 우리는 현재 자본가계급 측에서 일체의 의미있는 개혁을 용납하지 않는 신자유주의 국면에 있기 때문에, 공공복지 요구투쟁이 자본가계급과의 진검승부로 발전할 가능성이 높다. 이는 공공부문 방어투쟁에 유례없는 힘을 부여해줄 뿐만 아니라, 공공부문을 복지분야로부터 명실공히 자본주의의 핵심영역으로까지 급격하게 확대하게 만들 가능성 또한 지니고 있다. 그야말로 자본주의를 넘어서기 위한 거점으로서 공공부문의 의의('사회화'의 수단으로서 공공부문)가 다시 부상하게 되는 것이다.

그러나 이러한 가능성들은 아직은 미약하게만 존재하거나 우리의 주체적 개입을 요구하는 것이기 때문에, 지금 현재는 오히려 신자유주의 우파의 강점의 기반이 되고 있다. '시간', 그리고 '자각적 능동성'의 고양이 필요하다.

그렇기 때문에 공공부문 투쟁에는 다름 아닌 '지구전'이 필요한 것이다.

2) 공공부문 방어·민주화·확대의 3면 전략

위와 같은 전략구상 아래서 우리의 과제를 끌어내 보자.

첫째, 당면 공공부문 '방어'투쟁의 의의는 아무리 강조해도 지나침이 없다. 이는 우리의 최소한의 거점을 방어하기 위한 투쟁이다. 한 마디로 우리의 역량을 더 이상 약화시키지 않고 이제 반격의 국면으로 돌입하기 위한 투쟁이다. 그래서 우리는 철도 민영화를 막아야 하고, 자립형 사립고와 7차 교육과정을 막아야 하며, 사보험 도입과 공공병원의 민영화를 저지해야 한다.

둘째, 공공부문을 방어하면서 동시에 공공부문 노동자들이 주도하여 공공부문 '민주화' 투쟁을 벌여야 한다. 공공부문 민주화 투쟁을 통해 우선 이윤 추구, 혹은 사적 자본가의 지원이라는 자본주의적 목적에 제한된 공공부문의 운영이 민중복리의 증진이라는 전혀 다른 목적에 따라 이뤄질 것을 주장해야 한다. 그리고 노동조합이 경영에 개입하여 관료주의와 대결하고, 특히 한국적 맥락에서는 공공부문을 둘러싼 구조적 부패를 폭로해야 한다.

이러한 공공부문 민주화 투쟁이 노리는 효과는 무엇인가? 우선, 흔히 '노동귀족층'이라고 낙인찍혀 고립되곤 하는 공공부문 노동조합운동을 전 민중적 연대투쟁으로 발전시킬 수 있다. 적어도 여론의 관심과 지지를 불러일으킬 수 있다. 이제까지 공공서비스 이용자의 이익을 방어하는 것은 시민운동의 과제로 치부되어 왔다. 참여연대의 이동통신이용료 인하 운동이 대표적인 예다. 이는 무엇보다도 노동조합 측의 과오다. 노동조합이 단순히 이에 수동적으로 끌려가는 수준이 아니라 애당초 이런 운동을 먼저 제기하고 그것을 주도해야 했다. 그래서 공공서비스 이용자(민중)의 이해를 가장 잘 대변할 수 있는 것은 바로 공공부문 내의 민중의 대리자, 즉 공공부문 노동자임을 몸으로 보여주어야 했다. 여기에 캐나다 노동운동의 사례가 있다.

캐나다 연방실업청 노동자들의 투쟁을 보자. 정부가 실업 수급요건을 준수하지 못한 민원인에 대한 실업청 노동자들의 재량권을 박탈하자 노동자들은 파업으로 대응했다. 파업투쟁 기간 중에 이들은 실업수당을 받을 수 있는 방법에 대해, 정부 선전책자가 제공하지 않는 정보들을 실은 소책자를 발간했다. 이 책자는 그 동안 관료사회의 비밀로 되어있던 많은 정보를 제공함으로써 이용자들까지 국가의 민주화를 요구하는 사회운동적 주체로 동원하는 것을 목표로 했다. 이 소책자는 "당신들은 우리의 형제 자매며, 아들 딸이며, 아버지 어머니입니다. 당신들은 우리의 가족이며 우리 지역사회의 일원입니다"라는, 공공부문 노동자와 이용자 사이의 연대의 선언을 담고 있었다. 그러면서 실업자들에 대한 정부의 공격과 실업청 노동자들에 대한 공격은 하나라는 것을 강조했다. (장석준, 「최근의 사회화 정책 논의와 한국사회에서의 그 적실성」, 연세대학교 사회학 석사학위논문, 2002, 59쪽)

또 하나의 사례인 캐나다 체신노조(CUPW)의 경우를 보자. 이들은 1991년 8월 파업 직전 노인, 학생, 장애인, 실업노동자, 농민, 빈민운동 조직 대표들을 초청했다. 노조는 이들 조직과 공개적으로 연대협약을 체결했고, 파업 기간 중에도 사회부조 대상자들을 위해 복지수당을 지급하는 일을 계속한다는 임시계획을 추진했다. 연대협약을 맺은 조직들은 CUPW의 투쟁 대의를 알리는 데 동참했다. 학생과 빈민운동 조직들은 정규직 일자리를 창출해야 한다는 노조의 요구를 적극 선전했다. 농민 조직들은 농촌 우체국의 폐쇄에 반대한다는 노조의 주장을 알리는 데 앞장섰다. CUPW는 파업기간 중에도 복지수당 지급을 성사시켜 지역사회의 광범한 부분들로부터 지지를 획득했다. (같은 글, 59-60쪽)

또한 공공부문 민주화가 진전되는 수준에 따라서는, 민중들 사이에서 공공부문의 보다 적극적인 의미가 부각되도록 만들 수 있다. 공공부문 노동조합의 적극적인 활동으로 부분적으로나마 대안적인 경영을 실현해낸다면, 우리는 '왜 공공부문이 공공성의 측면에서 중요한 것인지, 더 나아가서 대안경제로 나아가는 디딤돌이 되는 것인지'에 대한 대중적 관심과 논의를 발전시킬 수 있다. 이는 공공부문 방어 투쟁(더 나아가 그 확장 투쟁)에 가장 결정적인 정당성을 부여해줄 것이다.

1981년부터 1986년 사이에 지속된 영국 런던의 노동당 광역시 정부의 사례는 많은 영감을 던져준다. 노동당 내에서도 급진적인 사회주의자들이 중심이 되었던 당시 런던 광역시 정부(선거운동 과정에서부터 공공부문 노동조합 활동가들이 중요한 역할을 했다)는 새로운 공공투자를 통해 공공부문을 확대했을 뿐만 아니라 공공부문 노동자들이 공기업의 경영을 주도하며 다양한 실험을 할 수 있도록 기회를 만들었다. 진보정당이 지자체 수준에서 미약한 권력만을 장악한다 할지라도 진보정당 활동과 공공부문 노동운동의 공조를 통해 상당한 성과를 낳을 수 있다는 것을 보여준 사례다.

하지만, 진보정당이 당장은 그 정도 기회를 실현해낼 수 없는 상황이라 할지라도 공공부문 민주화 투쟁은 군건히 추진되어야 한다. 개별 노동조합 차원에서는 단협에서 경영과 관련한 사항을 공세적으로 제기할 필요가 있다. 단협안을 만드는 과정에서 공공서비스 이용자 조직, 다양한 민중조직을 개입시키는 방안도 생각해볼 수 있다. 다양한 시도 속에서 의미있는 사례가 하나라도 나온다면, 이 성과는 전체운동의 '깃발'이 될 수 있다. 나는 그런 성과가 나올 수 있고 나오는 게 필연이라고 확신하는데, 왜냐하면 공공부문의 생산과 서비스 활동을 개선시킬 수 있는 지식은 다름 아니라 현장의 노동자로부터만 나올 수 있다고 믿기 때문이다. 나는, 진정한 공공부문 구조개혁은 오직 현장 노동자의 경험과 지식에 근거할 때만 가능하다는 것을 확신한다.

그러나 보다 효과적인 것은 개별 단사투쟁의 공통 분모를 찾아서 전국적인 공공부문 민주화 투쟁 전선을 형성하는 것이다. 아직 산별노조가 만들어지지 못한 상황에서 일단 개별 노조의 단협투쟁을 집중시키고 사회적 쟁점이 될만한 중요한 공통의 경영관련 요구를 제기하는 것이다. 이는 공공부문과 관련된 민중연대 투쟁전선도 보다 대규모로 형성되게 만들 것이며, 국가의 핵심 관료기구를 테이블로 나오게 만들 것이다.

가령, 우선 공공부문에서부터 먼저 즉각 비정규직 노동자들에게 생활임금을 보장하고 그러한 생활임금 이상의 선에서 동일노동 동일임금 원칙의 적용을 요구하는 것(그리고 더 나아가 공공부문에서 우선 비정규직의 철폐 일정을 세우라고 요구하는 것)은 어떨까? 정부와 사측이 그렇게 할 수 없는 예산사정을 호소한다면, 우리는 오히려 그러한 원칙이 실현될 수 있을 예산배정이 어떠해야 하는지에 대해 논쟁을 제기할 수 있을 것이다. 이는

곧장 신자유주의의 핵심 문제, 한국 자본주의의 핵심 문제로 우리를 인도
할 것이다.

사실 '공공부문의 민주화'라는 쟁점은 '국가의 민주화'라는 보다 근본적인
쟁점과 연관된 것이다. 아무리 공공부문 민주화 투쟁을 열심히 한다 하더라
도 현재의 국가가 자본가계급의 국가인 한 공공부문에서 노동자·민중의
자주관리가 관철되는 것은 환상에 가까운 일이 아니겠는가라는 반문은 정
당하다. 그러나 국가의 변형은 '최후의 결전'으로만 결정되는 단막극이 아니
다. 그것은 장구한 시간을 요구하는 일련의 실천과정을 요구한다. 그것은
노동자·민중의 권력이 탄탄히 서기 이전부터 시작되어야 한다. 즉, 국가
의 변형은 바로 지금부터 시작되어야 한다. 공공부문 노동운동은 바로 그
전위에 서야 한다.

셋째, 공공부문에 대한 민영화 공세가 진행되는 와중에서 오히려 공공부
문의 '확장'을 요구하고 나서야 한다. 이는 지금 당장에는 너무 과도한 요구
로 이해될 수도 있다. 그러나 하나 전제해야 할 것은, 이것이 공공부문 노
동조합만의 과제라기보다는 민중연대투쟁의 과제이고 더 중요하게는 정치
운동의 핵심과제라는 것이다.

앞서 말했듯이, 우리에게는 '뒤 선 자의 이점'이 있다. 복지분야를 중심으
로 공공부문의 확대를 주장할 수 있다. 의료보험의 보장성 강화를 요구하
고, 의료보험의 국고부담 및 사용자부담을 대폭 늘리고, 공공의료기관을
늘리는 투쟁을 벌여야 한다. 무상교육을 중·고등교육으로 확대하고, 공공
보육기관을 늘리는 운동을 전개해야 하며, 대학교육과 성인교육까지도 공
공화하는 방안을 모색해야 한다. 국민연금의 운영에 민주노조운동이 적극
참여하고 국민연금의 기금투자활동이 주식시장의 단기투자가 아니라 주요
생산 및 서비스 활동에 대한 장기투자가 되도록 만들어야 한다.

이에 더해 주목해야 할 것은, 대안 경제체제로 나아갈 거점으로서 금융
등의 핵심 경제영역에 공공부문의 확장을 요구하는 방안이다. 공적자금이
투입된 금융기관은 이미 국유화된 것이라 볼 수 있다. 신자유주의를 추종하
는 경제 엘리트들은 이를 다시 민간(대개 해외 금융자본)에 매각함으로써
만 공적자금을 회수할 수 있다고 한다. 그러나 스웨덴 등에서는 공적자금

투입 금융기관을 장기간 공공부문으로 묶어둠으로써 오히려 더 안정적으로 공적자금을 회수한 경험이 있다. ('문화일보' 10주년 특집 기사 참조)

가령, 노동자·민중운동이 이렇게 공공부문의 확장을 공세적으로 주장한다고 해보자. 이제까지 "공공부문의 민영화냐 방어냐"로 제한되었던 담론 지형은 이제 "공공부문의 축소냐 확장이냐"라는 새로운 지형으로 바뀔 수 있다. 이는 상대방을 우리에게 유리한 지형으로 유인해 전세를 결정적으로 변화시키는 전술이다.

위와 같은 과제들을 동시에 추구하는 것을 나는 '공공부문 방어·민주화·확장의 3면 전략'이라고 부르고 싶다. 이는 지구전의 1단계-2단계 국면을 차츰 2단계-3단계 국면으로 나아가게 하기 위한 전략이다. 공공부문 민주화 투쟁과 확장투쟁을 통해서 공공부문 방어투쟁은 힘을 받게 되고 자신감을 얻으며 유리한 고지를 점하게 될 것이다. 그리고 그 과정에서 투쟁의 중심은 공공부문 민주화 투쟁과 확장투쟁으로 옮겨갈 것이다. 이렇게 되면 전세 자체가 우리에게 유리하고 상대방에게 불리한 것으로 바뀐다. 우리는 지구전의 3단계로 접어들게 되는 것이다. 이것은 개별 노동조합의 '경제투쟁'이 아니라 '정치투쟁'이고 세상을 바꾸는 운동이다. 어쩌면, 이 점을 분명히 인식하는 것이야말로 가장 중요한 출발점이다.

한국에서 사회화와 이행의 경제전략

김성구

〔해설〕

이 글은 필자도 그 일원으로서 활동한 민주노총의 '노동운동발전전략위원회'(2000년 1월-12월)에서의 작업 결과를 독립된 한편의 글로 다시 정리한 것이다. 이 위원회는 현실사회주의체제의 붕괴, 세계화와 신자유주의적 전환, 한국에서 민간정권의 등장, 급변하는 남북관계 그리고 외환위기와 IMF관리체제 등 1990년대 노동운동의 외부적 정세변화와, 노동자계급구성의 변화, 신자유주의 구조조정 그리고 그에 따른 노동자계급의 조직적 이데올로기적 통합력의 약화 등 내부적 주체조건의 변화에 대응하여 넓게는 민주노조운동, 구체적으로는 민주노총의 운동성과와 한계를 평가하고 새로운 중장기 발전전망을 제시하고자 출범하였다. 이를 위해 이 위원회는 민주노조운동의 현재와 과거를 평가하는 것으로부터 민주노총의 운동기조와 이념적 지향, 경제사회 제도 및 정책 개혁 방향, 조직발전 전략 그리고 정치세력화에 이르기까지 광범위한 주제를 검토하여 보고서 초안을 작성하였고 10여 회에 이르는 민주노총 지역본부 순회토론을 거쳐 최종보고서를 제출하였다.

이 보고서는 한국의 노동운동이, 그 중심으로서 민주노총이, 변화하는 정세에 대응하여 한국사회의 구조개혁과 이행 그리고 노동운동의 전략적 문제들을 처음으로 체계화하여 제출했다는 점에서 일단 그 의의가 있을 것

이다. 그러나 순회토론이라는 형식의 제한된 토론에서도 이 보고서의 많은
문제가 제기되었다. 무엇보다도 '노동운동발전전략위원회'는 민주노총 내부
조직의 활동가들과 외부의 대학교수들로 구성되었는데, 내부의 활동가나
외부의 대학교수나 모두 정치적으로, 이론적으로 좌·우파를 포괄하는 다
양한 경향들을 대표했기 때문에 통일된 보고서를 작성하는 것은 처음부터
가능하지 않은 작업이었다. 이 보고서는 절충과 타협의 결과물일 수밖에 없
었다. 이 보고서가, 여기서 일일이 열거할 수 없지만, 노동운동내의 우파로
부터도, 좌파로부터도 여러 비판을 받았던 것은 그런 점에서 예정된 결과라
할 수 있다. 그러나 대중조직으로서 민주노총의 현재의 이데올로기 경향들
을 고려하면, 다른 방식의 위원회 구성도 가능하지 않았을 것이라고 생각된
다. 또 하나의 문제는, 필자를 포함하여 위원회의 위원들로 하여금 이 작업
에 집중할 수 없게 만드는 여러 가지 개인적, 정치적 사정들과, 그에 반해
짧은 시간일정 그리고 제한된 지면의 압박이었다. 깊은 연구와 충분한 토론
은 그래서 가능하지 않았다. 그런 점에서도 이 보고서에는 다음 작업을 위
한 중간 보고서 정도의 의미를 부여하고 싶다. 그러나 무엇보다 지적하지
않으면 안 되는 것은 이 작업에 대한 민주노총 내에서의 관심과 토론이 저
조하였다는 점이다. 이는 민주노총의 현재의 조직 및 이데올로기 상황을 반
영하는 것이라 할 수 있다. 조합원들의 참여와 토론이 보고서의 물질적 힘
이라는 의미에서 이 보고서는 힘을 갖지 못했다.

이 보고서에서 필자가 집필했던 부분은 민주노총의 이념적 지향과 관련
하여 '평등사회'로 이름지은 다음사회로의 이행을 위한 경제전략이었다. 이
부분도 좌파로부터는 자본주의 국가 또는 보다 구체적으로는 한국 국가의
계급적 성격에 대한 이해가 결여된 채 사민주의적 개량주의 전략에 빠졌다
는 비판과, 우파로부터는 현재의 세계적인 신자유주의 지배 정세와 대중조
직으로서의 민주노총의 주체적인 계급역량을 무시한 비현실적인 급진적 전
략이라는 비판을 동시에 받았다. 이런 비판은 부분적으로는 위에서 열거한
위원회의 한계에 비추어 이해할 수 없는 것은 아니지만, 필자로서는 기본적
으로 양쪽으로부터의 어떤 비판도 수용하기 어렵다. 여기서는 다만 이런 비
판들에 대한 필자의 변론으로서 이미 발표된 하나의 글을 참조시키고 싶

다. (김성구, 「사회화와 구조개혁 그리고 이행의 쟁점에 대하여」, 김성구 편, 『사회화와 이행의 경제 전략』, 이후, 2000)

앞서도 말한 바처럼 이하의 글은 최종보고서 중 필자가 집필했던 이 부분을 다시 정리한 것인데, 여러 면에서 수정이 불가피했다. 우선 '노동운동발전전략위원회'의 작업에서 집필한 초안과, 초안을 위한 초안들은 위원회 내부의 토론을 통해 절충되고 재배치되거나 또는 삭제되곤 하였는데, 위원회의 성격상 그것을 수용했다 하더라도 지금 여기서는 원래의 글들을 중심으로 다시 정리하고 싶었다. 뿐만 아니라 개념의 사용에서도 위원회의 성격상 여러 가지로 제한될 수밖에 없었는데, 여기서는 필자의 이론적 입장(국가독점자본주의론)을 분명하게 드러내고자 하였다. 그럼에도 이 글은 민주노총이라는 대중조직 수준에서의 토론을 위해 집필한 것이라는 본래의 성격을 크게 넘어가지 않는다.

*   *   *

1. 이행을 위한 전략과 국가권력의 전화

1) 현대자본주의와 위기 그리고 이행의 요소들

소유의 사회화, 사회적 조절 그리고 민주적 통제를 핵심적 요소로 하는 사회주의 사회로의 이행은 주관주의적인 이념의 소산이 아니라 현실의 객관적인 그리고 필연적인 경향이 발전한 결과이다.

현대의 고도로 발전한 자본주의(국가독점자본주의)는 이미 고전적인 자본주의의 고유한 특성(사적 소유, 자유시장적 조절, 자본가적 통제)을 일정하게 지양하는 사회화의 형태들, 말하자면 사회주의의 요소들을 그 태내에서 발전시켜 왔다. 즉 콘쩨른적 소유형태(주식소유)라든가 공공적 소유형태, 콘쩨른 내의 계획이나 국가적 계획, 그리고 노동자 경영참가 등이 그것이다. 이러한 요소들의 발전은 자본주의가 고도로 발전할수록 자본주의적 방식으로는, 즉 사적 소유와 자유시장적 조절 그리고 자본가적 통제만으로는 생산력의 발전을 조절할 수 없다는 모순의 표현이다. 이러한 모순은 이윤율의 경향적 저하와 자본주의의 구조적 위기들(특히 1930년대의 대공황)에서 구체적으로 표출되는데, 자본주의의 구조위기를 극복하기 위해서는 사회주의의 요소들을 자본주의의 틀 내에 도입하는 구조적 재편과정이 불가피했다.

물론 이들 요소는 아직 자본주의의 틀 내에서의 사회화형태이고 기본적으로는 독점자본의 이윤논리에 종속되어 있어 그 자체로서 사회주의 요소는 아니다. 말하자면 그것들은 사회주의의 맹아적인 형태일 뿐이다. 이들 요소는 노동자계급에 의한 자본주의 국가의 장악과 독점자본의 사회화 속에서 비로소 독점자본의 이윤논리로부터 탈각하여 사회주의의 구성요소로 전화된다.

1970년대 중반 이래 현대자본주의의 구조위기와, 위기극복을 위한 새로운 대안으로서 케인즈주의와 사민주의를 비판하며 등장한 신자유주의와 그 위기에서도 자본주의 발전의 이 필연적인 경향을 확인할 수 있다.

케인즈주의 또는 사민주의는 일국자본주의 수준에서 노자간의 타협과 국가개입주의에 입각하여 한편에서 확장정책과, 다른 한편에서 독점자본의 이윤논리에 대한 제한을 제도화하였다. (한편, 케인즈주의 또는 사민주의가 작동할 수 있었던 국제적 조건은 IMF/GATT체제, 즉 미국자본주의의 헤게모니 하 국가독점자본주의적 국제협력이었다.) 그에 반해 1980년대 이래 경제정책적 헤게모니를 장악한 신자유주의는 케인즈주의 또는 사민주의의 타협체제가 가져온 시장경제의 작동원리의 훼손, 사회복지정책의 남용, 국가기구의 관료주의화에서 경제위기의 원인을 찾고 그 정책대안으로서 탈조절과 민영화, 자유화와 개방화 그리고 노동시장의 유연화를 급진적으로 추진하였다.

그러나 신자유주의 정책은, 미국자본주의의 예외적인 긴 호황을 제외하면(공황으로의 전락과 함께 그것도 결국 예외가 아니었음이 드러났지만), 선진자본주의 국가들에서 전반적으로 고도성장의 동력을 회복하지 못했고 그에 따라 대량실업의 구조화, 재정위기의 지속 등 구조불황이 지속되었을 뿐 아니라 자유화와 개방화의 결과 일련의 국제 금융위기에서 보는 바처럼

시장경제의 불안정과 위험은 더욱 심화되었다. 케인즈주의 또는 사민주의
가 1930년대 이전 자유주의 경제정책의 파괴적 효과로서 발생한 대공황에
대한 반성이었음을 상기하면, 이러한 결과는 예정된 것이었다. 케인즈주의
와 사민주의를 공격하고 30년대 이전의 경제정책으로 돌아가자는 주장은
위기와 무질서를 심화시킬 뿐이었다. 즉 신자유주의 정책의 위기 속에서 시
장경제의 위기는 시장경제의 원리를 극대화하는 정책으로는 해결할 수 없
다는 것이 명명백백하게 드러나게 되었고, 오히려 국가개입을 보다 강화하
여 시장경제를 사회적으로 통제해야 할 필요성이 더욱 증대되었다.

2) 이행의 전략과 자본주의적 정책대안들

따라서 현대자본주의의 위기를 극복하기 위해서는 제한적인 국가개입주
의정책을 통해 파산할 수밖에 없었던 역사적 케인즈주의 또는 사민주의를
오른쪽으로 틀어 공공적 소유와 사회적 조절을 더욱 제한하고 자본의 운동
에 보다 많은 자유를 허용할 것(신자유주의적 길)이 아니라 공공적 소유와
사회적 조절을 더욱 확대하고 자본의 자유로운 운동을 실제적으로 제한하
는 왼쪽으로의 정책전환(사회화의 길)이 요구되는 것이다.

물론 국가개입과 사회적 조절을 핵심으로 하는 전략대안의 모색에서는
먼저 역사적으로 파산한 케인즈주의 또는 사민주의의 정책을 올바로 평가
하는 문제가 제기되지 않을 수 없다. 왜냐하면, 오늘날 누가 국가개입과 사
회적 조절을 변호하려 시도한다면, 국가개입주의를 표방한 케인즈주의와
사민주의는 그러면 왜 파산했는가 하는 질문에 당장 부딪치기 때문이며, 그
런 개입주의에 대한 근본적인 회의를 걷어내지 않으면 안되기 때문이다. 그
러나 이러한 질문과 회의에는, 역사적으로 파산한 케인즈주의 또는 사민주
의라는 특정한 개입주의 정책과, 사회화를 핵심으로 하는 국가의 경제개입
전략을 차별해서 이해해야 하는 중요한 문제가 간과되거나 혼동되고 있다.

우선 사민주의라 하더라도 그것은 역사적으로 그 정책노선을 수정해 왔
을 뿐 아니라 국가에 따라서도 수정의 역사가 상이한데, 그 역사에서 결정
적인 정책변화는 산업과 금융에 대한 사회화 프로그램의 견지 여하에 있다.
이는 사민주의가 자본주의 시장경제를 기본적으로 승인하는가 아닌가라는

근본적인 문제와 관련한 것이다. 고전적 사민주의로부터 현대 사민주의로 이행하는 과정에서 사민당은 사회화 프로그램을 포기하고 시장경제를 기본적으로 승인하게 된다. 바로 이 점이야말로 사민주의를 고전적 사민주의와 현대 사민주의로 구분하게 하는 기준이다. (또는 사민주의 좌파와 사민주의 우파를 구별하는 기준이기도 하다.) 독일에서 이 과정은 1950년대 말 고데스베르크 강령을 통해 이루어지는 반면, 프랑스 사회당은 1990년에 이르러서 비로소 사회화를 강령적으로 철회하였고 1994년 영국 노동당도 이를 포기하였다. 물론 사회화를 그때까지 강령적으로 견지하였다고 해서 집권한 사회당이나 노동당 정권이 이 강령을 전면적으로 실행했던 것도 아니었다. 즉 강령의 정책과 현실의 정책간에는 심각한 괴리가 존재하였다. (2차대전 후 영국 노동당이나 미테랑 대통령 하 프랑스 사회당 등의 국유화도 제한적 성격의 것이었음을 지적하지 않으면 안 된다.)

케인즈주의 또한 통상적으로 이해하는 것보다는 그 스펙트럼이 넓다. 그 중에서도 특히 사회화를 기준으로 좌파 케인즈주의와 우파 케인즈주의를 차별할 수 있을 것이다. 양자는 모두 케인즈의 이론을 계승한다고 하면서도, 우파 케인즈주의가 시장경제의 기본질서를 승인한 위에서 정부의 유효수요 확장정책을 통한 완전고용과 소득분배정책으로 자본주의 시장경제를 구원하고자 한다면, 좌파 케인즈주의는 투자정책의 사회화와 사회적 기업을 지향하여 시장경제의 핵심원리를 침해함으로써만 자본주의의 위기를 극복할 수 있다고 주장한다.

많은 논자들에서 이러한 구별은 흔히 간과되는 것이지만, 사민주의와 케인즈주의의 평가에서 무엇보다 중요한 것이 아닐 수 없다. 왜냐하면 경제위기를 맞아 역사적으로 파산한 케인즈주의 또는 사민주의는 우파 케인즈주의 또는 우파 사민주의이었고 사회화를 핵심으로 하는 좌파 사민주의적 또는 좌파 케인즈주의적 국가개입정책의 파산은 아니었기 때문이다. 즉 자본주의 시장경제의 구조위기를 맞아 우파 케인즈주의나 우파 사민주의 같은 단순한 확장정책이나 소득분배 정책으로는 자본주의를 구원할 수 없었는데, 이 경우 개입주의 정책의 파산이라 함은 실제로는 시장경제의 원리를 기본적으로 침해하지 않는 제한적인 개입주의 정책의 파산이었던 것이고,

현대 자본주의와 그 위기가 점점 더 국가의 포괄적인 개입을 요구한다는 점에서 그 파산은 또 불가피했던 것이다. 반면 좌파 케인즈주의 또는 사민주의 좌파 정책은 사민당이나 노동당의 집권에도 불구하고 전면적으로 실시되지 못했다. 따라서 사회화를 핵심으로 하는 국가개입주의적 탈불황정책은 우파 사민당과 노동당 정권의 파산에도 불구하고 아직도 파산하지 않았다고 해야 할 것이다.

물론 여기서 좌파 사민주의나 좌파 케인즈주의의 사회화정책을 변호한다고 해서 우리가 고전적 사민주의를 변호하는 것은 결코 아니다. 고전적 사민주의(비판)의 핵심적 문제는 사회화 프로그램 자체가 아니라 그것을 실현시키는 경로와 관련되어 있다. 고전적 사민주의는 첫째, 자본주의적 생산관계 내에서의 사회화형태의 모순(그 자본주의적 성격)을 인식하지 못하고 그 단선적인 확장에서 사회주의로의 이행을 전망하였고, 둘째, 자본주의 국가에 대한 부르주아적 관점에 빠져 이 이행이 어떤 형태로든 계급투쟁을 통한 부르주아 국가의 분쇄 및 전화와 결합되어 있다는 것을 왜곡하였다. 따라서 고전적 사민주의 또는 좌파 사민주의와 좌파 케인즈주의의 사회화개념에 대해서는 이런 비판적 관점에서 제한적으로 그 의의를 평가하지 않으면 안 된다. 그러나 그렇다고 해서, 자본주의의 전면적 회복을 시도하

	조절형태	소유형태	통제형태
① 좌파 케인즈주의/ 사민주의 좌파	사회적 조절 +시장조절	(지)사회적 소유 +(부)사적소유	민주적 통제
② 우파 케인즈주의/ 사민주의 우파	(지)시장조절 +(부)거시적 경제조절	(지)사적소유 +(부)사회적 소유	이해관계자통제
③ 독일형 신자유주의	(지)시장조절 +시장적합적 국가개입	(지)사적소유 +(부)사회적 소유	이해관계자통제
④ 제3의 길 (② 또는 ③과 ⑤의 중간형태)	중간형태	중간형태	중간형태
⑤ 영미형 신자유주의	(지)시장조절	(지)사적소유	주주 통제

　* (지): 지배적, (부): 부차적

는 신자유주의 정세 하에서 좌파 케인즈주의 또는 사민주의 좌파의 경제정
책이 하나의 좌파적 대안으로서 포괄할 수 있다는 것을 부정해서도 안될 것
이다. 신자유주의를 포함한 여러 자본주의적 정책대안과 좌파 케인즈주의
또는 사민주의 좌파의 대안은 앞의 도표처럼 정리할 수 있다.

3) 환경과 여성, 민족문제 등 비계급적 문제와 이행의 전략

비계급적 문제는 기본적으로 자본주의로부터 사회주의로의 이행의 문제
를 넘어가는 문제이다. 즉 이 문제는 자본주의를 넘어가는, 다시 말해 노동
자계급과 자본가계급간의 적대 및 노동자계급에 대한 자본가계급의 착취와
그 본질을 달리하는, 또 다른 착취와 적대의 문제이다. 그러나 환경과 여
성, 민족문제는 계급문제와 함께 하나의 사회의 여러 측면을 구성하며 그러
한 한, 하나의 사회에서 상호 규정되어 있고 통일적으로 연관되어 있다. 따
라서 환경과 여성, 민족문제로부터 절대적으로 떨어져서 계급문제로만 존
재할 수 없다면, 계급문제로부터 절대적으로 떨어져서 홀로 존재하는 환경
이나 여성, 민족문제도 존재할 수 없다. 이처럼 계급적 문제와 비계급적 문
제는 하나의 사회에서 상호 규정되어 연관되어 있으면서도 상호 어느 하나
로 환원될 수 없는, 본질적으로 상이한 독자적인 문제라 할 수 있다.

그러나 현대자본주의 하에서의 환경파괴와 여성착취, 민족억압 문제는
독점자본과 초국적자본의 독점이윤 지배와 크게 관련되어 있고, 그러한 한
에서는 이 문제도 이행의 문제와 관련되어 있다. 오늘날 위험한 수준에 이
른 환경파괴와 민족, 인종간 전쟁문제는 무엇보다도 (초국적) 독점자본의
무제한적 이윤추구가 생태계와 국제관계에 미친 결과로서 이런 비계급적
문제의 해결을 위해서는 독점자본의 이윤원리를 제한, 지양하지 않으면 안
되는 것이다. 물론 이런 비계급적 문제는 독점자본을 지양하더라도 그것만
으로 해결될 수 없고 계급적 문제를 넘어 여전히 남는 문제이지만, 독점자
본의 지배시대에는 독점이윤의 추구에 의해 비계급적 문제가 심각한 상황
까지 발전하기 때문에 그 해결을 위해서는 독점자본과 독점이윤을 제한하
고 지양하지 않으면 안 된다는 것이다.

이 때문에 비계급적 운동은 비계급적 문제를 해결하기 위해 반독점전선

에 나서지 않을 수 없는 바, 그 운동이 진정으로 자신의 문제를 해결하고자 하면 할수록 보다 완강하게 반독점전선으로 나가게 된다. 여기서 사회화를 핵심으로 하는 노동자계급의 반독점운동에 비계급운동이 결합할 수 있는 토대가 있는 것이다. 따라서 노동자계급은 독점자본의 시대에 자신의 계급적 문제만이 아니라 비계급적 문제까지 떠안지 않으면 안되며, 그것이 독점자본의 이윤원리와 충돌함을 폭로해서 환경운동이나 여성운동, 평화운동 같은 비계급적 시민운동이 자유주의적 소부르주아운동으로 전락하지 않고 반제국주의, 반독점운동으로 발전하도록 견인해야 한다. 또 그렇게 해서 노동자계급은 반독점전선을 강화해야 하는 것이다. 물론 반독점문제를 넘어서는 비계급운동의 고유한 문제도 그 자체 문제로서 제기하고 해결하고자 해야 하지만, 그 문제의 진정한 해결은 반독점변혁 후에 비로소 힘을 받을 수 있을 것이다.

4) 이행에서의 사회화 프로그램의 지위와 현실화 경로 그리고 국가권력의 전화

이하에서 전개될 사회화 프로그램(공공적 소유와 사회적 조절 그리고 민주적 통제에 대한 프로그램)은 사회주의로의 이행을 위한, 일종의 과도기경제의 프로그램이다. 과도기경제의 프로그램은 기본적으로 현대 국가독점자본주의에서 불가피하게 발전하는 사회화의 형태들을 토대로 하여 구상하지만, 그것은 그 형태들의 획기적인 확장만이 아니라 그 속에 각인되어 있는 독점자본적 성격을 탈각시키고 노동자대중의 이해에 복무하도록 하는, 질적인 단절 위에 성립한다. 따라서 이행기 프로그램의 실현을 위해서는 근본적으로 독점자본의 국가를 지양하는 새로운 국가를 전제하지 않으면 안되며, 사회화란 이렇게 국가권력의 장악을 둘러싼 투쟁과 불가분의 문제이다.

물론 이행과 사회화가 자본주의적 사회화로부터 단절적 성격을 갖는다고 하더라도 그것이 자본주의 하에서의 사회화를 둘러싼 투쟁을 부정하는 것으로 이해되어서는 안 된다. 자본주의 하에서의 사회화는 독점적 생산관계의 지배와 국가의 독점자본주의적 성격 때문에 궁극적으로 독점자본에 복

무한다 하더라도 국가가 일정하게 상대적 자율성을 갖고 있고 그 한계 내에
서 노동자계급의 이해에 복무시킬 수 있는 것이어서 반독점 사회화의 투쟁
공간은 현실적으로 부정할 수 없다. 이 때문에 국가와 공공부문은 현대자본
주의 하에서 계급투쟁의 주요한 장이 될 수밖에 없다. 따라서 자본주의 하
에서 사회화를 위한 투쟁을 부정하고 자본주의 하에서 투쟁은 일상적인 개
혁투쟁에 한정되며 변혁투쟁과 국가권력의 장악 후에야 비로소 사회화를
실행할 수 있다고 주장한다면, 국가와 공공부문이라는 계급투쟁의 주요한
장이 시야에서 사라지게 된다. 물론 자본주의 하에서 도입되는 사회화가 반
독점적 성격을 띠기 위해서는 그 정책 내용을 둘러싸고 독점자본가적 국가
와 투쟁하지 않으면 안되며 또 대중들의 투쟁력만이 그 정책에 반독점적 성
격을 강제할 수 있다. 그에 따라 국가의 형태와 정책 성격이 변화하는 바,
이렇게 독점자본의 국가라는 동일한 국가유형에도 불구하고 독점자본의 지
배가 상이한 방식으로 관철되는, 여러 변종의 국가형태를 상정할 수 있게
된다.

다시 말해, 문제는 자본주의 하에서의 제한된 사회화와 진보적 권력 하
에서의 전면적인 사회화간의 변증법인데, 현실자본주의 하에서 사회화를
통한 근본적 대안전략의 제기와 이 전략의 실현을 위한 대중들의 투쟁과 조
직화가 없다면, 자본주의 하에서의 일상적인 개혁과 생존권투쟁은 결코 사
회화와 국가권력의 장악을 위한 투쟁으로 발전할 수 없다. 따라서 사회화는
독점자본주의 국가를 상정하더라도 그 국가의 민주화 속에서 한발 한발 실
행되는 정책일 뿐 아니라 이 정책을 둘러싼 계급투쟁에서 노동자계급이 승
리하고 그럼으로써 국가의 성격을 근본적으로 변화시키는 권력장악과 함께
전면화되는 그러한 변증법에서 이해해야 한다.

그것은 곧 자본주의로부터 사회주의로의 이행기의 두 단계, 즉 현대 국
가독점자본주의 하에서의 이행을 위한 투쟁과, 진보적인 국가권력 장악후
의 이행강령의 전면적 실행이라는, 이행기의 두 단계에서의 변증법으로 이
해할 수 있다. 전자의 단계에서 노동자계급과 진보진영은 의회에서 진보정
당이 자리를 잡지 못한 상태에서도 의회 밖에서 대중투쟁의 압력을 통해 자
본주의적 사회화에 반독점성격을 강제해 나갈 수 있고 소수파라도 의회에

진보정당이 진출한 경우에는 의회에서의 투쟁과 의회 밖 투쟁을 결합함으로써 그 반독점적 성격을 강화할 수 있다. 그리고 이러한 투쟁의 전개 위에서 비로소 후자의 단계로 투쟁을 전화할 수 있을 것이다. 따라서 소유와 조절, 통제에 대한 이하의 사회화 프로그램은 현대 국가독점자본주의에서 이행투쟁을 위한 프로그램이자 진보적 권력 수립과 함께 전면적으로 도입해야 할 프로그램이라는, 두 단계의 투쟁에 조응하는 이중적 지위를 갖는 것이다.

2. 사회화 프로그램: 사회적 소유와 사회적 조절 그리고 노동자 통제

사회화와 관련한 노동운동의 요구는 현실적으로는 통제에 대한 요구로부터 시작하여 조절과 소유에 대한 보다 높은 요구로 발전한다. 그러나 여기서는 사회화 프로그램의 체계를 제시하는 게 목적이므로 소유와 조절 그리고 통제의 순서로 서술할 것이다. 각 항목에서의 내용도 현실운동의 요구에 따라 배치한 것이 아니라 이러한 목적에 따른 것이다. 따라서 이 프로그램을 현실운동에 적용할 때는 현실의 객관적 요구와 운동의 발전수준에 따라 적절하게 재배치해서 제출하지 않으면 안 된다.

1) 사회화 프로그램 1: 사회적 소유
(1) 공공부문의 확장과 그 의의

공공부문 또는 국가부문은 자본전체의 재생산의 기초가 되는 부문(본질)으로서 또 공공적 서비스를 공급하는 부문(형태)으로서 결코 사적인 소유와 지배에 맡겨질 수 없다. 앞서도 언급한 바처럼, 현대자본주의 하에서 공공부문은 계속 팽창해 왔는데, 이는 자본주의의 역사적 제한성과 새로운 사회로의 이행의 불가피성을 표현하는 것이 아닐 수 없다. 그 결과 자본주의의 전체 재생산과 계급의 재생산은 단순히 사적 소유와 시장적 기제를 통해 이루어지는 것이 아니라 공공부문의 매개를 통해 크게 영향을 받게 되었다. 공공부문은 이제 노동자, 민중과 독점자본간의 경제적 정치적 투쟁의 핵심적 공간으로 자리잡기에 이르렀고, 오늘날 공공부문을 둘러싼 투쟁을 방기하고서는 노동자계급의 생존과 재생산 보장을 위한 올바른 투쟁을 담보할 수 없는 상황이다.

자본주의 하에서 공공부문은 기본적으로 독점자본의 이윤원리에 종속되어 있지만, 또 그 때문에 정경유착과 관료주의적 부패로 왜곡되어 있지만, 동시에 공공부문은 노동자계급과 민중이 사적 독점자본의 시장적 지배에 대항하여 자신의 이익을 관철할 수 있는 가장 중요한 수단인 것이다. 따라서 민영화와 탈조절은 저지되어야 하며 오히려 공공부문의 확장을 통해 사적 소유와 시장의 지배영역을 더욱 제한해야 한다.

사회화가 사회적 소유를 지향한다 하더라도 소유의 사회화형태에는 국·공영기업, 기금소유기업, 노동자소유기업, 협동조합기업 등 다양한 형태가 포괄되어 있다. 즉 사회화는 통상 비판되는 것과는 달리, 국유화와는 다른, 보다 포괄적인 개념인 것이다. 한편, 민주노동당 강령에 나타나 있는 '민주적 참여기업'은 소액주주를 사회적 소유의 한 형태로 승격시킨다는 점에서 심각한 왜곡을 내포하고 있는데, 이를 논외로 한다 하더라도 사회적 소유기업으로서 민주적 참여기업이라는 특별한 별개의 형태를 구분할 필요는 없다. 왜냐하면 이 기업형태를 특징짓는 요소는 우리사주나 국민주 등 소액주주를 포함한다는 것인데, 이런 부분은 공기업 형태에서도 포괄할 수 있기 때문이다. 즉 현행 기준에 따르면, 공기업은 정부의 투자지분이 50% 이상이면 정부투자기관, 그 이하이면 정부출자기관 그리고 정부투자기관이 대주주로서 출자하면 재투자기관 등으로 구분되기 때문에 공기업에서도 우리사주 지분이나 소액주주 부분을 포괄할 수 있는 것이다. 이 경우 문제는 이들 지분이 기업의 공공성을 침해하지 못하는 수준으로 제한되는가 하는 점이며, 국가나 공공부문이 안정적인 지배 지분을 확보한다면 소액주주의 문제는 부차적인 것으로서 수용할 수도 있다. (따라서 재벌소유기업의 사회화에서도 다수의 소액주주는 사회화의 대상에서 벗어날 수 있다.) 그렇게 이해하면, 공기업의 민영화와 관련하여 공공성이 강한 기업인가 아니냐에 따라 공기업 사수와 민주적 참여기업 형태로의 민영화라는 위험한 결론을 끌어내는 것에 대해서도 올바로 비판할 수 있게 된다.

소액주주나 우리사주 등에 대해서는 이행전략의 관점에서 원칙적인 비판이 전제되어야 한다. 특히 노동자들의 개별적 소유에 입각하고 있는 현행 우리사주제도는 노동자계급을 투기적인 자본주의사회에 포섭하려는 은밀한 시도로서 결코 사회화의 한 요소가 될 수 없다. 그것들은 사회적 소유의 형태가 아니라 기본적으로 사적, 자본주의적 소유형태이기 때문이다. 자본주의 하에서 주식 자체는 사회적 소유로 발전한 형태이지만, 그에 대한 지분적 소유는 사적, 자본주의적 소유인 것이다. 따라서 우리사주는 공기업 민영화의 대안으로 제시되어서는 안 된다. 우리사주제도가 위에서 언급한 노동자소유기업으로서 사회적 소유형태로 접근하기 위해서는 현행 우리사주제도를 집단적 소유를 강화하는 방향으로 개혁하지 않으면 안 된다. 물론 노동조합은 기업통제를 위해 소액주주나 우리사주 등 현실의 제도를 활용할 수는 있지만, 그것은 여기서의 문제와는 다른, 별개 차원의 문제이다.

(2) 재벌기업의 사회화 1: 공기업화

사회화의 문제는 단지 공공부문의 문제가 아니다. 오히려 사적 재벌의 거대기업과 계열기업의 사회화 요구야말로 사회화의 핵심이라 할 수 있다. 반면 중소기업과 자영업은 사회화의 직접적 대상이 아니며 당장은 사적 소유를 승인하지 않을 수 없다.

재벌기업의 사회화는 자본주의적 재벌개혁이나 재벌해체를 넘어가는 정책이다. 뿐만 아니라 자본주의 하에서 소유분산은 소유집중의 토대일 수밖에 없기 때문에 단순한 소유분산이나 소유와 경영의 분리만으로는 재벌을 해체시킬 수도 없다. 즉 자본주의적 재벌개혁으로는 결코 재벌을 해체시킬 수 없다. 재벌지배의 핵심은 재벌총수 일가의 소유지배이며 따라서 재벌기업의 사회화를 위해서는 재벌총수 일가의 소유지분을 사회적으로 환수하지 않으면 안 된다. 재벌총수 일가의 소유지분은 국가에 의해 유상으로 매입할 수도 있고 부정과 비리가 드러난 재벌에 대해서는 무상으로 환수할 수도 있으며 워크아웃에 들어간 재벌에 대해서는 부채출자전환의 방식을 통해 공기업으로 전환시킬 수 있다. 나아가 제조업부문의 기존 공기업들과, 공기업으로 전화된 재벌기업들을 예컨대 단일한 국가지주회사로 편입시켜 이들 기업들간의 산업연관에 토대를 갖는 국가적 계획을 도모할 수 있을 것이다. 이는 비민주적인 국가기구에 의한 관료주의적 통제의 문제가 심각하게 제기되는 현실을 고려할 때, 국가가 직접 공기업 소유지분을 갖는 대신 국가지주회사를 통해 국가의 통제를 간접화한다는 점에서 보다 바람직한 형태라 할 수 있다. 즉, 국가지주회사가 공기업의 지분을 소유, 통제하고 국가지주회사는 중앙정부의 출자 외에 지방자치단체 등 공공부문의 출자로 건립되며 그 운영(이사회)에 공공적 지분소유자만이 아니라 노동조합 대표나 공익대표를 참가시키는 방안이다.

(3) 재벌기업의 사회화 2: 기금 또는 자산관리공사를 통한 사회화와 통제

재벌기업의 사회화에 있어서는 공기업화만이 아니라 보다 낮은 수준의 사회화이지만 기금을 통한 사회화도 모색할 수 있다. 즉 공공기금과 임노동자 기금형성 등을 통한 집단적 주식 지배와 이를 통한 사회화가 그것이다. 민간 재벌기업을 공기업화하지 않고서도 기금에 대한 사회적 통제권을 확보함으로써 이들 기금이 소유하고 있는 기업들을 사회적으로 통제하는 방안인데, 여기에는 물론 기금에 대한 사회적 통제가 전제되어야 한다. 이것은 특히 재무구조가 비교적 탄탄한 재벌들에 대해 직접 사회화 요구를 제기하기 어려운 경우 이를 우회하는 유력한 방식일 수 있다. 따라서 공기업화냐 기금소유기업이냐 하는 것은 사회화의 수준을 달리하는 것이기는 하지만, 정세에 따라서는 경쟁적인 대안이라기보다 개별 재벌의 상태에 따른 상호 보완적 관계로 이해할 수 있다. 아울러 자산관리공사는 비록 주식에 대한 직접적 지배가 아니라 부실채권을 보유, 관리한다 하더라도 주요한 채권자로서 기업에 대한 통제권을 행사할 수 있으므로 이를 통한 기업의 사회적 통제를 도모할 수 있을 것이다.

(4) 금융기관의 사회화 또는 예금보험공사를 통한 사회화

금융기관은 산업의 생산과 경영, 자금을 통제하는 핵심적인 기능을 수행하는 것으로서 금융기관을 사회적으로 통제하면 이를 통해 기업에 대한 사회적 통제의 길도 열리게 된다. 특히 산업과 생산의 사회적 조절을 위해서는 자금 배분에 대한 공공적 통제가 불가피한 만큼 재벌기업의 사회화와 병행해서 금융기관에 대한 사회화 요구가 제기된다. 경제위기 정세에서는 공적자금을 투입한 금융기관들이 당연히 국영은행으로 전환되므로 여기서 사회화는 필연적인 수순이라 할 수 있다. 또 부실 금융기관 처리의 일환으로 일련의 주식을 인수하게 되는 예금보험공사의 기능을 감안하면 예금보험공사를 금융부문에서의 일종의 국가지주회사 같은 성격으로 전환시키고 이를 통한 금융기관의 사회화도 모색할 수 있다. 문제는 대중의 부담과 희생 위에서 사회화되는 금융기관이 재민영화의 수순을 밟아서는 안 된다는 것이다. 한편, 국제금융자본의 투기적 운동이 지금처럼 세계화되는 경향 하에서 금융기관의 사회화는 국제금융자본의 통제와 국가주권의 수호에 관련되는 것이며 국민경제의 안정성을 지키는 보루이기도 하다.

2) 사회화 프로그램2: 시장적 조절의 제한과 국가적 조절의 확대, 강화

(1) 생산의 불비례, 과잉생산공황 그리고 구조불황을 초래하는 시장조절과 독점이윤의 원리

신자유주의에 의해 추동되는 시장조절과 이윤의 원리는 개별자본가에게는 생산성 경쟁을 통한 효율성 제고를 가져오지만, 전체자본, 전체사회에는 무정부적 생산과 불비례, 주기적 공황과 구조불황 그리고 금융위기를 초래한다. 뿐만 아니라 오늘날 시장경쟁은 독점이윤을 둘러싼 독점적 경쟁이므로 이런 경쟁은 자유경쟁과 달리 독과점적 성격 때문에 개별자본가에게도 효율성을 제고하는 데 한계를 갖는 것이다. 따라서 자본주의의 위기를 극복하고 사회전체의 재생산을 합리적이고 효율적으로 조절하기 위해서는 시장의 지배영역을 제한하고 사회적 조절의 영역을 확대해야 하며 시장에 대해서는 사회적 통제를 강화해야 한다. 그러나 이행기의 사회화 프로그램이 중소기업과 자영업에 대한 사적 소유를 승인하는 것에 조응해서 조절정책에서도 사적 소유를 토대로 하는 광범한 시장의 존재와 기능 자체를 승인하지 않을 수 없다.

(2) 국가의 계획적 조절의 확대, 강화

시장적 조절과 마찬가지로 사회적 조절도 경제적 재생산(생산, 교환, 분배, 소비)과 계급간 재생산을 조절해야 한다. 시장조절의 영역을 제한하고 사회적 조절의 영역을 확대하는 데 있어 중심적인 의의는 국가계획과 국가적 조절의 확대에 있다. 물론 광범위하게 시장이 존재하고 또 기능하는 과도기에서 국가계획과 국가적 조절은 그만큼 불완전할 수밖에 없다. 그것은 현대 국가독점자본주의에서 발전해 온 국가계획과 국가적 조절을 물질적 토대로 하는 바, 그 조절기구들, 즉 국·공영기업과 국가재정 그리고 중앙은행제도를 독점이윤을 위해서가 아니라 노동자계급에 복무하도록 성격을 전환시켜 나가는 것이다. 사회주의의 역사적 실패 경험에 비추어 볼 때, 국가의 계획적 조절에서는 민주적 참여와 계획을 어떻게 조화시키고 그러면서도 계획적 조절이 불완전하나마 유효하게 기능할 수 있게 하는가가 핵심 관건이라 할 것이다.

사회적 조절에서 국가의 계획과 조절은 자본주의 시장경제 하 자본주의 국가의 거시경제적 총량조절과는 그 성격이 다른 것임을 인식해야 한다. 후자가 이윤원리에 의해 추동되는 시장경제의 기본질서를 승인하고 재정지출과 통화량 그리고 이자율 등 매개 변수를 통해 시장경제에 간접적으로 영향을 미치고자 하는 것이라면, 전자는 사회화된 부문을 토대로 하여 직접 시장의 운동영역을 제한하고 이 부문에서 독점이윤의 원리가 아니라 사회전체의 필요에 따른 새로운 원리를 점차 도입하는 것이다.

한편, 국가의 계획적 조절에서 사회화된 부문간의 거래가 가격계산으로 계획되고 실현된다 하더라도 이 가격은 기본적으로 계획적인 성격을 가질 수밖에 없다. 말하자면 사화화된 부문에서 가격기구의 성격은 변화하게 되는 바, 그것은 이미 재벌 계열기업간의 내부거래가 시장가격계산으로 이루어지면서도 사실은 재벌그룹차원에서의 이윤극대화를 위한 계획적인 거래라는 것과 유비되는 성격이라 할 수 있다. 그러나 재벌그룹 내에서 계열기업간의 거래가 재벌의 독점이윤을 극대화하는 원리에 의해 계획된 것이라면, 사회화부문에 기초한 국가적 조절은 이윤원리가 아닌 필요의 원리에 의해 계획된 것이라는 점에서 근본적인 차이가 있다. 다시 말해 여기서 국가적 조절은 형식적으로 사회화된 부문간의 가격거래(시장거래)에 기초한다 하더라도 기본적으로 계획적 성격을 갖는다. 그에 반해 국가의 계획에 포괄되는 사회화된 부문과 사적 민간부문간의 거래 또는 사적 민간부문간의 거래는 자본주의 시장경제에서와 동일한 성격의 가격거래(시장거래)라 할 것이다.

(3) 국가재정의 확대, 강화

국가재정은 국·공영기업과 함께 국가부문과 공공부문의 계획적 조절에서 가장 중요한 물질적 토대라 할 수 있다. 주지하다시피 오늘날 노동력의 재생산은 국가재정을 비롯한 공공부문에 의해 크게 의존하지 않을 수 없게 되었다. 즉 (기술)교육, 질병, 실업, 노후보장, 주택 등 노동력의 재생산과 관련된 사항들은 과거처럼 노동자가 개별적으로 해결할 문제가 아니라 점차 국가가 사회적으로 해결해야 할 문제로 전화하였다.

노동력의 재생산을 시장기구에 따라 개별적으로 도모하는가 아니면 국가를 통해 사회적으로 해결하는가 여하는 소득재분배를 독점자본과 자산계급에 유리한 방향으로 가져가는가, 아니면 노동자계급에게 유리한 방향으로 가져가는가를 가늠하는 주요한 문제이다. 시장을 통한 해결은 수익자 부담의 원칙이 작용하므로 고소득자는 자신의 소득에 비해 상대적으로 적은 비용으로 높은 혜택을, 저소득자는 과도한 비용부담으로도 낮은 수준의 혜택을 받게 하는 반면, 국가를 통한 사회적 해결은 고소득자에게는 상대적으로 높은 비용부담을, 저소득자에게는 적은 비용부담을 강제하고 그 혜택은 모두에게 일반화한다는 점에서 소득재분배와 보편적인 사회보장의 길을 열어놓는다.

따라서 국가재정의 규모와 세출, 세입의 내용은 노동자, 민중과 독점자본간의 정치적, 경제적 투쟁의 주요한 대상이 아닐 수 없다. 국가 또는 공공부문을 통해 노동자계급과 민중이 교육, 의료, 주택, 문화 등 자신의 경제적, 사회적, 문화적 재생산을 관철할 수 있기 위해서는 재정규모의 확대, 재정을 통한 소득 재분배와 사회보장, 공공서비스의 확대가 이루어져야 할 것이다.

한국에서 GDP대비 국가재정은 선진자본주의 국가들의 절반수준에 지나지 않고 그나마도 노동자계급의 재생산보다는 국방부문과 자본축적을 위해 재정지출이 충당되었다. 그에 따라 4대 보험 등의 도입에도 불구하고 노동자계급의 재생산은 공공부문보다는 상대적으로 시장기구를 통한 노동자 개개인에 의한 해결에 크게 의존할 수밖에 없는 실정이다. 이런 상황을 타파하기 위해서는 무엇보다도 국가재정을 획기적으로 확대해야 하고 역진적인 성격의 간접세 중심의 세원을 자산세나 자산소득세 중심의 누진적인 직접세로 전환해야 하며, 상속·증여세를 강화하고 부정한 방식의 탈루소득을 잡아내야 한다. 또 금융자본의 투기적 운동에 대한 통제수단으로서도 의미가 있는 자본차익세와 외환거래세의 도입도 시급하게 요구된다. 세출에서도 국방부문의 예산 비중을 대폭 줄이고 사회보장과 공교육, 공공서비스부문을 대폭 증대하는 방향으로 바꿔나가야 함은 두말 할 것도 없다.

(4) 시장에 대한 국가적 통제

국가적 조절은 사회화된 부문에 대한 직접적인 국가 조절(국·공영기업의 생산, 투자, 가격정책, 나아가 조세정책과 재정정책, 사회보장정책)을 통해 사적 부문과의 관계도 직접 통제할 수 있다. 뿐만 아니라 국가의 정책적 기준 부과(예컨대 노동시간, 노동조건, 고용조건, 최저임금제, 감가상각정책, 환경부과금, 여성보호정책, 이자율정책, 통화정책 등)를 통해 사적 부문과 시장을 간접적으로 통제할 수 있다. 즉 이들 조처를 통해 국가는 사적 기업들의 생산과 투자, 고용과 노동조건, 가격, 이윤-임금분배 등에 영향을 미칠 수 있는 것이다. 이는 과도기에 사적 부문을 토대로 하는 광범한 시장의 존재를 승인한다 하더라도 그 시장에 대한 사회적 통제를 높여나가는 강력한 수단을 제공한다.

3) 사회화 프로그램 3: 민주적 노동자통제
(1) 노동자참가와 통제를 통한 사회적 조절기구의 민주적 운영
사회화는 단순한 소유권의 변화에 한정되는 것이 아니다. 무엇보다 중요한 것은, 이들 사회화된 기업과 조절기구에서 노동자들의 자주적인 참여와 민주적인 통제기제를 확립하는 일이다. 사회화된 부문과 공공부문은 노동자계급과 민중의 경제적 이익에 복무하도록 운영되어야 하고 사회화된 부문과 공공부문의 관료주의 및 부패 고리를 청산할 수 있도록 노동자들의 통제기제를 확립시켜 나가야 한다.

노동자들이 사회적 조절기구를 실제로 통제할 수 있기 위해서는 보다 넓은 의미의 통제, 즉 자본주의 시장경제에서 발전하고 있는, 국가와 재벌 그리고 금융기관 수준에서의 계획과 조절에 노동자계급이 참여하고 통제하는 길을 열어 놓지 않으면 안 된다. 왜냐하면 독점자본가적 조절과 국가독점적 조절이 사회적 조절과 근본적으로 그 성격을 달리한다 하더라도 후자는 전자의 토대 위에서 발전할 수밖에 없기 때문이다. 재벌 계열기업들간의 상품과 자금흐름, 재벌과 재벌간의 거래, 국내외간의 거래, 이들 거래에 대한 금융기관의 매개와 통제, 이 모든 흐름들과 국가부문간의 복잡한 거래관계 등에 대한 정보와 통제를 노동자계급이 장악함으로써 비로소 사회적 조절의 길이 열릴 수 있다. 이를 위해서는 공기업과 사기업을 포함하여 기업수준만이 아니라 산별체제로의 전환에 따른 초기업수준과 국가수준에서도 노동자의 참가와 통제를 제도화하는 것이 중요하다. 이와 관련하여 금융감독위원회와 공정거래위원회 그리고 기타 국가기구들과 그 기구들이 관리하는 현실 정보와 통계에 대한 사회적 통제를 실질적인 사회적 조절에 접근하기 위한 핵심사항으로서 인식할 필요가 있다.

(2) 관료주의 청산과 민주적 통제를 통한 공기업의 혁신

국가와 공공부문의 관료주의와 부패는 결코 이 부문에 내재적인 속성이 아니라 국가기구의 민주화와 대중적인 통제의 확립 여하에 따라 그 성격을 변화시킬 수 있는 것이다. 공기업의 경영혁신과 관료주의 청산을 위해서는 공기업에 대한 정부의 관료주의적 지배를 제도화하고 있는 '정부투자기관관리기본법'과 '공기업 경영구조 개선 및 민영화법'을 혁신하지 않으면 안 된다. 이 때 노동자와 노동조합을 통한 최고경영자에 대한 인사권 통제, 예산편성과 운영의 상대적 자율권 확보, 상업주의적 경영평가를 대체하는 새로운 평가기준의 도입, 민주적 감독체계의 확립 등이 무엇보다 중요하다. 결국 사회적 통제는 국가와 기업 운영의 새로운 전범을 창출하는 문제이다. 그 때 무엇보다 중요한 것은, 새로운 공기업에서 이윤원리를 제한 또는 지양하고 공기업에 합당한 새로운 경영원리를 확립하는 것이다. 그렇다고 그것이 비효율성의 제거와 비용절감의 과제를 부정하는 것은 아니다. 즉 사회화된 기업 하에서 새로운 원리를 통한 생산의 효율성 증대라는 새로운 기업경영 상을 확립하는 문제라 할 수 있다.

3. 대외종속적 자본주의의 청산과 개방형 자립경제로의 전환

이상의 사회화 프로그램은 자본주의로부터 사회주의로의 이행의 보편적 전략이고 따라서 제국주의 지배 하에 있는 종속적 자본주의에서도 이행을 위한 불가결한 전략이지만, 여기서는 선진제국주의와 다른, 이행의 특수한 측면 또한 고려하지 않으면 안 된다. 그것은 우선 종속적인 국내독점자본의 사회화문제로 환원될 수 없는, 국민적 생산력의 대외종속 문제이며, 다른 한편에서는 외국자본의 사회화와 그것이 야기할 수 있는 생산의 위기와 (국제) 정치적 위기의 문제이다.

한국에서 자본주의는 독점자본의 지배가 확립되고 국가부문이 확장되는 등 신식민지 국가독점자본주의로 발전함으로써 여기서도 사회화 프로그램을 실행할 토대가 형성되어 왔다. 문제는 한국자본주의의 대외종속적 구조 때문에 사회화의 실행이 그렇게 간단하지 않다는 점이다. 무엇보다도 대외종속적인 재생산구조의 재편은 사회화 프로그램으로 단기간에 이룰 수 있는 것이 아니어서 대외종속구조는 독점자본의 사회화 이후에도 여전히 사회화의 질곡으로 남을 수밖에 없다.

즉 한국자본주의는 주지하다시피 수출지향적 공업화정책에 의해 대외부문의 과도한 팽창과 대외의존의 심화 그리고 산업부문간, 기업간 불균등발전의 심화라는 기형적인 산업구조를 초래하였다. 한국에서 GDP대비 대외부문의 비율은 60-80%(그에 반해 일본과 미국의 수치는 20% 이하임)에 이를 뿐만 아니라 그 구조 또한 대외종속성을 특징으로 한다. (중간재와 자본재의 대외종속) 따라서 사회화 프로그램은 과도한 대외부문 비중의 점진적 저하와 국내시장 지향, 국민적 재생산관련의 확대 그리고 이를 통한 대외종속적 국제분업의 점차적 지양을 지향하는 구조개편정책과 결합해서 사고하지 않으면 안 된다. 말하자면 수출지향적인 종속적 재생산구조로부터 내수지향적인 자립적 재생산구조로 전환해야 하는데, 그것은 종종 오해되는 것처럼 폐쇄경제를 지향하는 것이 아니라 개방적이면서도 자립적인 경제, 그것도 국민경제의 계획적 발전을 지향하는 것이다. 이와 관련하여 중소기업의 지원, 육성을 반독점정책과의 관련만이 아니라 산업정책의 차원에서 새롭게 인식하여 국민적 재생산관련에서의 기계, 부품, 소재산업의 중요성과 이들 산업에서 중소기업의 의의에 주의를 기울이지 않으면 안될 것이다.

1997년 외환위기와 그에 따른 IMF관리체제를 통해 한국자본주의는 한편에서 신식민지 국가독점자본주의의 누적된 모순과 위기를 폭발시켰지만, 다른 한편에서 그 모순과 위기를 진정으로 청산하는 구조개혁과 이행의 길 대신에 신식민지 국가독점자본주의의 신자유주의적 전환에서 탈위기책을 찾고 있다. 김대중정부의 신자유주의적 개방화정책의 결과 향후 외국자본과 대외종속의 문제는 더욱 심각해질 전망이다. 그것은 제국주의 자본에 대한 열위의 경쟁력과 지구적 무한경쟁이라는 조건 하에서 신자유주의 이외의 다른 대안의 모색이 불가능하게 되는 상황으로 진보진영을 몰고 갈 수도 있다. 따라서 이 정책을 저지하는 투쟁과 아울러, 이 정책의 관철에 따라 변화된, 또 앞으로 변화될 한국자본주의의 새로운 조건에서 종속과 외국자본 문제에 대한 보다 신중한 접근과 현실적인 대응이 모색되어야 한다. 그경우 사회화 프로그램은 국내독점자본과 외국자본에 대해 상이한 수단, 강도, 내용을 갖고 실행될 수밖에 없을 것이다.

〔후기〕

국가와 사회화를 둘러싼 투쟁 현안에 대하여

송유나

1997년 외환위기와 그에 따른 신자유주의의 경제정책의 전면화 과정에서 공공성 쟁취 투쟁은 조심스럽게, 그렇지만 정세적인 요구로 제기되기 시작했다. 공공성 쟁취 투쟁의 전개과정 속에서 국가와 공공부문을 둘러싼 노동자 운동이 성장하였고 또 투쟁 주체가 확장되었다. 그러나 공공성을 둘러싼 계급적 요구가 보다 확장되어야 하고 보다 근본적인 것으로 전화해야 할 필요성도 제기되는 상황이다. 즉 신자유주의 구조조정 하에서 한국 독점자본의 재편이 시도된다는 점에서 공공성 쟁취 투쟁은 신자유주의에 반대하여 현 질서를 방어하는 것을 넘어서 보다 적극적으로 공공부문을 확장하고 국가에 대한 노동자와 민중의 통제를 강화하는 투쟁으로 나아가야 한다. 공공성 쟁취 투쟁이란 이렇게 국가와 공공부문을 둘러싼 투쟁이고, 잠재적으로는 국가권력 자체에 투쟁을 내포하고 있다.

1. 국가를 둘러싼 투쟁과 그 의의

경제위기 하 자본 간 경쟁은 이윤 확대를 위한 것이 아니라 손실을 전가하는 방식으로 진행되기 마련이며, 오늘날 국가독점자본주의 하 손실의 사회화는 국가에 의해 제도화된다. 지난 외환위기 과정에서 구조조정을 총괄했던 국가의 경제정책이 바로 그것이었고, 이 경향은 지금도 지속되는 상황이다. 국가보조금의 확대, 엄청난 공적 자금의 투입, 각종 규제완화와 다양하게 전개되는 소득의 반동적 재분배 정책은 위기 속에서 자본의 편협한 이윤 출구를 보장해주는 주요한 기제들이다. 연기금의 확장과 투기적 자본으로의 전화, 투기적 자본에 대한 보호, 이를 위한 각종 국제적 협약 역시 마찬가지이다. 이러한 상황이기 때문에 노동자와 민중이 투쟁해야 할 사안과 영역은 국가로까지 확장될 수밖에 없고, 투쟁의 수위 역시 높아지게 된다. 단위 사업장 투쟁이 임금인상 투쟁을 넘어 정리해고 및 인원감축 저지, 부도사업장 처리에 대한 사회적 요구, 나아가 비정규직 철폐 투쟁으로 나아가야 했다. 더욱이 사유화 저지, 교육 및 의료시장 개방 반대, 투자협정 반대, 그리고 반전 투쟁까지 실로 광범위한 투쟁을 경험해야 했다. 뿐만 아니라 신자유주의 재편에 맞서는 투쟁은 이미 일국적 차원을 넘어서고 있다. 우리는 그 동안 세계화 전략에서 이탈을 요구해야만, 아니 이탈해야만 승리할 수 있는 투쟁을 경험해 왔고, 그래서 패배해 왔다. 그러나 실질적인 '이탈'을 위한 투쟁은 그야말로 높은 수준의 투쟁을 요구한다. 세계화 및 금융화 저지 투쟁은 양허안을 막아내고 경제특구법을 철회시키며 외자유치 및 해외매각을 막아내는 투쟁에서 시작하지만, 이 투쟁은 직접적으로 세계화에서의 일탈을 요구하는 투쟁을 목표로 할 때만 개별화되지 않고 모아질 수 있다. 그러나 현실의 대항력은 미력하다. 이러한 상황이기에 우리가 설정해야 할 투쟁의 방향은 매우 공허하게 들린다. 자본의 세계적 재편으로 이제 일국 차원의 계급투쟁은 이미 한계점을 노정하고 있는지도 모른다. 그 때문에 현존했던 사회주의의 자취를 따라가자는 주장도 설득력을 갖기 힘들고, 또 사민주의의 길은 이미 신자유주의로 돌아서 버린 지 오래이다. 그렇다면 우리 운동의 발전전략은 어떻게 가능할 것인가? 세계화에서의 이탈이라 부르건, 신자유주의와의 전면전이라고 부르건, 이 투쟁은 결국 일국 차원의 계급투쟁의 활성화를 통해서만 가능할 것이다. 일국 내의 계급투쟁이 이미 세계화된 경제와 맞물려 있다는 점에서, 국가에 대한 통제와 국가를 통한 자본통제가 매우 어렵게 되었지만, 이는 동시에 세계화에서의 이탈과 반신자유주의 투쟁의 출발점이 된다. 즉 이탈과 재구성을 위한 전략은 국가권력의 현실적 위치에 의해 결정되며, 이를 둘러싼 계급간 힘의 관계에 의해 좌우된다. 물론 국가는 기본적으로 부르주아적 기관이고 그 자체 반동적일 수밖에 없다. 그러나 국가부문과 국가권력의 성격은 구체적으로 자본과 노동과의 투쟁과 그 역관계에 의해 결정될 것이다.

자본의 재생산을 위해서 국가의 역할이 필연적인 것과 마찬가지로 노동자계급의 현실 투쟁에서 역시 국가는 우회할 수 없는 공간이다. 특히 국가권력과 국가부문 또는 공적부문으로서 존재하는 공간 자체가 그러하다. 그러나 국가를 둘러싸고 전개되는 투쟁은 통제와 소유의 문제를 동시에 제기하며, 그럼으로써 복잡한 문제를 제기한다. 소유의 문제가 그 자체로는 진보적일 수 없고 통제를 통해서만이 의미를 가지듯이, 통제의 문제 역시 소유를 전제하지 않고는 가능하지 않다. 자본주의의 모순을 극복하는 일은 시공간적 단절을 통해 일순간 이루어지는 것이 아니라, '과정' 그 자체이다. 이는 현존했던 사회주의와 사민주의의 경험을 통해서도 충분히 알 수 있다. 더욱이 국가권력의 장악은 설령 선거를 통해 혹은 변혁적 정세 속에서 집권했다 할지라도 경제적 관계와 생산구조 그리고 계급관계를 완전히 전환시켜나가는 장구한 투쟁의 시작일 뿐이다. 따라서 현재 진행되고 있는 공공성 혹은 국가의 책임을 요구하는 투쟁은 하나의 출발점일 뿐이며, 국가의 통제를 둘러싼 투쟁으로 나아갈 수밖에 없게 된다. 소유와 통제를 둘러싼 다양한 투쟁이 공공성, 혹은 국가권력을 둘러싼 투쟁으로 수렴되고 있기 때문에, 이 투쟁이 가지는 전략적 측면을 명확히 이해하는 속에서 그 방향을 설정해나가야 한다. 즉 공공성 쟁취, 국가영역을 둘러싸고 전개되는 현실의 투쟁을 전략적 침로 속에서 인식하고 재구성하기 위한 고민이 필요하다는 것이다.

그러나 전략을 전술로, 방향을 지침으로 성급히 끌어내리고자 하는 조급함에 대해서는 심히 우려하지 않을 수 없다. 물론 대우자동차 투쟁에서와 같이 전략적 투쟁이 현실 투쟁 과제와 급격히 만나게 되는 상황이 벌어지기도 하고, 의료나 교육 투쟁에서처럼 사회화의 요구를 직접적으로 내걸 수밖에 없는 상황이 빚어진다. 바로 이것이 현실 투쟁의 조건이다. 최근 들어 사유화 저지 투쟁 전선에서 공기업의 민주적, 민중적 운영과 통제에 대한 고민이 적극적으로 배어 나오고 있는 것 역시 이 때문이다. 환경의 경우 친환경적 정책을 위해서는 국가의 적극적인 통제, 적어도 제한 또는 규제조치가 필요한데, 실제로 이 제한조치는 자본과의 격렬한 싸움을 동반할 것이다. 이렇듯 현실적 수준에서 국가에 대한 통제, 나아가 사회화 또는 국유화의 전망을 걸어야 하는 투쟁이 전개되고 있다. 그러나 전략적 강령을 정세적 또는 전술적 요구로 내걸어야 한다는 강박관념에 시달릴 필요는 없다. 전략과 전술이 만나는 현실을 충분히 이해하고 이것의 합일을 위해 충분히 대처하는 것, 나아가 전술적 요구를 전략적 요구로 전화해나가는 긴장관계를 이해하는 것이 중요하다. 즉 국유화와 사회화를 당장 내거는 것이 중요하지는 않고, 공공성 쟁취 투쟁을 높은 수준의 강령적 요구로 선전 선동하자고 주장할 필요는 없다. 다만 공공성 쟁취와 국가 및 공적 영역을 둘러싼 투쟁이 이미 '나아가 있는' 조건에 대해 충분히 이해하고 소통하며 고민을 진척시켜나가야 할 따름이다. 특히 실질적 사회화와 통제, 실질적 민주주의에 대해 '지나온 역사'가 왜 그리 논쟁을 거듭해왔던가에 대해 돌아보고 평가하는 일은 매우 중요하다. 통제의 주체는 누구인가, 민주적 운영과 노동자적 통제는 어떻게 가능한가, 생산수단의 공동소유와 이를 통한 노동자적 분배의 문제는 무엇인가, 분배의 문제 역시 소위 경영을 통해 가능하다면 자본주의적 경영이 아닌, 노동자적 또는 민중적 운영원리는 무엇인가, 이런 문제들은 필히 풀어나가야 할 과제이다. 물론 이 문제들은 미래의 과제만은 아니며, 이미 현실의 투쟁 속에서 단초적으로 제출되지 않을 수 없다.

2. 사회화의 쟁점과 현안 투쟁

1) 공기업과 국가자본을 둘러싼 투쟁

예컨대 전력산업만을 보더라도 한국전력은 공기업이면서도 관료화된 기업의 전형이며, 분명 사적자본의 축적 논리에 종속되어 있다. 그러나 사양화의 길을 걷는 석탄산업을 최소한이나마 보호하기 위해 석탄의 수요를 안정적으로 뒷받침하는 역할을 수행했다는 점은 시사적이다. 이는 공기업이 사적(독점) 자본의 이해에 복무하며 시장논리에 근거한다 할지라도 공적 수요와 공공적 필요라는 국가 책무의 연장선 위에 존재할 수밖에 없다는 점을 보여준다. 물론 국가의 이 책무는 계급투쟁의 역관계 하에 절대적인 영향을 받는다. 1999년 구조조정 과정에서 석탄산업과 한전의 관계는 정리되었고, 또 10여 년의 구조조정 과정에서 한국통신의 공적역할은 이미 소진되어버렸다. 국가부문과 공적영역의 성격이 이렇게 제한적이고 가변적이라 할지라도 공기업은 사유화된 기업 혹은 사적독점자본과는 전혀 다른 양상을 띠고 있다. 사적독점자본을 규제하고 통제하는 것과 국가자본을 통제하는 투쟁은 현실적인 투쟁의 힘과 방도, 나아가 대중적 이데올로기적 측면에서 차별적이다. 공기업 철도의 공공성을 요구하는 투쟁과 사기업이 된 철도의 공공성을 요구하는 투쟁이 질적으로 다를 것임은 분명하며, 이미 사유화된 지역난방공사이지만 공적역할을 요구하는 주민들의 자발적인 투쟁은 계속되고 있는 것이다. 이러한 상황에서 우리는 국가권력과 국가개입의 성격에 대한 근본적 문제를 살펴볼 필요가 있다. 국가는 국가의 재정과 조세를 통해 경제에 개입하고, 이 속에서 사적 자본의 이해를 대변한다. 정치적 측면에서 뿐만이 아니라 법적, 군사적인 모든 것이 국가권력의 영향력 하에 존재한다. 국가는 개별 기업이 할 수 없고 결코 하지 않는 정책을 수행한다. 국가는 산업 전반의 투자를 선정하는 것에서부터 가격 결정, 나아가 생산, 투자, 유통에까지 개입하고 있다. 또 국가는 철도, 도로, 항만을 구축하고 통신망을 넓히며, 의료 및 교육과 관련한 투자 전반을 기획하고 결정한다. 특히 국가 방위에 따른 군수 영역은 보다 직접적으로 국가의 재정적 지출을 요구한다. 이렇게 국가가 폭넓게 경제에 개입하고 자본의 이해에 복무하는 만큼 총자본에 대항하는 투쟁 또는 그 통제를 위한 노동자 투쟁에서 국가는 경유해야 할 필연적인 투쟁 대상이다. 더욱이, 국가가 본질적으로는 친자본적이지만 형식적으로는 민주주의의 외피를 쓰고 있는 한, 국가는 노동자와 민중의 투쟁의 주요한 대상이자 공간일 수밖에 없고, 이를 둘러싼 투쟁은 모든 투쟁을 관통하고 있다.

물론 사유화 저지와 공공성을 둘러싼 투쟁이 그 자체로 얼마만한 의미가 있을 것인가는 의문의 여지가 있다. 사유화되지 않은 한전이 과연 친노동자적 공간일 것인가에 대해 누구나 회의적이다. 공교육의 확대가 그 자체로 의미를 갖기 힘든 것과 마찬가지로, 공기업 대우자동차가 민중적일 수 있을 것인가에 대한 현실적 답변은 분명하다. 분할되어 사유화되지 않더라도 한전과 한통은 여전히 사적자본의 충실한 대리인일 것이고, 자본의 이데올로기에 순응하는 노동자를 생산해내는 체계로 기능할 것이다. 공기업 대우와 몇몇 은행과 증권사는 공적자금을 갉아먹는 패륜아였을 것이다. 그럼에도 불구하고 이 소유권을 둘러싼 투쟁은 그것이 가져오는 현실적 효과를 둘러싼 투쟁이다. 즉 직접적으로 고용과 생존권을 쟁취하는 투쟁이고 형식적이나마 사적독점자본의 전일적 시장지배를 제어할 가능성을 남겨놓는 투쟁이다. 이 과정에서 공기업과 국가소유 아래 풀 수 있는 현실적 고용 보장은 한계적 수준에 머물지언정 매우 중요하다. 결국 현실 투쟁의 성과가 미래의 성과, 즉 국가와 자본에 대한 노동자의 실질적 통제와 자본 전반에 대한 통제로 나아갈 수 있는가 아닌가는 열려있는 문제다. 따라서 현실의 계급투쟁 속에서 전화와 발전의 방향을 설정해야 한다.

사유화는 노동비용 감소를 통한 이윤율 확대 과정을 이미 전제하고 있고, 부도사업장은 폭력적이고 일괄적인 고용 파괴를 보장해 준다. 이런 점에서 사유화 저지, 공적자금 투입을 통한 공기업화라는 소유권을 둘러싼 투쟁은 그 자체로 이미 고용안정과 생존권을 위한 투쟁이다. 그러나 이 투쟁은 동시에 그 자체로 고용안정과 생존권을 보장해주는 것은 아니므로 이에 머물거나 개별 사업장 차원의 고용안정에 머문다면 그 효과는 미미하고 일시적일 것이다. WTO 반대 등 반세계화 투쟁과 경제특구법 저지 투쟁 역시 마찬가지이다. 최근 반미감정이 고조되고 한국사회의 종속성이 심화되는 과정에서 세계화 반대 투쟁이 일견 민족주의적 정서 속에서 확장되고 경제특구법에 맞선 투쟁이 활발하게 전개되고 있다. 국가부문과 공적영역의 축소 혹은 폐절이라는 측면에서 세계화의 확장과 종속의 심화는 일국의 국가권력의 자율성을 심각하게 훼손시킨다. 그러기에 세계화 반대, 종속 반대 투쟁은 그 자체가 가지는 생존권 쟁취 혹은 매각 반대 투쟁을 넘어 국가권력의 종속성을 막아내고 공공성을 강화시키는 투쟁으로 발전해 나갈 때만이 더욱 의미있는 투쟁이 될 것이다. 여기에는 이미 국가에 대한 노동자와 민중의 미래의 통제력을 현실 투쟁에서 어떻게 확보해나갈 것인가의 문제가 내포되어 있기 때문이다. 그러기에 우리는 현재 소유권을 둘러싼 투쟁,

국가부문과 공적영역의 축소, 종속심화에 맞서는 투쟁을 현실의 방어적 투쟁으로부터 시작하여 미래를 바라보는 공세적 투쟁으로 발전시켜야 한다. 이제까지 사유화 저지 투쟁, 공공성 쟁취 투쟁이 많은 의미와 성과를 남겼음에도 불구하고 미래를 바라보는 투쟁으로 전화하지 않는다면, 투쟁의 성과는 그리 오래 가지 않을 것이다.

2) 노동력 재생산 비용의 사회화를 위한 투쟁

사회보장과 사회복지의 영역으로 존재해 왔던 투쟁 공간은 공공성 쟁취 투쟁의 공간이자, 노동력 재생산 비용의 사회화 투쟁이라는 점에서 계급적 투쟁 요구로 적극적으로 '끌어올려야 하는' 투쟁 대상이다. 현재 비정규직의 정규직화 투쟁, 여성과 장애인의 생존권 투쟁, 나아가 4대 보험 및 사회보장 투쟁이 지속되고 있다. 그러나 이러한 투쟁이 개별 사업장의 임단투와 연관하여 개별화되어 있다는 점은 매우 안타까운 현실이다. 아직도 사회보장의 많은 영역들은 사실상 개별 사업장의 임단투와 맞닿아 있다. 퇴직금은 이미 반동적으로 후퇴한 상황이며, 자녀들의 학자금 및 사내 복지는 해체되고 있다. 따라서 현재의 조건을 감안하면, 연금과 교육 그리고 의료의 공공성 쟁취 투쟁은 개별 사업장의 임단투 속에서 구체화되어야 하지만, 이 투쟁은 국가적 차원의 공공성 담지를 요구하는 대중적 투쟁으로 확장되어야 할 것이다. 물론 산별이 건설되면, 어느 정도의 요구안은 마련될 것이다. 그렇지만 산별의 요구가 개별 사업장 임단투의 합산 이상의 것으로 나아가기 위해서는, 노동력 재생산 비용의 사회화를 위해 무엇을 해야 하는가를 전략적으로 사고하지 않으면 안 된다. 개별 사업장의 임단투는 변화해야 하고, 4대 보험을 둘러싼 투쟁은 확장되어야 하며, 삶의 질의 확장이라는 측면에서 노동시간단축과 비정규직 철폐 투쟁은 획기적으로 발전하여야 한다. 현재 진행되는 사유화 저지, 공공성 쟁취 투쟁은 국가와 공공영역을 둘러싼 투쟁이라는 점에서 노동력 재생산 비용의 사회화 투쟁과 밀접하게 연결되어 있다. 그러기에 노동권, 생활권, 건강권의 확대라는 노동력 재생산 비용의 사회화 투쟁은 국가 소유와 공적부문의 확대 및 강화, 나아가 이에 대한 노동자와 민중의 실질적인 통제라는 요구와 결합해야 한다.

1980년대 독일철강산업 위기에 맞서 독일노동자들은 철강산업의 사회화와 입지 보장, 사회적 신분상태의 보장, 대체일자리의 창출 등을 요구했다. 이것은 물론 금속산업노조가 힘을 가지고 있었고, 계속적인 고용불안과 유연화에 대한 대중적 불안감이 고조되었기에 가능하였다. 그러나 한국의 구조조정 저지 투쟁은 개별 사업장의 임단투를 넘어서지 못하고, 정규직과 비정규직을 포함하는 전반적인 고용안정의 요구로 나가지 못하고 있다. 자본의 위기가 과잉축적과 과잉생산에 기반해 있기 때문에, 자본주의적 구조조정은 희생의 원칙이 관철되지 않고는 결코 관철될 수 없다. 그런 만큼 이 희생의 원칙은 노동자들 간의 단결을 요구하며, 노동자들의 단결과 개별 사업장을 넘어가는 요구의 확장을 통해서만 돌파될 수 있다. 당장의 고용안정이 노동자 간 내적 분할과 해체 그리고 차별의 확대로 이어지고 있다는 점을 잊어서는 안 된다. 예컨대 대구지하철 참사와 철도 및 지하철의 빈번한 사고로 인해 국가나 자본의 입장에서도 1인 승무제 문제를 막무가내로 관철시킬 수 없는 조건이 형성되어 있다. 더욱이 1인 승무제 철폐 투쟁이 기관사들의 노동권을 넘어서는 투쟁이라는 사실 역시 대중적으로 검증되었다. 외주하청 노동자들의 죽음은 '안전한' 공공철도 건설 투쟁의 매우 중요한 과제를 다시금 확인시켜 주었다. 또한 공공부문에서의 고용안정 투쟁은 노동시간 단축 투쟁의 본래적 목표와 많은 부분 연결되어 있다. 노동시간 단축은 해당부문 혹은 개별 사업장 내적으로 고용을 안정시키는 투쟁에 머무르는 것이 아니라, 고용을 확장시키고 삶의 질을 향상시키기 위한 투쟁이다. 역시 공공부문에서의 고용안정과 생존권 투쟁은 공공성 강화라는 포괄적 과제를 구체적으로, 현실적으로 실현시켜내는 투쟁이며, 이를 위해서는 당연히 고용의 안정과 확장 그리고 보장을 요구할 수밖에 없다. 그러나 현재 노동자계급의 투쟁이 매우 수세적으로 몰려 있는 상황에서 노동시간 단축과 공공부문에서의 고용안정 투쟁, 나아가 공공성 쟁취 투쟁은 매우 위축되어 있다. 그럼에도 불구하고 이 수세적 상황을 극복할 수 있는 물질적 힘, 단결과 연대의 확장이 어디에서 가능할 것인가는 매우 분명하다.

3) 노동자와 민중의 실질적 통제를 위한 투쟁

국가 혹은 공적 소유권을 둘러싼 투쟁, 노동력 재생산 비용의 사회화를 위한 투쟁은 노동자와 민중의 실질적 통제권을 확보하는 것을 통해 비로소 의미를 획득한다. 구조조정 저지 투쟁이 방어적 투쟁을 넘어서기 위해서는 공공적 필요와 공적 수요의 확장 및 친환경적 전환이라는 근원적인 것을 요구한다. 국가적 소유와 노동력 재생산 비용의 사회화가 어느 정도 확보된다 할지라도 이것이 노동자와 민중의 통제권과 결합하지 않는다면 그 의미를 가질 수 없다. 또한 새로운 과학기술의 발전은 연구, 기획, 개발 단계에서부터 노동자의 고용과 환경파괴를 저지하고 자본의 통제권을 축소하는 방향으로 이루어져야 한다. 나아가 노동권과 건강권을 담지하여 삶의 질을 보장할 수 있도록 과학기술 발전이 통제되고 기획되어야 한다. 물론 이것은 개별 사업장 차원의 것이 아니다. 국가수준의 적어도 포괄적인 영역 수준에서 이루어져야 할 문제이다. 또 철도의 국가보조금 확장 투쟁이 철도의 친환경적 발전을 위한 것으로서, 지하철 연장 운행을 내세운 자본의 허구적인 공공성 논리를 장애인 이동권 보장 등의 민중적 요구로 전환시켜내야 한다. 이것이 가능하다면, 우리는 충분히 한 걸음을 내디딜 수 있다. 철도산업과 에너지 산업은 자본을 통제하고 노동자와 민중의 삶의 질 확장을 위한 전환의 기획을 가능하게 할 영역이 될 수 있다. 그런 만큼 현실의 투쟁은 노동자와 민중의 전략적 통제를 기획해나가는 디딤돌이 될 수 있을 것이다. 물론 우리가 자본의 배치, 생산, 가격, 공급, 유통을 포괄하는 요구안을 내놓는 것은 엄청난 수준의 진전을 전제하는 것이다. 나아가 국가권력의 장악을 전제로 할 것이다. 그럼에도 불구하고 자본의 위기 속에서 일보전진의 가능성이 오히려 높아지고 있는 상황이라면, 이 과제를 머나먼 과제로 내몰 필요는 없다.

최근 들어 사유화 저지 투쟁을 보면, 전선의 교란 요인이 상당부분 발견되고 있다. 철도의 공사화 방안은 더욱 적극적인 양상으로 전개될 것이며, 가스와 발전의 경우에도 다양한 지분 매각 방식으로 우회로를 탈 가능성이 높다. 즉 이제까지 사유화 저지 투쟁이 매각이냐 아니냐의 단일한 전선이었다면, 각 사의 매각 혹은 구조조정의 일정 분리뿐만이 아니라 다양하고 교묘한 사유화 방식을 통해 향후에는 지금까지 겨우 유지해왔던 전선이 해체될 가능성이 크다. 더욱이 매각의 전제 조건인 노동비용의 절감 및 효율화, 이를 위한 사적 및 상업적 통제 방식, 그리고 현장 통제는 다양한 측면에서 시도될 것이다. 이러한 내부적 구조조정은 노동자 간 분할과 경쟁을 심화시키는 것으로서, 노동조합 간 연대를 불가능하게 만들고 결국은 노동조합으로부터의 이탈을 불러일으키는 양상으로 전개될 것이다. 매각 방식에 있어서 지분의 분산과 우리사주 혹은 종업원 지주제가 대두될 가능성이 농후한데, 이것은 매각의 문제점을 중화시키는 것으로서, 노동자의 저항을 순화시키는 것으로서 기능할 것이다. 최근 ERP나 팀제, 그리고 외주하청의 다양한 방식이 도입되고 있다. 이것은 업무전환의 효율성을 통해 노동자의 현장에 대한 통제력과 숙련도를 떨어뜨리는 것으로 기능할 것이며, 노동자들의 기존의 단결 조건과 방식을 철저히 파괴해나갈 것이다. 그러나 이러한 총체적 구조조정의 상황에서 개별 사안에 급급한 대응에 머무른다면, 각각의 구조조정에조차 대응할 수 없을 뿐더러, 사유화 저지 투쟁 전선 자체를 유지하기 힘들 것임이 분명하다. 사유화 저지만이 아니라 전반적으로 공공성 확대와 강화를 위한 투쟁은 노동자들이 현장에 대한 통제권을 확보한다는 관점을 철저히 견지해야 한다. 그럴 때만이 노동자의 통제권을 둘러싼 투쟁이 현장을 넘어선 국가소유에 대한 통제 문제로, 자본과 국가권력에 대한 투쟁으로 발전될 수 있다. 이는 그 동안의 연대 전선을 구체적, 실질적 연대로 만들어갈 수 있는 토대이다. 80년대 이후 금속과 제조업 사업장에서 전개해 왔던 작업장 통제 문제가 당연한 노동자의 권리 투쟁이었음에도 불구하고 지난 몇 년 사이 고용안정을 요구하는 투쟁조차 매우 높은 수준(?)의 투쟁으로 여겨지고 있는 현실을 상기하자. 현실 투쟁의 역관계를 고려한다 할지라도 우리 내부에 존재하는 '자발적 위축'이 또 다른 통제로 기능하고 있지 않은지 돌아보아야만 한다.

3. 공공성 확장과 강화의 연대를 위하여

시민의 이해와 노동자의 이해는 자본의 우위와 이데올로기 공세 속에서 끊임없이 부딪히고 갈등하는 관계로 왜곡되어 있다. 공공성 쟁취 투쟁을 둘러싸고 시민의 이해와 노동자계급의 이해가 갈등하고 있는 것은, 언뜻 이해하기 어려운 측면이면서도 현실의 상황이다. 이것은 무엇 때문인가? 사실 노동자로서의 개인은 시민이며, 오히려 시민으로서의 자아와 정체성이 더욱 지배적이다. 문제는 개인의 의식구조 자체가 아니라, 노동자적 의식보다 몰계급적 시민으로서의 의식이 우위를 점하는 조건에 있다. 이것은 노동(조합) 운동이 개인의 삶을 포괄하는 노동자계급 운동으로 나아가지 못하기 때문이다. 또 노동(조합) 운동의 현안이 구체적 삶의 양상과 연결되지 못하고 있기 때문이다. 예를 들어 교육과 의료의 영역에서, 공적 시스템을 붕괴시키고자 하는 자본의 논리에 노출되어 있는 개인은 노동자로서가 아니라 사교육비를 더 벌어야 하고 질 높은 의료서비스를 받기 위해 경쟁하는 개인으로 편입하게 된다. 교육과 의료를 둘러싸고 열려 있는 사적 시장에 편입하기 위해 재생산 비용의 사적 부담을 감내한다. 이렇기에 자신이 속해 있는 유일한 해방의 공간에서 착취와 경쟁을 용인하게 되는 것이다. 결국 자본가적 현장 통제의 관철, 노동자계급의 내적 분화는 이러한 과정 속에서 순환하고 있다. 시민적인 자아와 계급적 자아간의 내적 투쟁에서 후자가 패배할 가능성이 현실적으로 높은 것이다.

그러나 국가부문과 공적영역의 축소 및 시장화 경향이 현실적으로 시민의 이해를 갉아먹는다는 점에서 소위 시민적 이해와 노동자적 이해는 일치될 가능성이 높아진다. 그러나 가녀린 일치의 지점은 세련된 자본의 공세 속에서 매우 쉽게 끊어져 왔다. 그럼에도 불구하고 영국철도나 캘리포니아, 호주까지 돌아보지 않더라도 이미 대구지하철 참사만으로 이 가느다란 끈을 강고히 맺어가야만 한다는 것은 부정할 수 없는 현실로서 절실히 드러나고 있다. 사실 사유화 저지와 1인 승무제 및 인원확충, 그리고 외주용역화 저지 투쟁은 공공철도 건설을 위한 최우선의 과제이다. 나아가 전쟁과 주가 변동에 시달리는 현실에서 안정적인 에너지 수급을 위해 국가적 책무를 요구하는 것은 당연한 투쟁이다. 또한 노동자와 민중의 관점에서 교육과 의료의 시장 개방 및 자본의 이윤논리 저지 투쟁은 민중 복지라는 포괄적 과제와 맞물려 있다. 전쟁이 우연이 아니듯이 이 모든 구조조정 양상은 자본의 운동이 처한 구조적 모순의 해결 방식이며, 우리 앞에 놓여진 객관적인 투쟁 과제이다. 그렇기에 노동자의 생존 및 민중의 삶과 결합하는 공공성 투쟁, 그리고 이를 실현하기 위한 국가와 자본과의 투쟁을 좀더 밀도있게 결합시켜 나가야 한다. 물론 이 '결합'은 하루아침에 혹은 우연적으로 만들어지지 않는다. 국가와 자본이 양산해내고 있는 몰계급적인 시민의 이해관계로 인해 역공을 당하지 않으려면, 이를 노동자 및 민중적 자아로 재구성할 수 있어야 한다. 이것은 매우 중요한 투쟁 과제이기에 시간이 걸리고 공을 들여야 한다. 적어도 향후 2-3년 내에는 공공성을 둘러싼 '사회적' 투쟁을 광범위하게 실현할 수 있는, 그렇게 기획된 준비된 투쟁을 해야 한다. 특히 현 정권의 정치적 포퓰리즘 시도가 관철될 가능성이 높은 상황이라면, 허구적인 통합 이데올로기가 아닌 공공성 확대와 강화를 위한 대중적 프로그램과 구체적 투쟁으로 그 시도를 분쇄해야 한다.

이렇듯 노동자계급의 투쟁 과제로서 공공성을 이해하고, 구체적인 투쟁의 과정 속에 이를 이입시켜 들어가는 일은 매우 중요하다. 사회적 임금과 노동력의 사회적 재생산을 둘러싼 투쟁은 개별 사업장의 투쟁만으로, 임단투의 관점만으로 풀릴 수 없다. 특히 임금투쟁에 있어 여성의 노동력이 배제되고 은폐되고 있는 현실에서, 그것은 더욱 그러하다. 값싼 수입 농축산물을 둘러싸고 농민의 이해와 노동자의 이해간의 갈등관계 또한 공공적 개입을 요구하고 이는 국가적 차원의 문제로 다시 나아가게 된다. 공공성이 노동자와 민중의 헌신을 통해 이루어지는 '허구적 논리'에 갇혀버리지 않으려면, 공공성을 놓고 계급적 단결을 새로이 구축하기 위한 기획이 필요하다. 특히 이러한 상황에서 우리는 시민운동에 대해 다시 돌아볼 필요성을 느낀다. 시민운동의 역사 역시 짧은 것이 아니다. 시민운동은 문민정권이라 칭하던 김영삼 정권이 들어서는 과정에서 기존의 노자간의 계급적 대립 구도를 혁파하기 위한 자본의 공세와 더불어 시작되었고, 김대중 정권 이후에 정권적 차원에서 '의식적으로' 정착하게 되었다. 시민운동이 노동자의 파업에 함께 하지 못하고, 오히려 공격의 주체로 나섰던 경험은 어렵지 않게 기억할 수 있다. 그 때문에 우리는 시민운동이 자본의 대리인으로서, 계급대립의 완충지대-스폰지로서 기능해 왔던 점에 대해 비판적으로 평가하였다. 그러나 최근 들어 시민운동과 사회운동은 다양한 영역과 공간에서 새롭게 분출하고 있다. 노동자들이 투쟁하는 다양한 공간에서 시민운동이 다양한 관계를 맺어가고 있는 형국이라 할 것이다. 전쟁반대 투쟁, 환경과 인권, 여성 및 장애인 투쟁 등에서, 새로운 그리고 변화된 시민운동을 만나기도 하며, 새로운 주체와 만나기도 한다. 이것은 구조조정이 불러일으키고 있는 폐해의 결과이자 현실이다. 나아가 새로운 주체이건 아니건 간에, 운동공간이 확장되어 나가기 때문에 그 속에서 조우할 밖에 없는 현실 상황을 보여주고 있다. 물론 여전히 논쟁해야 할 것도 많고, 관점의 차이 속에서 서로 갑갑해 하기도 한다. 이는 운동의 객관적, 주관적 지형에 대한 노동운동과 시민사회 운동의 상이한 인식에도 기인하며, 노동(조합) 운동의 조합주의적 중심성에도 기인할지 모른다. 그러나 비판할 지점과 연대의 지점, 논쟁해야 할 지점과 공유할 지점 역시 다양하게 드러나고 있다. 오히려 노동자계급적 관점에서 현실의 상황을 재구성하기 위한 노력이 우선되어야 한다. 물론 노무현 정권은 소위 시민사회적 운동 공간을 더욱 동요시키고 자신의 헤게모니 안에 편입시키고자 할 것이다. 그러나 시민운동이 현존해 왔던 영역을 넘어 다른 내용과 방식으로 확장되고 있다는 점을 고려할 때, 분명 다른 가능성이 존재한다는 점을 굳이 부정할 필요는 없다. 노동자계급 운동이 처한 조건과 마찬가지로, 노동현장을 넘어서는 실질적 투쟁의 '현장'은 매우 광범위하게 열려 있기 때문이다. 오히려 노동자·민중운동이 이 공간으로 적극적으로 뛰어들고 이 공간을 조직하고 장악해 나가야 한다. 공공성을 화두로 연대의 내용과 영역을 확장시켜내야 한다면, 다양한 운동공간을 창출하고 새롭게 조우하기 위한 노력이 필요하다. 논쟁은 이제부터 다시 시작하도록 하자. 환경, 여성, 인권, 그리고 문화에서의 투쟁이 개별 노동자의 생존과 별개가 아니라는 점에서, 이 투쟁도 결국은 반자본, 반신자유주의, 반세계화 투쟁과 동일한 길을 나아갈 수밖에 없다는 점에서, 노동자·민중운동 역시 이 문제에 대한 철학적 사고의 깊이를 더해야 한다.

〔후기로 쓴 이 글은 내용을 보충해서 '공공성 쟁취 투쟁과 사회변혁 투쟁'이라는 제목으로 제1회 맑스코뮤날레(2003. 5. 23-25)에 발표되었다.〕

사회화와 공공부문의 정치경제학

엮은이 |김성구

초판인쇄일 |2003년 10월 12일
초판발행일 |2003년 10월 18일

발행인 |손자희
발행처 |문화과학사
주소 |120-021 서울시 서대문구 충정로 2가 5-15
전화 |335-0461   팩스/ 313-0465
e-mail |transics@chollian. net
homepage |http://www. jinbo. net/~moonkwa
출판등록 |제1-1902 (1995. 6. 12)

값 14,000원

ISBN 89-86598-54-X 93330

ⓒ 김성구 외, 2003

* 편저자와의 협약에 의해 인지는 생략합니다.